U0885844

权威·前沿·原创

皮书系列为

“十二五”“十三五”国家重点图书出版规划项目

BLUE BOOK

BLUE BOOK

智库成果出版与传播平台

金砖国家蓝皮书

BLUE BOOK OF BRICS

金砖国家综合创新竞争力研究报告（2019）

ANNUAL REPORT ON BRICS COMPREHENSIVE INNOVATION COMPETITIVENESS (2019)

主　　编／赵新力　李闽榕　黄茂兴
副 主 编／〔俄〕亚历山大·索科洛夫
郭翔宇　张仕荣

社会科学文献出版社
SOCIAL SCIENCES ACADEMIC PRESS (CHINA)

图书在版编目（CIP）数据

金砖国家综合创新竞争力研究报告. 2019 / 赵新力，李闽榕，黄茂兴主编. -- 北京：社会科学文献出版社，2020. 9
（金砖国家蓝皮书）
ISBN 978 - 7 - 5201 - 6927 - 1

Ⅰ. ①金… Ⅱ. ①赵… ②李… ③黄… Ⅲ. ①国家创新系统 - 国际竞争力 - 研究报告 - 世界 - 2019 Ⅳ. ①F204 ②G321

中国版本图书馆 CIP 数据核字（2020）第 128321 号

金砖国家蓝皮书
金砖国家综合创新竞争力研究报告（2019）

主　　编 / 赵新力　李闽榕　黄茂兴
副 主 编 / ［俄］亚历山大·索科洛夫　郭翔宇　张仕荣

出 版 人 / 谢寿光
责任编辑 / 黄金平

出　　版 / 社会科学文献出版社·政法传媒分社（010）59367156
地址：北京市北三环中路甲 29 号院华龙大厦　邮编：100029
网址：www. ssap. com. cn
发　　行 / 市场营销中心（010）59367081　59367083
印　　装 / 天津千鹤文化传播有限公司

规　　格 / 开　本：787mm × 1092mm　1/16
印　张：28　字　数：419 千字
版　　次 / 2020 年 9 月第 1 版　2020 年 9 月第 1 次印刷
书　　号 / ISBN 978 - 7 - 5201 - 6927 - 1
定　　价 / 198. 00 元

本书如有印装质量问题，请与读者服务中心（010 - 59367028）联系

版权所有 翻印必究

国家社会科学基金“‘一带一路’倡议实施中的科技创新开放合作重点与难点研究”（项目编号：18BGJ075）的阶段性成果

中国科技部专技二级研究员专项经费部分资助

编　委　会

主　　任　栾建章

副 主 任　刘建飞

其他委员　（按姓氏笔画排序）

王　凌　弗拉基米尔·科洛夫金

亚历山大·索科洛夫　朱　浩　伊万·丹尼林

刘洪海　许洪彬　贡锡峰　杨雪梅　李闽榕

张　楠　阿木丁·阿卜杜拉　陈　雄

拉赛加·马哈拉吉　迪尼斯·阿波罗

岳瑞生　赵新力　柏　杰　贾　伟　郭翔宇

黄茂兴　曹周华　彭公炳　董卫华

编著人员名单

主　　编　赵新力　李闽榕　黄茂兴

副 主 编　〔俄〕亚历山大·索科洛夫　张仕荣　郭翔宇

执行编辑　李志强　刘润达　邱仲潘

其他编著人员　（按姓氏笔画排序）

马云飞　马克西姆·科茨米尔
马塞勒斯·马托斯　王　丹　王明阳　王鹏举
仪德刚　白　旭　列奥尼德·高克伯格
迈克尔·卡恩　朱　浩　任育锋
米哈伊尔·格什曼　贠　涛
约瑟夫·卡西奥拉托　玛丽娜·萨皮罗
贡锡锋　杨　鹤　李军军　李姗姗　李　艳
李哲敏　辛秉清　宋鸿瑞　张昕妍　陈洪昭
岳瑞生　庞　飞　单祖华　封晓茹　柏　杰
侯岩峰　贾　伟　海伦娜·拉斯特尔斯
曹周华　塔蒂亚娜·库兹涅佐娃　葛明政
程俊恒　谢尔盖·沙什诺夫

翻　　译　李志强　邵英红　荣　丽　戴　乐
夏欢欢　郑　薇　马慧勤

主要编撰者简介

赵新力　男，1961 年生，辽宁沈阳人，航空宇航工学博士，系统工程博士后，中国科技部专技二级，国际欧亚科学院院士，博导。国务院政府特殊津贴获得者。曾任国家专利协调小组成员、中国信息协会常务理事、中国地方科技史学会副理事长等。主持完成“863”计划、自然科学基金、社会科学基金、攻关、标准化等国家级课题数十项，参加国家级或主持省部级课题数十项，获得省部级奖励多项。发表中英文论文 200 多篇、著作 30 多部。曾在北京航空航天大学、沈阳飞机工业集团、美国洛克希德飞机公司、清华大学、原国家科委、澳门中联办、中国科技信息研究所、中共中央党校、中国科学技术交流中心、中国常驻联合国代表团等学习或工作。金砖国家智库合作中方理事会理事。

李闽榕　男，1955 年生，山西安泽人，经济学博士。福建省新闻出版广电局原党组书记，现为中智科学技术评价研究中心理事长，福建师范大学教授、博士生导师，金砖国家智库合作中方理事会理事。主要从事宏观经济学、区域经济竞争力等研究，已出版著作《中国省域经济综合竞争力研究报告（1998～2004）》等 20 多部（含合著），并在《人民日报》《求是》《管理世界》等报刊上发表学术论文 200 多篇。科研成果曾获福建省科技进步奖一等奖、福建省第七届至第十届社会科学优秀成果奖一等奖、福建省第六届社会科学优秀成果奖二等奖等 10 多项省部级奖励（含合作），并有 20 多篇论文和主持完成的研究报告荣获其他省部级奖励。

黄茂兴　男，1976 年生，福建莆田人。教授、博士生导师。现为福建师范大学经济学院院长。国务院政府特殊津贴获得者。主持国家、省部级课题60多项，出版著作70多部（含合作），在《经济研究》《管理世界》等权威刊物发表论文170多篇，科研成果荣获20多项省部级奖励。入选“国家首批‘万人计划’青年拔尖人才”“国家第二批‘万人计划’哲学社会科学领军人才”“中宣部全国文化名家暨‘四个一批’人才”“人社部国家百千万人才工程国家级人选”等多项人才奖励计划。2015年荣获人社部授予的“国家有突出贡献的中青年专家”荣誉称号。带领的科研团队被评为“全国教育系统先进集体”。2018年1月当选为十三届全国人大代表。

摘　要

2017 年 8 月《金砖国家综合创新竞争力发展报告（2017）》首次发布。《金砖国家综合创新竞争力研究报告（2019）》与前一本相比有四个特点，一是对金砖国家创新竞争力评价指标体系中科研经费、专利、研发人员等 31 个三级指标进行了逐一的测算和分析。二是分析测评的国家范围扩大到了“金砖 +”中的非金砖国家。它们与金砖国家发展状况相似，可以携手“共商、共建、共享”。三是考虑到农业的重要性，推出了三篇专题报告。四是参与编写的外籍专家更多。

报告认为 2001 ~2017 年金砖五国创新竞争力均有所提升，其中，中国的提升幅度最大，巴西紧随其后，印度、俄罗斯、南非提升幅度缓慢。估测到 2030 年，五国科技创新综合竞争力将持续增强，五国综合创新指数及其 31 个三级指标增长率将呈现分化态势。“金砖 +”国家科技合作与发展的优先领域包括信息通信技术，纳米技术和新材料，先进制造和机器人技术，空间（航天系统和天文观测），运输系统，能源效率和节能，核能，可再生能源，矿物质勘探、开发和开采，气候变化、环境保护和灾难管理，水资源，粮食安全与可持续农业，医疗保健与医药，生物技术。

近年来，金砖国家农业发展环境大幅改善，农业机械化水平、农业投入、农业科技进步贡献率明显增长，农业产出增长远高于全球平均水平，供给能力持续提高，农业合作不断深化。根据 2009 ~2018 年的数据，与农业科技强国相比，金砖国家农业科技创新能力差距逐年缩小，但在基础设施、人力资源、商业环境、生态可持续性、科技成果产出和农村生活水平等方面仍存在较大差距。面对单边主义、贸易保护主义等挑战，金砖国家应全面扩大农业合作与交流，提升农业技术合作收益，调整绿色农业生产结构，保障粮食安全，实现农业可持续发展。

科技园和孵化器在金砖国家科技创新创业体系建设中发挥了积极作用，应进一步加强支持，并借助其形成若干联通全球、充满活力的创新创业生态。

金砖国家半导体照明产业发展各具特色。五国中，中国领跑半导体照明科技创新与应用，俄罗斯、印度、巴西发展增速明显，南非相对滞后。

报告认为，巴西国家创新体系较完善，为巴西科技发展提供了支撑，但面临社会不平等、多数工业活动缺乏创新、公共服务不足等问题，科技政策应符合本地实际，增强技术研发和创新，并确保创新目标和社会发展目标相融合。俄罗斯2010年以来的科技政策取得了一定成效，但实现新科技政策确定的关键发展目标仍具挑战，建议实施科技体制改革，扩大科技经费，鼓励企业创新活力等。2017～2019年，印度启动了国家创新发展与治理等重大科技创新计划，加强人才引进培养，推进成果转化和军民科技融合，优化科研环境，国际科技合作稳步推进，科技创新稳步发展。2015～2019年，中国科技创新竞争力继续稳步提升，创新型国家建设进展显著。中国与金砖国家合作密切，为人类命运共同体的构建贡献了科技力量。南非科研体系开放程度高，科学创新产出在金砖国家中排名靠前，但研发投入强度低于先前设定的目标，人才体制无法满足经济增长和创新的需求，建议加大科技资金投入，完善人才培养体制等。

序

2009 年，金砖国家领导人在俄罗斯叶卡捷琳堡举行首次会晤，此后每年举行一次。金砖国家领导人会晤机制的建立，为金砖国家之间的合作与发展提供了指引和强大动力。多年来，金砖国家在重大的国际和地区问题上共同发声，积极推进全球治理改革进程，大大提升了新兴市场国家和发展中国家的代表性和发言权。

2017 年，作为“十三五”国家重点图书出版规划项目，我们发布了《金砖国家综合创新竞争力发展报告（2017）》中文版黄皮书，并同时发布了英文详细摘要。报告发布之前，作为中英文内部智库报告支撑了 2017 年杭州金砖国家科技创新部长会。当年，金砖国家智库合作中方理事会将该报告作为 6 本中方推荐年度智库报告之一。次年，Springer 出版社翻译该报告并作为“中国梦和中国发展道路系列研究”报告之一出版发行。在《金砖国家综合创新竞争力发展报告（2017）》取得良好效果的基础上，经过两年的持续跟踪研究，我们编写了《金砖国家综合创新竞争力研究报告（2019）》。希望本报告能够为读者提供更加系统、更加完善、更有参考价值的研究成果。

2017 年 9 月在福建厦门举办的金砖国家领导人第九次会晤以“深化金砖伙伴关系，开辟更加光明未来”为主题，深化了金砖国家务实合作，促进了共同发展；加强了全球治理，共同应对挑战；开展了人文交流，夯实民意基础；推进了机制建设，构建了更广泛的伙伴关系。2018 年 7 月金砖国家领导人在南非约翰内斯堡举行第十次会晤，以“金砖国家在非洲：在第四次工业革命中共谋包容性增长和共同繁荣”为主题。

2019 年 10 月 19～20 日，金砖国家智库首届“金砖国家科技创新合作”

国际研讨会在福建省福州市举行，会议重点围绕金砖国家重大科技基础设施建设、金砖国家科技园区建设与知识产权保护、金砖国家科技创新人文合作与科技创新治理、金砖国家科技金融与金融科技合作等四方面议题展开深入研讨。研讨会上，多位国内外作者交流汇报了《金砖国家综合创新竞争力研究报告（2019）》的主要内容。

2019 年 11 月，金砖国家领导人第十一次会晤在巴西首都巴西利亚举行，会晤主题为“金砖国家：经济增长打造创新未来”。会议期间，习近平主席发表题为《携手努力共谱合作新篇章》的重要讲话，强调金砖国家要把握改革创新的时代机遇，深入推进金砖国家新工业革命伙伴关系；促进互学互鉴，不断拓展人文交流广度和深度。习近平主席指出，这次会晤是在世界经济发展和国际格局演变的关键时刻举行的。新科技革命和产业变革方兴未艾。新兴市场国家和发展中国家的崛起势头不可逆转，为全球经济治理体系变革注入强劲动力。习近平指出，谋求开放创新的发展前景，应该深入推进金砖国家新工业革命伙伴关系，在贸易和投资、数字经济、互联互通等领域不断打造合作成果，努力实现高质量发展。

在当前国际形势下，新一轮工业革命已经成为金砖国家和其他发展中国家各界关注的“热词”。从 2017 年金砖国家领导人厦门会晤，到 2018 年南非的“金砖之年”，再到 2019 年的巴西“金砖”领导人会晤，“新工业革命伙伴关系”正成为金砖国家合作的亮点和落脚点，备受国际社会关注。

《金砖国家综合创新竞争力研究报告（2019）》与前一本相比有四个特点，一是对金砖国家创新竞争力评价指标体系中科研经费、专利、研发人员等 31 个三级指标进行了逐一的测算和分析。二是分析测评的国家范围扩大到了“金砖 +”中的非金砖国家。它们与金砖国家发展状况相似，可以携手“共商、共建、共享”。三是考虑到农业的重要性，推出了三篇专题报告。四是参与编写的外籍专家广泛。由于前一版至今仅仅相隔两年，对于部分前一版综述已经比较完备且变化不大的内容，新版本没有再赘述。

和前一版一样，中国科学技术交流中心和中央党校、中国社会科学院、福建师范大学、俄罗斯科学院世界经济与国际关系国立研究院、俄罗斯国家研究型高等经济大学、国际欧亚科学院中国科学中心等中外单位的专家组成编委会和编写团队，根据最新发布的数据对金砖国家“创新竞争力”和“综合创新竞争力”进行研究，对金砖国家间科技创新合作现状、面临的挑战和具备的潜力等诸方面进行分析，进行“金砖＋”国家科技创新方面的国别研究和领域研究。在编委会指导和编写专家亲力亲为下，在中国驻其他“金砖＋”国家科技外交官和中国、俄罗斯、巴西、南非等金砖国家科技创新研究智库的共同参与下，在上一版的成功经验指导下，综合前期研究的成果，我们推出了《金砖国家综合创新竞争力研究报告（2019）》，希望能为金砖国家相关政策和文件的制定提供决策支撑。当然，本报告属于学术研究成果，不代表作者所在单位和项目资助方的观点和结论，仅仅为各篇报告编写人员的学术见解。《金砖国家综合创新竞争力研究报告（2019）》分四大部分，共收录了17篇报告以及附录。

第一部分的总报告共两篇，包括《金砖国家创新竞争力评价预测及科技创新合作现状与建议》《“金砖＋”国家的科技优先领域》。报告对金砖国家的“创新竞争力”和“综合创新竞争力”进行评价，并预测了五国未来综合创新竞争力的发展趋势，同时对中国与金砖其他国家之间的科技创新合作现状及成效进行了综评，分析提出了“金砖＋”国家科技创新的优先合作领域，为金砖各国加快提升国家创新竞争力提供有价值的决策分析依据。该部分主要编撰人员为仪德刚、李艳、李军军、张昕妍、白旭、黄茂兴、赵新力以及俄罗斯专家亚历山大·索科洛夫（Alexander Sokolov）、谢尔盖·沙什诺夫（Sergey Shashnov）、马克西姆·科茨米尔（Maxim Kotsemir）。

第二部分的分报告选取与科技创新有关的热点问题进行深入分析。本部分主要邀请中方高级别专家所在研究机构共同撰写相关内容，其中包括：贡锡锋、李哲敏、任育锋撰写的《金砖国家农业现代化综合创新竞争力实证》，王丹、郭翔宇、赵新力撰写的《金砖国家农业科技创新竞争力发展报告》，陈洪昭、程俊恒、黄茂兴撰写的《金砖国家加强绿色农业合作与共建可持续的粮食未来》，宋鸿瑞、王明阳、刘润达撰写的《金砖国家科技园区和孵化器发展概述》，杨鹤、岳瑞生撰写的《金砖国家半导体照明科技创新与产业发展报告》。分报告详细阐述了金砖各国在相关领域的科技发展水平与潜力。

第三部分为国别报告。国别报告对相关国家的创新竞争力进行评价分析，对其在金砖框架内的科技创新合作进行研究。国别报告重点揭示了相关“金砖＋”国家创新竞争力的特点、战略及其相对差异，明确各国的竞争优势及薄弱环节。我们邀请了中外专家学者和中国驻其他“金砖＋”国家使馆科技外交官参与共同编写国别报告。巴西部分分两篇，由约瑟夫·卡西奥拉托（José E. Cassiolato）、海伦娜·拉斯特尔斯（Helena Maria Martins Lastres）、马塞勒斯·马托斯（Marcelo Pessoa de Matos）、玛丽娜·萨皮罗（Marina Honório Szapiro）等撰写；俄罗斯部分由列奥尼德·高克伯格（Leonid Gokhberg）、塔蒂亚娜·库兹涅佐娃（Tatiana Kuznetsova）、米哈伊尔·格什曼（Mikhail Gershman）等撰写；印度部分由单祖华、柏杰撰写；中国部分由贠涛、赵新力撰写；南非部分分两篇，分别由迈克尔·卡恩（Michael Kahn），庞飞（Pamphile Ndagijimana）、邱仲潘撰写；墨西哥部分由朱浩撰写；巴基斯坦部分由贾伟撰写；泰国部分由曹周华撰写。

第四部分为附录，是对金砖国家科技创新合作框架相关文件的汇编。金砖国家智库合作中方理事会副秘书长董卫华在2019年中国福州举办的金砖国家智库首届“金砖国家科技创新合作”国际研讨会开幕式上的致辞为附录也是整个报告的收官之作。

金砖国家是合作共赢的利益共同体，是携手前行的行动共同体，是不可分割的责任共同体，更是息息相关的命运共同体。我们相信，在各方的共同努力下，金砖国家科技创新合作一定能够开创更加美好的明天！

编者

2020年2月

目 录

Ⅰ 总报告

Ⅱ 分报告

Ⅲ 国别报告

Ⅳ 附录

皮书数据库阅读使用指南

总 报 告

General Reports

B.1

金砖国家创新竞争力评价预测及科技创新合作现状与建议

仪德刚 李 艳 李军军 张昕妍 白 旭 黄茂兴 赵新力*

摘 要： 金砖国家（巴西、俄罗斯、印度、中国和南非）作为新兴经济体的重要组成部分，作为发展中国家在科技创新领域发挥主导作用的主要群体，已经并将继续成为推动世界科技创新发展和经济增长的重要引擎。本报告分析了金砖国家在二十国集团中31个三级指标5个二级指标乃至一级指标的排名情

* 仪德刚，博士，东华大学人文学院教授、博士生导师，研究领域为科技史；李艳，博士，北京林业大学经济管理学院管理工程系教授，研究领域为信息管理、竞争情报；李军军，博士，福建师范大学经济学院副教授，研究领域为经济学；张昕妍，博士，北京教育科学研究院，研究领域为创新管理；白旭，研究生，北京林业大学经济管理学院本科毕业；黄茂兴，博士，福建师范大学经济学院院长、教授、博士生导师，研究领域为经济学；赵新力，博士，中国科技部专技二级，中国科学技术交流中心研究员，博士生导师，研究领域为管理科学与工程、信息管理，通讯作者。

况；测算了金砖国家科技创新综合竞争力，预测了其未来科技创新发展水平，梳理了中国与金砖国家科技创新合作现状。研究表明，2001～2017年金砖五国创新竞争力均有所提升，其中，中国的提升幅度最大，巴西紧随其后，印度、俄罗斯、南非提升幅度缓慢。金砖五国综合创新指数变化趋势各异，估测到2030年，五国科技创新综合竞争力将持续增强，指数增长率将呈现分化态势。

关键词： 金砖国家　科学技术　创新竞争力

创新驱动发展是世界各国应对全球挑战的重要助推力，金砖国家（巴西、俄罗斯、印度、中国和南非）作为新兴经济体的重要组成，是引领发展中国家科技创新的主要群体，已经成为并必将继续成为推动世界科技创新及经济增长的重要引擎。与世界总量相比，从资源禀赋来看，金砖国家人口约占全球总量的40%，国土面积占近30%，地理上纵跨地球5/6的纬度、横跨2/3的时区，这意味着地球自转和地球倾角使仅仅建在金砖国家的地面对空观测系统就可以联合实现24小时内对空观测全覆盖。金砖国家经济总量约占全球总量的1/4，贸易额约占全球总量的1/6。在科技创新方面，金砖国家年研发投入大于全球总量的1/6，高技术产品出口额大于6万亿美元，大于全球总量的1/4；科技期刊论文发表量超过60万篇，占全球总量的1/4多。

从现有研究来看，多个机构和组织发布国家创新能力评价报告，内容各具特色，评价各有侧重，结论有所差异。如世界经济论坛的《全球竞争力报告》，国际知识产权组织、康奈尔大学和欧洲工商管理学院联合发布的《全球创新指数》、中国科学技术发展战略研究院的《国家创新指数报告》和彭博社的《全球创新指数国家TOP－50》等。金砖国家科技创新能力的分析和预测为金砖各国在经济转型时期国家创新能力提供了重要参考。

在科技部、中国社会科学院的支持下，福建师范大学、中国科学技术交流中心、中智科学技术评价研究中心等已完成6次《二十国集团（G20）国家创新竞争力发展报告》[①]、2次《世界创新竞争力发展报告》[②] 和1次《金砖国家综合创新竞争力发展报告（2017）》[③]，对2001年以来金砖国家、二十国集团国家和世界100多个国家的创新竞争力进行了测评，并获得了国际社会的认可。

为了更加科学和综合地反映各评价体系的结果，在2016年中国担任二十国集团主席国期间，由中国科学技术交流中心牵头，以上述5个评价体系的结果为基础数据，采用了类似道琼斯指数的方式对2001年以来二十国集团国家进行了科技综合创新竞争力排名，并对历史数据进行拟合外插测算出未来趋势。该测算方法及结果在2016年首届二十国集团科技创新部长会和2016年、2017年二十国集团智库（T20）会议上获得广泛认可，相应的报告成为《科技创新引领二十国集团未来——二十国集团智库的创新议题研究成果与政策建议汇编》的重要内容。该《科技创新引领二十国集团未来——二十国集团智库的创新议题研究成果与政策建议汇编》入选《全球

① 李建平、李闽榕、赵新力主编《二十国集团（G20）国家创新竞争力发展报告（2001～2010）》，社会科学文献出版社，2011；李建平、李闽榕、赵新力主编《二十国集团（G20）国家创新竞争力发展报告（2011～2013）》，社会科学文献出版社，2013；李建平、李闽榕、赵新力主编《二十国集团（G20）国家创新竞争力发展报告（2013～2014）》，社会科学文献出版社，2014；李建平、李闽榕、赵新力、周天勇主编《二十国集团（G20）国家创新竞争力发展报告（2015～2016）》，社会科学文献出版社，2016；李建平、李闽榕、赵新力、周天勇主编《二十国集团（G20）国家创新竞争力发展报告（2016～2017）》，社会科学文献出版社，2017；李建平、李闽榕、赵新力、周天勇主编《二十国集团（G20）国家创新竞争力发展报告（2017～2018）》，社会科学文献出版社，2018。

② 李建平、李闽榕、赵新力主编《世界创新竞争力发展报告（2001～2012）》，社会科学文献出版社，2013；李建平、李闽榕、赵新力主编《世界创新竞争力发展报告（2011～2017）》，社会科学文献出版社，2018。

③ 赵新力、李闽榕、黄茂兴主编《金砖国家综合创新竞争力发展报告（2017）》，社会科学文献出版社，2017。

智库报告》2016 年 50 篇“最佳政策研究报告”榜单。[①]

为了更好地发挥金砖国家科技创新合作在发展中国家中的引领示范作用，本报告以《二十国集团（G20）国家创新竞争力发展报告》的评价体系和评价数据为基础，采用最新数据进行测算，分析了金砖国家在二十国集团中 31 个三级指标 5 个二级指标乃至一级指标的排名情况，对金砖国家总体创新能力及各项指标进行详细分析解读。

一　金砖国家创新竞争力评价

（一）总体得分及其变化原因分析

从表 1 可以看出，2001 年和 2017 年金砖五国在国家创新竞争力方面的总体得分[②]及变化情况。从分值来看，金砖五国创新竞争力均有所提升，其中，中国的提升幅度最大，巴西紧随其后，印度、俄罗斯、南非提升幅度较小。从表 2 可以看出，在二十国集团中，巴西、中国创新竞争力幅度提升位列前三，其他三个国家提升幅度与其他相比，处于中间位置。

表 1　金砖五国创新竞争力总体得分及变化情况

国家	分值			排名		
	2001 年	2017 年	变化	2001 年	2017 年	变化
巴西	0. 16	0. 27	0. 11	13	12	1
俄罗斯	0. 25	0. 29	0. 04	11	11	0
印度	0. 13	0. 16	0. 03	16	18	-2
中国	0. 28	0. 45	0. 17	10	5	5
南非	0. 15	0. 19	0. 04	15	16	-1

注：名次为在二十国集团国家中的整体排名。

① 二十国集团杭州峰会创新议题中方高级别专家组、中国科学技术交流中心编著《科技创新引领二十国集团未来——二十国集团智库的创新议题研究成果与政策建议汇编》，福建人民出版社，2017。

② 李建平、李闽榕、赵新力主编《二十国集团（G20）国家创新竞争力发展报告（2001～2010）》，社会科学文献出版社，2011；李建平、李闽榕、赵新力、周天勇主编《二十国集团（G20）国家创新竞争力发展报告（2017～2018）》，社会科学文献出版社，2018。

表 2　二十国集团国家创新竞争力总体得分及变化情况

序号	国家	分值			排名		
		2001 年	2017 年	变化	2001 年	2017 年	变化
1	阿根廷	0.13	0.26	0.13	17	13	4
2	澳大利亚	0.37	0.43	0.06	8	8	0
3	巴西	0.16	0.27	0.11	13	12	1
4	加拿大	0.40	0.38	-0.02	6	9	-3
5	中国	0.28	0.45	0.17	10	5	5
6	法国	0.40	0.44	0.04	7	7	0
7	德国	0.43	0.49	0.06	4	4	0
8	印度	0.13	0.16	0.03	16	18	-2
9	印度尼西亚	0.06	0.15	0.09	19	19	0
10	意大利	0.31	0.32	0.01	9	10	-1
11	日本	0.56	0.49	-0.07	2	3	-1
12	韩国	0.42	0.49	0.07	5	2	3
13	墨西哥	0.21	0.17	-0.04	12	17	-5
14	俄罗斯	0.25	0.29	0.04	11	11	0
15	沙特阿拉伯	0.15	0.21	0.06	14	15	-1
16	南非	0.15	0.19	0.04	15	16	-1
17	土耳其	0.12	0.23	0.11	18	14	4
18	英国	0.46	0.44	-0.02	3	6	-3
19	美国	0.84	0.78	-0.06	1	1	0

注：表中主要对国家进行统计，欧盟未纳入其中。

（二）二级指标得分及其变化原因分析

金砖国家创新竞争力二级指标来源于《二十国集团（G20）国家创新竞争力发展报告》的评价指标，由创新基础竞争力、创新环境竞争力、创新投入竞争力、创新产出竞争力和创新持续竞争力组成（数据更新到 2017 年）。①

从表 3 和图 1 ~ 图 5 可以直观地看出金砖国家创新竞争力二级指标的变化情况。巴西在创新持续竞争力方面表现优异，提升了 12 名，2017 年排名

① 李建平、李闽榕、赵新力主编《二十国集团（G20）国家创新竞争力发展报告（2001 ~ 2010）》，社会科学文献出版社，2011；李建平、李闽榕、赵新力、周天勇主编《二十国集团（G20）国家创新竞争力发展报告（2017 ~ 2018）》，社会科学文献出版社，2018。

第4，创新基础竞争力、创新投入竞争力和创新产出竞争力变化不显著，创新环境竞争力排名略有下降；俄罗斯在五项指标中变化幅度不大，其中创新投入竞争力和创新持续竞争力有下滑趋势；印度的创新产出竞争力和创新投入竞争力变化明显；中国五项指标表现较好，创新环境竞争力和创新持续竞争力方面不突出；南非四项指标呈现下滑趋势，创新持续竞争力表现较好。

表3　金砖国家创新竞争力二级指标得分和排名情况

国家	指标	创新基础竞争力		创新环境竞争力		创新投入竞争力		创新产出竞争力		创新持续竞争力	
		分值	排名	分值	排名	分值	排名	分值	排名	分值	排名
巴西	2001年	8.3	14	23.0	16	22.2	12	13.0	12	26.5	16
	2017年	12.0	13	27.8	18	25.0	11	17.4	10	50.9	4
	变化	4.3	1	4.8	-2	3.2	1	4.4	2	24.4	12
俄罗斯	2001年	13.2	12	36.2	12	35.7	9	8.0	17	41.9	10
	2017年	20.9	11	60.8	9	20.2	12	13.4	13	29.5	15
	变化	7.7	1	24.6	3	-15.5	-3	5.4	4	-12.4	-5
印度	2001年	1.4	18	22.6	17	7.7	18	9.8	15	24.5	17
	2017年	5.7	17	23.4	19	11.6	15	19.1	9	17.9	17
	变化	4.3	1	0.8	-2	3.9	3	9.3	6	-6.6	0
中国	2001年	6.9	15	31.5	13	30.4	10	16.1	10	31.7	14
	2017年	35.3	7	57.1	11	53.3	5	84.0	2	35.8	11
	变化	28.4	8	25.6	2	22.9	5	67.9	8	4.1	3
南非	2001年	4.6	17	44.5	10	19.0	13	10.9	13	30.3	15
	2017年	3.0	18	43.0	14	11.4	16	2.6	18	34.3	12
	变化	-1.6	-1	-1.5	-4	-7.6	-3	-8.3	-5	4.0	3

根据《二十国集团（G20）国家创新竞争力发展报告》对2017～2018年金砖国家创新竞争力评价值（见表4）①，从表4中的数据可以看出，中国的指标以强势指标和优势指标为主，其他国家的指标不同程度地处于优势、中势及劣势范围。巴西的创新持续竞争力保持前列，中国的创新基础竞争力

① 李建平、李闽榕、赵新力、周天勇主编《二十国集团（G20）国家创新竞争力发展报告（2017～2018）》，社会科学文献出版社，2018。

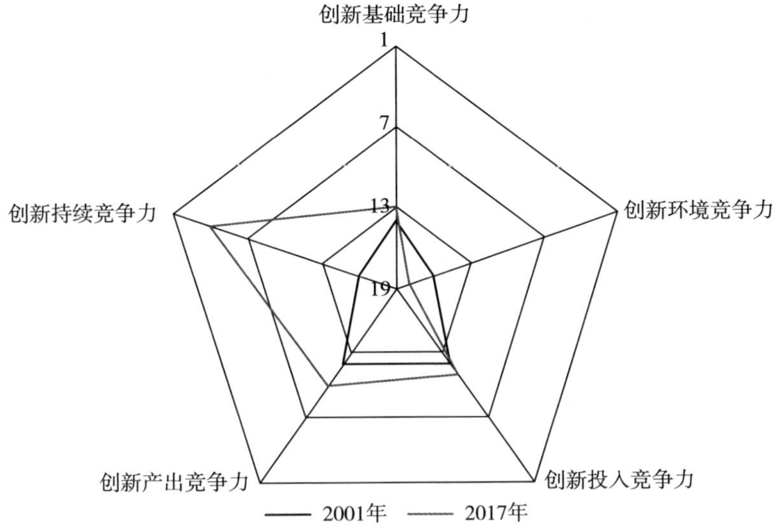

图 1　巴西国家创新竞争力二级指标排名变化雷达图

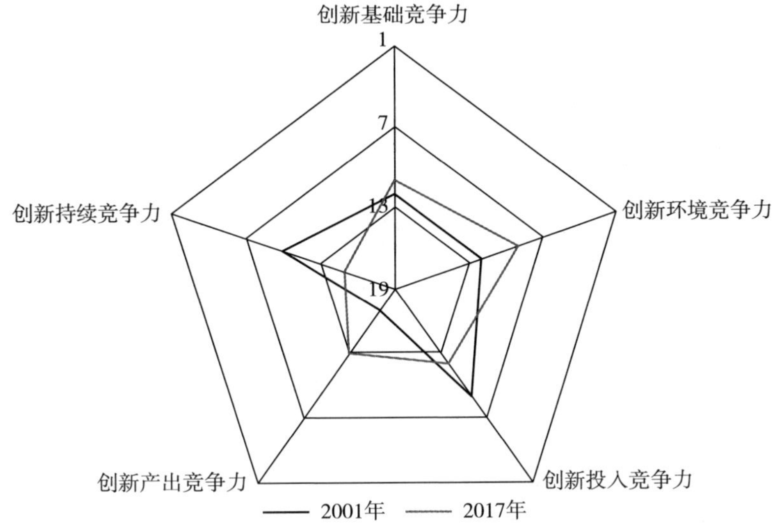

图 2　俄罗斯国家创新竞争力二级指标排名变化雷达图

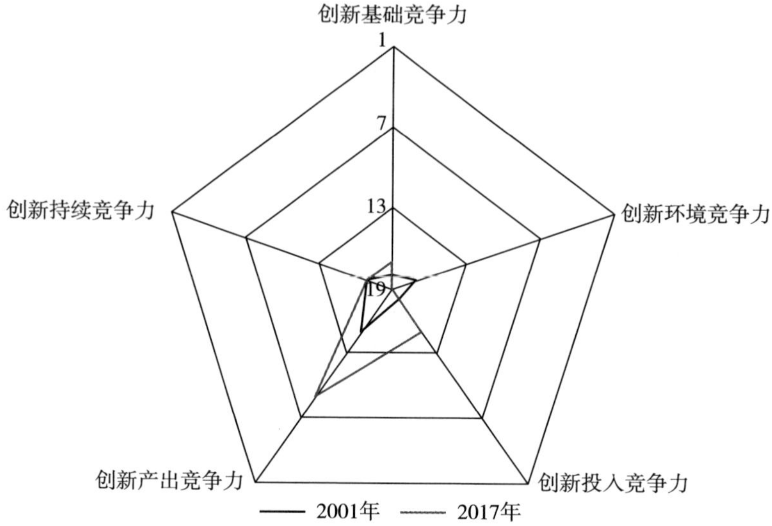

图 3　印度国家创新竞争力二级指标排名变化雷达图

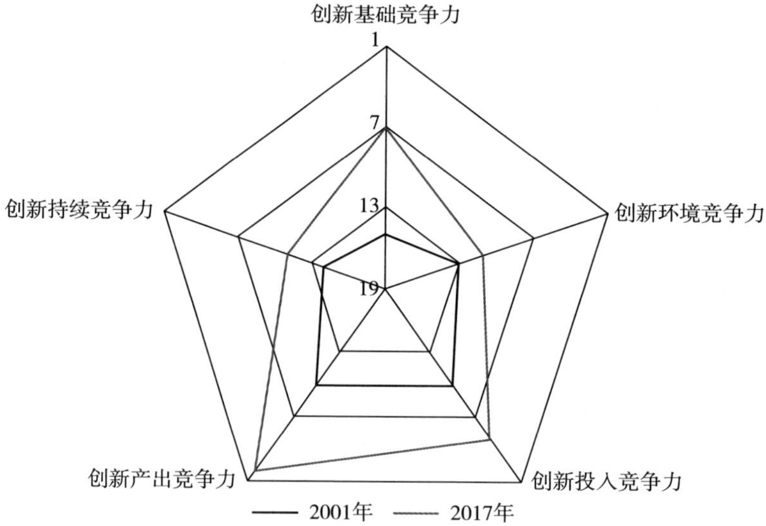

图 4　中国国家创新竞争力二级指标排名变化雷达图

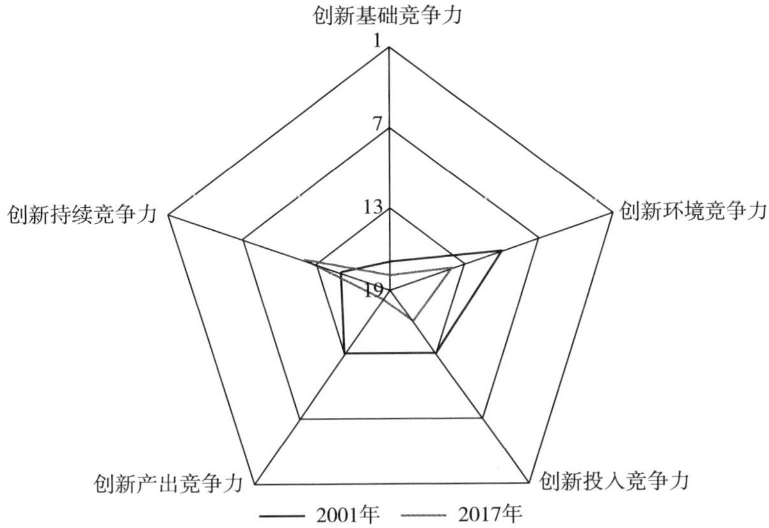

图 5　南非国家创新竞争力二级指标排名变化雷达图

和创新产出竞争力居于强势指标。俄罗斯的创新环境竞争力和创新产出竞争力是优势指标，印度虽然有 1 个优势指标和 1 个中势指标，但在创新环境、创新持续、创新基础等方面存在短板，影响了综合创新能力增速。南非除了在创新持续竞争力方面表现较突出外，其他指标均存在短板，影响本国综合创新能力的发展。

表 4　2017 年金砖国家创新竞争力二级指标比较

国家	强势指标	优势指标	中势指标	劣势指标
巴西	创新持续	—	创新基础、创新投入、创新产出	创新环境
俄罗斯	—	创新环境、创新产出	创新基础	创新投入、创新持续
印度	—	创新产出	创新投入	创新环境、创新持续、创新基础

续表

国家	强势指标	优势指标	中势指标	劣势指标
中国	创新基础、创新产出	创新投入、创新持续、创新环境	—	—
南非	—	创新持续	—	创新基础、创新环境、创新投入、创新产出

（三）三级得分及其变化原因分析

为了深入分析金砖国家创新竞争力的变化情况，在二级指标的基础上，分析五国在创新基础竞争力、创新环境竞争力、创新投入竞争力、创新产出竞争力、创新持续竞争力等方面的三级指标的得分及变化排名。①

在创新基础竞争力中，从整体来看，巴西、中国的指标变化幅度较大，在二十国集团国家中位列前 10。特别是在 GDP、财政收入、外国直接投资净值三项指标中中国表现突出。印度在人均 GDP、全社会劳动生产率指标中的排名有待提高。

表 5　金砖国家在创新基础竞争力中的得分及变化排名

项目	国家	巴西	俄罗斯	印度	中国	南非
GDP	2001 年	0.042	0.018	0.035	0.116	0.000
	2017 年	0.089	0.064	0.120	0.621	0.000
	变化	0.047	0.046	0.085	0.505	0.000
	名次	3	4	2	1	13

① 李建平、李闽榕、赵新力主编《二十国集团（G20）国家创新竞争力发展报告（2001～2010）》，社会科学文献出版社，2011；李建平、李闽榕、赵新力、周天勇主编《二十国集团（G20）国家创新竞争力发展报告（2017～2018）》，社会科学文献出版社，2018。

续表

项目 \ 国家		巴西	俄罗斯	印度	中国	南非
人均 GDP	2001 年	0.073	0.045	0.000	0.016	0.059
	2017 年	0.135	0.151	0.000	0.118	0.072
	变化	0.062	0.106	0.000	0.102	0.013
	名次	9	4	14	7	13
财政收入	2001 年	0.051	0.024	0.015	0.057	0.009
	2017 年	0.084	0.041	—	0.465	0.010
	变化	0.033	0.017	—	0.408	0.001
	名次	3	6	—	1	8
人均财政收入	2001 年	0.080	0.057	0.000	0.007	0.045
	2017 年	0.131	0.097	—	0.057	0.050
	变化	0.051	0.040	—	0.050	0.005
	名次	11	10	—	13	12
外国直接投资净值	2001 年	0.150	0.033	0.046	0.287	0.059
	2017 年	0.196	0.077	0.109	0.472	0.000
	变化	0.046	0.044	0.063	0.185	-0.059
	名次	4	5	2	1	13
受高等教育人员比重	2001 年	0.066	1.000	—	—	0.000
	2017 年	0.087	0.782	—	—	0.005
	变化	0.021	-0.218	—	—	0.005
	名次	6	15	—	—	7
全社会劳动生产率	2001 年	0.081	0.043	0.000	0.009	0.082
	2017 年	0.126	0.141	0.000	0.090	0.091
	变化	0.045	0.098	0.000	0.081	0.009
	名次	7	3	14	4	13

在创新环境竞争力中，从整体来看，与其他二十国集团国家相比，金砖五国除个别指标表现突出外，在其他方面有待提升。其中手机用户比例这一指标中，五国排名位列二十国集团前 10；在互联网用户比例方面，中国与俄罗斯表现优异；企业开业程序与企业平均税负水平两项指标中，五国变化

不明显，均有待提升；俄罗斯在在线公共服务指数一项中表现优异，位列二十国集团国家第一；在 ISO9001 质量体系认证数中，中国位列二十国集团国家第一，其他金砖国家位列前 10，表明在这项指标中，金砖五国均开始重视国际化统一标准。

表 6　金砖国家在创新环境竞争力中的得分及变化排名

项目	国家	巴西	俄罗斯	印度	中国	南非
互联网用户比例	2001 年	0.011	0.000	0.000	0.002	0.000
	2017 年	0.294	0.478	0.000	0.628	0.015
	变化	0.283	0.478	0.000	0.626	0.015
	名次	13	9	18	5	17
手机用户比例	2001 年	0.176	0.053	0.000	0.120	0.256
	2017 年	0.338	0.911	0.010	0.227	0.887
	变化	0.162	0.858	0.010	0.107	0.631
	名次	6	2	8	7	3
企业开业程序	2001 年	0.000	0.878	0.645	0.648	0.366
	2017 年	0.000	0.894	0.651	0.736	0.463
	变化	0.000	0.016	0.006	0.088	0.097
	名次	15	12	14	10	9
企业平均税负水平	2001 年	0.446	0.634	0.558	0.417	0.760
	2017 年	0.453	0.648	0.551	0.429	0.854
	变化	0.007	0.014	-0.007	0.012	0.094
	名次	13	11	18	12	3
在线公共服务指数	2001 年	0.321	0.178	0.060	0.133	0.301
	2017 年	0.545	0.714	0.108	0.409	0.358
	变化	0.224	0.536	0.048	0.276	0.057
	名次	7	1	15	6	14
ISO9001 质量体系认证数	2001 年	0.133	0.012	0.073	0.864	0.037
	2017 年	0.038	0.003	0.087	1.000	0.005
	变化	-0.095	-0.009	0.013	0.136	-0.032
	名次	10	5	2	1	9

在创新投入竞争力中，金砖五国表现各异。中国在 R&D 经费支出总额、R&D 人员两项指标排名中，位于二十国集团国家之首，表明中国在科技创

新方面对研发经费及研发人员的投入非常重视；巴西、中国在创新投入竞争力三级指标中全部位列二十国集团前10；印度在R&D人员指标中，表现优异；俄罗斯在R&D经费支出总额、人均R&D经费支出方面表现较好，其他有待提升；南非需重点关注企业研发投入比重。

表7　金砖国家在创新投入竞争力中的得分及变化排名

项目	国家	巴西	俄罗斯	印度	中国	南非
R&D经费支出总额	2001年	0.020	0.013	0.013	0.045	0.003
	2017年	0.086	0.031	0.030	0.482	0.004
	变化	0.066	0.018	0.017	0.437	0.001
	名次	3	6	7	1	13
R&D经费支出占GDP比重	2001年	0.337	0.386	0.239	0.305	0.229
	2017年	0.526	0.244	0.131	0.488	0.182
	变化	0.189	-0.142	-0.108	0.183	-0.047
	名次	3	14	11	4	9
人均R&D经费支出	2001年	0.032	0.024	0.003	0.009	0.018
	2017年	0.133	0.071	0.006	0.111	0.029
	变化	0.101	0.047	0.003	0.102	0.011
	名次	6	9	14	5	13
R&D人员	2001年	0.064	0.492	0.104	0.718	0.000
	2017年	0.115	0.243	0.158	1.000	0.005
	变化	0.051	-0.249	0.054	0.282	0.005
	名次	4	17	3	1	8
研究人员占从业人员比重	2001年	0.073	0.721	0.000	0.075	0.056
	2017年	0.139	0.418	0.029	0.148	0.081
	变化	0.066	-0.303	0.029	0.073	0.025
	名次	5	18	8	4	9
企业研发投入比重	2001年	0.499	0.324	0.375	0.735	0.705
	2017年	0.500	0.207	0.343	0.968	0.380
	变化	0.001	-0.117	-0.032	0.233	-0.325
	名次	7	14	10	3	18

在创新产出竞争力中，中国表现优异，在专利授权数、科技论文发表数、高技术产品净出口额、高技术产品进出口比重四项指标中位列二十国集团之

首；巴西在科技论文发表数、专利和许可收入、高技术产品净出口额三项指标中表现较好，其他方面有待提升；印度在注册商标数中位列二十国集团之首，在专利和许可收入方面有待提升；俄罗斯需关注科技论文发表数和注册商标数两方面；南非在专利授权数中位列二十国集团前10，其他方面有待提升。

表 8　金砖国家在创新产出竞争力中的得分及变化排名

项目＼国家		巴西	俄罗斯	印度	中国	南非
专利授权数	2001 年	0.022	0.098	0.009	0.098	0.017
	2017 年	0.015	0.106	0.037	1.000	0.016
	变化	-0.007	0.008	0.028	0.902	-0.001
	名次	11	4	3	1	7
科技论文发表数	2001 年	0.051	0.099	0.082	0.268	0.012
	2017 年	0.121	0.097	0.239	1.000	0.016
	变化	0.070	-0.002	0.157	0.732	0.004
	名次	4	14	2	1	11
专利和许可收入	2001 年	0.002	0.001	0.001	0.002	0.000
	2017 年	0.005	0.006	0.005	0.037	0.001
	变化	0.003	0.005	0.004	0.035	0.001
	名次	9	7	8	4	11
高技术产品净出口额	2001 年	0.034	0.018	0.013	0.281	0.005
	2017 年	0.052	0.047	0.078	1.000	0.004
	变化	0.018	0.029	0.065	0.719	-0.001
	名次	9	8	6	1	13
高技术产品进出口比重	2001 年	0.560	0.405	0.195	0.611	0.180
	2017 年	0.458	0.423	0.210	1.000	0.099
	变化	-0.102	0.018	0.015	0.389	-0.090
	名次	13	6	7	1	12
注册商标数	2001 年	0.428	0.182	0.371	1.000	0.031
	2017 年	0.390	0.124	0.576	1.000	0.019
	变化	-0.038	-0.058	0.205	0.000	-0.012
	名次	13	14	1	9	11

在创新持续竞争力方面，巴西在公共教育经费支出总额、公共教育经费支出占 GDP 比重、科技经费增长率三项指标中表现优异；中国在公共教育

经费支出总额中位列二十国集团之首，但在科技经费增长率方面表现不佳，需重点关注；印度在公共教育经费支出总额、科技经费增长率方面表现突出；俄罗斯在公共教育经费支出总额、人均公共教育经费支出额、高等教育毛入学率、科技人员增长率中位列二十国集团前10，但在科技经费增长率方面需着重关注；南非在公共教育经费支出占GDP比重、科技人员增长率、科技经费增长率方面表现突出。

表9　金砖国家在创新持续竞争力的得分及变化排名

项目 \ 国家		巴西	俄罗斯	印度	中国	南非
公共教育经费支出总额	2001年	0.031	0.010	0.030	0.068	0.004
	2017年	0.114	0.041	0.085	0.526	0.000
	变化	0.083	0.031	0.055	0.458	-0.004
	排名	2	5	3	1	15
公共教育经费支出占GDP比重	2001年	0.263	0.123	0.366	0.139	0.513
	2017年	1.000	0.123	0.131	0.276	0.926
	变化	0.737	0.000	-0.235	0.137	0.413
	排名	1	14	17	11	2
人均公共教育经费支出额	2001年	0.051	0.023	0.001	0.008	0.058
	2017年	0.187	0.117	0.000	0.103	0.103
	变化	0.136	0.094	-0.001	0.095	0.045
	排名	6	10	16	9	11
高等教育毛入学率	2001年	0.077	0.471	0.000	0.000	0.089
	2017年	0.322	0.657	0.076	0.327	0.000
	变化	0.245	0.186	0.076	0.327	-0.089
	排名	5	6	11	3	19
科技人员增长率	2001年	0.340	0.158	0.219	0.389	0.209
	2017年	0.973	0.726	0.709	0.867	0.947
	变化	0.633	0.568	0.490	0.478	0.738
	排名	6	7	11	12	2
科技经费增长率	2001年	0.307	1.000	0.507	0.751	0.326
	2017年	0.458	0.106	0.074	0.047	0.084
	变化	0.151	-0.894	-0.433	-0.704	-0.242
	排名	2	19	9	18	5

二　金砖国家综合创新力指标评价体系及其评价和预测

（一）5类科技创新评价报告对金砖国家的评测情况

1. 全球竞争力报告

1979 年，世界经济论坛（WEF）开始发布全球竞争力报告（*The Global Competitiveness Report*）。1997～1999 年的指标体系关注经济对国际金融贸易的开放、政府预算管理及税收情况、金融市场的发展、基础设施质量、科学技术、企业管理、劳动力情况、法律政治制度等八个方面。从 2000 年开始调整指标体系，加大科技创新能力的评价比重，如以“技术指数”排名表示“创新指数”排名（2001～2006），以“创新及其复杂程度”表示“创新指数”（2006～2007）。对评价指标及评价对象的不断完善和扩大，更加综合地呈现了国家竞争力的特征。在全球竞争力报告中，2018 年金砖国家排名为中国排名第 28、俄罗斯排名第 43、印度排名第 58、南非排名第 67、巴西排名第 72；[①] 2001 年金砖国家排名为南非排名第 34、中国排名第 39、巴西排名第 44、印度排名第 57、俄罗斯排名第 63。[②]

2. 全球创新指数

2007 年，欧洲工商管理学院（INSEAD）和联合国大学（UNU）合作完成首部全球创新指数（Global Innovation Index），此后每年发布一次。全球创新指数用来评估全球创新活动和各经济体的创新能力，采用了客观定量的硬指标和综合性指标与主观定性的软指标相结合的研究方式，进一步强化了研究成果的准确性和科学性。在《全球创新指数报告》中，2018 年金砖国家排名如下：中国排名第 17、俄罗斯排名第 46、印度排名第 57、南非排名

---

① World Economic Forum, *The Global Competitiveness Report*, Geneva: World Economic Forum, 2019.

② World Economic Forum, *The Global Competitiveness Report 2001 - 2002*, New York: Oxford University Press, 2002.

第58、巴西排名第64。[①] 2006年金砖国家排名如下：印度排名第23、中国排名第29、南非排名第38、巴西排名第40、俄罗斯排名第54。[②]

3. 国家创新竞争力发展报告

2010年，中国社会科学院、福建师范大学和中国科学技术交流中心撰写发布了《二十国集团（G20）国家创新竞争力发展报告（2001～2010)》，对2001年到2010年的二十国集团国家创新竞争力进行了逐年评价。随后，又先后发布《世界创新竞争力发展报告（2001～2012)》、《二十国集团（G20）国家创新竞争力发展报告（2011～2013)》、《二十国集团（G20）国家创新竞争力发展报告（2013～2014)》、《二十国集团（G20）国家创新竞争力发展报告（2015～2016)》和《世界创新竞争力发展报告（2011～2017)》，对世界100多个国家和二十国集团国家创新竞争力进行了评价。其指标体系包括5个二级指标（创新基础竞争力、创新环境竞争力、创新投入竞争力、创新产出竞争力和创新持续竞争力)，32个三级指标，指标涉及科技、经济和教育等多个方面。在二十国集团国家创新竞争力排名中，2001年金砖国家排名为俄罗斯排名第10、中国排名第12、南非排名第13、巴西排名第15、印度排名第18，[③] 2017年金砖国家排名为中国排名第7、俄罗斯排名第11、巴西排名第12、南非排名第16、印度排名第18。[④]

4. 国家创新指数

2011年起，中国科学技术发展战略研究院发布我国《国家创新指数报告》。参考《全球竞争力报告》《全球创新指数报告》等国际权威报告，结合国际科技创新能力最新研究成果，采用国际通用的标杆分析法，基于

---

① S. Dutta, B. Lanvin, Vincent S. Wunsch, *The Global Innovation Index 2019*, Geneva: Cornell University, INSAD, WIPO, 2019.

② S. Dutta S. Calkin, *Global Innovation Index 2007*, the World's Top Innovators: Globalization Has Pushed Innovation to The Top of The Agenda, But Which Countries Respond Best to The New Challenges? Business World, 2007.

③ 李建平、李闽榕、赵新力主编《二十国集团（G20）国家创新竞争力发展报告（2001～2010)》，社会科学文献出版社，2011。

④ 李建平、李闽榕、赵新力、周天勇主编《二十国集团（G20）国家创新竞争力发展报告（2017～2018)》，社会科学文献出版社，2018。

2011~2012 年相关统计数据，测算了全球 40 个国家的创新指数。2016 年发布的《国家创新指数报告（2015）》采用创新资源、知识创造、企业创新、创新绩效和创新环境 5 个一级指标，再次评估了世界 40 个主要国家的国家创新指数得分。

5. 彭博社的创新指数

2012 年，彭博社（Bloomberg）编制了《全球创新指数国家 TOP－50 排行榜》，数据主要来源于世界银行、世界知识产权组织、美国经济咨商局（The Conference Board）、经合组织和联合国教科文组织等。指标关注于研发强度、制造能力、生产率、高科技公司密度、高等教育入学率、研发人员密集度及专利活动等七个方面。在《全球创新指数国家 TOP－50 排行榜》[①] 排名中，2019 年金砖国家排名如下：中国排名第 16、俄罗斯排名第 27、巴西排名第 45，南非排名第 51，印度排名第 54。

表 10　金砖国家在全球主要创新评价报告的排名情况

项目 ＼ 国家		巴西	俄罗斯	印度	中国	南非
全球竞争力报告	2018 年排名	72	43	58	28	67
	2019 年排名	71	43	68	28	60
	2018 年 G20 排名	18	12	15	9	17
	2019 年 G20 排名	18	12	17	9	15
全球创新指数	2018 年排名	64	46	57	17	58
	2019 年排名	66	46	52	14	63
	2018 年 G20 排名	17	11	14	7	15
	2019 年 G20 排名	16	11	13	5	15
国家创新竞争力排名	2016 年排名	13	11	17	7	16
	2017 年排名	12	11	18	7	16
国家创新指数	当期排名	39	33	38	18	36
	前期排名	39	32	38	17	36

① http：//www. 199it. com/archives/825280. html.

续表

项目 \ 国家		巴西	俄罗斯	印度	中国	南非
彭博创新指数排名	2018 年排名	—	25	—	19	48
	2018 年 G20 排名	—	11	—	8	13
	2019 年排名	45	27	54	16	51
	2019 年 G20 排名	13	11	16	6	15

资料来源：https：//www. sohu. com/a/218736002_320672。

（二）排名和得分变化

金砖国家综合创新竞争力排名以发展中国家或新兴经济体的相对排名比较为主，以二十国集团国家为参照标准。2018 年，金砖国家综合创新竞争力评价指数在二十国集团国家的排名依次为：中国、俄罗斯、巴西、南非和印度。2001 年，金砖国家综合创新竞争力评价指数在二十国集团国家的排名依次为：俄罗斯、中国、南非、巴西和印度（见图6）。2018 年与2001 年相比，中国、巴西、印度的国家综合创新竞争力评价指数排位上升，其中中国上升的幅度最大，上升 3 位，印度上升 2 位，巴西上升 1 位。

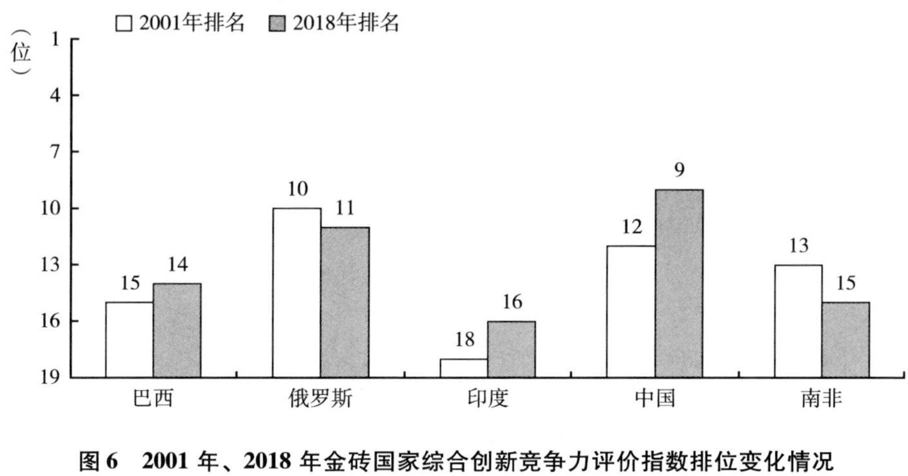

图 6　2001 年、2018 年金砖国家综合创新竞争力评价指数排位变化情况

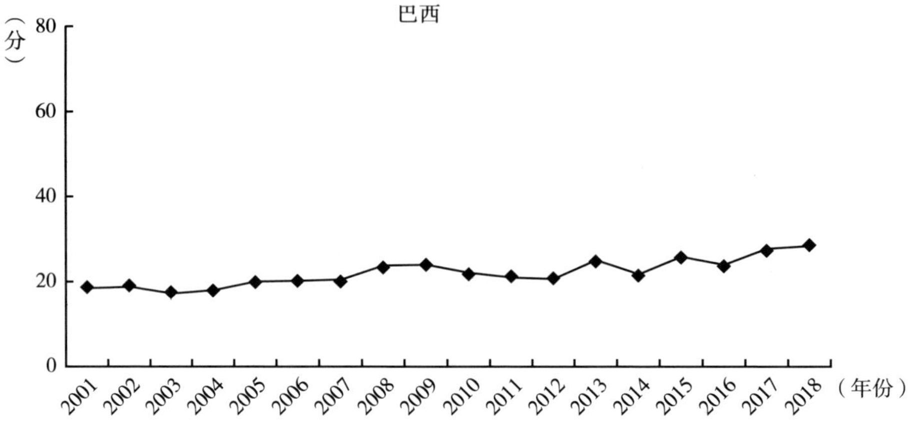
巴西
(分)
80
60
40
20
0
2001 2002 2003 2004 2005 2006 2007 2008 2009 2010 2011 2012 2013 2014 2015 2016 2017 2018
(年份)

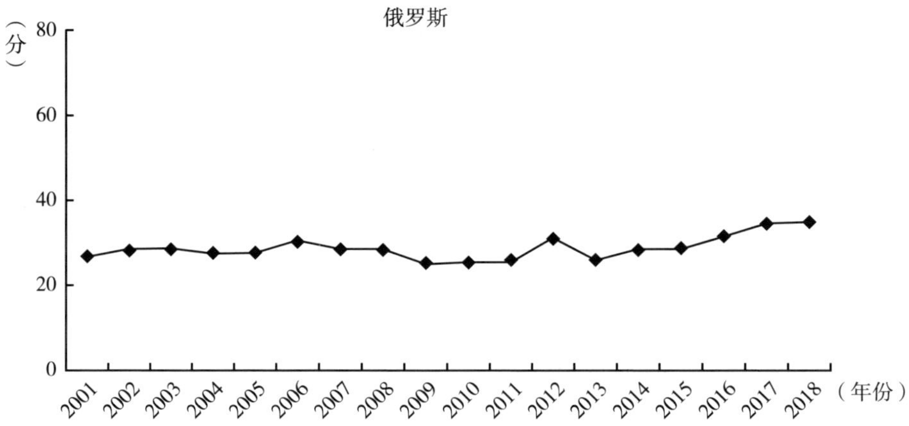
俄罗斯
(分)
80
60
40
20
0
2001 2002 2003 2004 2005 2006 2007 2008 2009 2010 2011 2012 2013 2014 2015 2016 2017 2018
(年份)

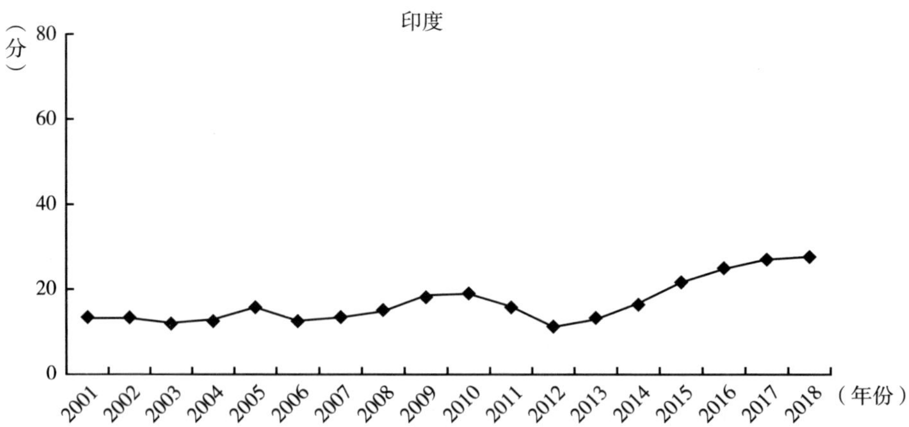
印度
(分)
80
60
40
20
0
2001 2002 2003 2004 2005 2006 2007 2008 2009 2010 2011 2012 2013 2014 2015 2016 2017 2018
(年份)

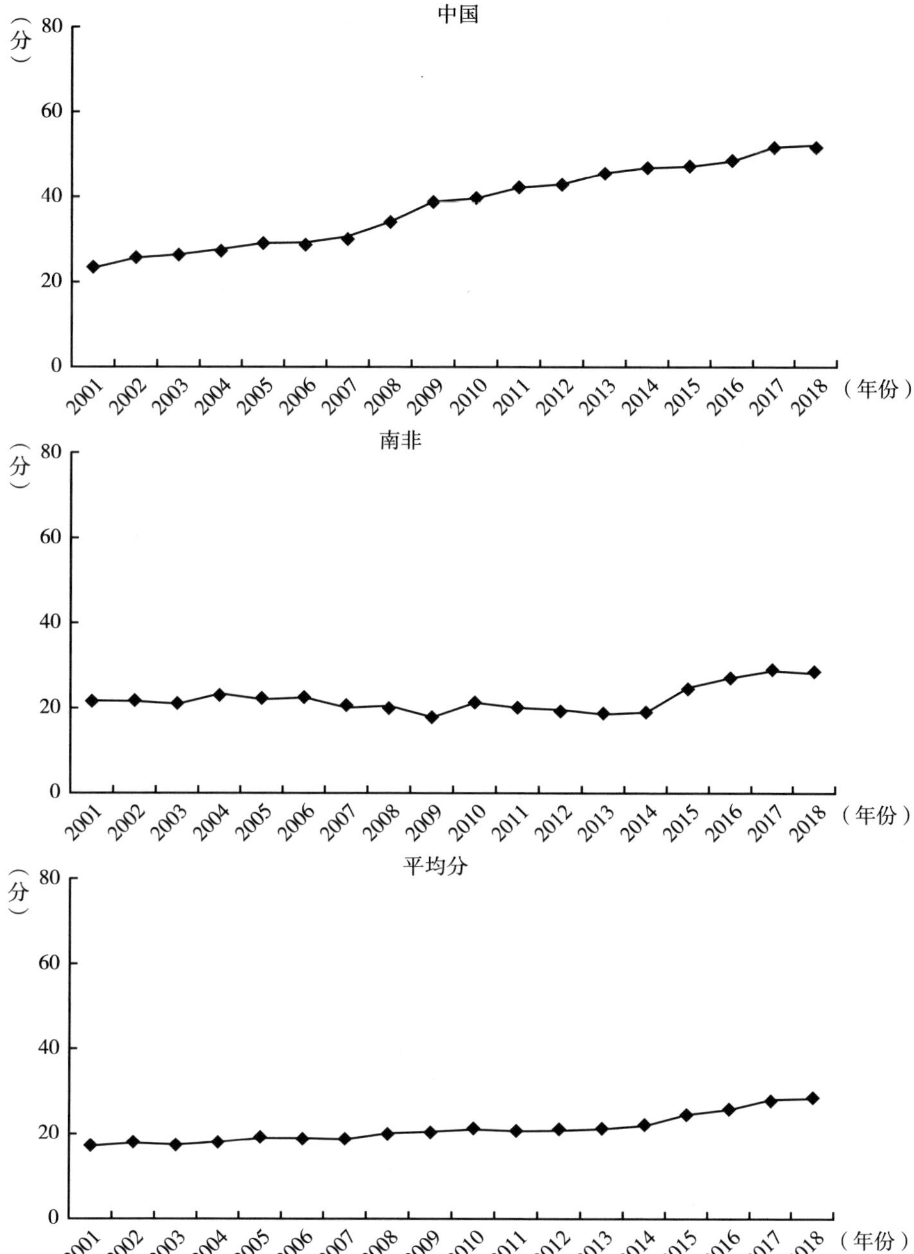

图 7　2001 ~ 2018 年金砖国家综合创新竞争力评价指数得分变化情况

表 11　2001～2018 年金砖国家综合创新竞争力评价指数比较

项目		巴西	俄罗斯	印度	中国	南非	G20 最高分	G20 最低分	G20 平均分
2001 年	得分	18. 6	27	13. 2	23. 3	21. 9	88. 8	7. 7	34. 97
	G20 排名	15	10	18	12	13	—	—	—
2002 年	得分	18. 8	28. 9	13. 1	25. 7	21. 8	89. 6	8	35. 79
	G20 排名	15	10	18	11	13	—	—	—
2003 年	得分	17. 3	29	12	26. 4	21. 2	88. 8	8. 3	35. 33
	G20 排名	15	10	18	11	13	—	—	—
2004 年	得分	21. 23	21. 46	18. 88	29. 03	29. 98	78. 31	12. 06	36. 19
	G20 排名	14	13	16	11	10	—	—	—
2005 年	得分	17. 78	19. 68	19. 96	27. 03	26. 58	77. 28	11. 43	34. 82
	G20 排名	17	14	13	10	11	—	—	—
2006 年	得分	22. 08	28. 01	23. 36	29. 21	27. 46	75. 38	20. 66	38. 9
	G20 排名	17	11	15	10	12	—	—	—
2007 年	得分	23. 5	26. 68	27. 83	33. 68	27. 14	74. 61	19. 54	38. 43
	G20 排名	16	13	11	10	12	—	—	—
2008 年	得分	27. 99	30. 41	27. 97	38. 52	30. 51	72. 08	22. 36	41. 01
	G20 排名	14	12	15	9	11	—	—	—
2009 年	得分	27. 46	28. 65	25. 57	36. 85	28. 62	67. 17	23. 17	38. 82
	G20 排名	14	11	17	9	12	—	—	—
2010 年	得分	27. 48	28. 43	27. 22	38. 71	27. 32	60. 74	24. 55	37. 51
	G20 排名	12	11	14	9	13	—	—	—
2011 年	得分	30. 99	34. 59	28. 77	44. 97	31. 05	65. 87	24. 15	41. 95
	G20 排名	13	11	16	9	12	—	—	—
2012 年	得分	17. 17	40. 29	15. 01	41. 9	17. 08	83. 91	11. 37	40. 24
	G20 排名	13	10	18	9	14	—	—	—
2013 年	得分	28. 04	46. 91	25. 43	51. 85	31. 37	85. 6	23. 88	49. 94
	G20 排名	14	11	17	9	13	—	—	—
2014 年	得分	28. 19	48. 29	23. 03	56. 43	26. 54	84. 39	21. 98	49. 78
	G20 排名	13	11	17	9	14	—	—	—
2015 年	得分	23. 43	47. 57	24. 71	55. 99	25. 38	81. 85	20. 83	47. 59
	G20 排名	17	10	14	9	13	—	—	—
2016 年	得分	26. 59	52. 66	24. 97	60. 86	28. 22	80. 94	22. 32	49. 15
	G20 排名	14	10	16	9	13	—	—	—

续表

项目		巴西	俄罗斯	印度	中国	南非	G20最高分	G20最低分	G20平均分
2017 年	得分	27.81	34.92	27.37	51.72	28.92	73.3	22.84	44.47
	G20 排名	13	12	18	8	15	—	—	—
2018 年	得分	28.42	35.14	27.63	52.21	28.33	74.62	25.01	46.23
	G20 排名	14	11	16	9	15	—	—	—
综合变化	得分	+9.82	+8.14	+14.43	+28.91	+6.43	—	—	—
	G20 排名	+1	-1	+2	+3	-2	—	—	—

通过对比 2001～2018 年金砖国家综合创新竞争力评价指数的得分变化情况可知,[①] 尽管部分国家在个别年份出现波动情况，但金砖国家综合创新竞争力的整体水平呈现上升趋势，平均增加了 11.30 分。

从表 11 的数据可以看出，金砖国家综合创新竞争力总体水平在提升。从金砖国家的整体情况来看，金砖国家综合创新竞争力快速增加。各国综合创新能力增长率参差不齐，特别是中国，从 2008 年开始，在二十国集团的排名一直保持在前 10，2018 年稳步上升到第 9 名，是唯一进入前 10 名的发展中国家。

（三）金砖国家综合创新竞争力预测

以 2001～2017 年金砖国家的综合创新竞争力得分数值为基础,[②] 测算金砖国家未来 7 年创新指数及其在二十国集团国家中的排名情况，并进行相应分析研究表明，相比于 2001～2017 年的平均得分，未来 6 年（2020～2025 年）金砖国家综合创新指数呈现上升趋势，反映出其综合创新能力不断加强，其中中国创新能力上升显著，其他四国创新能力提升平稳。

① 赵新力、李闽榕、黄茂兴主编《金砖国家综合创新竞争力发展报告（2017）》，社会科学文献出版社，2017。

② 赵新力、李闽榕、黄茂兴主编《金砖国家综合创新竞争力发展报告（2017）》，社会科学文献出版社，2017。

表 12　2020～2025 年金砖国家综合创新指数排名变化情况预测

创新指数		巴西	俄罗斯	印度	中国	南非
2020 年	创新指数	28.17	34.19	27.30	55.40	28.01
	排名	14	11	16	7	15
	较 2019 年变化	0	0	+1	0	0
2021 年	创新指数	28.73	34.72	28.30	56.97	28.59
	排名	14	11	16	7	15
	较 2019 年变化	0	0	+1	0	0
2022 年	创新指数	29.28	35.24	29.31	58.52	29.16
	排名	15	11	14	6	16
	较 2019 年变化	-1	0	+3	+1	-1
2023 年	创新指数	29.84	35.77	30.32	60.09	29.74
	排名	14	11	13	5	16
	较 2019 年变化	0	0	+4	+2	-1
2024 年	创新指数	30.39	36.29	31.32	61.65	30.32
	排名	14	11	12	5	15
	较 2019 年变化	0	0	+5	+2	0
2025 年	创新指数	30.95	36.81	32.33	63.21	30.89
	排名	14	11	12	5	15
	较 2019 年变化	0	0	+5	+2	0

表 13　2020～2025 年二十国集团国家综合创新能力排名预测

项目		2020 年	2021 年	2022 年	2023 年	2024 年	2025 年
中国	得分	55.40	56.97	58.52	60.09	61.65	63.21
	排名	7	7	6	5	5	5
南非	得分	28.01	28.59	29.16	29.74	30.32	30.89
	排名	15	15	16	16	15	15
印度	得分	27.30	28.3	29.31	30.32	31.32	32.33
	排名	16	16	14	13	12	12
俄罗斯	得分	34.19	34.72	35.24	35.77	36.29	36.81
	排名	11	11	11	11	11	11
巴西	得分	28.17	28.73	29.28	29.84	30.39	30.95
	排名	14	14	15	14	14	14

续表

项目		2020 年	2021 年	2022 年	2023 年	2024 年	2025 年
美国	得分	72. 49	72. 42	72. 35	72. 28	72. 21	72. 15
	排名	1	1	1	1	1	1
日本	得分	63. 83	63. 96	64. 09	64. 22	64. 35	64. 48
	排名	2	2	2	2	2	2
韩国	得分	63. 01	63. 29	63. 56	63. 84	64. 11	64. 39
	排名	3	3	3	3	3	3
德国	得分	62. 88	63. 13	63. 39	63. 64	63. 89	64. 15
	排名	4	4	4	4	4	4
英国	得分	59. 28	59. 28	59. 28	59. 28	59. 28	59. 29
	排名	5	5	5	6	6	6
法国	法国	57. 8	58. 05	58. 3	58. 56	58. 81	59. 06
	排名	6	6	7	7	7	7
加拿大	得分	50. 86	50. 82	50. 78	50. 71	50. 75	50. 68
	排名	9	9	9	9	9	9
意大利	得分	46. 64	46. 96	47. 27	47. 59	47. 9	48. 22
	排名	10	10	10	10	10	10
土耳其	得分	31. 26	31. 22	31. 17	31. 12	31. 07	31. 02
	排名	12	12	12	12	13	13
墨西哥	得分	29. 48	29. 57	29. 66	29. 76	29. 85	29. 94
	排名	13	13	13	15	16	16
阿根廷	得分	26. 72	26. 98	27. 24	27. 5	27. 76	28. 02
	排名	17	17	17	17	17	17
澳大利亚	得分	53. 35	53. 43	53. 51	53. 59	53. 67	53. 76
	排名	8	8	8	8	8	8

注：二十国集团国家中有印度尼西亚和沙特阿拉伯，但是在国家创新指数表中没有这两个国家的数据，所以共有 17 个国家进行排序。

估测到 2030 年，金砖五国科技创新综合竞争力将持续增强。一是中国综合科技创新竞争力将稳步提升，将始终保持金砖国家“领头羊”地位，到 2030 年有望进入前 3 位。二是金砖五国总体创新能力将有所提升。在各国不发生重大经济金融波动、国内动乱和重大自然灾害的前提下，综合创新指数将年均实现高于 1. 5% 的增长，但仍有可能低于二十国集团成员的年均增长率。三是各国综合创新竞争力指数增长率将继续分化。预计印度综合创新竞争力将显著提升，2025～2030年增速可能超过中国；俄罗斯综合创新竞争力增速将下降，2030年俄罗斯科技创新综合竞争力可能被印度超越；其他金砖国家稳中有升，巴西和南非增速低于金砖五国平均值，南非有些年度甚至将出现负增长。

附录　金砖国家创新竞争力指标体系、综合创新竞争力评价和预测算法概要

（一）金砖国家创新竞争力评价指标体系①

一级指标	二级指标(5个)	三级指标(31个)	主要数据来源
国家创新竞争力	创新基础竞争力(7个)	GDP	WB
		人均GDP	WB
		财政收入	IMF
		人均财政收入	IMF
		外国直接投资净值(FDI)	WB
		受高等教育人员比重（从业人员受高等教育人员所占比重）	UNESCO
	创新环境竞争力(6个)	全社会劳动生产率(GDP/从业人员)	WB
		互联网用户比例	WB
		手机用户比例	WB
		企业开业程序	WB
		企业平均税负水平	WB
		在线公共服务指数	UNESCO
		ISO9001质量体系认证数	ISO

① 李建平、李闽榕、赵新力主编《二十国集团（G20）国家创新竞争力发展报告（2001～2010）》，社会科学文献出版社，2011。

续表

一级指标	二级指标(5 个)	三级指标(31 个)	主要数据来源
国家创新竞争力	创新投入竞争力(6 个)	R&D 经费支出总额	UNESCO
		R&D 经费支出占 GDP 比重	UNESCO
		人均 R&D 经费支出	UNESCO
		R&D 人员	UNESCO
		研究人员占从业人员比重	UNESCO
		企业研发投入比重	UNESCO
	创新产出竞争力(6 个)	专利授权数	WIPO
		科技论文发表数	WB
		专利和许可收入	WB
		高技术产品净出口额	WB
		高技术产品进出口比重	WB
		注册商标数	WIPO
	创新持续竞争力(6 个)	公共教育经费支出总额	WB
		公共教育经费支出占 GDP 比重	WB
		人均公共教育经费支出额	WB
		高等教育毛入学率	UNESCO
		科技人员增长率	UNESCO
		科技经费增长率	UNESCO

数据来源及其说明：UNESCO 为联合国教科文组织；WB 为世界银行；IMF 为国际货币基金组织；WIPO 为世界知识产权组织；ISO 为国际标准化组织。

（二）国家综合创新竞争力评价指数数学模型①

本报告所采用的综合创新竞争力评价方法能够体现评价体系的时变规律，数学模型如下所示：

$$NIC_i = \beta_o + \beta_1 X_{i1} + \beta_2 X_{i2} + \cdots + \beta_k X_{ik} + \frac{N-k}{N} nic_i + \mu \quad (1)$$

其中，k 代表评价体系中评价方法的变化数量，新增评价方法时 $k>0$，

① 赵新力、李闽榕、黄茂兴主编《金砖国家综合创新竞争力发展报告（2017）》，社会科学文献出版社，2017。

减少评价方法时 $k<0$，评价体系不变时 $k=0$；N 代表当前评价体系中评价方法数量；X_{ik}（$i=1, 2, \cdots, n$）代表第 i 个国家在变化的评价方法下获得的国家创新竞争力得分；β_j（$j=1, 2, \cdots, k$）代表回归系数；μ 代表随机干扰项；nic_i 代表基于原有评价体系获得的国家创新竞争力得分；NIC_i 代表基于当前评价体系获得的国家创新竞争力得分。

为降低评价体系变化而产生的评价结果波动，本报告通过最小化基于当前评价体系预测的国家创新竞争力得分与基于原有评价体系计算的国家创新竞争力得分之间误差的平方和寻找数据的最佳函数匹配。

（三）国家综合创新竞争力评价指数预测方法和合理性说明

采用指数平滑法和霍特双参数线性指数平滑模型进行了简单数值预测。上述方法在建立预测模型时对历史各期数据进行合理加权，近期权数大，远期权数小，各期权数由近及远按等比级数衰减，这与社会经济现象变化的实际相符合。同时，该方法利用全部历史数据建模，避免了移动平均法仅利用部分数据信息的局限性，能够更好地弱化不规则变动因素的影响，揭示现象的变化规律。

研究组认为，预测结果合理。从数据来源看，相关数据来源于5个得到国际社会和国内外专家广泛认可的报告，数据权威。从可扩展性看，相关数据能够弥合“不同报告的侧重点不同”的问题，体现综合趋势性。从历史规律看，相关数据符合历史特点和经济活动对创新竞争力影响的一般认知，既有横向国际比较，也有纵向的历史比较。

B.2
"金砖 +"国家的科技优先领域*

〔俄〕亚历山大·索科洛夫　谢尔盖·沙什诺夫　马克西姆·科茨米尔**

摘　要： 随着科技发展日趋复杂化，往往需要昂贵的研究基础设施和高科技的实验室设备。科技的范围越来越广，当今世界上没有一个国家能够对所有研发领域全面提供支持。遴选优先领域始终是发达国家和发展中国家，包括金砖国家科技创新政策最重要的手段之一。本文选择5个金砖国家和21个其他"金砖+"国家，通过计算每个被选国家的显示性比较优势指数（RCA指数），给出了其14个科技合作与发展的优先领域：信息通信技术，纳米技术和新材料，先进制造和机器人技术，空间（航天系统和天文观测），运输系统，能源效率和节能，核能，可再生能源，矿物质勘探、开发和开采，气候变化、环境保护和灾难管理，水资源，粮食安全与可持续农业，医疗保健与医药，生物技术。

关键词： 金砖国家　金砖+　科技合作

---

* 本文得到作者同意，译成中文，放入本书。译者郑薇，译审，中国科学技术交流中心翻译礼宾处专技四级；译者马慧勤，译审，中国科学技术交流中心翻译礼宾处专技六级。

** 亚历山大·索科洛夫（Alexander Sokolov），莫斯科国立大学博士，俄罗斯国家研究型高等经济大学终身教授、统计研究和知识经济学研究所常务副所长，通讯作者；谢尔盖·沙什诺夫（Sergey Shashnov），博士，俄罗斯国家研究型高等经济大学统计研究和知识经济学研究所战略预测部主任，研究方向为预测研究、统计学和社会学分析、专家调查方法；马克西姆·科茨米尔（Maxim Kotsemir），俄罗斯国家研究型高等经济大学统计研究和知识经济学研究所研究员，研究方向为文献计量分析、研究合作分析、研发统计。

一　引言

近50年来，科技迅猛发展，成为日益影响全球竞争力的关键因素。随着科技发展日趋复杂化，往往需要昂贵的研究基础设施和高科技的实验室设备。科技的范围越来越广，当今世界上没有一个国家能够对所有研发领域全面提供支持。如何选择优先领域集中有限资源对欠发达国家而言更为重要。

因此，遴选优先领域始终是发达国家和发展中国家，包括金砖国家（巴西、俄罗斯、印度、中国和南非）科技创新政策最重要的手段之一。遴选优先领域在许多国家已成为常态，也是文献探讨的热点（OECD，2010；BILAT - USA，2010；Gassler et al.，2004；Gokhberg et al.，2016；Grebenyuk et al.，2016；Kuwahara et al.，2008；Li，2009；Pouris and Raphasha，2015）。遴选优先领域着眼于解决经济社会问题和有效发挥国家竞争优势（OECD，2012；European Forum on Forward Looking Activities，2015；Meissner et al.，2013；Poznyak and Shashnov，2011；Sokolov and Chulok，2016）。优先领域主要基于其在推动经济社会可持续发展、增强国家竞争力方面作用大小进行综合评估确定。

国际科技创新合作一直是国家科技创新政策的重要工具。各国通过合作，共同获取新知识并实现广泛的政治利益。从国际科技创新项目、研究论文及其被引用情况，可以看出过去几十年科技创新协作稳步拓展（Edler，2010a；Aldieri et al.，2019）。

确定国际合作重点，确保参与国互利共赢是一项重要任务，也已被广泛讨论（例如 Figueroa and Stamm，2012；Serger and Wise，2010；Varum and Piscitello，2011）。本报告的研究重点是双边合作。多边科技合作通常在欧洲科技合作政策的共同框架下讨论（Georghiou，2001；Haegeman et al.，2015；Edler，2010b）。Tõnurist 和 Kattel（2016）分析了北欧国家的科技合作，Schuch 等（2012）分析了欧盟和东欧及中亚国家的科技合作，Sokolov

等（2017，2019）分析了金砖国家互利多赢的重点合作领域。确定国际科技合作的优先领域合作对于在金砖国家框架计划下实施金砖国家多边联合研究倡议极其必要。这一点在金砖国家开展的一些双边科技合作项目中也非常重要。金砖伙伴国的长远目标是建设一个全方位的平台，使"金砖 +"各国可就科技合作进行持续的战略互动。而制定得到所有金砖国家理解和认可的科技合作优先领域至关重要。

一系列基础性文件在促进金砖国家国际行动方面发挥了重要作用，其中包括：2014 年首届金砖国家科技创新部长级会议通过的《开普敦宣言》，强调有必要加强金砖国家之间的科技创新合作；2015 年第二届金砖国家科技创新部长级会议签署的《金砖国家政府间科技创新合作谅解备忘录》，确定了粮食安全、可持续农业、自然灾害管理、新能源、可再生能源和能效、纳米技术、信息技术和高性能计算等多个科技合作的优先领域；同年第三届金砖国家科技创新部长级会议通过的《莫斯科宣言》和《金砖国家 2015 ~ 2018 年科技创新工作计划》；2017 年在杭州通过的《金砖国家 2017 ~ 2020 年创新合作行动计划》；2019 年在坎皮纳斯通过的《金砖国家创新网络支撑框架》。

金砖国家一直致力于在全球范围内建立经济联盟，尤其是同广大发展中国家。这样的努力激发了很多关于未来扩大金砖体系和增加新成员的想法和讨论。南方共同市场、南部非洲联盟、欧亚经济联盟、南亚区域合作联盟、中国—东盟自由贸易区等组织也被建议纳入"金砖 +"平台的一部分。[①] 创新在经济合作中的重要角色需建立在紧密的科技联系上。

中国国家主席习近平与金砖国家、"金砖 +"国家以及非洲国家领导人共同出席在约翰内斯堡召开的第十届金砖国家峰会，并在演讲中呼吁新兴市场经济体和发展中国家在应对共同挑战方面加强合作。[②] 广大发展中

---

① 参见 https：//www. weforum. org/agenda/2018/01/brics - plus - an - alternative - to - globalization - in - the - making/，http：//www. xinhuanet. com/english/2018 - 07/28/c _ 137352893. htm。

② http：//www. xinhuanet. com/english/2018 - 07/28/c_137352893. htm.

国家领导人大力支持加强团结合作。过去几年，俄罗斯和其他金砖国家显著加强了其科技创新政策中的国际合作维度，这对发挥它们的竞争优势起到了切实的作用。科技创新领域的合作尤为重要，是提升国家竞争力的重要驱动力。

本文旨在明确金砖国家与众多发展中国家科技合作的优先领域。

二　方法论

本文的目的是评估金砖国家在其优先领域最佳的发展中合作伙伴国。选择这些国家，即“金砖 +”国家的标准包括人口规模、国内研发经费总支出（GERD）、研究成果（在同行评议的科技期刊上发表论文的数量）、覆盖不同地区的考虑等。

备选国家主要是发展中国家。世界银行按地区划分国家的分类也作为参考。欧盟和经合组织成员国不在备选范围之内（土耳其、智利和墨西哥除外，这几个国家虽然是经合组织成员，但仍属于发展中国家）。第一步，列出在斯高帕斯（Scopus）数据库发表论文数量相对较高（2018 年标准：南部非洲国家 3000 篇以上，其他国家 5000 篇以上）的国家。第二步，在第一步选中的国家名单里，选择在研发体系投入人力（研发人员数量）和财力（GERD）相对较大的国家。结果是下列 21 个国家被选中（简称“金砖 +”体系）：东亚和太平洋地区的印尼、马来西亚、泰国和越南；欧洲和中亚地区的土耳其；拉丁美洲的阿根廷、智利、哥伦比亚和墨西哥；中东地区的伊朗、沙特和阿联酋；马格里布地区的摩洛哥、阿尔及利亚、埃及和突尼斯；南部非洲国家中的埃塞俄比亚、肯尼亚和尼日利亚。

我们进一步分析了这些被选中国家在 Sokolov 等人 2019 年提出的 14 个优先领域的发展能力。对金砖国家的经济社会条件、科技潜能和科技合作优先领域进行综合分析，得出了如下 14 个优先领域及其排序：信息通信技术，纳米技术和新材料，先进制造和机器人技术，空间（航天系统和天文观测），运输系统，能源效率和节能，核能，可再生能源，矿物质勘探、开发和开采，气候变化、环境保护和灾难管理，水资源，粮食安全与可持续农业，医疗保健与医药，生物技术（详见第四节）。

进一步的分析集中在这些国家的重要指标上（研发经费、科技人力资本、以在 Scopus 数据库收录的论文数量来衡量的研究成果）。研发投入指标包括 GERD 与 GDP 的比值（%）、用美元购买力平价计算的 GERD、研发人数等。研发产出指标包括论文发表、国际科技合作、论文引用影响和专利活动等。

“金砖 +”国家研发指标的数据源自联合国教科文组织统计研究所（UNESCO UIS）的“研究和试验发展数据库”（Research and Experimental Development Database）、经济合作与发展组织的主要科学技术指标（OECD MSTI）。论文发表的数据从 Scopus 数据库获取。研究和试验发展数据库是世界最大的科技创新指标数据库。Scopus 数据库是爱思唯尔出版公司拥有的世界上最大的科学引文数据库之一。截至 2019 年 9 月，Scopus 数据库共收录文献超过 7620 万篇。

我们计算了每个被选国家的显示性比较优势指数（RCA 指数），这个指数反映了在某一学科领域科技的专业化程度。RCA 指数超过 1.0 的学科领域是这个国家研究的优势领域，RCA 指数超过 1.5 的领域视为这个国家的重点优势领域。

对于某个特定的被选国家和某个特定的学科，RCA 指数计算方法如下：

$$\text{显示性比较优势指数}(RCA)_{xubjarea\ i\ country\ j} = \frac{Share_{sub\ jarea\ i\ country\ j}}{Share_{sub\ jarea\ i\ world}}$$

公式中 $Share_{sub\ jarea\ i\ country\ j}$ 代表 Scopus 数据库收录的国家 j 在学科 i（$i=1$，…，27）发表论文的数量占该国论文发表总量的比值；$Share_{sub\ jarea\ i\ world}$ 指全球在学科 i（$i=1$，…，27）发表的论文量占 Scopus 数据库收录的全球论文总量的比值。

三　“金砖 +”国家科技指标分析

（一）科技潜能方面的重要指标

除南非外，其他金砖国家是世界上位列前茅的经济体。金砖国家面对目前的科技挑战都蕴藏着巨大潜力，尤其是当它们将科技创新资源有效地整合起来将无往而不利。中国是世界第二大经济体和科技大国，其购买力平价计算的研发经费（GERD）超过其他所有金砖国家科研投入总和的3倍以上（见表1）。

2014年，中国GERD超过了欧盟28国的总和。2017年，中国GERD达到了4960亿美元。同年，美国GERD为5432亿美元，全球领先，中美两国GERD总和超过其他所有国家总和的很多倍。2017年，位列第三的日本GERD为1758亿美元，德国仅有1271亿美元（见表2）。近年来，俄罗斯、印度和巴西GERD很接近，为400亿~500亿美元（按购买力平价计算）。南非的研发投入更少，过去15年中每年GERD仅有31亿~61亿美元（按购买力平价计算）。

中国GERD增长最快，2017年的总量已经约为2000年的15倍（见表1）。其他金砖国家的增幅则小得多，南非增加了1.35倍，俄罗斯增加了3.03倍。近年来，中国GERD每年为3500亿~5000亿美元。每年都超过俄罗斯、印度和巴西三个国家全年GERD的总和。

中国的研究人员总量居世界各国之首①（见表1和表2）。2017年，中国研究人员按照全时当量折算的总量达到174.04万人。在美国，2016年的

① 在中国，从2009年开始，研究人员的数据按照Frascati手册对研究人员的定义收集。在此之前，这只是独立研究机构的情况，而其他部门的数据则是根据联合国教科文组织的“科学家和工程师”概念收集的。详见经合组织MSTI方法评论：https://stats.oecd.org/OECDStat_Metadata/ShowMetadata.ashx?Dataset=MSTI_PUB&Lang=en&Coords=［COU］.［CHN］。

表 1　2000 ~ 2017 年金砖国家、美国及欧盟主要研发指标

国家	全社会研发投入（单位:10 亿美元）					研究人员（单位:千人）					GERD 占 GDP 的比重（%）				
	2000 年	2005 年	2010 年	2015 年	2017 年	2000 年	2005 年	2010 年	2015 年	2017 年	2000 年	2005 年	2010 年	2015 年	2017 年
巴西	15.8	21.0	34.0	39.0	39.9	73.9	96.9	134.3	180.0 ****	—	1.00	1.00	1.16	1.34	1.27 ***
俄罗斯	10.5	20.0	35.0	39.7	42.3	506.4	464.6	442.1	430.0	410.6	1.05	1.07	1.13	1.10	1.11
印度	16.0	23.0	48.1 **	49.7	—	115.9	154.8	192.8	283.0	—	0.77	0.84	0.83 **	0.62	—
中国	33.1	86.8	213.5	407.5	496.0	695.1	1118.7	1210.8	1619.0	1740.4	0.89	1.31	1.71	2.06	2.13
南非	2.6 *	4.0	4.4	5.8	6.1 ***	14.2 *	17.3	18.7	26.2	27.7 ***	0.72 *	0.86	0.74	0.80	0.82 ***
美国	269.5	328.1	410.1	495.1	543.2	985.0	1104.0	1200.5	1369.3	1371.3 ***	2.62	2.51	2.74	2.73	2.80
欧盟	183.4	226.9	307.7	386.0	430.1	1113.9	1374.8	1601.1	1845.8	1964.0	1.67	1.66	1.83	1.96	1.97

注：全社会研发投入按购买力平价计算，研究人员为全时当量。* 为 2001 年数据，** 为 2011 年数据，*** 为 2016 年数据，**** 为 2014 年数据。

资料来源：经合组织 MSTI；联合国教科文组织统计研究所数据库（科技创新板块）。2019 年 8 月更新。

表 2　2017 年（有数据可查的最近年份）“金砖 +”国家主要研发指标

全社会研发投入（单位:10 亿美元）															
国家	美国	中国	日本	德国	韩国	印度	俄罗斯	巴西	土耳其	沙特	马来西亚	墨西哥	泰国	印尼	埃及
年份	2017					2015	2017	2016	2017	2013	2016			2017	
数值	543.2	496.0	175.8	127.1	89.8	49.7	42.3	39.9	20.6	12.5	12.4	11.0	9.1	7.7	6.8

续表

全社会研发投入(单位:10 亿美元)															
国家	阿联酋	南非	阿根廷	越南	阿尔及利亚	伊朗	巴基斯坦	哥伦比亚	智利	摩洛哥	尼日利亚	突尼斯	肯尼亚	埃塞俄比亚	
年份	2016			2017		2013	2017		2016	2010	2007	2016	2010	2013	
数值	6.5	6.1	4.7	3.4	3.4	3.3	2.6	1.7	1.5	1.5	1.4	0.8	0.8	0.8	
研究人员(单位:千人)															
国家	中国	美国	日本	德国	俄罗斯	印度	巴西	土耳其	泰国	马来西亚	巴基斯坦	越南	埃及	印尼	阿根廷
年份	2017	2016	2017			2015	2014	2017	2016		2017				2016
数值	1740.4	1371.3	676.3	413.5	410.6	283.0	180.0	111.9	83.3	73.5	69.8	67.0	65.3	57.0	54.0
国家	伊朗	摩洛哥	沙特	阿尔及利亚	墨西哥	南非	突尼斯	阿联酋	肯尼亚	智利	尼日利亚	哥伦比亚	埃塞俄比亚		
年份	2013	2017	2013	2017	2013	2016			2010	2016	2007	2016	2013		
数值	52.0	37.7	35.3	33.9	29.9	27.7	22.4	22.3	9.3	9.0	5.7	4.3	4.3		
GERD 占 GDP 的比重(单位:%)															
国家	以色列	韩国	瑞士	瑞典	日本	中国	马来西亚	巴西	俄罗斯	土耳其	阿联酋	沙特	南非	肯尼亚	泰国
年份	2017		2015	2017			2016		2017		2016	2013	2016	2010	2016
数值	4.58	4.55	3.37	3.31	3.20	2.13	1.44	1.27	1.11	0.96	0.96	0.82	0.82	0.79	0.78
国家	摩洛哥	印度	埃及	埃塞俄比亚	突尼斯	阿尔及利亚	阿根廷	越南	墨西哥	智利	伊朗	哥伦比亚	印尼	巴基斯坦	尼日利亚
年份	2010	2015	2017	2013	2016	2017	2016	2017	2016		2014	2017			
数值	0.71	0.62	0.61	0.60	0.60	0.53	0.53	0.53	0.49	0.36	0.25	0.24	0.24	0.24	0.22

说明：全社会研发投入按购买力平价计算，研究人员为全时当量。

资料来源：经合组织 MSTI；联合国教科文组织统计研究所数据库（科技创新板块）。2019 年 9 月最后一次更新。

相关数据为 137. 13 万人，而欧盟 28 国总数为 196. 4 万人。俄罗斯为 41. 06 万人（全时当量）[①]，也位于世界前列，与德国相近（41. 35 万人）。印度 2015 年的研究人员总量为 28. 30 万人，与英国 2017 年的 28. 97 万人和法国 2017 年的 28. 86 万人相近。2014 年，巴西的研究人员总量为 18. 00 万人（全时当量），是拉美国家中最多的。与其他金砖国家相比，南非的研究人员总量小得多，2016 年只有 2. 77 万人（全时当量）。在金砖和"金砖 +"国家中，只有俄罗斯的研究人员总量呈逐渐下降趋势。

21 世纪，中国 R&D 经费投入强度（GERD 占 GDP 的比重）稳步增加，而其他金砖国家及美国的相关指标大部分变化不大（见表 1）。中国 GERD 占 GDP 的比重从 2000 年的 0. 89% 增加到 2017 年的 2. 13%，超过了全世界相关指数的平均水平（1. 68%）和欧盟 28 国的平均水平（1. 97%）。中国 GERD 占 GDP 的比重与经合组织成员国的总体水平（2. 37%），法国的 2. 19%，挪威的 2. 11% 及荷兰的 2. 00% 相近。过去 15 年，欧盟 28 国和美国的 GERD 占 GDP 的比重增幅不大。

大多数"金砖 +"国家的 GERD 和研究人员总量远远低于全球领先国家，只有几个国家例外（土耳其、泰国、马来西亚和少数几个国家）。在我们分析的"金砖 +"国家中，土耳其的研发投入最多。土耳其 GERD 超过了 206 亿美元（按购买力平价计算），大约是巴西和俄罗斯的一半。在"金砖 +"国家中，只有马来西亚、沙特和墨西哥的 GERD 超过了 100 亿美元（按购买力平价计算）。人力资源在"金砖 +"国家的分布也很不均衡。土耳其（11. 19 万人）、泰国（8. 33 万人）及马来西亚（7. 35 万人）拥有最多的研究人员。伊朗、阿根廷、印尼、埃及、越南和巴基斯坦拥有 5. 2 万 ~ 6. 98 万研究人员（全时当量）。南部非洲国家（肯尼亚、尼日利亚和埃塞俄比亚）以及智利和哥伦比亚无论是研究人员总量还是 GERD，均落后于其他"金砖 +"国家。

---

① 在俄罗斯联邦，编制数据仅包括全时人员，因此被低估，而全时员工的数据是根据全职和兼职人员计算的。这解释了为什么全时员工数据大于全时人员数。详见经合组织 MSTI 方法评论：https：//stats. oecd. org/OECDStat _ Metadata/ShowMetadata. ashx？ Dataset = MSTI _ PUB&Lang = en&Coords = ［COU］．［RUS］。

从 GERD 占 GDP 的比重来看，“金砖 +”国家中处于领先地位的是马来西亚，占比为 1.44%（超过中国以外的其他金砖国家）。泰国、肯尼亚、沙特、阿联酋和土耳其 GERD 占 GDP 的比重也很高，为 0.78% ~0.96%。尼日利亚、巴基斯坦、印尼、哥伦比亚和伊朗的 GERD 占 GDP 的比重为 0.22% ~0.25%，远远落后于其他“金砖 +”国家（见表 2）。

（二）论文发表

21 世纪，金砖国家研究人员发表论文总量①大幅增长，在全球科研界中所占的份额也大幅增加（见表 3）。金砖国家研究人员发表论文总量 2010 年超越美国。2017 年超过欧盟 28 国。2018 年，在 Scopus 数据库收录的学术论文中，金砖国家贡献了 34.2%（2000 年仅有 10.8%）。欧盟 28 国发表的论文总量占 Scopus 数据库收录的全球论文总量的 29.5%（2000 年为 33.4%）。

金砖国家论文发表总量的快速增长得益于中国论文发表量的高速增长。2000 ~2018 年，中国作者论文发表总量增长了 10.3 倍。因此，2018 年 Scopus 数据库收录的中国论文发表总量超过美国，从 2000 年的第六位攀升为新的全球领导者。2018 年，Scopus 数据库收录了中国 58.46 万篇论文②，美国 58.30 万篇③，这两个国家分别占全世界 Scopus 数据库收录论文总量的 21.27% 和 21.21%（见表 3），遥遥领先其他国家。

印度的论文发表总量也出现了高速增长，从 2000 年到 2018 年增长了 5.4 倍。在这段时期，Scopus 数据库收录的印度论文从 2.45 万篇增长到 15.67 万篇。因此，印度的排名从全球第 13 位上升到第 5 位，与德国（全球排名第 4 位，发表论文总量 16.17 万篇）和英国（排名第 3 位，论文发表总量 17.61 万篇）接近。

---

① 所有计算都基于 Scopus 数据。出版物类型包括期刊文章、评论和会议论文。

② 在所有的计算中，数据都是针对中国大陆的，而不考虑台湾、澳门和香港的数据（台湾、澳门和香港作为单独的区域留在 Scopus）。

③ 2019 年，中美出版活动差距进一步拉大。截至 2019 年 9 月底，中国在 Scopus 的出版物数量为 47.37 万份（占全球出版物总量的 22.7%），美国为 45.11 万份（占 21.6%）。

表 3　金砖国家和其他国家、地区 Scopus 论文发表统计数据

国家	Scopus 论文总数（千）			Scopus 全球论文产出占比(%)			国家论文数排名			2000~2018年论文增长（倍数）
	2000 年	2010 年	2018 年	2000 年	2010 年	2018 年	2000 年	2010 年	2018 年	
中国	51.7	339.2	584.6	4.26	15.86	21.27	6	2	1	10.31
美国	353.3	516.5	583.0	29.14	24.15	21.21	1	1	2	0.65
英国	98.2	141.0	176.1	8.10	6.59	6.41	3	3	3	0.79
德国	86.3	137.2	161.7	7.11	6.41	5.89	4	4	4	0.87
印度	24.5	75.6	156.7	2.02	3.53	5.70	13	9	5	5.39
日本	103.2	123.4	121.8	8.51	5.77	4.43	2	5	6	0.18
法国	61.3	97.4	108.5	5.05	4.55	3.95	5	6	7	0.77
意大利	43.1	77.7	105.8	3.55	3.63	3.85	8	8	8	1.46
俄罗斯	34.4	39.4	98.8	2.83	1.84	3.59	9	15	9	1.87
加拿大	43.4	80.9	97.8	3.58	3.78	3.56	7	7	10	1.25
巴西	15.2	48.6	76.4	1.26	2.27	2.78	17	13	14	4.02
伊朗	1.9	29.4	56.4	0.15	1.38	2.05	48	20	15	29.36
土耳其	7.7	31.6	41.1	0.64	1.48	1.50	25	18	19	4.33
印尼	0.8	2.6	32.9	0.06	0.12	1.20	60	57	22	42.75
马来西亚	1.7	15.4	31.3	0.14	0.72	1.14	49	28	23	17.32
墨西哥	6.6	15.2	23.3	0.54	0.71	0.85	29	29	29	2.55
南非	5.0	11.5	22.9	0.41	0.54	0.83	36	36	30	3.58
巴基斯坦	1.2	7.3	19.4	0.10	0.34	0.71	55	44	37	14.74
泰国	2.2	9.5	17.2	0.19	0.45	0.63	43	40	40	6.67
金砖国家	130.1	511.8	929.2	10.70	23.90	33.80				6.14
欧盟	405.4	665.5	806.1	33.40	31.10	29.50				0.99
全世界	1212.8	2139.4	2748.1	100.00	100.00	100.00				1.27

资料来源：由作者基于 Scopus 数据库计算。论文包括期刊文章、评论和会议论文（更新于2019年8月）。

Scopus 数据库收录的俄罗斯论文数从 2000 年至 2018 年只增加了 1.87 倍，大部分的增量发生在 2013～2018 年。因此俄罗斯的排名也从 2010 年的世界第 15 位上升到 2018 年的第 9 位。2018 年，Scopus 数据库收录的俄罗斯论文发表总量为 9.88 万篇，与意大利（第 8 位，10.58 万篇）和法国（第 7 位，10.85 万篇）接近，与第 6 位的日本（发表 12.18 万篇）也相差不大。

2000～2018 年，Scopus 数据库收录的巴西论文发表量从 1.52 万篇增加到 7.64 万篇。巴西的国际排名也从 2000 年的第 17 位上升到 2018 年的第 14 位。

南非的论文发表数量也在快速增加。然而，高速增长的原因是起点低。2000～2018 年，南非发表论文总量增加了 3.58 倍（从 0.5 万篇增加到 2.29 万篇）。在 Scopus 数据库论文国际排名方面，南非从 2000 年的全球第 36 位上升到 2018 年的第 30 位。

Scopus 数据库中，2018 年发表论文最多的“金砖＋”国家是伊朗，共发表 5.64 万篇（见表 3）。伊朗在发表论文的国际排名上表现出非常惊人的进步，从 2000 年的第 48 位上升到 2018 年的第 15 位，发表量增长了 28.7 倍。在“金砖＋”国家中，论文发表数量增长最快的是印尼，从 2000 年的 800 篇增至 2018 年的 3.29 万篇，增长 40.1 倍。因此，印尼的排名也从 2000 年的第 60 位上升到 2018 年的第 22 位（2010 年为第 57 位）。2018 年在“金砖＋”国家中，只有伊朗、土耳其、印尼和马来西亚在 Scopus 数据库收录的论文超过 2.5 万篇。

（三）专业化指数

金砖国家发表论文的学科结构

我们采用 Scopus 数据库的 27 个重点学科领域评估金砖国家科学家发表论文的学科结构，并且与全球论文的学科结构进行比较，计算出各国的显示性比较优势指数①（RCA 指数）（见表 4）。

① 显示性比较优势指数，简称 RCA 指数。J 国在科学领域 I 的 RCA，按其在科学领域 I 的出版物在 J 国出版物总数中所占份额与全球等效数字之间的关系计算。RCA 值大于 1 的领域被归类为一个国家的科学优先领域。

在俄罗斯研究版图占主导地位的研究领域是“物理学和技术”。这可追溯到苏联时期（详见 Kotsemir et al.，2015）。在 2014～2018 年 Scopus 数据库各领域中，俄罗斯发表论文数量最多的学科是物理学和天文学，占俄罗斯论文总量的 29.7%。俄罗斯学者发表的物理学和天文学方面的论文占俄罗斯发表论文总量的比值远远高于世界论文发表总量中该领域所占的比重（12.5%）。俄罗斯其他主要领域包括：工程学（Scopus 数据库收录的该领域论文占 2014～2018 年论文发表总量的 21.9%）、材料科学（18.8%）和化学（12.8%）。还有一些领域如牙医学、卫生健康、神经科学、护理学和心理学等在俄罗斯论文发表总量中的占比微乎其微（不到 1%）。

Scopus 数据库显示，2014～2018 年中国的主要研究领域为：工程学（占中国论文发表总量的 33.2%），材料科学（18.0%），物理学和天文学（16.2%），计算机科学（15.2%），化学（13.9%），医学（13.1%），生物化学、基因工程和细胞生物学（12.7%）。这从另外一个角度佐证了中国“世界工厂”的地位实至名归。同时，还有一些学科领域中国学者的论文占比极小（2014～2018 年占该国论文发表总量不到 1%），如艺术和人文学，牙医学，经济学、计量经济学和金融学，卫生健康，护理学，心理学和兽医学。

印度发表论文的学科结构与俄罗斯和中国相比更加均衡一些。印度发表论文数量占比最大的学科是工程学，占 2014～2018 年印度在 Scopus 数据库收录论文的 27.1%。其他重要的领域是：计算机科学（20.8%）、医学（15.1%）、物理学和天文学（14.8%）、材料科学（13.5%）、化学（12.2%）还有生物化学、基因工程和细胞生物学（11.2%）。

巴西和南非发表论文的领域分布结构与其他金砖国家相比非常不同。根据 Scopus 数据库，巴西发表论文的主要领域是医学（2014～2018 年占巴西发表论文总量的 23.5%）及农业和生物学（19.8%）。其他重要领域包括工程学（12.8%），生物化学、基因工程和细胞生物学（11.2%），物理学和天文学（9.7%）及计算机科学（9.6%）。

表 4　2014 ~ 2018 年 Scopus 数据库中金砖国家发表论文的显示性比较优势指数及领域分布结构

学科领域	显示性比较优势(RCA)指数值					学科领域占国家论文总量比例(%)					
	巴西	俄罗斯	印度	中国	南非	巴西	俄罗斯	印度	中国	南非	世界
农业和生物学	2.45	0.69	0.97	0.90	1.81	19.8	5.6	7.9	7.3	14.7	8.1
艺术和人文	0.56	1.00	0.17	0.12	2.12	2.2	3.9	0.7	0.5	8.3	3.9
生物化学、基因工程和细胞生物学	0.97	0.62	0.97	1.10	0.77	11.2	7.5	11.2	12.7	8.9	11.5
商业、管理和会计	0.91	0.84	0.85	0.45	1.96	2.3	2.1	2.1	1.1	4.9	2.5
化学工程	0.75	0.94	1.41	1.63	0.63	3.7	4.6	7.0	8.1	3.1	4.9
化学	0.82	1.42	1.36	1.55	0.71	7.4	12.8	12.2	13.9	6.4	9.0
计算机科学	0.73	0.72	1.58	1.15	0.60	9.6	9.4	20.8	15.2	7.9	13.2
决策学	1.38	0.85	1.28	0.98	1.48	1.9	1.2	1.8	1.4	2.1	1.4
牙医学	5.18	0.03	1.72	0.28	0.30	2.8	0.0	0.9	0.1	0.2	0.5
地球和行星科学	0.86	1.92	0.68	1.30	1.52	4.2	9.4	3.3	6.4	7.4	4.9
经济学、计量经济学和金融学	0.57	1.40	0.72	0.30	2.28	1.0	2.3	1.2	0.5	3.8	1.7
能源	0.73	1.02	1.25	1.43	0.77	3.2	4.4	5.5	6.2	3.4	4.3
工程学	0.58	1.00	1.23	1.51	0.53	12.8	21.9	27.1	33.2	11.6	22.0
环境科学	1.17	0.86	1.05	1.13	1.34	7.0	5.1	6.2	6.7	7.9	5.9
卫生健康	1.66	0.83	0.38	0.23	1.44	1.9	0.9	0.4	0.3	1.4	1.1

续表

学科领域	显示性比较优势(RCA)指数值					学科领域占国家论文总量比例(%)					
	巴西	俄罗斯	印度	中国	南非	巴西	俄罗斯	印度	中国	南非	世界
免疫学和微生物学	1.49	0.56	0.83	0.92	1.44	4.1	1.5	2.3	2.5	4.0	2.7
材料科学	0.59	1.68	1.21	1.61	0.58	6.6	18.8	13.5	18.0	6.5	11.2
数学	0.76	1.42	1.09	1.24	0.71	5.8	10.7	8.2	9.4	5.3	7.5
医学	1.01	0.39	0.65	0.56	0.93	23.5	9.1	15.1	13.1	21.7	23.3
跨学科研究	0.81	0.75	1.28	1.41	0.80	1.1	1.0	1.7	1.9	1.1	1.3
神经科学	1.03	0.36	0.37	0.63	0.49	2.5	0.9	0.9	1.5	1.2	2.4
护理学	1.56	0.18	0.21	0.22	0.96	2.4	0.3	0.3	0.3	1.5	1.5
药理学和药物学	1.06	0.53	2.23	1.04	0.83	3.5	1.7	7.3	3.4	2.7	3.3
物理学和天文学	0.78	2.39	1.19	1.30	0.80	9.7	29.7	14.8	16.2	10.0	12.5
心理学	0.89	0.28	0.20	0.17	1.17	2.0	0.6	0.5	0.4	2.6	2.2
社会学	0.87	0.85	0.44	0.27	2.16	7.3	7.1	3.6	2.3	18.1	8.4
兽医学	4.19	0.10	1.41	0.36	1.48	3.2	0.1	1.1	0.3	1.1	0.8

资料来源：由作者基于 Scopus 数据库计算。论文包括：期刊文章、评论和会议论文（更新于 2019 年 8 月）。

与巴西类似，南非的主要研究领域也是医学（2014～2018年占南非发表论文总量的21.7%）。南非科学家从事研究的其他重要领域还有社会学（18.1%）、农业和生物学（14.7%）以及物理学和天文学（10.0%）。

对Scopus数据库收录的“金砖+”国家论文的领域分布结构（见表8）进行分析显示，这些国家的主要研究领域是：医学、工程学、计算机科学、农业和生物学。这些“金砖+”国家研究领域的主题可以分为几个类型，比如肯尼亚、尼日利亚和埃塞俄比亚专注于农业和生物学及医学。东南亚国家（孟加拉国、印尼、马来西亚、越南及泰国）的研究领域主要是工程学和计算机科学。

俄罗斯的优势领域是物理学和天文学（2014～2018年的显示性比较优势指数为2.39，在所有金砖国家和“金砖+”国家中是最高的）及地球和行星科学（1.92）。其他专长的科学领域还有材料科学（1.68）、化学（1.42）、数学（1.42）以及经济学、计量经济学和金融学（1.40）。

在Scopus数据库中，中国发表论文的主要领域包括化学工程（2014～2018年RCA指数1.63）、材料科学（1.61）、化学（1.55）、工程学（1.51）、能源（1.43）和跨学科研究（1.41）。其次是地球和行星科学（1.30）、物理学和天文学（1.30）及数学（1.24）。在所有金砖国家中，中国在工程学领域的RCA指数最高。

从Scopus数据库收录的论文数量来看，印度的主要研究领域是药理学和药物学。印度2014～2018年在这个领域的RCA指数为2.23。在所有金砖国家中，印度在这个学科领域的指数是最高的。印度其他的优势领域还有牙医学（1.72）、计算机科学（1.58）、化学工程（1.41）、兽医学（1.41）和化学（1.36）。

巴西发表论文最多的也是RCA指数最高的领域是牙医学（2014～2018年RCA指数5.18）和兽医学（4.19）。这两个领域的指数在金砖国家和“金砖+”国家中都是最高的，在全世界也名列前茅。巴西其他的强项还有农业和生物学（2.45）、卫生健康（1.66）、护理学（1.56，在金砖国家中巴西在这个领域的 RCA 指数是最高的），以及免疫学和微生物学（1.49）。

南非与其他金砖国家不同的是，更多的科研重点放在社会和人文科学方面。2014～2018 年南非在这些领域的 RCA 指数超过 2.00（或者非常接近 2.00）。经济学、计量经济学和金融学（2.28），社会学（2.16），艺术和人文（2.12），商业、管理和会计（1.96）等学科的 RCA 指数在所有金砖国家中是最高的。南非在以下领域的 RCA 指数也很高：地球和行星科学（1.52）、兽医学（1.48）、决策学（1.48）和卫生健康（1.44）。

“金砖 +”国家的 RCA 指数显示，这些国家的优势领域有：环境科学、农业和生物学及兽医学，其次是能源、计算机科学及药理学和药物学。另外，所有的“金砖 +”中非金砖国家在卫生健康（土耳其除外）、神经科学（阿根廷除外）和心理学（阿根廷除外）等领域的 RCA 指数低于 1.00。一些“金砖 +”国家在某些特定领域的 RCA 指数非常高。在所有“金砖 +”国家中，肯尼亚在农业和生物学的 RCA 指数最高（3.81），在免疫学和微生物学领域也是最高的（3.62）。在所有“金砖 +”国家中，智利在地球和行星科学的 RCA 指数最高（2.62）。

被选中的这些国家的优势领域还可以从研究这些国家在不同领域 Scopus 论文数量的世界排名来分析。2018 年，在 Scopus 所有的 27 个学科中，中国在 12 个学科中居全球首位。在某些研究领域，中国从 2005 年至今一直处于领导地位。另外，2018 年中国在艺术和人文领域的排名只有第 10 位（2014～2018 年中国在这个领域的 RCA 指数为 0.12）。俄罗斯的情况也很不均衡。Scopus 收录的俄罗斯论文发表总量全球排名第 9 位。在物理学和天文学领域俄罗斯全球排名第 3；材料科学排名第 4；地球和行星科学排名第 5。这三个是俄罗斯的优势领域。然而俄罗斯在牙医学领域的全球排名仅为第 62；兽医学排名第 46 位；护理学排名第 36 位。2014～2018 年俄罗斯这几个学科的 RCA 指数都低于 0.20。

（四）科技合作

1. 金砖国家的国际科技合作

南非是所有金砖国家中国际科研合作活跃度最高的国家（见表5）。Scopus 数据库收录的南非论文中，自 2005 年以来有 40% 以上是与其他国家合作完成的，自 2017 年以来这个比例升至 50% 以上。

21 世纪，俄罗斯发表论文中国际合著比例一直保持在 25% ~35%。与巴西、中国和南非不同，近年来俄罗斯这一比例一直在逐步下降，从 2005 年的 31.5% 下降到 2018 年的 22.4%。过去，巴西科学家发表国际科研合作论文的比例略低于俄罗斯（2001 ~2014 年为 22.0% ~27.0%），而近四年却上升到 30% 左右，超过了俄罗斯。2010 ~2018 年，巴西研究人员参与国际合著论文的比例呈上升趋势（从 22.8% 到 32.8%）。印度和中国的科学家参与国际合作的程度则低于其他金砖国家（2013 ~2018 年为 15% ~20%）。中国国际合著论文比例从 2015 年的 20.3% 提高到 2018 年的 22.7%。印度在同期的相关数据略有增加，从 2015 年的 15.8% 增至 2018 年的 17.5%。但是，金砖国家参与国际科研合作（南非除外）的程度远远低于欧洲国家。

金砖国家还没有把彼此视为重要的科研合作伙伴（见表5）。2018 年以前，美国是所有金砖国家在科研领域的主要合作伙伴。中国约 40% 的国际合著论文是与美国科学家合作的，中国第二大合作伙伴英国所占比例仅为 10.9%。中国的前十大科研合作伙伴中，没有一个是金砖国家，印度和俄罗斯分别排在中国科研合作伙伴的第 17 位和第 18 位，巴西和南非则分别为第 24 位和第 34 位。

与巴西、印度和中国都不相同，俄罗斯的科研合作伙伴主要是美国和德国，在其国际合著论文中所占比例分别为 22.8% 和 20.7%。其次分别为法国（13.3%）、英国（12.1%）和中国（11.0%）。其他国家在俄罗斯国际科研合作中的参与度很低。俄罗斯 3.9% 的国际合著论文是同印度科学家合作的，与巴西合作的占 4.9%，与南非合作的占 2.1%。

表 5　2000～2018 年金砖国家在 Scopus 数据库的国际合著论文占比

单位：%

国家	国际合著论文占比					与其他金砖国家合作在合著中的占比				
	2000 年	2005 年	2010 年	2015 年	2018 年	2000 年	2005 年	2010 年	2015 年	2018 年
巴西	28.3	27.0	22.8	29.6	32.8	7.1	6.0	6.4	9.2	10.2
俄罗斯	26.9	31.5	28.4	25.6	22.4	4.4	5.7	9.0	12.7	16.3
印度	15.2	18.0	16.9	15.8	17.5	5.6	7.3	8.2	12.5	16.4
中国	15.9	13.4	14.3	20.3	22.7	3.8	3.1	2.7	3.5	4.4
南非	30.3	40.3	42.6	48.2	52.2	6.8	7.1	10.6	16.3	19.2

金砖国家和“金砖 +”国家的科技合作非常不同。巴西的前十大国际合作伙伴中只有中国是金砖国家，而南非的前十大合作伙伴中则包括中国和印度。中国同“金砖 +”国家的主要合作国有巴基斯坦（第 13 位）和沙特（第 20 位），这两国在中国国际合著论文中所占比例共 2%。印度的主要“金砖 +”国家合作伙伴是沙特（第 7 位）和马来西亚（第 12 位）。巴西最重要的合作伙伴是其邻国阿根廷（第 13 位）、哥伦比亚（第 14 位）、智利（第 15 位）和墨西哥（第 17 位）。南非的前十大合作伙伴中只有尼日利亚是“金砖 +”国家，而俄罗斯的前十大合作伙伴没有一个是“金砖 +”国家。

分析表明，每个金砖国家与发展中国家合作重点国别各不相同，大部分国家是已经建立了科技合作关系的国家（通常在本地区）。这也为我们在双边和多边合作协议下吸引新的国家参与、拓展科技合作创造了很多机会。

2. 金砖国家的科技合作:现状和前景

中国国际合著论文数量从 2000 年的 8200 篇增加到 2018 年的 13.28 万篇，明显领先于其他金砖国家。俄罗斯、巴西和印度的国际合著论文仅有中国的几分之一，2018 年，分别为 2.21 万篇、2.51 万篇和 2.74 万篇。南非更少，仅有 1.19 万篇。

金砖国家的国际合作潜力巨大（见表 5）。中国与其他金砖国家合著论文仅占中国全部国际合著论文的 4.4%；巴西的相关数据为 10.2%；俄罗斯、印度和南非为 16.3%～19.2%。

金砖国家之间合著论文主要集中在物理学和天文学领域。2010～2018年，这两个领域占金砖国家之间合著论文总数的32.6%～38.7%。另外几个主要的学术合作领域是：工程学（2018年占19.8%）、材料科学（17.3%）、医学（17.3%）和化学（15%）。其他领域如神经科学，卫生健康，护理学，兽医学，艺术，经济学、计量经济学和金融学以及牙医学在金砖国家之间合著论文中的比例很小（不到1%）。

“金砖+”国家之间合著论文数量最多的六大主题领域为：工程学（占2018年论文总数的22.8%）、物理学和天文学（19.7%）、材料科学（15.4%）、医学（14.1%）、计算机科学（13.0%）和化学（12.6%）。这些领域恰恰也是金砖国家最重要的合作领域，只是二者排名略有不同而已。合作最少的领域（占论文总量比例不足1%）也与金砖和“金砖+”国家相同。这说明，加强金砖国家和“金砖+”国家之间科技合作，可以提高效率。

四　“金砖+”国家在各个优先领域的科技实力

根据Sokolov等人在2019年提出并讨论的金砖国家重点科技领域，本文明确了与“金砖+”国家潜在的合作领域。优先领域的确定考虑了即将到来的技术突破，重点关注如何利用国家竞争优势，以促进金砖国家科技能力的提高，聚焦主要社会经济发展领域。

优先领域的设计综合考量了各种因素，基于国际和国家官方文件提出的目标，评估科技潜能，并采纳了专家意见。采用的方法包括文献分析、文献计量分析及各种专家评审程序（见图1）。

1. 金砖国家未来科技合作应该以共同优先领域为基础

在特定科技领域潜在合作伙伴的选择上，采用Scopus数据库中所有学科领域的显示性比较优势指数（RCA指数）进行计算。[①] 根据Scopus数据库分类和科学期刊分类代码（ASJC），Scopus数据库中所有资料被分为27

① 根据一级Scopus和二级Scopus分类进行计算。

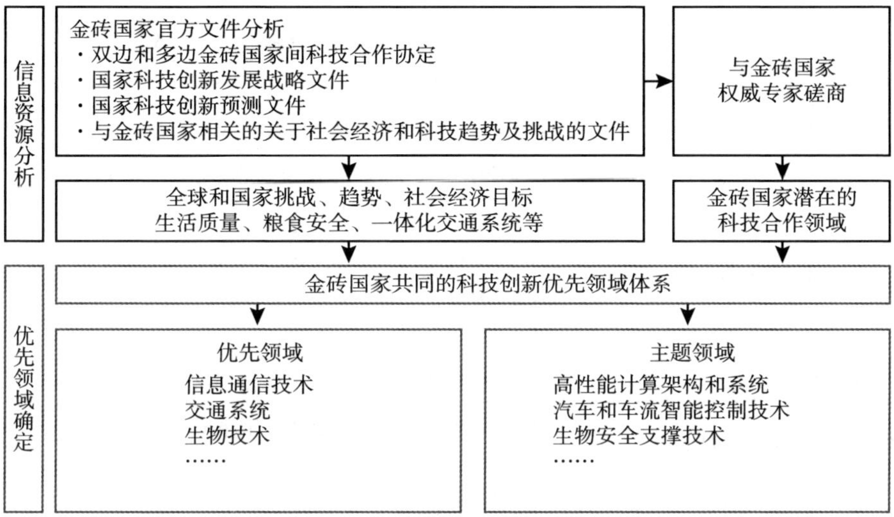

图 1　金砖国家确定共同优先科技创新领域的总体设计

资料来源：Sokolov et al.，2019。

个主要学科领域（“SA”）及其之下的 313 个具体的学科类别（“SC”）。①表 6 按照 Scopus 数据库学科领域和学科类别列出了本文选出的 14 个优先领域及其相应的学科类别。

表 6　Scopus 数据库学科领域及学科类别到 14 个优先领域的对应转换

优先领域	Scopus 数据库学科领域及学科类别
1. 信息通信技术	“计算机科学”学科领域的所有学科类别
2. 纳米技术和新材料	“材料科学”学科领域的所有学科类别
3. 先进制造和机器人技术	“控制和系统工程”“电力和电子工程”“工业和制造工程”“机械工程”“材料力学”学科类别
4. 空间(航天系统和天文观测)	“空间和行星科学”“航空航天工程”学科类别
5. 运输系统	“汽车工程”“交通”学科类别
6. 能源效率和节能	“能源工程和电力技术”“燃料技术”学科类别

① 详见 https://service.elsevier.com/app/answers/detail/a_id/15181/kw/subject%20categories%20and%20subject%20areas/supporthub/scopus/related/1/。

续表

优先领域	Scopus 数据库学科领域及学科类别
7. 核能	"核能和工程"学科类别
8. 可再生能源	"可再生能源、可持续性和环境"学科类别
9. 矿物质勘探、开发和开采	"经济地质学""地球化学和岩石学""地质学""地球物理""岩土工程和工程地质学"学科类别
10. 气候变化、环境保护和灾难管理	"生态建模""生态学""环境工程""全球和行星变化""管理、监测、政策和法律""自然和景观保护""污染""大气科学""地表过程"学科类别
11. 水资源	"水产科学""海洋学""水科学和技术"学科类别
12. 粮食安全和可持续农业	"农艺学和作物科学""食品科学""植物科学""兽医学"学科类别
13. 医疗保健和医药	"医学"和"卫生行业"学科领域
14. 生物技术	"生物化学""生物物理""细胞生物学""分子生物学""分子医学""结构生物学""应用微生物和生物技术"学科类别

本文分析了所有"金砖+"国家的优先领域。表7显示了金砖国家和"金砖+"国家在14个优先领域的论文数量。2018年，中国优先领域的论文数量达45.27万篇，超过了所有其他金砖国家和"金砖+"国家之和。2018年，伊朗在14个优先领域发表4.15万篇论文，位列"金砖+"国家之首；土耳其为2.98万篇，排名第二；印度尼西亚为2.32万篇，排名第三；肯尼亚（2221篇论文）和埃塞俄比亚（2434篇）落后于所有其他"金砖+"国家。总体而言，相较于其他优先领域，"金砖+"国家在"运输系统""核能""航天系统和天文观测"方面的论文数量较少。表10显示了2010～2018年金砖和"金砖+"国家在优先领域的论文增长率。表10中的数据表明，总体而言，增长率最高的是"可再生能源"、"运输系统"和"能源效率和节能"等优先领域。

在金砖国家和"金砖+"国家中，印尼在14个优先领域最为活跃。2010～2018年，孟加拉国、突尼斯、埃塞俄比亚和越南在某些优先领域的论文增长率也非常高。表8表明了2018年Scopus数据库收录的金砖国家和

表 7　2018 年金砖国家和"金砖 +"国家在优先领域发表论文数量

单位：篇

学科领域 / 国别	信息通信技术	纳米技术和新材料	先进制造和机器人技术	空间（航天系统和天文观测）	运输系统	能源效率和节能	核能	可再生能源	矿物质勘探、开发和开采	气候变化、环境保护和灾难管理	水资源	粮食安全和可持续农业	医疗保健和医药	生物技术	优先领域总计	出版物总计
阿尔及利亚	1690	1322	1810	72	62	324	32	289	192	558	166	407	451	308	5510	7269
阿根廷	746	966	758	258	22	127	31	114	400	1354	431	1463	2942	1054	8743	13554
孟加拉国	1545	651	1090	24	22	404	15	326	56	692	173	455	867	285	4180	5284
智利	1226	732	973	1052	65	218	25	220	348	1156	494	759	2700	744	8586	13786
哥伦比亚	1776	690	1292	70	106	317	12	265	287	841	212	747	2662	440	7383	12004
埃及	2546	2586	2857	165	97	893	126	588	458	1554	518	1615	4807	1758	15334	20557
埃塞俄比亚	136	113	120	33	8	38	2	72	72	524	103	418	1214	143	2434	3310
印尼	5847	4886	3382	119	132	679	46	493	380	7186	411	1897	2709	1158	23191	32900
伊朗	6125	8199	9868	557	390	2349	327	1698	1549	4210	1506	2818	13011	4056	41491	56372
肯尼亚	115	46	52	6	3	48	5	55	24	486	105	436	1171	118	2221	2915
马来西亚	6647	5029	5679	132	315	1048	84	1039	295	3653	643	1722	3759	1987	21876	31297
墨西哥	2770	2348	2909	467	92	520	64	457	426	2282	808	2054	4540	1526	16980	23252
摩洛哥	2017	730	1350	36	40	342	25	350	86	462	120	256	881	219	5362	6673
尼日利亚	903	569	958	50	53	419	23	209	334	998	173	865	2161	371	6065	8596

续表

学科领域 国别	信息通信技术	纳米技术和新材料	先进制造和机器人技术	空间（航天系统和天文观测）	运输系统	能源效率和节能	核能	可再生能源	矿物质勘探、开发和开采	气候变化、环境保护和灾难管理	水资源	粮食安全和可持续农业	医疗保健和医药	生物技术	优先领域总计	出版物总计
巴基斯坦	3441	2452	2738	291	74	661	73	765	192	1514	312	1445	3779	1158	13938	19423
沙特	3634	3440	3209	188	124	924	93	686	534	1486	365	753	4136	1618	15625	22154
泰国	2459	2216	1952	121	68	353	36	375	232	1243	331	1362	3981	1100	12368	17218
突尼斯	2451	896	1659	157	159	235	16	212	110	557	190	405	1213	420	6410	7945
土耳其	5103	4371	4967	402	239	1164	155	883	711	2419	752	2348	12561	1979	29807	41117
阿联酋	1369	633	1376	115	67	593	43	454	200	540	256	126	1108	266	4736	6565
越南	1689	1138	1571	66	47	319	37	372	148	864	284	510	900	457	5693	8047
巴西	7718	5044	7355	1014	344	1833	166	1118	1164	6681	2281	8212	17975	4824	52067	76418
俄罗斯	10514	20299	14495	2001	451	3351	589	545	4505	6907	1646	1887	10798	3842	61113	98768
印度	41451	24680	32956	3316	1850	7039	549	5043	1937	11365	2428	7480	22429	10430	122212	156689
中国	100265	114150	132420	12260	5911	24592	4809	18515	18554	51656	13343	20031	73285	46260	452650	584607
南非	1974	1705	2119	480	66	499	37	556	659	2178	611	1280	5076	1078	14530	22866

资料来源：由作者基于 Scopus 数据库计算。论文包括期刊文章、评论和会议论文（更新于 2019 年 9 月）。

表 8　2018 年金砖国家和“金砖 +”国家在优先领域发表论文的分布

单位：%

学科领域 国别	信息通信技术	纳米技术和新材料	先进制造和机器人技术	空间（航天系统和天文观测）	运输系统	能源效率和节能	核能	可再生能源	矿物质勘探、开发和开采	气候变化、环境保护和灾难管理	水资源	粮食安全和可持续农业	医疗保健和医药	生物技术
巴西	14.8	9.7	14.1	1.9	0.7	3.5	0.3	2.1	2.2	12.8	4.4	15.8	34.5	9.3
俄罗斯	17.2	33.2	23.7	3.3	0.7	5.5	1.0	0.9	7.4	11.3	2.7	3.1	17.7	6.3
印度	33.9	20.2	27.0	2.7	1.5	5.8	0.4	4.1	1.6	9.3	2.0	6.1	18.4	8.5
中国	22.2	25.2	29.3	2.7	1.3	5.4	1.1	4.1	4.1	11.4	2.9	4.4	16.2	10.2
南非	13.6	11.7	14.6	3.3	0.5	3.4	0.3	3.8	4.5	15.0	4.2	8.8	34.9	7.4
阿尔及利亚	30.7	24.0	32.8	1.3	1.1	5.9	0.6	5.2	3.5	10.1	3.0	7.4	8.2	5.6
阿根廷	8.5	11.0	8.7	3.0	0.3	1.5	0.4	1.3	4.6	15.5	4.9	16.7	33.6	12.1
孟加拉国	37.0	15.6	26.1	0.6	0.5	9.7	0.4	7.8	1.3	16.6	4.1	10.9	20.7	6.8
智利	14.3	8.5	11.3	12.3	0.8	2.5	0.3	2.6	4.1	13.5	5.8	8.8	31.4	8.7
哥伦比亚	24.1	9.3	17.5	0.9	1.4	4.3	0.2	3.6	3.9	11.4	2.9	10.1	36.1	6.0
埃及	16.6	16.9	18.6	1.1	0.6	5.8	0.8	3.8	3.0	10.1	3.4	10.5	31.3	11.5
埃塞俄比亚	5.6	4.6	4.9	1.4	0.3	1.6	0.1	3.0	3.0	21.5	4.2	17.2	49.9	5.9
印尼	25.2	21.1	14.6	0.5	0.6	2.9	0.2	2.1	1.6	31.0	1.8	8.2	11.7	5.0
伊朗	14.8	19.8	23.8	1.3	0.9	5.7	0.8	4.1	3.7	10.1	3.6	6.8	31.4	9.8

续表

学科领域 国别	信息通信技术	纳米技术和新材料	先进制造和机器人技术	空间(航天系统和天文观测)	运输系统	能源效率和节能	核能	可再生能源	矿物质勘探、开发和开采	气候变化、环境保护和灾难管理	水资源	粮食安全和可持续农业	医疗保健和医药	生物技术
肯尼亚	5.2	2.1	2.3	0.3	0.1	2.2	0.2	2.5	1.1	21.9	4.7	19.6	52.7	5.3
马来西亚	30.4	23.0	26.0	0.6	1.4	4.8	0.4	4.7	1.3	16.7	2.9	7.9	17.2	9.1
墨西哥	17.3	14.7	18.2	2.9	0.6	3.3	0.4	2.9	2.7	14.3	5.1	12.9	28.4	9.5
摩洛哥	37.6	13.6	25.2	0.7	0.7	6.4	0.5	6.5	1.6	8.6	2.2	4.8	16.4	4.1
尼日利亚	14.9	9.4	15.8	0.8	0.9	6.9	0.4	3.4	5.5	16.5	2.9	14.3	35.6	6.1
巴基斯坦	24.7	17.6	19.6	2.1	0.5	4.7	0.5	5.5	1.4	10.9	2.2	10.4	27.1	8.3
沙特	23.3	22.0	20.5	1.2	0.8	5.9	0.6	4.4	3.4	9.5	2.3	4.8	26.5	10.4
泰国	19.9	17.9	15.8	1.0	0.5	2.9	0.3	3.0	1.9	10.1	2.7	11.0	32.2	8.9
突尼斯	38.2	14.0	25.9	2.4	2.5	3.7	0.2	3.3	1.7	8.7	3.0	6.3	18.9	6.6
土耳其	17.1	14.7	16.7	1.3	0.8	3.9	0.5	3.0	2.4	8.1	2.5	7.9	42.1	6.6
阿联酋	28.9	13.4	29.1	2.4	1.4	12.5	0.9	9.6	4.2	11.4	5.4	2.7	23.4	5.6
越南	29.7	20.0	27.6	1.2	0.8	5.6	0.6	6.5	2.6	15.2	5.0	9.0	15.8	8.0

注：由于每篇论文可以归为多个优先领域，每个国家在14个优先领域的份额总和超过100%。

资料来源：由作者基于Scopus数据库计算。论文包括期刊文章、评论和会议论文（更新于2019年9月）。

“金砖 +”国家论文在优先领域的分布情况。发表论文数量最多的优先领域集中在医疗保健和医药、信息通信技术、纳米技术和新材料、先进制造和机器人技术等。某些“金砖 +”国家在某些优先领域发表的论文在所有优先领域论文中的占比处于领先地位，例如，智利在空间（航天系统和天文观测）方面占比 12.3%，居首位；阿联酋在能源效率和节能领域占比为 12.5%，居领先地位；肯尼亚（52.7%）和埃塞俄比亚（49.9%）在医疗保健与医药领域占比较高。

表 9 显示了 2014 ~ 2018 年金砖和“金砖 +”国家显示性比较竞争优势指数（RCA 指数）。在金砖国家中，巴西在粮食安全和可持续农业领域的 RCA 指数非常高（2.80）。中国在 14 个优先领域中的 12 个 RCA 指数均高于 1.00，在金砖国家和“金砖 +”国家中是最多的。总体来讲，金砖国家和“金砖 +”国家 RCA 指数最高的几个领域是：可再生能源，气候变化、环境保护和灾难管理，粮食安全和可持续农业。一些金砖国家和“金砖 +”国家在某些优先领域的 RCA 指数脱颖而出。类似于上述某些科技领域发表论文的比例指标，智利在空间（航天系统和天文观测）优先领域的 RCA 指数最高（2014 ~ 2018 年的 RCA 指数为 4.97）；阿联酋在能源效率和节能领域（3.00）和矿物质勘探、开发和开采领域（2.84）的 RCA 指数最高；肯尼亚（3.90）和埃塞俄比亚（3.48）在粮食安全和可持续农业领域的 RCA 指数最高。

2018 年，金砖国家之间合作发表论文数量占总论文数量最高比例的优先领域包括：纳米技术和新材料（占金砖国家之间合著论文的 17.3%）、先进制造和机器人技术（13.9%）、医疗保健和医药（13.4%）及信息通信技术（10.6%）（见表 10）。

2015 ~ 2018 年，以上各个领域（医疗保健与医药除外）的合著论文数量越来越多，增长率（三年内增长了 3.1 倍）比平均增长率（2 倍）要高很多。

其他领域的合作程度要低很多。运输系统（包括航空航天）和核能占比不足 0.4%，排在末位。与此同时，一些以前合作不太活跃的领域呈现迅猛增长的态势，例如可再生能源资源（增长 3.4 倍）、能源效率和节能（2.1 倍）及运输系统（包括航空航天）（3.9 倍）。

表 9　2014～2018 年金砖国家和“金砖+”国家在 Scopus 数据库优先领域的 RCA 指数

国别 \ 学科领域	信息通信技术	纳米技术和新材料	先进制造和机器人技术	空间（航天系统和天文观测）	运输系统	能源效率和节能	核能	可再生能源	矿物质勘探、开发和开采	气候变化、环境保护和灾难管理	水资源	粮食安全和可持续农业	医疗保健和医药	生物技术
金砖国家														
巴西	0.73	0.59	0.64	0.74	0.60	0.83	0.41	0.69	0.67	1.16	1.36	2.80	1.01	1.00
俄罗斯	0.72	1.68	0.96	1.41	0.47	1.25	1.44	0.28	1.97	0.93	0.89	0.49	0.41	0.64
印度	1.58	1.21	1.24	0.95	1.17	1.39	0.77	1.55	0.58	1.03	0.83	1.39	0.64	1.07
中国	1.15	1.61	1.56	1.24	1.19	1.52	1.50	1.44	1.50	1.12	1.07	0.86	0.56	1.17
南非	0.60	0.58	0.53	1.41	0.42	0.78	0.38	1.13	1.30	1.34	1.37	1.55	0.93	0.72
“金砖+”国家														
阿尔及利亚	1.74	1.46	1.81	0.65	0.82	1.90	1.00	2.52	1.02	1.23	1.33	1.12	0.26	0.57
阿根廷	0.48	0.58	0.39	1.18	0.17	0.43	0.43	0.58	1.34	1.46	1.58	2.70	0.91	1.23
孟加拉国	1.87	0.72	1.35	0.26	0.62	1.84	0.42	2.27	0.46	1.66	1.53	2.41	0.86	0.80
智利	0.68	0.43	0.47	4.97	0.63	0.48	0.29	0.70	1.18	1.15	1.84	1.53	0.85	0.79
哥伦比亚	0.98	0.53	0.70	0.36	0.66	0.96	0.21	0.88	1.08	0.93	0.88	1.85	0.97	0.60
埃及	0.77	1.11	0.95	0.53	0.62	1.34	1.29	1.43	1.03	1.12	1.16	1.82	1.03	1.25
埃塞俄比亚	0.31	0.25	0.24	0.55	0.28	0.33	0.22	1.05	0.85	2.21	1.54	3.48	1.63	0.61
印尼	1.54	0.94	0.78	0.30	0.56	0.91	0.36	1.10	0.68	2.61	0.88	1.90	0.36	0.54

续表

学科领域 国别	信息通信技术	纳米技术和新材料	先进制造和机器人技术	空间（航天系统和天文观测）	运输系统	能源效率和节能	核能	可再生能源	矿物质勘探、开发和开采	气候变化、环境保护和灾难管理	水资源	粮食安全和可持续农业	医疗保健和医药	生物技术
伊朗	0.76	1.22	1.18	0.64	0.74	1.55	1.32	1.28	1.15	1.16	1.39	1.28	0.97	1.03
肯尼亚	0.27	0.11	0.12	0.20	0.32	0.40	0.16	1.04	0.57	2.25	1.54	3.90	1.67	0.66
马来西亚	1.40	1.21	1.16	0.26	0.86	1.18	0.62	1.78	0.57	1.71	1.01	1.36	0.46	0.68
墨西哥	0.85	0.85	0.82	1.38	0.49	0.89	0.47	0.98	0.88	1.33	1.66	2.23	0.86	1.04
摩洛哥	1.90	1.18	1.09	0.35	0.59	1.35	0.47	2.63	0.71	1.46	0.86	0.90	0.78	0.43
尼日利亚	0.60	0.46	0.51	0.48	0.95	1.75	0.53	1.60	1.84	1.63	1.06	2.71	1.25	0.65
巴基斯坦	1.10	1.04	0.86	0.68	0.36	0.90	0.77	1.52	0.42	1.11	0.79	2.37	0.91	0.91
沙特	1.08	1.36	0.98	0.59	0.61	1.52	0.90	1.55	1.14	1.03	0.94	2.11	1.01	1.03
泰国	1.01	1.02	0.87	0.40	0.78	0.77	0.52	1.14	0.57	1.02	0.94	2.11	1.01	1.03
突尼斯	2.13	1.10	1.45	0.58	1.73	1.41	0.47	2.01	0.60	1.08	1.33	1.44	0.67	0.84
土耳其	0.78	0.85	0.78	0.54	0.58	0.77	0.80	1.00	0.85	0.88	0.94	1.37	1.50	0.70
阿联酋	1.53	0.87	1.35	1.13	1.37	3.00	1.25	2.48	2.84	1.09	1.26	0.47	0.66	0.57
越南	1.62	1.17	1.30	0.52	0.75	0.96	0.79	1.53	0.88	1.35	1.71	1.62	0.48	0.91

资料来源：由作者基于 Scopus 数据库计算。论文包括期刊文章、评论和会议论文（更新于 2019 年 9 月）。

表 10　金砖国家之间在优先领域的科研合作

单位：篇，倍

优先领域	2000 年	2005 年	2010 年	2015 年	2016 年	2017 年	2018 年	2014 年是 2010 年的倍数	2018 年是 2014 年的倍数
信息通信技术	21	50	116	331	432	607	915	2. 23	3. 53
纳米技术和新材料	87	129	270	640	873	1150	1491	1. 77	3. 11
先进制造和机器人技术	70	103	203	522	662	842	1199	1. 91	3. 10
空间(航天系统和天文观测)	39	67	109	295	353	332	405	2. 31	1. 76
运输系统	1	4	3	18	12	28	31	2. 67	3. 88
能源效率和节能	8	14	28	55	98	137	148	2. 46	2. 14
核能	7	9	7	24	20	26	24	2. 29	1. 50
可再生能源	3	7	14	59	81	138	185	3. 86	3. 43
矿物质勘探、开发和开采	37	55	94	198	234	249	270	2. 03	1. 41
气候变化、环境保护和灾害管理	27	63	127	339	456	619	750	2. 40	2. 46
水资源	7	27	52	118	148	154	177	2. 12	1. 61
粮食安全和可持续农业	16	45	101	202	255	257	314	1. 71	1. 82
医疗保健和医药	40	108	288	756	943	1022	1162	2. 31	1. 75
生物技术	31	54	147	324	349	392	485	1. 70	1. 94
总计(Scopus 中所有论文)	629	1171	2114	5017	6155	7116	8640	2. 06	1. 99

资料来源：由作者基于 Scopus 数据库计算。论文包括期刊文章、评论和会议论文（更新于 2019 年 8 月）。

2. 促进科技合作的工具

促进国际科技合作的常见工具有很多（参见 Varum and Piscitello, 2011）。它们被不同国家应用于双边和多边合作。下面介绍几个适合金砖和

“金砖 +”国家之间合作的工具。

目前在国家、双边和多边层面组织能够提供联合资助的双边和多边科技合作计划和项目包括：“金砖科技创新框架计划”、俄罗斯联邦研发专项计划（行动 2.1“支持国际双边和多边合作框架下的研究”）、俄罗斯科学基金会资助的国际研究团队项目、中国的国家重点研发计划。所有这些计划（通常是匹配资金）旨在资助共同感兴趣的基础研究和应用研究项目。这些项目资金的发放是竞争性的，根据参与国际合作的研究团队所在国的资助条件拨款。

学术流动性旨在组织科学家参与国际会议和研讨会、国家研究中心和大学学者时长不等的交流等。交流项目可以由接收国通过相关国家科技计划进行资助。金砖国家的例子有：金砖青年科学家论坛和国际杰出青年科学家计划。

科研基础设施的联合开发和利用耗资不菲，但同时也是最有效率的科技合作工具之一，在欧盟国家已经发展得非常成熟。金砖国家全球研究先进基础设施网络（BRICS GRAIN）支持金砖国家开展此类活动。

五 结论

综上所述，结论如下。

- 中国在研发投入和产出的迅速增长使其成为新的“科学大国”，提升了其在国际舞台上的地位；尽管其他金砖国家在论文发表方面的国际“显示度”越来越高，但无一可以与中国相提并论；
- 金砖国家基础研究的优先领域日益靠拢全球目标；但是其领域加权影响因子（FWCI）仍然偏低；而且该因子之所以比以前有所提高，主要是参与国际科技合作的结果；
- 传统的合作伙伴关系决定了每一个金砖国家都具有其独特的国际合作模式；
- 金砖国家各自的科学优势可以视为加强合作的结合点，以应对越来越多的全球性挑战。

金砖国家之间国际科技合作的发展表明，各国共同努力，促进互利合作，交流彼此科技创新的最佳实践和做法，有助于提升国家科技竞争力，开发有前景的重要领域。考虑到现代科技前沿领域极为广泛，要明确国家和国际优先领域，集中力量进行攻关。重点科技领域的选择要深思熟虑，以促进长期可持续发展战略的设计和实施，实现国家乃至全球重要社会经济目标。这对于金砖国家具有格外重要的意义。金砖国家已经宣布一系列领域的长期计划，这本身就需要提升国家创新体系的效率，尤其是科技实力。

把金砖国家的活动扩大到所有发展中国家是金砖国家高层会议越来越常见的议题。由于科技受政治局势影响较小，科技合作可以作为与任何国家加强合作的手段。不过最好有一定的合作基础。要选择一些拥有基本科技合作能力的国家，确定互利双赢且最有可能成功的合作领域。

基于本文的分析，可以确定金砖国家加强与其他发展中国家合作的潜在科技领域。合作不仅符合金砖国家的利益，也能为伙伴国家带来新知识，以加强创新领域的合作，建立可持续的长期伙伴关系。

另外，近期的合作实践表明，这些合作往往扩大了优先领域的项目范围，并产生重大的经济和社会效应。金砖国家合作如果覆盖到从新知识的创造、实际应用到新技术、新产品和新服务的开发和市场化等创新链所有阶段，效率会更高。这意味着由于金砖国家各自的优先领域和生产潜力不同，上述阶段可以有效地“分散”在不同的国家。

尽管金砖和“金砖 +”国家科技发展水平存在较大差异，也需要保证在合作的各个阶段及所有相关流程的权利平等。这有助于提升每个国家的潜能。金砖国家作为国际舞台上一个独立的组织，有望成为全球科技创新发展的一支重要力量。

参考文献

Abramo, G. , D'Angelo, C. A. , & Di Costa, F. (2014) . A New Bibliometric Approach to Assess the Scientific Specialization of Regions. *Research Evaluation*, 23 (2), 183 – 194.

Acosta, M., Coronado, D., Ferrándiz, E., & León, M. D. (2014). Regional Scientific Production and Specialization in Europe: The Role of HERD. *European Planning Studies*, 22 (5), 949 – 974.

Aksnes, D. W., van Leeuwen, T. N., & Sivertsen, G. (2014). The Effect of Booming Countries on Changes in the Relative Specialization Index (RSI) on Country Level. *Scientometrics*, 101 (2), 1391 – 1401.

Aldieri, L., Gennaro, G., Kotsemir, M. N. and Vinci, C. P. (2019). An Investigation of Impact of Research Collaboration on Academic Performance in Italy, *Quality and Quantity*. 1 – 38.

Barre, R. (1987). A Strategic Assessment of the Scientific Performance of Five Countries. *Science and Technology Studies*, 32 – 38.

Bianchini, S., & Llerena, P. (2016). Science Policy as a Prerequisite of Industrial Policy. *Economia e Politica Industriale*, 43 (3), 273 – 280.

BILAT – USA. (2010). Analysis of S&T Priorities in Public Research in Europe and the USA.

BRICS Science, Technology and Innovation Ministerial Meeting (2015), Memorandum of Understanding on Cooperation in Science, Technology and Innovation between the Governments of The Federative Republic of Brazil, The Russia Federation, The Republic of India. The People's Republic of China and The Republic of South Africa/ Brasilia. 18 March 2015.

BRICS Science, Technology and Innovation Work Plan 2015 – 2018 (2015).

Cagnin C. (2014). STI Foresight in Brazil, Foresight – Russia, Vol. 8, No. 2, pp. 46 – 55.

Chuang, Y. W., Lee, L. C., Hung, W. C., & Lin, P. H. (2010). Forging into the innovation Lead—A Comparative Analysis of Scientific Capacity. *International Journal of Innovation Management*, 14 (3), 511 – 529.

Confraria, H., & Vargas, F. (2017). Scientific Systems in Latin America: Performance, Networks, and Collaborations with Industry. *The Journal of Technology Transfer*, 1 – 42 (article in press).

Daraio, C., & Bonaccorsi, A. (2017). Beyond University Rankings? Generating New Indicators on Universities by Linking Data in Open Platforms. *Journal of the Association for Information Science and Technology*, 68 (2), 508 – 529.

Debackere, K., & Luwel, M. (2004). Patent data for Monitoring S&T Portfolios. In *Handbook of Quantitative Science and Technology Research* (pp. 569 – 585). Springer Netherlands.

Debackere, K., Luwel, M., & Veugelers, R. (1999). Can Technology Lead to a

Competitive Advantage? A Case Study of Flanders Using European Patent Data. *Scientometrics*, 44 (3), 379 – 400.

Edler, J. (2010a). Coordinate to Collaborate: the Governance Challenges for European International S&T Policy. In *International Science and Technology Cooperation in a Globalized World*. The External Dimension of the European Research Area, pp. 135 – 160. Edward Elgar, Cheltenham.

Edler, J. (2010b). International Policy Coordination for Collaboration in S&T. Manchester Business School working papers, paper No. 590.

European Forum on Forward Looking Activities (2015) How to Design a European Foresight Process that Contributes to a European Challenge Driven R&I Strategy Process, European Forum on Forward Looking Activities, Policy Brief No. 2.

Figueroa, A. and Stamm, A. (2012). Effective International Science, Technology and Innovation Collaboration: from Lessons Learned to Policy Change. In Meeting Global Challenges through Better Governance, pp. 207 – 242. OECD Publishing.

First BRICS Science, Technology and Innovation Ministerial Meeting. (2014). Cape Town Declaration. 10 February 2014.

Gassler, H., Polt, W., Schindler, J., Weber, M., Mahroum, S., Kubeczko, K., Keenan, M. (2004). Priorities in Science & Technology Policy—An International Comparison. Project Report Commissioned by the Austrian Council for Research and Technology Development.

Gautam, P. (2017). An Overview of the Web of Science Record of Scientific Publications (2004 – 2013) from Nepal: Focus on Disciplinary Diversity and International Collaboration. *Scientometrics*, 1 – 23.

Georghiou, L. (2001). Evolving Frameworks for European Collaboration in Research and Technology. *Research Policy*, 30 (6), 891 – 903.

Gokhberg, L., Meissner, D., Sokolov, A. (2016). Deploying Foresight for Policy and Strategy Makers: Creating Opportunities through Public Policies and Corporate Strategies in Science, Technology and Innovation. Netherlands: Springer International Publishing Switzerland.

Grebenyuk, A., Pikalova, A., Sokolov, A., Shashnov. S., Kaivooja, J. (2016). Priority Setting in the EU Countries and the Russian Federation: The Best Practices, M, National Research University Higher School of Economics.

Haegeman, K., Spiesberger, M., Veselitskaya, N., Sokolov, A. and Weiss, G. (2015). FTA Supporting Effective Priority Setting in Multi-lateral Research Programme Cooperation: The Case of EU – Russia S&T Cooperation. *Technological Forecasting and Social Change*, 101, 200 – 215.

Harzing, A. W. , & Giroud, A. (2014) . The Competitive Advantage of Nations: An Application to Academia. *Journal of Informetrics*, 8 (1), 29 – 42.

Ionescu, C. (2015) . Challenges on the Integration of Romanian System Research, Development and Innovation in Innovation Union. *Procedia Economics and Finance*, 32, 986 – 991.

Kahn, M. (2011) . A Bibliometric Analysis of South Africa's Scientific Outputs: Some Trends and Implications. *South African Journal of Science*, 107 (1 – 2), 1 – 6.

Kotsemir M. , Kuznetsova T. , Nasybulina E. , Pikalova A. (2015) Identifying Directions for Russia's Science and Technology Cooperation. *Foresight and STI Governance*, 9 (4), 54 – 72.

Kotsemir, M. (2012) . Dynamics of Russian and World Science through the Prism of International Publications. *Foresight – Russia*, 6 (1), 38 – 58.

Kutlača, D. (2016) . Scientific Research Publication Productivity in the Areas of Mathematics and Physics in South Eastern Europe. *Yugoslav Journal of Operations Research*, 24 (3) .

Kuwahara, T. , Cuhls K. , Georghiou, L. (2008) . Foresight in Japan. *The Handbook of Technology Foresight Concepts and Practice*. 170 – 183.

Lee, L. C. , Lee, Y. Y. , & Liaw, Y. C. (2012) . Bibliometric Analysis for Development of Research Strategies in Agricultural Technology: The Case of China Taiwan. *Scientometrics*, 93 (3), 813 – 830.

Li, L. (2009) . Research Priorities and Priority – Setting in China. Vinnova Analysis. Vinnova.

Mangematinæ, V. , & Errabi, K. (2012) . The Determinants of the Science – Based Cluster Growth: the Case of Nanotechnologies. *Environment and Planning C: Government and Policy*, 30 (1), 128 – 146.

Meissner, D. , Gokhberg, L. , Sokolov, A. (eds.). (2013). Science, Technology and Innovation Policy for the Future. *Potentials and Limits of Foresight Studies*. New York, Dordrecht, London, Heidelberg: Springer.

Mertins, K. (2003) . Innovation in Indonesia. Fraunhoffer Institute.

OECD. (2010) . Priority Setting for Public Research: Challenges and Opportunities, OECD Publishing, Paris.

OECD. (2012) . Meeting Global Challenges through Better Governance. International Co – operation in Science, Technology and Innovation. OECD Publishing, Paris.

Pouris A. , Raphasha, P. (2015) . Priorities Setting with Foresight in South Africa. *Foresight and STI Governance*, Vol. 9, No. 3, pp. 66 – 79.

Poznyak A. , Shashnov, S. (2011) . S&T Priorities for Modernization of the Russian

Economy. *Foresight – Russia*, Vol. 5, No. 2, pp. 48 – 56 [in Russian].

Radosevic, S., & Yoruk, E. (2014). Are there Global Shifts in the World Science Base? Analysing the Catching up and Falling behind of World Regions. *Scientometrics*, 101 (3), 1897 – 1924.

Schuch, K., Bonas, G. and Sonnenburg, J. (2012). Enhancing Science and Technology Cooperation between the EU and Eastern Europe as well as Central Asia: a Critical Reflection on the White Paper from a S&T Policy Perspective. *Journal of Innovation and Entrepreneurship*, 1 (1), article No. 3.

Serger, S. S. and Wise, E. (2010). Internationalization of Research and Innovation: New Policy Developments. In 2nd Conference on Corporate R&D (CONCORD), 3 – 4 March 2010, JRC European Commission, Seville.

Sokolov, A., Shashnov, S., Kotsemir, M., Grebenyuk, A. (2017). Identification of Priorities for S&T Cooperation of BRICS Countries. *International Organizations Research Journal*. Vol. 12. No. 4, pp. 32 – 67.

Sokolov, A., Shashnov, S., Kotsemir, M., Grebenyuk, A. (2019) Quantitative Analysis for a Better – Focused International STI Collaboration Policy: A Case of BRICS // Technological Forecasting and Social Change. Vol. 147, October 2019, pp. 221 – 242.

Sokolov, A., Chulok, A. (2016) Priorities for Future Innovation: Russian S&T Foresight 2030. *Futures*. Vol. 80, No. June, pp. 17 – 32.

Sokolov A., Shashnov S. A., Kotsemir M. N., Grebenyuk A. Y. S&T Priorities for BRICS Countries: In Search of a Win – Win Strategy, in: *BRICS Innovative Competitiveness Report 2017*. Ed. by M. Li, X. Zhao, M. Huang, A. Sokolov. Singapore: Springer, 2018. doi Ch. 2. pp. 31 – 65.

South Africa Government. (2010). The New Growth Path.

Tang, L., & Shapira, P. (2011). Regional Development and Interregional Collaboration in the Growth of Nanotechnology Research in China. *Scientometrics*, 86 (2), 299 – 315.

Tõnurist, P. and Kattel, R. (2016). Can Research, Development, and Innovation Policies Cross Borders? The Case of Nordic – Baltic Region. *Science and Public Policy*, 44 (3), 328 – 340.

Varum, C. A. and Piscitello, L. (2011). The Role of Public Policy in Strengthening *Innovation Through Internationalization*. In *Science and Innovation Policy For The New Knowledge Economy*, Edward Elgar, Cheltenham, 162 – 182.

Wang, L. (2016). The Structure and Comparative Advantages of China's Scientific Research: Quantitative and Qualitative Perspectives. *Scientometrics*, 106 (1), 435 – 452.

分　报　告

Sub Reports

B.3
金砖国家农业现代化综合创新竞争力实证

贡锡锋　李哲敏　任育锋*

摘　要： 金砖国家人口占到了世界的41.57%，农业生产总值占比超过50%，其农业现代化发展对于推动解决全球性粮食安全问题、贫困问题等具有重要意义。21世纪以来，金砖国家制定了一系列发展计划推动各自农业现代化发展。本研究从农业发展环境状况、农业产出能力两大方面，集中展示近年来金砖国家农业现代化综合创新实力。研究发现，2001年以来，金砖国家农业发展环境大幅改善，农业机械化水平、农业投入、农业科技进步贡献率均明显增长；农业产出增长远高于全球

* 贡锡锋，博士，中国农业科学院国际合作局原局长、研究员，研究方向为农业国际合作；李哲敏，博士，中国农业科学院研究生院副院长、二级研究员、博士生导师，研究方向为农业农村资源监测预警研究；任育锋，博士，中国农业科学院农业信息研究所助理研究员，研究方向为金砖国家农业信息分析。

平均水平，供给能力持续提高，稻谷、肉、蛋、水产品等供给量占到全球总量的40%以上。

关键词： 金砖国家　农业现代化　农业发展环境　科技合作

金砖国家是世界上重要的农业生产基地，各国农业资源丰富且农业规模较大，对保障全球粮食安全、农业农村地区经济稳定发展起到了至关重要的作用。近年来，金砖各国农业科技创新能力和水平不断提高，成为确保其国家粮食安全、实现农业增效、突破环境资源约束、促进农业可持续发展、实现农业现代化的重要手段。为了能够更直观、更准确地显示金砖国家农业现代化综合创新竞争力及其对农业的重要作用，本报告在综合考量金砖国家农业创新构成要素、农业现代化内涵与特征的基础上，以2001～2017年的相关数据为基础，从农业发展环境状况、农业产出能力两个方面进行深入、科学的展示。

一　金砖国家农业发展环境状况

金砖国家作为新兴经济体的典型代表，是世界经济发展和社会稳定的重要力量。金砖各国不仅土地、水等自然资源丰富，同时农村劳动力资源丰富，农业发展条件得天独厚，具备良好的社会、经济发展基础。近年来，在金砖国家各国政府积极努力下，特别是在农业先进科技的助推下，金砖国家在农业规模化和机械化水平、农业生产投入、农业科技支撑发展等方面取得了显著成绩。

（一）农业规模化与机械化水平

农业规模化与机械化水平是反映农业现代化发展状况的重要指标。经过多年发展，金砖国家已经建立起适合其国家发展的农业规模化与机械化模式，直接表现在农业生产总值提升的同时，农业从业人员比重降低。2001～

2016 年，金砖国家农业生产总值[①]由 4791 亿美元增至 19981 亿美元，增长了 3.17 倍，年均增长率达到 9.99%；同期，金砖国家农业从业人员占就业总人数的比重由 29.22% 降至 16.86%，下降了 12.36 个百分点，2017 年更是进一步下降至 16.56%（见图 1），比世界农业从业人员占就业总人数的比重（26.47%）低 9.91 个百分点，充分显示出金砖国家农业规模化与机械化水平相对较高，农业现代化进步显著。

1. 农业规模化水平

金砖国家农业规模化水平整体呈逐步上升的趋势，但各国资源禀赋差异以及经济社会基础、农业发展政策的差异，也使各国在具体规模化水平方面存在差异。巴西、俄罗斯因其天然农业资源优势，农业规模化程度整体较高；印度的耕地面积居亚洲首位，但是受其人口和发展环境制约，目前仍是以小农经济为主，规模化程度相对较低；中国农业规模化水平明显提高，但受人口及各地经济社会状况影响，小农生产仍是农业生产的主要方式；南非则是呈现大型农场规模化经营与小农经营并存的状况。

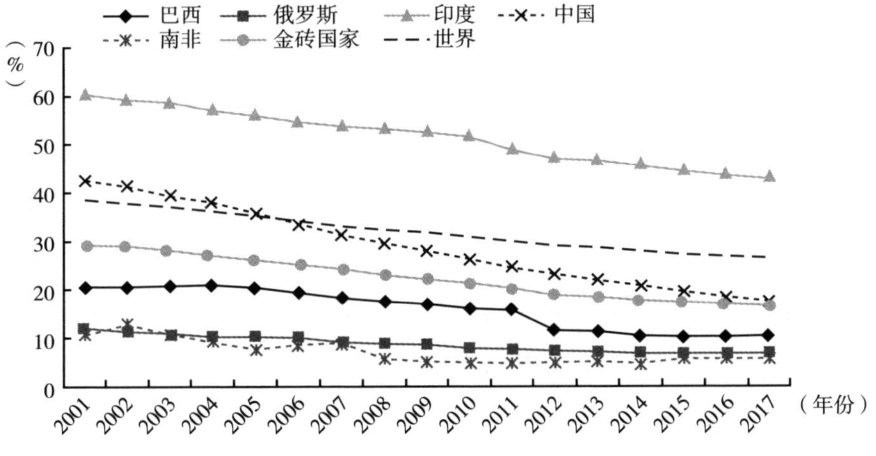

图 1　2001～2017 年金砖国家与世界农业从业人员占就业总人数的比重

资料来源：世界银行。

① 在本报告中，农业生产总值等于种植业、畜牧业和水产业产值之和。其中，水产业产值为淡水养殖产值，包括鱼、虾、贝类及藻类等的养殖产值。

表 1　2001～2017 年金砖国家与世界农村人口人均耕地占有量

单位：公顷

年份	巴西	俄罗斯	印度	中国	南非	金砖国家	世界
2001	1.80	3.18	0.21	0.15	0.69	0.39	0.43
2002	1.88	3.19	0.21	0.15	0.69	0.39	0.42
2003	1.99	3.18	0.20	0.14	0.69	0.39	0.42
2004	2.12	3.19	0.20	0.15	0.67	0.39	0.42
2005	2.16	3.20	0.20	0.15	0.67	0.40	0.42
2006	2.18	3.21	0.19	0.15	0.64	0.39	0.42
2007	2.16	3.22	0.19	0.15	0.64	0.39	0.42
2008	2.24	3.23	0.19	0.15	0.65	0.40	0.42
2009	2.27	3.23	0.19	0.16	0.65	0.40	0.42
2010	2.28	3.17	0.18	0.16	0.64	0.39	0.41
2011	2.37	3.20	0.18	0.16	0.62	0.40	0.42
2012	2.40	3.19	0.18	0.16	0.64	0.40	0.42
2013	2.54	3.26	0.18	0.17	0.64	0.41	0.42
2014	2.70	3.29	0.18	0.17	0.64	0.41	0.42
2015	2.73	3.29	0.18	0.20	0.64	0.43	0.42
2016	2.76	3.30	0.18	0.20	0.64	0.43	0.42
2017	2.79	3.31	0.18	0.21	0.65	0.43	0.42

资料来源：2001～2016 年金砖国家耕地面积来自联合国粮农组生产统计数据库（FAOSTAT）、2001～2017 年农村人口数量来自世界银行，2017 年耕地面积为作者估计数。

就农村人口占总人口比例而言，2017 年金砖国家平均为 36.40%，比 2001 年的 44.54% 降低了 8.14 个百分点。其中，中国农村人口减少最多，占比由 62.91% 降至 42.04%，下降了 20.87 个百分点。为了消除农村人口变化对规模化评价的影响，本报告测算农村人口的人均耕地占有量，2001～2017 年金砖国家农村人口的人均耕地占有量由 0.39 公顷/人增至 0.43 公顷/人，整体规模化程度在提高，而同期世界农村人口的人均耕地占有量下降了约 2.3%（见表 1）。其中，巴西增长最多（55.00%），2017 年达到 2.79 公顷/人；其次是中国增长了约 40.00%，2017 年达到 0.21 公顷/人；但同时印度和南非呈下降趋势。整体来看，金砖国家农户家庭的经营规模呈上升趋势，若按照户均 4 口人的家庭规模测算，2017 年金砖国家户均耕地面积达到 1.72 公顷，高于世界平均水平。

2. 农业机械化水平

金砖国家的农业机械化发展水平与各国农业科技发展、农业规模化水平紧密相连。巴西、俄罗斯和南非的农业机械化发展较为成熟，不断向大功率、高效能的机械化道路发展，农业综合机械化水平较高。中国和印度两国主要受经营规模影响，机械化程度仍相对较低，但是两国农业机械化发展空间较大。近年来中国农业机械化程度显著提高，2017 年主要农作物耕种综合机械化水平达到 67%。

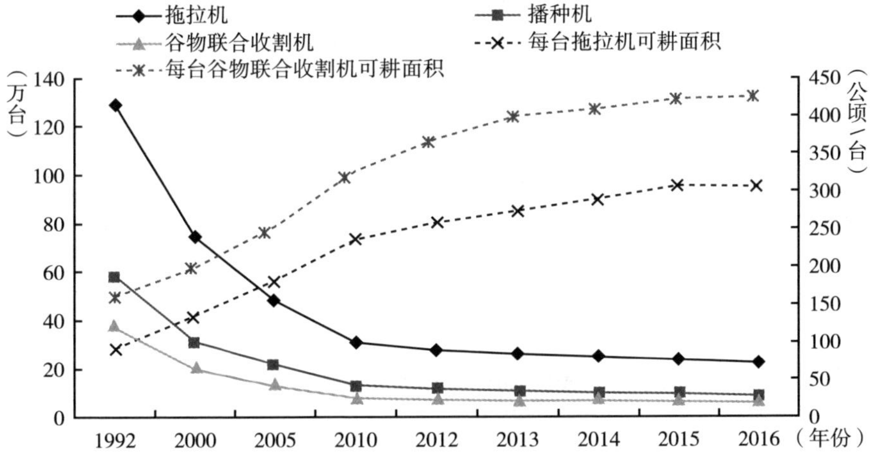

图 2　1992 ~ 2016 年俄罗斯农业机械化水平

数据来源：俄罗斯联邦统计局。

目前，国际上没有统一的机械化发展水平的统计，所以本报告从各国的具体情况入手研究，探索金砖各国农业机械化发展成就。在巴西，大豆、甘蔗、可可等作物的生产过程中，普遍应用功率在 100 千瓦以上的大型农业机械，如 87% 的甘蔗全过程生产（整地—开垄—播种—施肥—除草—收割）的机械化作业；2006 年，巴西每 100 平方千米耕地拖拉机拥有量达到 113.33 台；此外，联合收割机应用也不断提高，2013 年销售量超过了 8000 台。在俄罗斯，农业机械化装备实现新一轮转型升级，淘汰了苏联时期的大量老旧农业机械装备，并且农机具效能不断提升。2016 年末拖拉机、播种机和谷物联合收割机拥有量分别为22.34万台、8.77万台和5.93万台；2016年每台拖拉机和每台谷物联合收割机的可作业面积分别达到305公顷和425公顷，比2000年分别提高了125.93%和114.65%（见图2）。

在印度，在一系列支农惠农政策的支持下，农业机械化水平不断提高，2003年拖拉机使用量、联合收割机使用量分别为253.3万台和42.37万台，比2001年分别提高13.18%和13.46%，到2013年当年拖拉机和播种机的销售量更是达到69.68万台和5.6万台，未来印度农业机械拥有量将会持续提高。在中国，农业机械化水平提高显著，不仅表现在农作物耕种综合机械化水平方面，2017年比2008年增长了21.2%；同时，农用机械总动力、拖拉机数量、拖拉机配套农具数量、农用排灌柴油机数量、联合收割机数量、机动脱粒机数量均大幅提高，2016年分别为9.73万千瓦、2316.97万台、4022.14万部、940.77万台、173.90万台（2015年）、1061.80万台（2015年），比2001年分别增长76.27%、66.92%、98.22%、29.13%、514.77%、17.52%（见表2）。

表2　2001～2017年中国农业机械化水平

年份	农业机械总动力（万千瓦）	拖拉机（万台）	拖拉机配套农具（万部）	农用排灌柴油机数量（万台）	联合收割机数量（万台）	机动脱粒机数量（万台）
2001	5.52	1388.07	2029.12	728.57	28.29	903.47
2002	5.79	1430.56	2161.25	750.61	31.01	898.27
2003	6.04	1475.76	2286.99	749.57	36.50	883.70
2004	6.40	1566.79	2498.40	777.54	41.05	914.72
2005	6.84	1666.49	2691.17	809.91	48.04	926.20
2006	7.25	1739.72	2888.07	836.35	56.56	965.64
2007	7.66	1825.39	3041.23	861.50	63.38	987.30
2008	8.22	2021.93	3229.91	898.39	74.35	963.15
2009	8.75	2102.48	3422.62	924.92	85.84	987.94
2010	9.28	2177.96	3605.41	946.25	99.21	1016.80
2011	9.77	2251.91	3760.96	968.39	111.37	1001.87
2012	10.26	2282.47	3844.14	982.31	127.88	1042.32
2013	10.39	2279.30	3875.83	934.70	142.10	1007.58

续表

年份	农业机械总动力（万千瓦）	拖拉机（万台）	拖拉机配套农具（万部）	农用排灌柴油机数量（万台）	联合收割机数量（万台）	机动脱粒机数量（万台）
2014	10.81	2297.72	3943.27	936.13	158.46	1048.96
2015	11.17	2310.33	4003.52	939.93	173.90	1061.80
2016	9.73	2316.97	4022.14	940.77		
2017	9.90	2304.30				

资料来源：中华人民共和国国家统计局。

在南非，农业拖拉机拥有量也保持增长态势，2008 年为 0.7 万台，比 2001 年的 0.3 万台，增长了 1.33 倍。

（二）农业生产投入状况

人力、物资、资本的直接投入，用于推动农业生产与科研进步，是影响农业现代化进程的重要方面。2001 年以来，随着农业综合创新力的不断提高，在金砖国家农业劳动力总人口数量不断下降的同时，化肥施用量、农业灌溉用地面积、农业资本投入和农业研发投入均呈现明显增长态势。

1. 农业劳动力数量

2001 年以来，金砖国家农业劳动力数量整体呈下降趋势。2017 年金砖国家农业劳动力总数为 84952 万人，比 2001 年的 124690 万人，减少了 39738 万人，年均下降 2.37%；其占世界农业劳动力总数的比重也由 2001 年的 52.27%降至 2017 年的 42.62%（见表 3）。其中，中国农业劳动力人数下降最多，2001 ~2017 年减少了 29937 万人，年均降幅为 4.90%。

表 3　2001 ~2017 年金砖国家与世界农业劳动力数量

单位：万人

年份	巴西	俄罗斯	印度	中国	南非	金砖国家	世界
2001	3659	1758	64569	54213	491	124690	238551
2002	3723	1647	64469	52855	595	123289	237589
2003	3781	1574	64939	50566	507	121367	236042

续表

年份	巴西	俄罗斯	印度	中国	南非	金砖国家	世界
2004	3883	1463	64146	49199	441	119132	232548
2005	3831	1460	64068	46706	368	116434	229778
2006	3662	1427	63550	43924	421	112984	224826
2007	3497	1284	63323	41176	441	109720	220339
2008	3370	1234	63639	39138	285	107666	218392
2009	3311	1203	63601	37069	258	105443	217128
2010	3141	1107	63414	35093	250	103006	213658
2011	3125	1099	60869	32941	240	98273	209905
2012	2306	1049	59369	31294	256	94275	206129
2013	2267	1003	59658	29765	268	92960	205415
2014	2118	967	58902	28281	254	90522	202900
2015	2109	967	58072	26805	310	88264	200517
2016	2114	970	57527	25308	313	86232	199206
2017	2160	968	57233	24276	315	84952	199308

资料来源：世界银行。

2. 化肥施用量

合理使用化肥可提高农作物产量，推进农业快速发展，在过去的很长一段时间，金砖国家化肥施用量保持增长态势。2015 年，金砖国家农业化肥施用量达到 44971.84 万吨，比 2002 年的 31891.6 万吨，增加了 41.01%，年均增长 2.68%。其中，2015 年氮肥、磷肥、钾肥的施用量分别为 5359.93 万吨、2786.27 万吨和 2177.16 万吨（见图 3）。需要注意的是，在中国随着农业绿色、可持续发展政策的实施，特别是化肥零增长计划的推行，2016～2017 年化肥施用量出现持续下降趋势，当年分别为 5984.10 万吨和 5859.40 万吨。

3. 农业灌溉状况

高效的灌溉技术和手段是提高农业生产效率的一个重要途径，也是解决水资源对农业发展限制的重要手段，是推进农业现代化发展的重要农业科技创新方面。2016 年金砖国家农业灌溉面积①达到 1.55 亿公顷，比 2001 年增

① 因为数据的可获得性，此处用灌溉面积代替农业灌溉面积，所以数值略偏高。

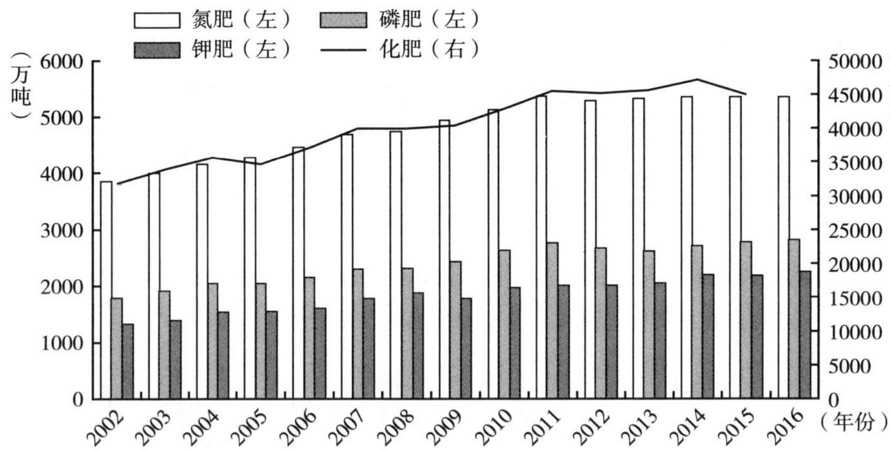

图 3　2002～2016 年金砖国家化肥施用量

数据来源：世界银行、FAOSTAT。

长 21.42%；耕地灌溉率达到 31.48%，比 2001 年提高了 16.84 个百分点（见图 4）。其中，巴西的农业灌溉面积增速最快，2001～2016 年增长了 54.29%；而中国的耕地灌溉率最高，2016 年为 61.09%。

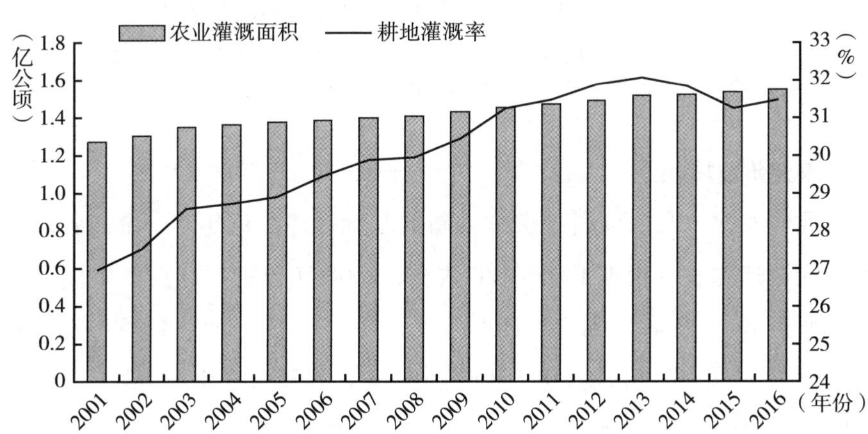

图 4　2001～2016 年金砖国家农业灌溉状况

注：耕地灌溉率 = 农业灌溉面积/耕地面积 ×100%。

资料来源：农业灌溉面积来自 FAOSTAT。

4. 农业资本投入

金砖国家农业发展对发达国家的市场依存度较高，增长主要依靠出口导向和投资拉动。2017 年金砖国家得到的外国直接投资达到 2655.57 亿美元，其中对农业的直接投资达到 36.47 亿美元，比 2001 年分别增长了 2.15 倍和 66.93%（见图 5），农业资本投入增长迅速，但是仍低于其他产业，未来仍存在增长空间。

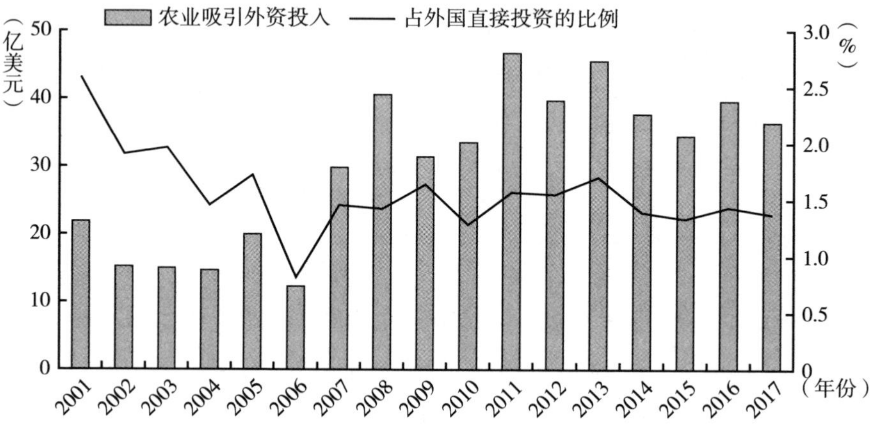

图 5　2001 ~ 2017 年金砖国家农业外国资本流入状况

资料来源：2001 ~ 2010 年巴西、俄罗斯、印度、中国数据来自 FAOSTAT，其他数据均根据农业资本流入量占总资本流入量比例，采用移动平均法估算得出。

5. 农业研发投入

农业研发投入是农业科技持续创新的基础保障。近年来，金砖各国农业研发投入迅速增长。根据 FAOSTAT 数据，2008 年巴西、印度、中国和南非的农业研发投入分别达到 20.08 亿美元、10.29 亿美元、41.59 亿美元和 3.48 亿美元（见图 6），比 2001 年分别增长了 1.75 倍、1.81 倍、2.58 倍和 96.9%，2008 年分别占到农业总产值的 1.39%、0.4%、0.5% 和 2.02%。在俄罗斯，科研经费主要依靠国家财政拨款，拨款采用“科研合同制”方式进行。2009 年俄罗斯联邦预算中，农业拨款额度比 2008 年增长 50%，增至 1820 亿卢布。

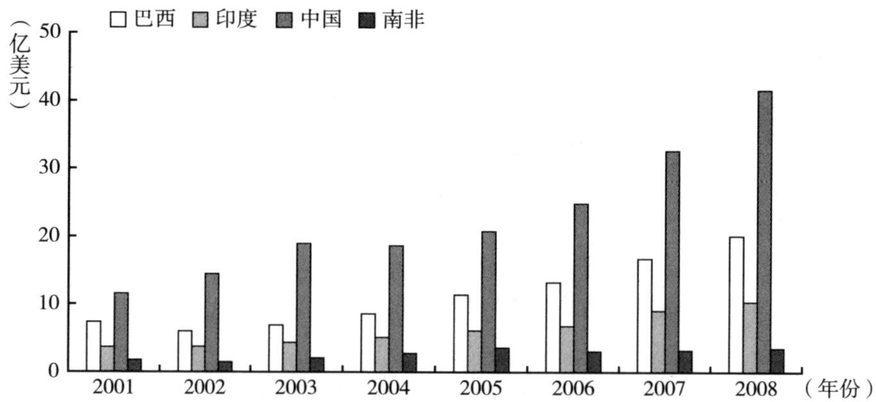

图 6　2001 ~ 2008 年金砖国家农业研发投入

资料来源：FAOSTAT。

（三）农业科技支撑作用

在农业现代化进程中，农业科技创新与支撑作用不断加强，农业科技进步贡献率稳步提高。以中国为例，2017 年其农业科技进步贡献率达到 57.5%，比 2010 年的 52.0%，提高了 5.5 个百分点。特别是在超级稻、转基因抗虫棉、禽流感疫苗等方面取得了突破性进展，主要农作物良种基本实现全覆盖，自主选育品种面积占比达到 95%，这对农业农村新形势新业态发展起到了重要的支撑作用。具体来看：（1）支撑农业综合生产能力提升，保障了国家粮食安全。科技对粮食单产提高的贡献不断加大，粮食产量自 2013 年以来持续稳定在 6 亿吨以上。（2）促进农业产业结构优化，推动了农业供给侧结构性改革。优化农业科技布局、增加农业科技供给、优化科技推出方式，协同促进农业发展转型升级。（3）助力农业生产方式转变，推进农业绿色发展。应用现代技术、设施、装备武装传统农业，农业现代化、绿色化发展水平不断提升，清洁生产技术加速推进，畜禽养殖废弃物综合利用率近 60%。（4）聚焦关键核心技术突破，壮大了农业高新技术产业。转基因棉花商业化进一步扩大，累计推广面积突破 4.5 亿亩，建立了农机北斗导航和智能测控信息应用平台，解决了畜禽强毒难以致弱的技术难题。（5）强化科技服务方式创新，推动了农民收入持续增加。农村一、二、三产业加快融合发展，推广农产品保鲜、贮运、加工等技术，农产品加工业与农业产值比达到2.2∶1，农业产业链不断衍生、价值链得到提升，让农民更多分享产业链增值收益。

二　金砖国家农业产出能力状况

金砖国家面积辽阔、资源丰富，是全球重要的农产品供给国。21世纪以来，各国发挥自身优势，根据市场需求，不断调整产业结构，农业产出增长远高于全球平均水平，供给能力持续提高，稻谷、肉、蛋、水产品等供给量占到全球总量的40%以上，为全球食物安全保障做出了重要贡献。

（一）农业总产值状况

金砖国家是重要的农业国家，尤其2001年以来发展迅速，在全球地位不断提升。2016年金砖国家农业生产总值达19981亿美元，比2001年增长了3倍多，远远高于同期全球农业生产总值的1.7倍（见图7）；其中，中国农业生产总值增加最快，2016年达到13746亿美元，比2001年增长3.6倍；2016年印度农业生产总值为3687亿美元，比2001年增长2.5倍；巴西、俄罗斯、南非2016年农业总产值分别为1671亿美元、712亿美元、165亿美元，比2001年分别增长3倍、1.5倍和1.3倍。中国农业产出在金砖五国内处于绝对主导地位，2001～2016年农业产值占金砖国家总量比例均超过60%；其次是印度，占20%左右；其他三国合计占20%。

农业在金砖国家国民经济中占有重要地位。2016年金砖国家农业生产总值占其GDP的比重为11.9%，而全球同期仅有5.2%，高于全球6.7个百分点（见图8）。其中，印度的农业生产总值占其本国GDP的比重是金砖国家中最高的，达到16.2%，其后依次是中国（12.3%）、巴西（9.3%）、南非（5.6%）和俄罗斯（5.5%）。从变化趋势来看，近年来金砖国家农业生产总值占其 GDP 的比重呈下降趋势，2016 年比 2001 年下降了 5 个百分点，而同期全球则上升了 1 个百分点，反映出金砖国家总体自 2001 年以来国民经济结构调整明显，工业、服务业发展更为迅速。

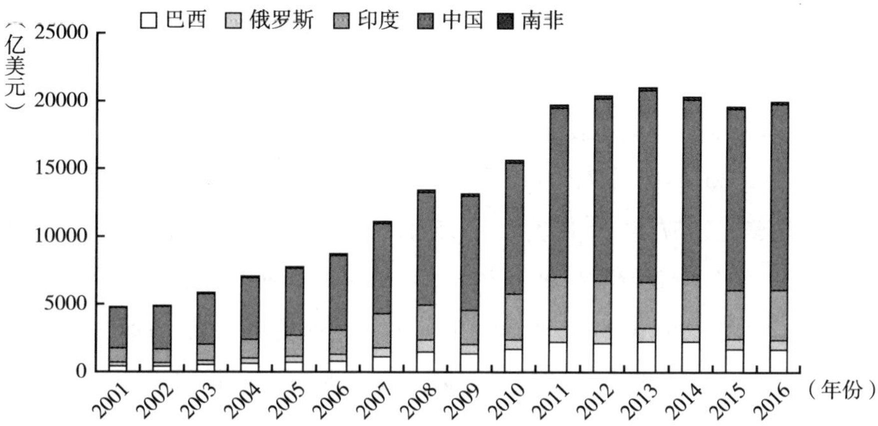

图 7　2001～2016 年金砖国家农业生产总值

资料来源：FAOSTAT、渔业和水产养殖司网站。

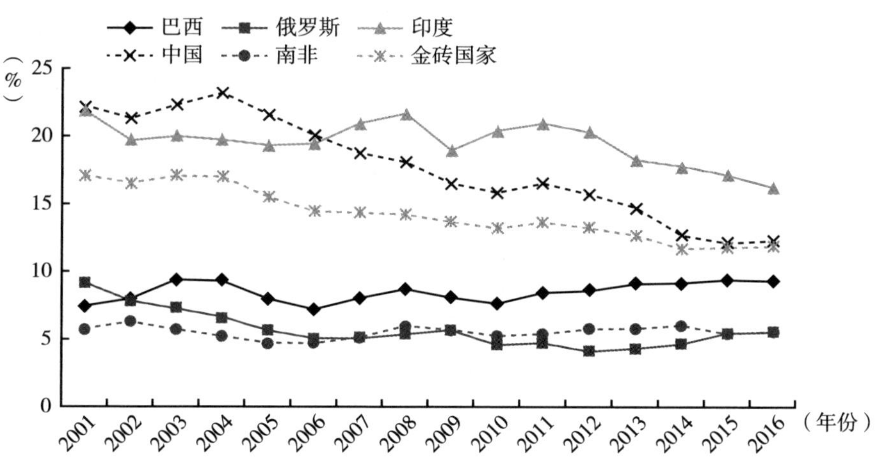

图 8　2001～2016 年金砖国家农业生产总值占其 GDP 的比重

资料来源：FAOSTAT 和 WB。

金砖国家内部而言，农业生产总值占其 GDP 的比重变化趋势存在明显差异。其中，2001 ~2016 年，中国农业生产总值占其 GDP 的比重下降了 10 个百分点；印度和俄罗斯分别下降 5.6 个百分点、3.6 个百分点；南非基本持平；而巴西上升了 2 个百分点。

（二）各产业发展状况

2001 年以来，金砖国家种植业、畜牧业和水产业得到全面发展，但结构有所调整。2016 年金砖国家种植业、畜牧业和水产业产值分别为 12694.15 亿美元、5715.79 亿美元和 1571.50 亿美元，占农业生产总值的比重分别为 63.53%、28.61% 和 7.86%，与 2001 年相比，产值分别增长了 3.17 倍、2.84 倍、5.10 倍（见表 4）。其中，种植业占比基本保持平稳，稳定在 60% 以上，畜牧业占比出现下降，水产业占比增长明显。

表 4　2001 ~2016 年金砖国家农业产业构成及占比

年份	种植业		畜牧业		水产业	
	产值（亿美元）	占比（%）	产值（亿美元）	占比（%）	产值（亿美元）	占比（%）
2001	3043.95	63.53	1489.84	31.09	257.68	5.38
2002	3097.35	63.44	1504.20	30.81	280.63	5.75
2003	3802.95	65.15	1741.19	29.83	293.42	5.03
2004	4513.82	64.04	2219.14	31.48	315.45	4.48
2005	4945.85	63.67	2475.14	31.86	347.33	4.47
2006	5760.78	65.93	2591.40	29.66	385.18	4.41
2007	6931.51	62.35	3663.34	32.95	522.47	4.70
2008	8398.98	62.53	4387.37	32.66	645.24	4.80
2009	8308.12	63.12	4153.10	31.55	701.76	5.33
2010	10051.01	64.26	4767.42	30.48	822.87	5.26
2011	12639.77	64.04	6094.57	30.88	1002.85	5.08
2012	13067.14	63.98	6185.91	30.29	1170.88	5.73

续表

年份	种植业		畜牧业		水产业	
	产值（亿美元）	占比（%）	产值（亿美元）	占比(%)	产值（亿美元）	占比(%)
2013	13209. 41	62. 80	6493. 27	30. 87	1329. 85	6. 32
2014	13036. 04	64. 10	5833. 55	28. 69	1466. 77	7. 21
2015	12572. 22	64. 10	5552. 15	28. 31	1489. 37	7. 59
2016	12694. 15	63. 53	5715. 79	28. 61	1571. 50	7. 86

1. 种植业发展状况

种植业作为金砖国家农业生产构成的重要部分，2001～2016 年其产值保持了年均 9. 99% 的增速。谷物生产作为种植业的主要构成部分，2001～2016 年其产量由 7. 93 亿吨增至 10. 89 亿吨，增长了 37. 33%，年均增长 2. 14%（见表 5）。根据 FAOSTAT 数据计算，巴西、中国和俄罗斯的谷物产量增长较快，增速分别为 47. 27%、46. 25% 和 41. 35%；但是南非谷物生产出现下降，降幅为 5. 11%。

稻谷、小麦、玉米作为三大主要粮食作物，2016 年，金砖国家 3 种粮食作物产量之和达到 10. 35 亿吨，比 2001 年增长了 43. 00%。其中，增幅最大的是玉米，达 93. 82%，产量也从 1. 78 亿吨增加到 3. 45 亿吨；小麦则增长了 42. 59%，2016 年产量为 3. 08 亿吨；稻谷增幅最小，为 15. 76%，2016 年产量为 3. 82 亿吨。具体国家而言，中国三大粮食作物产量之和最高，2016 年达 5. 75 亿吨，占金砖国家三大粮食作物产量之和的 55. 56%，超过了半壁江山；其余依次为印度、俄罗斯、巴西、南非。此外，俄罗斯三大主要粮食作物产量增幅最高，达 85. 42%，而南非是仅有产量下降的国家，2016 年稻谷、小麦和玉米产量之和为 0. 1 亿吨。

就单产而言，2016 年金砖国家稻谷、小麦、玉米 3 种粮食作物单产分别为 5. 05 吨/公顷、3. 63 吨/公顷、5. 01 吨/公顷，与 2001 年相比分别提高了 18. 4%、27. 5% 与 32. 1%（见图 9）。其中，俄罗斯玉米单产提高最多，由 2001 年的 1. 73 吨/公顷增至 5. 51 吨/公顷，增长了 2. 18

倍；其次为巴西稻米、南非玉米和巴西小麦单产增幅均保持在60%以上的增长率。

表5　2001～2016年金砖国家谷物产量及构成

单位：亿吨

年份	谷物	稻米	小麦	玉米
2001	7.93	3.30	2.16	1.78
2002	7.54	2.95	2.19	1.79
2003	7.58	3.06	1.94	1.91
2004	7.95	3.19	2.17	1.99
2005	8.15	3.34	2.20	2.04
2006	8.41	3.35	2.27	2.20
2007	8.77	3.44	2.40	2.34
2008	9.48	3.54	2.63	2.64
2009	9.15	3.46	2.65	2.48
2010	9.15	3.53	2.45	2.71
2011	9.91	3.75	2.68	2.88
2012	10.08	3.76	2.60	3.19
2013	10.55	3.77	2.75	3.47
2014	10.76	3.79	2.90	3.45
2015	10.79	3.80	2.85	3.56
2016	10.89	3.82	3.07	3.45

数据来源：FAOSTAT。

表6　2001～2016年金砖国家三大主要粮食作物产量

单位：亿吨

地区	品种	2001年	2005年	2010年	2011年	2012年	2013年	2014年	2015年	2016年
巴西	稻谷	0.10	0.13	0.11	0.13	0.12	0.12	0.12	0.12	0.11
	小麦	0.03	0.05	0.06	0.06	0.04	0.06	0.06	0.06	0.07
	玉米	0.42	0.35	0.55	0.56	0.71	0.80	0.80	0.85	0.64
	合计	0.56	0.53	0.73	0.75	0.87	0.98	0.98	1.03	0.82

续表

地区	品种	2001 年	2005 年	2010 年	2011 年	2012 年	2013 年	2014 年	2015 年	2016 年
俄罗斯	稻谷	0.00	0.01	0.01	0.01	0.01	0.01	0.01	0.01	0.01
	小麦	0.47	0.48	0.42	0.56	0.38	0.52	0.60	0.62	0.73
	玉米	0.01	0.03	0.03	0.07	0.08	0.12	0.11	0.13	0.15
	合计	0.48	0.51	0.46	0.64	0.47	0.65	0.72	0.76	0.89
印度	稻谷	1.40	1.38	1.44	1.58	1.58	1.59	1.57	1.57	1.59
	小麦	0.70	0.69	0.81	0.87	0.95	0.94	0.96	0.87	0.94
	玉米	0.13	0.15	0.22	0.22	0.22	0.24	0.24	0.23	0.26
	合计	2.23	2.21	2.46	2.67	2.75	2.77	2.77	2.66	2.79
中国	稻谷	1.79	1.82	1.97	2.03	2.06	2.05	2.08	2.10	2.11
	小麦	0.94	0.97	1.15	1.17	1.21	1.22	1.26	1.30	1.32
	玉米	1.14	1.39	1.78	1.93	2.06	2.19	2.16	2.25	2.32
	合计	3.87	4.19	4.90	5.13	5.33	5.46	5.50	5.65	5.75
南非	稻谷	0.00	0.00	0.00	0.00	0.00	0.00	0.00	0.00	0.00
	小麦	0.03	0.02	0.01	0.02	0.02	0.02	0.02	0.01	0.02
	玉米	0.08	0.12	0.13	0.10	0.12	0.12	0.14	0.10	0.08
	合计	0.11	0.14	0.14	0.12	0.14	0.14	0.16	0.11	0.10
金砖国家	稻谷	3.30	3.34	3.53	3.75	3.76	3.77	3.79	3.80	3.82
	小麦	2.16	2.20	2.45	2.68	2.60	2.75	2.90	2.85	3.08
	玉米	1.78	2.04	2.71	2.88	3.19	3.47	3.45	3.56	3.45
	合计	7.24	7.58	8.69	9.31	9.56	9.99	10.14	10.21	10.35

资料来源：FAOSTAT。

大豆是金砖国家的主要油料作物，2001 年以来其产量保持持续增长态势。2016 年金砖国家大豆产量为 1.26 亿吨，比 2001 年增加 1.11 倍（见表 7）。其中，巴西是最大的大豆产出国，2016 年其产量占金砖国家总产量的 76.34%；俄罗斯增速最快，2016 年比 2001 年增长了约 8 倍；由于成本上升、比较收益下降等因素，中国成为唯一大豆产量下降的国家，降幅为 22.33%。2016 年，金砖国家大豆单产为 2.34 吨/公顷，其中巴西最高，达到 2.90 吨/公顷。2001 ~2016 年金砖国家大豆单产平均提高了 18.78%，其中，俄罗斯增幅最高，为 57.45%；南非则是唯一单产下降的国家。

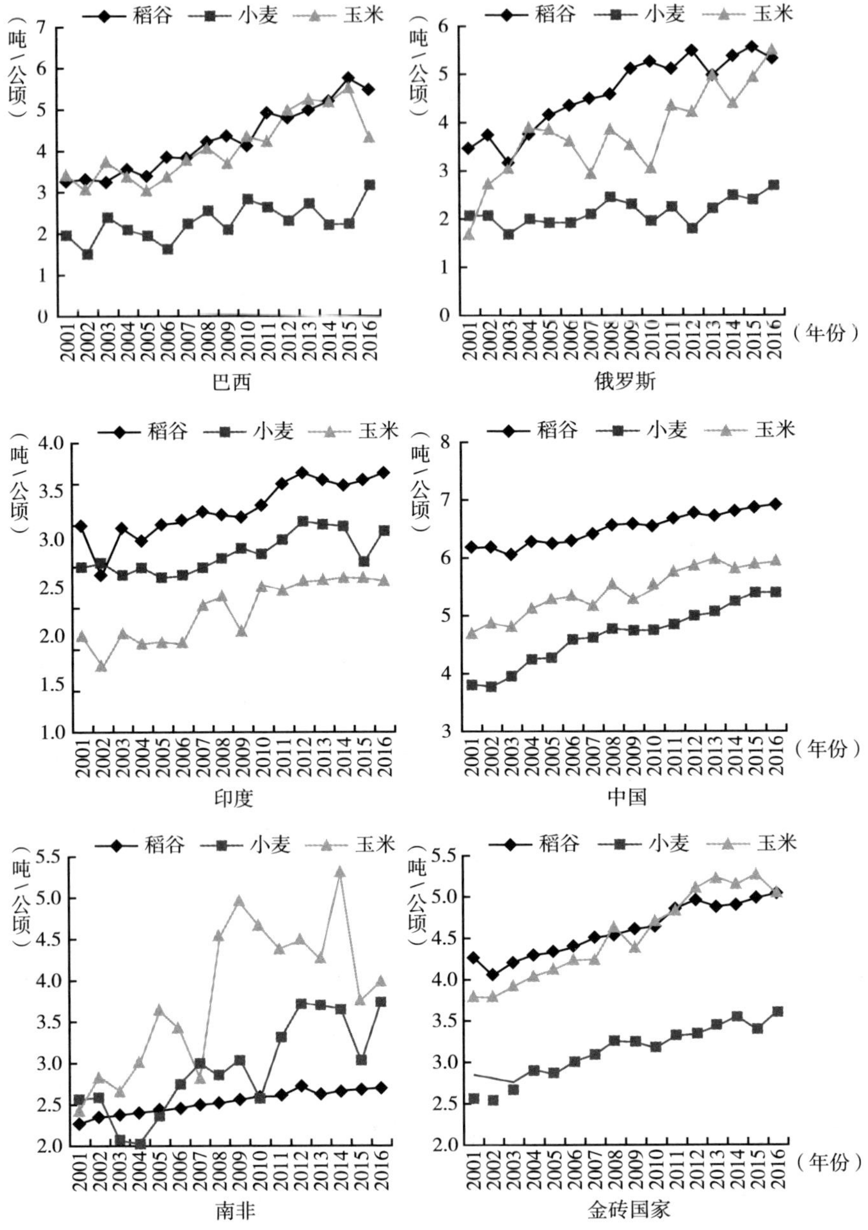

图 9　2001～2016 年金砖国家三大主要粮食作物单产

资料来源：巴西、俄罗斯、印度、中国、南非数据来自 FAOSTAT，金砖国家数据依 FAOSTAT 测算而得。

表7　2001～2016年金砖国家大豆产量及单产

单位：万吨，吨/公顷

年份	巴西		俄罗斯		印度		中国		南非		金砖国家	
	产量	单产	产量	单产	产量	单产	产量	单产	产量	单产	产量	单产
2001	3790.73	2.71	34.96	0.94	596.27	0.94	1540.59	1.62	22.62	1.69	5985.17	1.97
2002	4210.76	2.57	42.25	1.17	465.47	0.76	1650.58	1.89	22.30	1.80	6391.36	2.02
2003	5191.94	2.80	39.25	0.98	781.89	1.19	1539.35	1.65	13.65	1.36	7566.09	2.17
2004	4954.99	2.30	55.42	1.00	687.63	0.91	1740.18	1.81	22.00	1.63	7460.23	1.89
2005	5118.21	2.23	68.61	1.05	827.35	1.07	1634.80	1.70	27.25	1.82	7676.22	1.87
2006	5246.46	2.38	80.45	0.99	885.70	1.06	1508.20	1.62	42.40	1.76	7763.22	1.91
2007	5785.72	2.81	65.02	0.92	1096.80	1.24	1272.51	1.45	20.50	1.12	8240.55	2.11
2008	5983.31	2.82	74.60	1.05	990.54	1.04	1554.17	1.70	28.20	1.71	8630.82	2.12
2009	5734.54	2.64	94.37	1.19	996.45	1.02	1498.17	1.63	51.60	2.17	8375.13	2.01
2010	6875.63	2.95	122.24	1.18	1273.60	1.33	1508.35	1.77	56.60	1.82	9836.42	2.30
2011	7481.54	3.12	164.10	1.38	1221.40	1.20	1448.54	1.84	71.00	1.70	10386.58	2.38
2012	6584.89	2.64	168.31	1.22	1466.60	1.35	1301.11	1.81	65.00	1.38	9585.90	2.14
2013	8172.45	2.93	151.72	1.26	1186.10	1.01	1195.19	1.76	78.45	1.52	10783.90	2.24
2014	8676.05	2.87	236.36	1.23	1037.40	0.94	1215.52	1.79	94.80	1.89	11260.13	2.23
2015	9746.49	3.03	270.82	1.30	857.00	0.73	1178.77	1.81	107.00	1.56	12160.08	2.29
2016	9629.67	2.90	313.52	1.48	1400.80	1.22	1196.63	1.80	74.20	1.48	12614.82	2.34

此外，棉花作为重要的战略物资，2001年以来，金砖国家棉花产业发展迅速。根据FAOSTAT数据，2001～2014年，金砖国家棉花产量①提高了72.65%，2016年达2730万吨。其中，中国和印度是棉花的主要产出国，2016年其产量都在1200万吨以上，尤其是印度2016年比2001年增长了2.56倍，迅速赶上了中国。

2. 畜牧业发展状况

畜牧业作为金砖国家农业的重要组成部分，2001年以来得到快速发展，产值和产量均得到大幅提升。2016年金砖国家畜牧业产值达到5715.79亿美元，比2001年增长了2.84%；畜牧业产量②达到了44730万吨，比2001

① 此处的棉花产量数据用的是FAOSTAT中的cottonseed。

② 在本报告中，畜牧业产量等于肉类产量、禽蛋产量和奶类产量之和。

年的27330万吨，增长了63.67%（见图10）。其中，2016年肉类产量、禽蛋产量、奶类产量占畜牧业总产量的比例分别为30.30%、9.46%、60.25%。但是金砖各国之间畜牧业产量构成差异较大，俄罗斯、印度均是以奶类生产为主，2001～2016年印度奶业产量在畜牧业产量中占比持续保持在90%以上；而中国则是以肉类生产为主，肉类产量占比持续维持在50%以上，同时禽蛋在除中国外的其他金砖国家占比均较小。

肉类作为畜牧业的重要组成部分，2001～2016年保持增长态势，但是比例结构发生调整。2016年金砖国家肉类产量为13551万吨，增长了51.2%；其中，牛肉、羊肉、猪肉、鸡肉、鸭肉分别达到2190.0万吨、588.4万吨、6248.1万吨、3652.9万吨、306.8万吨，与2001年相比，增幅依次为31.7%、57.9%、34.7%、106.0%和56.5%（见图11）。就产量结构而言，金砖国家猪肉生产最多，2016年猪肉产量占肉类总产量的46.1%；鸡肉占27%；牛肉占16.2%；羊肉与鸭肉产量较小，比重低于5%。同时，2016年猪肉产量占比较2001年下降了6个百分点，鸡肉则上升了7个百分点。

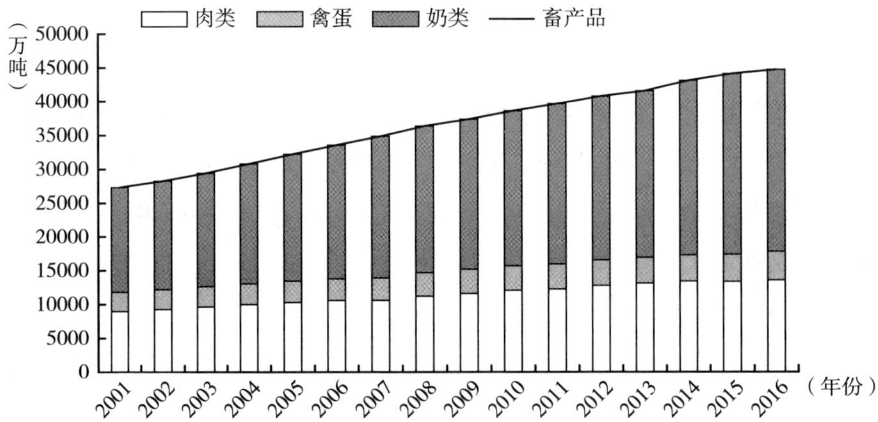

图10　2001～2016年金砖国家畜牧业产量及构成

数据来源：FAOSTAT。

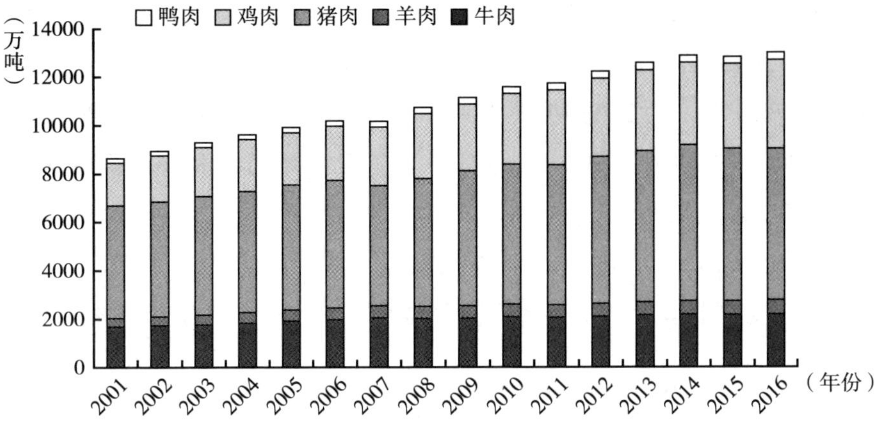

图 11　2001～2016 年金砖国家主要肉类产量

数据来源：FAOSTAT。

2016 年金砖国家禽蛋产量为 4229.7 万吨，比 2001 年增长 78.1%（见图 12），其中，中国处于绝对优势，产量占金砖国家的 76.5%；印度增幅最快，超过 1 倍。2016 年金砖国家奶类产量为 26949 万吨，比 2001 年增长 73.7%，其中，印度奶类产量为 15940 万吨，占金砖国家奶类产量的比例达 59.1%；中国产量增幅为 1.89 倍，为最高；俄罗斯是唯一产量发生下降的国家（-6.5%）。

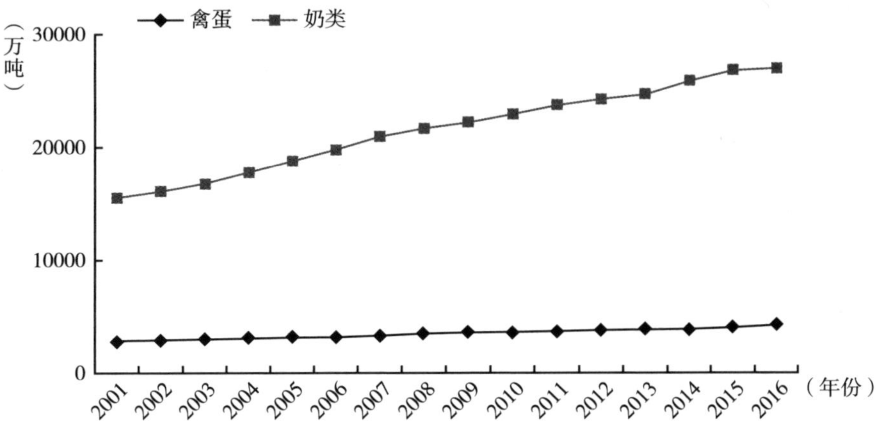

图 12　2001～2016 年金砖国家禽蛋与奶类产量

数据来源：FAOSTAT。

3. 水产业发展状况

2001～2016 年，主要受益于淡水养殖的迅猛发展，金砖国家水产业产量增长了 78.2%，达到 9917.8 万吨（见图 13）。其中，淡水养殖量为 7018.8 万吨，比 2001 年增长 1.2 倍，占水产品总量的比重提高了 13 个百分点，达到 70.8%；捕捞产量为 2899 万吨，增长了 24%。其中，2016 年中国水产业产量为 8152.9 万吨，占金砖国家总产量的 82.2%。这期间，巴西、俄罗斯、印度、中国水产业产量均较大幅度增长，南非则有 19.5% 的下降。

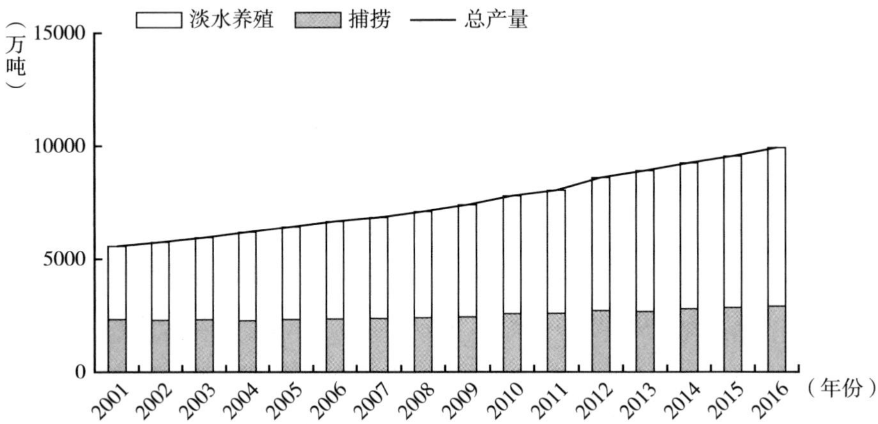

图 13　2001～2016 年金砖国家水产业产量及构成

资料来源：FAO《渔业统计年鉴》。

（三）金砖国家农业生产全球地位

金砖国家作为全球重要的农业生产集体，在全球粮农体系中占据重要地位，成为稳定全球粮食安全的重要载体。同时，为解决全球饥饿和贫困问题做出了应有的贡献。

金砖国家是全球重要的农产品供应国，2016 年金砖国家 GDP 占全球的 22.2%，而农业生产总值占全球比重高达 50.5%。具体各品种而言，金砖国家对全球贡献较高的是鸭产业和淡水养殖产业，2016 年金砖国家鸭肉产量和淡水养殖产量分别占到了各自世界总产的 67.67% 和 63.69%。2016

年，金砖国家谷物产量占到世界总产量的38.24%，肉类、禽蛋和奶类产量占比分别为41.08%、52.38%和33.75%（见图14）；特别是稻谷产量占到了当年世界总产量的一半以上，为51.49%。

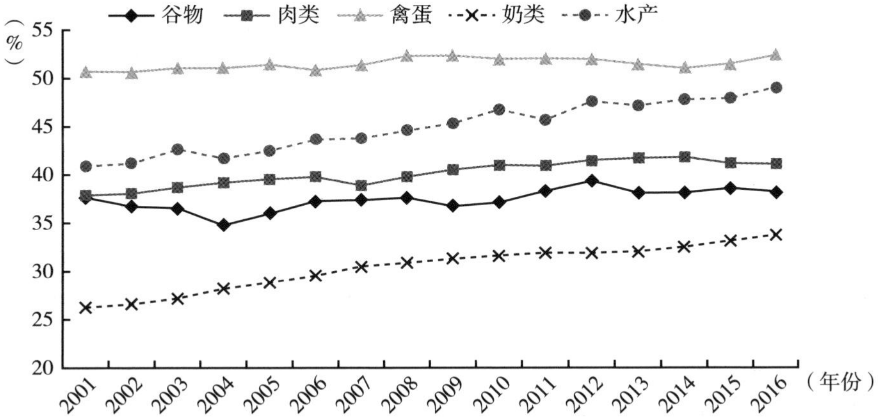

图14　2001～2016年金砖国家主要农产品产量全球占比

《2010～2019年农业展望》指出，金砖国家已成为世界农产品的主要来源，特别是随着金砖各国国民收入的不断提高，未来将成为粮食开发项目的主要推动力，特别是在畜牧业发展方面，将超过OECD成员国，处于全球领先水平。

参考文献

李哲敏等：《金砖国家农业发展概况》，中国农业科学技术出版社，2017。

汤碧：《中国与金砖国家农产品贸易：比较优势与合作潜力》，《农业经济问题》2012年第10期，第67～76页。

孙致陆、李先德：《经济全球化背景下中国与印度农产品贸易发展研究——基于贸易互补性、竞争性和增长潜力的实证分析》，《国际贸易问题》2013年第12期，第68～78页。

尹文静、樊勇明：《中国与其他金砖国家农产品贸易特征——竞争性与互补性分析》，《世界农业》2016年第5期，第97～109页。

吴学君：《中国和俄罗斯农产品贸易——动态及展望》，《经济经纬》2010年第2期，第43～47页。

欧阳晓、罗会华：《金砖国家科技合作模式及平台构建研究》，《中国软科学》2011年第8期，第103～110页。

许世卫、信乃诠：《当代世界农业》，中国农业出版社，2010。

Candel, J. J. L. (2014). Food Security Governance: A Systematic Literature Review. *Food Security*, 6 (4), 585 - 601.

Carlo Cafiero, Sara Viviani, Mark Nord. (2018). Food Security Measurement in a Global Context: The Food Insecurity Experience Scale. *Measurement*, 116: 146 - 152.

FAO. (2018). Food Outlook 2018. http://www.fao.org/3/ca4526en/ca4526en.pdf.

Hansen, J., Hellin, J., Rosenstock, T., Fisher, E., Cairns, J., Stirling, C. et al. (2019). Climate Risk Management and Rural Poverty Reduction. *Agricultural Systems*, 172, 28 - 46.

United Nations. https://www.un.org/en/sections/issues-depth/food/index.html.

WFP, DKPRI and DEPTANRI. (2009). A Food Security and Vulnerability Atlas of Indonesia. In *Food Security Atlas*, Indonesia: FAO.

WHO, FAO, IFAD, UNICEF et al. (2019). The State of Food Security and Nutrition in the World 2019. https://www.who.int/nutrition/publications/foodsecurity/state-food-security-nutrition-2019-zh.pdf? ua=1.

B.4

金砖国家农业科技创新竞争力发展报告

王 丹 郭翔宇 赵新力*

摘 要： 本研究评价分析了2009～2018年金砖五国农业科技创新能力的发展水平和变化特征。研究发现：金砖国家与农业科技强国的科技创新能力得分差距正逐年缩小，但在基础设施、人力资源、商业环境、生态可持续性、科技成果产出和农村生活水平等诸多方面仍与农业科技强国存在较大差距。研究成果有望为金砖国家完善农业科技政策、提升农业科技创新能力提供科学有效的技术支撑。

关键词： 金砖国家 农业 科学技术创新

一 引言

金砖国家农业资源丰富，农业人口众多，在世界农业领域具有十分重要的地位。在全球气候变暖、自然灾害频发、土地与水资源等资源环境约束加剧以及全球人口增加带来的农产品供需形势日益紧张等现状下，“金砖农业”同样面临诸多挑战。科技创新是推动农业可持续发展的重要动力，金砖各国应充分发挥科技创新对现代农业的引领作用。

科学合理的农业科技创新能力评价有助于全面掌握科技创新能力发展水平

* 王丹，博士，东北农业大学在站博士后，研究领域为农业创新管理；郭翔宇，博士，东北农业大学副校长、教授、博士生导师，研究领域为农业经济、农村合作经济，通讯作者；赵新力，博士，中国科技部专技二级，中国科学技术交流中心研究员，博士生导师，研究领域为管理科学与工程、信息管理。

和国家间能力差异，挖掘农业科技创新能力的制约和促进因素，为国家农业科技创新宏观调控与管理提供重要依据。有鉴于此，东北农业大学现代农业发展研究中心开展了金砖国家农业科技创新能力评价研究。根据作者已构建的国家农业科技创新能力评价指标体系和数学评价模型，对2009～2018年金砖国家农业科技创新能力进行了全面、深入、科学的评价和分析，力求了解和掌握各国农业科技创新能力发展趋势，明确各国的竞争优势和薄弱环节，以及促进各国资源共享、优势互补、协同创新，进而推动国家农业科技创新能力的整体提升。

二　金砖国家农业科技创新能力评价分析

本报告以二十国集团（G20）国家和上海合作组织国家为参照，包含美国等以科技创新为主导的农业强国，也包含正努力加快现代农业发展步伐、争取迎头赶上的发展中国家，共计33个国家。其中，由于欧盟作为一个联合体，其主要成员国家已在二十国集团内，因此本报告中二十国集团国家包含除欧盟以外的19个国家；上海合作组织国家包含8个成员国（中国、哈萨克斯坦、吉尔吉斯斯坦、俄罗斯、塔吉克斯坦、乌兹别克斯坦、巴基斯坦、印度）、4个观察员国（阿富汗、白俄罗斯、伊朗、蒙古国）和6个对话伙伴（阿塞拜疆、亚美尼亚、柬埔寨、尼泊尔、土耳其、斯里兰卡）。

（一）评价总报告

1. 农业科技创新能力评价结果

（1）农业科技创新能力综合排名

2009～2018年，中国、巴西和印度排名上升，俄罗斯排名未变，南非排名下降。2018年，中国（第8名）是唯一处于第一方阵的金砖国家，巴西（第11名）、南非（第12名）、俄罗斯（第13名）和印度（第18名）均处于第二方阵。

（2）农业科技创新能力综合得分

2009年金砖国家的最高分为38.70分，与33国最高分（62.84分）相差24.14分；2018年金砖国家的最高分为46.92分，与33国最高分（63.60分）相差16.68分；10年间，金砖国家与33国最高分差距缩小7.46分。2009年金砖国家的平均分为35.24分，高于33国平均分（34.03分）1.21分；2018年金砖国家的平均分为39.16分，高于33国平均分（36.46分）2.70分；10年间，金砖国家农业科技创新能力整体得分上升了3.92分，超过33国整体上升2.43分的数值。

表1　2009～2018年金砖国家农业科技创新能力评价结果比较

项目＼国家		巴西	中国	印度	俄罗斯	南非	金砖最高分	金砖平均分	33国最高分	33国平均分
综合变化	得分	3.36	8.22	4.58	1.79	1.61	8.22	3.92	0.76	2.43
	排名	1	2	1	0	-1	—	—	—	—
2009年	得分	36.92	38.70	28.94	34.13	37.53	38.70	35.24	62.84	34.03
	排名	12	10	19	13	11	—	—	—	—
2010年	得分	36.04	39.05	28.64	32.95	35.05	39.05	34.35	63.81	34.23
	排名	11	10	19	14	12	—	—	—	—
2011年	得分	38.18	39.31	30.06	31.50	35.32	39.31	34.87	62.05	34.01
	排名	11	10	20	17	14	—	—	—	—
2012年	得分	38.68	39.86	31.15	34.88	36.50	39.86	36.21	61.28	35.17
	排名	11	10	18	14	12	—	—	—	—
2013年	得分	38.02	40.53	30.90	33.41	36.40	40.53	35.85	61.68	35.17
	排名	11	10	20	15	12	—	—	—	—
2014年	得分	39.20	41.22	31.16	34.63	36.83	41.22	36.61	65.57	35.75
	排名	11	10	19	14	12	—	—	—	—
2015年	得分	38.25	42.45	30.87	34.70	37.80	42.45	36.81	64.19	35.80
	排名	11	10	19	13	12	—	—	—	—
2016年	得分	38.41	44.71	31.83	34.78	35.91	44.71	37.13	64.69	35.96
	排名	11	10	19	13	12	—	—	—	—
2017年	得分	37.25	46.49	32.96	35.15	35.51	46.49	37.47	64.36	35.88
	排名	11	8	16	13	12	—	—	—	—
2018年	得分	40.28	46.92	33.52	35.92	39.14	46.92	39.16	63.60	36.46
	排名	11	8	18	13	12	—	—	—	—

注：（1）本报告按照国家英文首字母排序；（2）为展示一个国家的农业科技创新能力的相对地位，将排位为第1～10位的位置定为第一方阵，第11～20位为第二方阵，第21～30位为第三方阵，第31～33位为第四方阵。

2. 农业科技创新能力二级指标评价结果

（1）农业科技创新基础能力评价结果

从农业科技创新基础能力排名来看，2009～2018 年，巴西、中国和印度排名上升，南非排名未变，俄罗斯排名下降。2018 年，中国（第 2 名）是唯一处于第一方阵的国家，巴西（第 11 名）、俄罗斯（第 12 名）南非（第 13 名）和印度（第 15 名）均处于第二方阵。

从农业科技创新基础能力得分来看，2009 年金砖国家的最高分为 35. 07 分，与 33 国最高分（63. 54 分）相差 28. 47 分；2018 年金砖国家的最高分为 45. 71 分，与 33 国最高分（62. 37 分）相差 16. 66 分；10 年间，金砖国家与 33 国最高分差距缩小 11. 81 分。2009 年金砖国家的平均分为 26. 79 分，高于 33 国平均分（24. 30 分）2. 49 分；2018 年金砖国家的平均分为 32. 16 分，高于 33 国平均分（26. 53 分）5. 63 分；10 年间，金砖国家农业科技创新基础能力整体得分上升了 5. 37 分，超过 33 国整体上升 2. 23 分的数值。

表 2　2009～2018 年二十国集团国家农业科技创新基础能力评价结果比较

项目＼国家		巴西	中国	印度	俄罗斯	南非	金砖最高分	金砖平均分	33 国最高分	33 国平均分
综合变化	得分	5. 45	10. 64	5. 00	1. 50	4. 26	10. 64	5. 37	－1. 17	2. 23
	排名	1	8	3	－1	0	—	—	—	—
2009 年	得分	25. 99	35. 07	20. 93	27. 43	24. 53	35. 07	26. 79	63. 54	24. 30
	排名	12	10	18	11	13	—	—	—	—
2010 年	得分	26. 24	34. 20	21. 26	26. 33	25. 61	34. 20	26. 73	62. 32	24. 50
	排名	12	10	17	11	13	—	—	—	—
2011 年	得分	28. 58	35. 97	21. 97	27. 50	26. 13	35. 97	28. 03	62. 53	25. 04
	排名	11	10	18	12	13	—	—	—	—
2012 年	得分	29. 21	37. 26	22. 58	27. 93	27. 48	37. 26	28. 89	61. 37	25. 56
	排名	11	10	19	12	13	—	—	—	—
2013 年	得分	29. 62	38. 42	22. 95	28. 48	27. 57	38. 42	29. 41	62. 85	25. 87
	排名	11	8	20	12	13	—	—	—	—
2014 年	得分	30. 26	40. 68	23. 30	28. 62	28. 46	40. 68	30. 26	62. 62	26. 11
	排名	11	7	19	12	13	—	—	—	—

续表

项目＼国家		巴西	中国	印度	俄罗斯	南非	金砖最高分	金砖平均分	33 国最高分	33 国平均分
2015 年	得分	30. 50	41. 13	23. 70	28. 87	29. 21	41. 13	30. 68	62. 39	26. 20
	排名	11	7	19	13	12	—	—	—	—
2016 年	得分	30. 02	42. 49	24. 23	28. 08	29. 18	42. 49	30. 80	62. 83	26. 15
	排名	11	5	18	13	12	—	—	—	—
2017 年	得分	30. 72	44. 62	25. 50	28. 01	28. 76	44. 62	31. 52	61. 42	26. 22
	排名	11	3	16	13	12	—	—	—	—
2018 年	得分	31. 44	45. 71	25. 93	28. 93	28. 79	45. 71	32. 16	62. 37	26. 53
	排名	11	2	15	12	13	—	—	—	—

注：（1）本报告按照国家英文首字母排序；（2）为展示一个国家的农业科技创新能力的相对地位，将排位为第 1 ~ 10 位的位置定为第一方阵，第 11 ~ 20 位为第二方阵，第 21 ~ 30 位为第三方阵，第 31 ~ 33 位为第四方阵。

（2）农业科技创新环境能力评价结果

从农业科技创新环境能力排名来看，2009 ~ 2018 年，中国和印度排名上升，俄罗斯排名未变，巴西和南非排名下降。2018 年，俄罗斯（第 10 名）是唯一处于第一方阵的国家，中国（第 13 名）、印度（第 14 名）、和南非（第 19 名）处于第二方阵，巴西（第 26 名）处于第三方阵。

从农业科技创新环境能力得分来看，2009 年金砖国家的最高分为 49. 12 分，与 33 国最高分（67. 14 分）相差 18. 02 分；2018 年金砖国家的最高分为 53. 68 分，与 33 国最高分（67. 50 分）相差 13. 82 分；10 年间，金砖国家与 33 国最高分差距缩小 4. 20 分。2009 年金砖国家的平均分为 46. 59 分，低于 33 国平均分（47. 45 分）0. 86 分；2018 年金砖国家的平均分为 49. 55 分，低于 33 国平均分（51. 37 分）1. 82 分；10 年间，金砖国家农业科技创新环境能力整体得分上升了 2. 96 分，低于 33 国整体上升了 3. 92 分的数值。

表 3　2009～2018 年二十国集团国家农业科技创新环境能力评价结果比较

项目＼国家		巴西	中国	印度	俄罗斯	南非	金砖最高分	金砖平均分	33 国最高分	33 国平均分
综合变化	得分	-1.01	5.22	6.57	4.87	-0.84	4.56	2.96	0.36	3.92
	排名	-15	2	7	0	-10	—	—	—	—
2009 年	得分	47.22	44.63	43.17	48.81	49.12	49.12	46.59	67.14	47.45
	排名	11	15	21	10	9	—	—	—	—
2010 年	得分	47.95	44.71	42.37	48.21	48.00	48.21	46.25	67.38	47.76
	排名	13	17	24	10	11	—	—	—	—
2011 年	得分	47.54	44.32	42.20	47.75	48.01	48.01	45.96	66.26	47.67
	排名	13	18	23	12	11	—	—	—	—
2012 年	得分	48.40	45.41	45.25	48.10	48.65	48.65	47.16	67.16	49.22
	排名	11	21	22	12	10	—	—	—	—
2013 年	得分	48.20	45.27	45.64	49.48	48.73	49.48	47.46	66.83	49.55
	排名	14	22	21	10	12	—	—	—	—
2014 年	得分	46.52	45.56	45.14	50.41	48.49	50.41	47.22	67.11	49.69
	排名	17	21	23	10	14	—	—	—	—
2015 年	得分	45.64	46.25	46.13	50.70	48.72	50.70	47.49	67.75	50.01
	排名	24	19	20	10	12	—	—	—	—
2016 年	得分	45.85	48.38	48.13	51.63	49.70	51.63	48.74	67.60	50.73
	排名	25	15	17	10	12	—	—	—	—
2017 年	得分	45.64	49.42	48.19	52.25	49.78	52.25	49.06	67.31	51.15
	排名	26	15	19	10	14	—	—	—	—
2018 年	得分	46.21	49.85	49.74	53.68	48.28	53.68	49.55	67.50	51.37
	排名	26	13	14	10	19	—	—	—	—

注：（1）本报告按照国家英文首字母排序；（2）为展示一个国家的农业科技创新能力的相对地位，将排位为第 1～10 位的位置定为第一方阵，第 11～20 位为第二方阵，第 21～30 位为第三方阵，第 31～33 位为第四方阵。

（3）农业科技创新产出能力评价结果

从农业科技创新产出能力排名来看，2009～2018 年，巴西、中国排名上升，印度排名未变，俄罗斯、南非排名下降。2018 年，中国（第 8 名）、巴西（第 10 名）处于第一方阵，南非（第 12 名）、俄罗斯（第 18 名）、印度（第20名）均处于第二方阵。

从农业科技创新产出能力得分来看，2009 年金砖国家的最高分为 38.95 分，与 33 国最高分（61.00 分）相差 22.05 分；2018 年金砖国家的最高分为 45.19 分，与 33 国最高分（61.86 分）相差 16.67 分；10 年间，金砖国家与 33 国最高分差距缩小 5.38 分。2009 年金砖国家的平均分为 32.35 分，高于 33 国平均分（30.33 分）2.02 分；2018 年金砖国家的平均分为 35.75 分，高于 33 国平均分（31.47 分）4.28 分；10 年间，金砖国家农业科技创新产出能力整体得分上升了 3.40 分，超过 33 国整体上升了 1.14 分的数值。

表 4　2009 ~ 2018 年二十国集团国家农业科技创新产出能力评价结果比较

项目 \ 国家		巴西	中国	印度	俄罗斯	南非	金砖最高分	金砖平均分	33 国最高分	33 国平均分
综合变化	得分	5.63	8.80	2.16	-0.98	1.39	6.24	3.40	0.86	1.14
	排名	1	4	0	-1	-2	—	—	—	—
2009 年	得分	37.55	36.39	22.73	26.14	38.95	38.95	32.35	61.00	30.33
	排名	11	12	20	17	10	—	—	—	—
2010 年	得分	33.94	38.24	22.30	24.32	31.55	38.24	30.07	65.53	30.41
	排名	11	10	23	20	14	—	—	—	—
2011 年	得分	38.42	37.63	26.02	19.25	31.83	38.42	30.63	60.79	29.32
	排名	10	12	18	24	14	—	—	—	—
2012 年	得分	38.43	36.92	25.62	28.61	33.36	38.43	32.59	59.13	30.72
	排名	10	11	20	16	13	—	—	—	—
2013 年	得分	36.24	37.89	24.11	22.27	32.90	37.89	30.68	58.21	30.10
	排名	11	10	21	24	13	—	—	—	—
2014 年	得分	40.83	37.41	25.03	24.86	33.54	40.83	32.33	69.80	31.45
	排名	9	12	19	21	14	—	—	—	—
2015 年	得分	38.61	39.98	22.77	24.54	35.46	39.98	32.27	65.03	31.19
	排名	11	10	21	20	12	—	—	—	—
2016 年	得分	39.35	43.26	23.12	24.63	28.84	43.26	31.84	65.14	31.01
	排名	11	8	22	21	15	—	—	—	—

续表

项目 \ 国家		巴西	中国	印度	俄罗斯	南非	金砖最高分	金砖平均分	33国最高分	33国平均分
2017年	得分	35.40	45.42	25.20	25.18	28.00	45.42	31.84	65.84	30.27
	排名	11	4	19	20	16	—	—	—	—
2018年	得分	43.18	45.19	24.89	25.16	40.34	45.19	35.75	61.86	31.47
	排名	10	8	20	18	12	—	—	—	—

注：(1) 本报告按照国家英文首字母排序；(2) 为展示一个国家的农业科技创新能力的相对地位，将排位为第1~10位的位置定为第一方阵，第11~20位为第二方阵，第21~30位为第三方阵，第31~33位为第四方阵。

（二）评价结果分报告

1. 巴西农业科技创新能力评价分析报告

（1）巴西农业科技创新能力总体评价分析

从综合排名变化看，2018年巴西农业科技创新能力排名处于第11位，与2009年相比，排名上升1位。从综合得分看，2018年巴西农业科技创新能力得分为40.28分，与2009年相比，得分提高了3.36分。

2018年巴西农业科技创新能力各级指标的优劣势如表5和表6所示。

表5　2018年巴西农业科技创新能力三级指标优劣势比较

二级指标	三级指标个数	强势		优势		中势		劣势	
		个数	比重	个数	比重	个数	比重	个数	比重
创新基础能力	6	3	50.00%	2	33.33%	1	16.67%	0	0.00
创新环境能力	5	0	0.00	3	60.00%	2	40.00%	0	0.00
创新产出能力	4	3	75.00%	1	25.00%	0	0.00%	0	0.00
合计	15	6	40.00%	6	40.00%	3	20.00%	0	0.00

注：数据由于四舍五入相加之和不为100%。

表 6　2018 年巴西农业科技创新能力四级指标优劣势比较

二级指标	四级指标个数	强势		优势		中势		劣势	
		个数	比重	个数	比重	个数	比重	个数	比重
创新基础能力	14	5	35.71%	6	42.86%	3	21.43%	0	0.00
创新环境能力	13	2	15.38%	5	38.46%	5	38.46%	1	7.70%
创新产出能力	7	4	57.14%	3	42.86%	0	0.00	0	0.00
合计	34	11	32.35%	14	41.18%	8	23.53%	1	2.94%

注：数据由于四舍五入相加之和不为 100%。

（2）巴西农业科技创新基础能力评价分析

从排名变化看，2018 年巴西农业科技创新基础能力排名处于第 11 位，与 2009 年相比排名上升了 1 位。

从得分看，2018 年巴西农业科技创新基础能力得分为 31.44 分，比 33 国最高分低 30.93 分，比 33 国平均分高 4.91 分；与 2009 年相比，得分上升了 5.45 分。

从指标优劣势结构来看，在 2018 年巴西农业科技创新基础能力的 6 个三级指标中，强势指标 3 个（基础研究、人力资源、资金投入）；优势指标 2 个（经济水平、合作基础）；中势指标 1 个（基础设施）；劣势指标 0 个。在 2018 年巴西农业科技创新基础能力的 14 个四级指标中，强势指标 5 个（大学与科研机构农业学科排名、农业企业研发水平、农业研究人员数量、农业外国直接投资、国际农业研究合作）；优势指标 6 个（GDP 水平、财政收入水平、农业机械化程度、信息通信技术普及率、农民文化素质、农业研发经费投入）；中势指标 3 个（灌溉面积比例、交通运输基础设施、产学研合作）；劣势指标 0 个。

（3）巴西农业科技创新环境能力评价分析

从排名变化看，2018 年巴西农业科技创新环境能力排名处于第 26 位，与 2009 年相比，排名下降了 15 位。

从得分看，2018 年巴西农业科技创新环境能力得分为 46.21 分，比 33 国最高分低 21.29 分，比 33 国平均分低 5.16 分；与 2009 年相比，得分下降了 1.01 分。

从指标优劣势结构来看，在 2018 年巴西农业科技创新环境能力的 5 个三级指标中，强势指标 0 个；优势指标 3 个（文化环境、政策环境、教育环境）；中势指标 2 个（商业环境、生态可持续环境）；劣势指标 0 个。在 2018 年巴西农业科技创新环境能力的 13 个四级指标中，强势指标 2 个（市场成熟度、农村教育公平性）；优势指标 5 个（科技创新自由民主气氛、民众的好奇心、政治稳定性、知识产权保护、农业政策合理性）；中势指标 5 个（农业信贷支持、企业开业难易程度、技术培训可获得性、化肥使用密度、农药使用密度）；劣势指标 1 个（教育系统质量）。

（4）巴西农业科技创新产出能力评价分析

从排名变化看，2018 年巴西农业科技创新产出能力排名处于第 10 位，与 2009 年相比，排名上升了 1 位。

从得分看，2018 年巴西农业科技创新产出能力得分为 43.18 分，比 33 国最高分低 18.68 分，比 33 国平均分高 11.71 分；与 2009 年相比，得分上升了 5.63 分。

从指标优劣势结构来看，在 2018 年巴西农业科技创新产出能力的 4 个三级指标中，强势指标 3 个（科技成果、经济效益、农村生活水平）；优势指标 1 个（生产力水平）；中势指标 0 个；劣势指标 0 个。在 2018 年巴西农业科技创新产出能力的 7 个四级指标中，强势指标 4 个（农业科技论文数量、本国居民植物新品种数量、农业年均增长率、农村恩格尔系数）；优势指标 3 个（本国居民农业专利数量、农业土地生产率、农业劳动生产率）；中势指标 0 个；劣势指标 0 个。

2. 中国农业科技创新能力评价分析报告

（1）中国农业科技创新能力总体评价分析

从综合排名变化看，2018 年中国农业科技创新能力排名处于第 8 位，与 2009 年相比，排名上升 2 位。从综合得分看，2018 年中国农业科技创新能力得分为46.92分，与2009年相比，中国农业科技创新能力得分上升了8.22分。

2018年中国农业科技创新能力各级指标的优劣势如表7和表8所示。

表7　2018年中国农业科技创新能力三级指标优劣势比较

二级指标	三级指标个数	强势		优势		中势		劣势	
		个数	比重	个数	比重	个数	比重	个数	比重
创新基础能力	6	5	83.33%	1	16.67%	0	0.00	0	0.00
创新环境能力	5	3	60.00%	1	20.00%	0	0.00	1	20.00%
创新产出能力	4	1	25.00%	3	75.00%	0	0.00	0	0.00
合计	15	9	60.00%	5	33.33%	0	0.00	1	6.67%

注：数据由于四舍五入相加之和不为100%。

表8　2018年中国农业科技创新能力四级指标优劣势比较

二级指标	四级指标个数	强势		优势		中势		劣势	
		个数	比重	个数	比重	个数	比重	个数	比重
创新基础能力	14	9	64.29%	4	28.57%	1	7.14%	0	0.00
创新环境能力	13	6	46.15%	5	38.46%	0	0.00	2	15.38%
创新产出能力	7	4	57.14%	2	28.57%	1	14.29%	0	0.00
合计	34	19	55.88%	11	32.35%	2	5.88%	2	5.88%

注：数据由于四舍五入相加之和不为100%。

（2）中国农业科技创新基础能力评价分析

从排名变化看，2018年中国农业科技创新基础能力排名处于第2位，与2009年相比上升8位。

从得分看，2018年中国农业科技创新基础能力得分为45.71分，比33国最高分低16.66分，比33国平均分高19.18分；与2009年相比，得分上升了10.64分。

从指标优劣势结构来看，在2018年中国农业科技创新基础能力的6个三级指标中，强势指标5个（经济水平、研究基础、人力资源、资金投入、合作基础）；优势指标1个（基础设施）；中势指标0个；劣势指标0个。在2018年中国农业科技创新基础能力的14个四级指标中，强势指标9个（GDP水平、财政收入水平、交通运输基础设施、大学与科研机构农业学科排名、农业企业研发水平、农业研究人员数量、农业外国直接投资、产学研合作、国际农业研究合作）；优势指标4个（灌溉面积比例、农业机械化程度、农民文化素质、农业研发经费投入）；中势指标1个（信息通信技术普及率）；劣势指标0个。

（3）中国农业科技创新环境能力评价分析

从排名变化看，2018年中国农业科技创新环境能力排名处于第13位，与2009年相比上升2位。

从得分看，2018年中国农业科技创新环境能力得分为49.85分，比33国最高分低17.65分，比33国平均分低1.52分；与2009年相比，得分上升了5.22分。

从指标优劣势结构来看，在2018年中国农业科技创新环境能力的5个三级指标中，强势指标3个（文化环境、政策环境、教育环境）；优势指标1个（商业环境）；中势指标0个；劣势指标1个（生态可持续环境）。在2018年中国农业科技创新环境能力的13个四级指标中，强势指标6个（科技创新自由民主气氛、民众的好奇心、农业政策合理性、农业信贷支持、教育系统质量、农村教育公平性）；优势指标5个（政治稳定性、知识产权保护、企业开业难易程度、市场成熟度、技术培训可获得性）；中势指标0个；劣势指标2个（化肥使用密度、农药使用密度）。

（4）中国农业科技创新产出能力评价分析

从排名变化看，2018年中国农业科技创新产出能力排名处于第8位，与2009年相比上升4位。

从得分看，2018 年中国农业科技创新产出能力得分为 45.19 分，比 33 国最高分低 16.67 分，比 33 国平均分高 13.72 分；与 2009 年相比，得分上升了 8.80 分。

从指标优劣势结构来看，在 2018 年中国农业科技创新产出能力的 4 个三级指标中，强势指标 1 个（科技成果）；优势指标 3 个（生产力水平、经济效益、农村生活水平）；中势指标 0 个；劣势指标 0 个。在 2018 年中国农业科技创新产出能力的 7 个四级指标中，强势指标 4 个（农业科技论文数量、本国居民农业专利数量、本国居民植物新品种数量、农业土地生产率）；优势指标 2 个（农业年均增长率、农村恩格尔系数）；中势指标 1 个（农业劳动生产率）；劣势指标 0 个。

3. 印度农业科技创新能力评价分析报告

（1）印度农业科技创新能力总体评价分析

从综合排名变化看，2018 年印度农业科技创新能力排名处于第 18 位，与 2009 年相比，排名上升 1 位。从综合得分看，2018 年印度农业科技创新能力得分为 33.52 分，与 2009 年相比，印度农业科技创新能力得分上升了 4.58 分。

2018 年印度农业科技创新能力各级指标的优劣势如表 9 和表 10 所示。

表 9　2018 年印度农业科技创新能力三级指标优劣势比较

二级指标	三级指标个数	强势		优势		中势		劣势	
		个数	比重	个数	比重	个数	比重	个数	比重
创新基础能力	6	1	16.67%	4	66.67%	1	16.67%	0	0.00
创新环境能力	5	0	0.00	4	80.00%	1	20.00%	0	0.00
创新产出能力	4	2	50.00%	1	25.00%	1	25.00%	0	0.00
合计	15	3	20.00%	9	60.00%	3	20.00%	0	0.00

注：数据由于四舍五入相加之和不为 100%。

表10　2018年印度农业科技创新能力四级指标优劣势比较

二级指标	四级指标个数	强势		优势		中势		劣势	
		个数	比重	个数	比重	个数	比重	个数	比重
创新基础能力	14	6	42.86%	6	42.86%	1	7.14%	1	7.14%
创新环境能力	13	4	30.77%	5	38.46%	3	23.08%	1	7.69%
创新产出能力	7	2	28.57%	3	42.86%	2	28.57%	0	0.00
合计	34	12	35.29%	14	41.18%	6	17.65%	2	5.88%

注：数据由于四舍五入相加之和不为100%。

（2）印度农业科技创新基础能力评价分析

从排名变化看，2018年印度农业科技创新基础能力排名处于第15位，与2009年相比，排名上升3位。

从得分看，2018年印度农业科技创新基础能力得分为25.93分，比33国最高分低36.44分，比33国平均分低0.60分；与2009年相比，得分上升了5分。

从指标优劣势结构来看，在2018年印度农业科技创新基础能力的6个三级指标中，强势指标1个（合作基础）；优势指标4个（经济水平、基础设施、研究基础、资金投入）；中势指标1个（人力资源）；劣势指标0个。在2018年印度农业科技创新基础能力的14个四级指标中，强势指标6个（灌溉面积比例、大学与科研机构农业学科排名、农业企业研发水平、农业外国直接投资、产学研合作、国际农业研究合作）；优势指标6个（GDP水平、财政收入水平、农业机械化程度、交通运输基础设施、农业研究人员数量、农业研发经费投入）；中势指标1个（农民文化素质）；劣势指标1个（信息通信技术普及率）。

（3）印度农业科技创新环境能力评价分析

从排名变化看，2018年印度农业科技创新环境能力排名处于第14位，与2009年相比，排名上升7位。

从得分看，2018 年印度农业科技创新环境能力得分为 49. 74 分，比 33 国最高分低 17. 76 分，比 33 国平均分低 1. 63 分；与 2009 年相比，得分上升了 6. 57 分。

从指标优劣势结构来看，在 2018 年印度农业科技创新环境能力的 5 个三级指标中，强势指标 0 个；优势指标 4 个（文化环境、政策环境、教育环境、生态可持续环境）；中势指标 1 个（商业环境）；劣势指标 0 个。在 2018 年印度农业科技创新环境能力的 13 个四级指标中，强势指标 4 个（科技创新自由民主气氛、农业政策合理性、教育系统质量、技术培训可获得性）；优势指标 5 个（民众的好奇心、知识产权保护、农业信贷支持、市场成熟度、农药使用密度）；中势指标 3 个（政治稳定性、农村教育公平性、化肥使用密度）；劣势指标 1 个（企业开业难易程度）。

（4）印度农业科技创新产出能力评价分析

从排名变化看，2018 年印度农业科技创新产出能力排名处于第 20 位，与 2009 年相比，排名保持不变。

从得分看，2018 年印度农业科技创新产出能力得分为 24. 89 分，比 33 国最高分低 36. 97 分，比 33 国平均分低 6. 58 分；与 2009 年相比，得分上升了 2. 16 分。

从指标优劣势结构来看，在 2018 年印度农业科技创新产出能力的 4 个三级指标中，强势指标 2 个（科技成果、经济效益）；优势指标 1 个（农村生活水平）；中势指标 1 个（生产力水平）；劣势指标 0 个。在 2018 年印度农业科技创新产出能力的 7 个四级指标中，强势指标 2 个（农业科技论文数量、农业年均增长率）；优势指标 3 个（本国居民农业专利数量、本国居民植物新品种数量、农村恩格尔系数）；中势指标 2 个（农业土地生产率、农业劳动生产率）；劣势指标 0 个。

4. 俄罗斯农业科技创新能力评价分析报告

（1）俄罗斯农业科技创新能力总体评价分析

从综合排名变化看，2018 年俄罗斯农业科技创新能力排名处于第 13

位，与2009年相比，排名保持不变。从综合得分看，2018年俄罗斯农业科技创新能力得分为35.92分，与2009年相比，俄罗斯农业科技创新能力得分上升了1.79分。

2018年俄罗斯农业科技创新能力各级指标的优劣势如表11和表12所示。

表11　2018年俄罗斯农业科技创新能力三级指标优劣势比较

二级指标	三级指标个数	强势		优势		中势		劣势	
		个数	比重	个数	比重	个数	比重	个数	比重
创新基础能力	6	1	16.67%	5	83.33%	0	0.00	0	0.00
创新环境能力	5	2	40.00%	2	40.00%	1	20.00%	0	0.00
创新产出能力	4	1	25.00%	2	50.00%	1	25.00%	0	0.00
合计	15	4	26.67%	9	60.00%	2	13.33%	0	0.00

注：数据由于四舍五入相加之和不为100%。

表12　2018年俄罗斯农业科技创新能力四级指标优劣势比较

二级指标	四级指标个数	强势		优势		中势		劣势	
		个数	比重	个数	比重	个数	比重	个数	比重
创新基础能力	14	6	42.86%	6	42.86%	2	14.29%	0	0.00
创新环境能力	13	4	30.77%	6	46.15%	3	23.08%	0	0.00
创新产出能力	7	1	14.29%	4	57.14%	2	28.57%	0	0.00
合计	34	11	32.35%	16	47.06%	7	20.59%	0	0.00

注：数据由于四舍五入相加之和不为100%。

（2）俄罗斯农业科技创新基础能力评价分析

从排名变化看，2018年俄罗斯农业科技创新基础能力排名处于第12位，与2009年相比，下降1位。

从得分看，2018 年俄罗斯农业科技创新基础能力得分为 28.93 分，比 33 国最高分低 33.44 分，比 33 国平均分高 2.40 分；与 2009 年相比，得分上升了 1.50 分。

从指标优劣势结构来看，在 2018 年俄罗斯农业科技创新基础能力的 6 个三级指标中，强势指标 1 个（人力资源）；优势指标 5 个（经济水平、基础设施、研究基础、资金投入、合作基础）；中势指标 0 个；劣势指标 0 个。在 2018 年俄罗斯农业科技创新基础能力的 14 个四级指标中，强势指标 6 个（信息通信技术普及率、大学与科研机构农业学科排名、农业企业研发水平、农业研究人员数量、农业外国直接投资、国际农业研究合作）；优势指标 6 个（GDP 水平、财政收入水平、交通运输基础设施、农民文化素质、农业研发经费投入、产学研合作）；中势指标 2 个（灌溉面积比例、农业机械化程度）；劣势指标 0 个。

（3）俄罗斯农业科技创新环境能力评价分析

从排名变化看，2018 年俄罗斯农业科技创新环境能力排名处于第 10 位，与 2009 年相比，排名保持不变。

从得分看，2018 年俄罗斯农业科技创新环境能力得分为 53.68 分，比 33 国最高分低 13.82 分，比 33 国平均分高 2.31 分；与 2009 年相比，得分上升了 4.87 分。

从指标优劣势结构来看，在 2018 年俄罗斯农业科技创新环境能力的 5 个三级指标中，强势指标 2 个（文化环境、生态可持续环境）；优势指标 2 个（商业环境、教育环境）；中势指标 1 个（政策环境）；劣势指标 0 个。在 2018 年俄罗斯农业科技创新环境能力的 13 个四级指标中，强势指标 4 个（民众的好奇心、企业开业难易程度、化肥使用密度、农药使用密度）；优势指标 6 个（科技创新自由民主气氛、农业信贷支持、市场成熟度、教育系统质量、农村教育公平性、技术培训可获得性）；中势指标 3 个（政治稳定性、知识产权保护、农业政策合理性）；劣势指标 0 个。

（4）俄罗斯农业科技创新产出能力评价分析

从排名变化看，2018 年俄罗斯农业科技创新产出能力排名处于第 18

位，与2009年相比，下降1位。

从得分看，2018年俄罗斯农业科技创新产出能力得分为25.16分，比33国最高分低36.70分，比33国平均分低6.31分；与2009年相比，得分下降了0.98分。

从指标优劣势结构来看，在2018年俄罗斯农业科技创新产出能力的4个三级指标中，强势指标1个（科技成果）；优势指标2个（生产力水平、农村生活水平）；中势指标1个（经济效益）；劣势指标0个。在2018年俄罗斯农业科技创新产出能力的7个四级指标中，强势指标1个（本国居民植物新品种数量）；优势指标4个（农业科技论文数量、本国居民农业专利数量、农业劳动生产率、农村恩格尔系数）；中势指标2个（农业土地生产率、农业年均增长率）；劣势指标0个。

5. 南非农业科技创新能力评价分析报告

（1）南非农业科技创新能力总体评价分析

从综合排名变化看，2018年南非农业科技创新能力排名处于第12位，与2009年相比，排名下降1位。从综合得分看，2018年南非农业科技创新能力得分为39.14分，与2009年相比，南非农业科技创新能力得分提高了1.61分。

2018年南非农业科技创新能力各级指标的优劣势如表13和表14所示。

表13　2018年南非农业科技创新能力三级指标优劣势比较

二级指标	三级指标个数	强势		优势		中势		劣势	
		个数	比重	个数	比重	个数	比重	个数	比重
创新基础能力	6	1	16.67%	4	66.67%	1	16.67%	0	0.00
创新环境能力	5	0	00.00	3	60.00%	2	40.00%	0	0.00
创新产出能力	4	1	25.00%	3	75.00%	0	0.00	0	0.00
合计	15	2	13.33%	10	66.67%	3	20.00%	0	0.00

注：数据由于四舍五入相加之和不为100%。

表 14　2018 年南非农业科技创新能力四级指标优劣势比较

二级指标	四级指标个数	强势		优势		中势		劣势	
		个数	比重	个数	比重	个数	比重	个数	比重
创新基础能力	14	5	35.71%	7	50.00%	2	14.29%	0	0.00
创新环境能力	13	3	23.08%	5	38.46%	3	23.08%	2	15.38%
创新产出能力	7	2	28.57%	5	71.43%	0	0.00	0	0.00
合计	34	10	29.41%	17	50.00%	5	14.71%	2	5.89%

注：数据由于四舍五入相加之和不为 100%。

（2）南非农业科技创新基础能力评价分析

从排名变化看，2018 年南非农业科技创新基础能力排名处于第 13 位，与 2009 年相比，排名保持不变。

从得分看，2018 年南非农业科技创新基础能力得分为 28.79 分，比 33 国最高分低 33.58 分，比 33 国平均分高 2.26 分；与 2009 年相比，得分提升了 4.26 分。

从指标优劣势结构来看，在 2018 年南非农业科技创新基础能力的 6 个三级指标中，强势指标 1 个（合作基础）；优势指标 4 个（经济水平、基础设施、研究基础、资金投入）；中势指标 1 个（人力资源）；劣势指标 0 个。在 2018 年南非农业科技创新基础能力的 14 个四级指标中，强势指标 5 个（大学与科研机构农业学科排名、农业企业研发水平、农业研发经费投入、产学研合作、国际农业研究合作）；优势指标 7 个（GDP 水平、财政收入水平、灌溉面积比例、信息通信技术普及率、交通运输基础设施、农业研究人员数量、农业外国直接投资）；中势指标 2 个（农业机械化程度、农民文化素质）；劣势指标 0 个。

（3）南非农业科技创新环境能力评价分析

从排名变化看，2018 年南非农业科技创新环境能力排名处于第 19 位，与 2009 年相比，排名下降了 10 位。

从得分看，2018 年南非农业科技创新环境能力得分为 48.28 分，比 33

国最高分低 19.22 分，比 33 国平均分低 3.09 分；与 2009 年相比，得分下降了 0.84 分。

从指标优劣势结构来看，在 2018 年南非农业科技创新环境能力的 5 个三级指标中，强势指标 0 个；优势指标 3 个（文化环境、教育环境、生态可持续环境）；中势指标 2 个（商业环境、教育环境）；劣势指标 0 个。在 2018 年南非农业科技创新环境能力的 13 个四级指标中，强势指标 3 个（知识产权保护、市场成熟度、化肥使用密度）；优势指标 5 个（科技创新自由民主气氛、民众的好奇心、政治稳定性、企业开业难易程度、技术培训可获得性）；中势指标 3 个（农业政策合理性、农村教育公平性、农药使用密度）；劣势指标 2 个（农业信贷支持、教育系统质量）。

（4）南非农业科技创新产出能力评价分析

从排名变化看，2018 年南非农业科技创新产出能力排名处于第 12 位，与 2009 年相比，排名下降了 2 位。

从得分看，2018 年南非农业科技创新产出能力得分为 40.34 分，比 33 国最高分低 21.52 分，比 33 国平均分高 8.87 分；与 2009 年相比，得分上升了 1.39 分。

从指标优劣势结构来看，在 2018 年南非农业科技创新产出能力的 4 个三级指标中，强势指标 1 个（经济效益）；优势指标 3 个（科技成果、生产力水平、农村生活水平）；中势指标 0 个；劣势指标 0 个。在 2018 年南非农业科技创新产出能力的 7 个四级指标中，强势指标 2 个（农业土地生产率、农业年均增长率）；优势指标 5 个（农业科技论文数量、本国居民农业专利数量、本国居民植物新品种数量、农业劳动生产率、农村恩格尔系数）；中势指标 0 个；劣势指标 0 个。

参考文献

陈丽佳、张振刚：《基于因子分析的广东农业科技竞争力研究》，《科技管理研究》

2008 年第 6 期，第 96 ~ 99 页。

蒋和平、刘学瑜：《我国农业科技创新体系研究评述》，《中国农业科技导报》2014 年第 4 期，第 1 ~ 9 页。

刘合光、王静怡、陈珏颖：《金砖国家建立 FTA 对五国农业的可能影响及中国对策》，《农业经济问题》2015 年第 12 期，第 87 ~ 95 页。

李万青、刘源、陈杨等：《中国与金砖国家农业竞争力比较研究——基于〈金砖国家联合统计手册（2012）〉的分析》，《世界农业》2013 年第 11 期，第 28 ~ 34 页。

李杨、杨锦秀、傅新红：《我国区域农业技术创新能力评价》，《中国软科学》2009 年第 1 期，第 84 ~ 89 页。

李洪文：《基于 TOPSIS 法的湖北省农业科技创新能力评价》，《湖北农业科学》2014 年第 3 期，第 704 ~ 708 页。

罗强、张晨、俞美莲等：《上海农业科技创新能力评价研究》，《上海农业学报》2014 年第 6 期，第 13 ~ 19 页。

王丹、赵新力、郭翔宇等：《国家农业科技创新理论框架与创新能力评价——基于二十国集团的实证分析》，《中国软科学》2018 年第 3 期，第 18 ~ 35 页。

王丹、赵新力、杜旭、郭翔宇：《金砖国家农业科技创新能力评价》，《亚太经济》2019 年第 1 期，第 79 ~ 86 页。

朱希刚：《依靠技术创新促进产业结构调整》，《农业技术经济》2004 年第 1 期，第 3 ~ 10 页。

徐耀玲、唐五湘、吴秉坚：《科技评估指标体系设计的原则及其应用研究》，《中国软科学》2000 年第 2 期，第 48 ~ 51 页。

姚延婷、陈万明：《区域农业技术创新能力评价：基于因子分析的实证研究》，《江苏农业科学》2012 年第 8 期，第 378 ~ 381 页。

杨贵梅、张克荣：《基于层次分析法的安徽省农业科技创新能力评价》，《成都师范学院学报》2017 年第 8 期，第 119 ~ 124 页。

钟甫宁：《科技政策将日益成为农业生产的主要推动力》，《农业技术经济》1997 年第 2 期，第 14 ~ 17 页。

Dutta, S. , Lanvin, B. , Wunsch - Vincent S. The Global Innovation Index 2017: Effective Innovation Policies for Development. http: //www. wipo. int/edocs/pubdocs/en/wipo_pub_gii_2017. pdf, 2017.

B.5

金砖国家加强绿色农业合作与共建可持续的粮食未来

陈洪昭　程俊恒　黄茂兴*

摘　要：　农业作为以土地资源为生产对象的国民经济重要产业部门，在可持续发展中扮演着重要角色。粮食安全是人类赖以生存和发展的基础，是社会和谐、政治稳定、经济持续发展的重要保障，是全球经济治理的重要组成部分。在未来的几十年里，农业将面对前所未有的多方面压力，农业绿色发展是可持续发展目标下各国政府的重要战略。金砖国家人口众多，粮食消费需求量较大。当然，金砖国家农业生产资源潜力巨大，也是全球绿色农业发展的重要推动力。因此，需要金砖国家全面扩大农业合作与交流，提升农业技术合作收益，调整绿色农业生产结构，保障全球粮食安全并推进人类可持续发展。

关键词：　金砖国家　绿色农业　粮食安全

粮食安全是人类赖以生存和发展的基础。金砖国家不仅地域广阔，更拥

* 陈洪昭，福建师范大学经济学院，福建师范大学竞争力研究中心成员，人口、资源与环境经济学专业硕士生导师；程俊恒，福建师范大学经济学院，福建师范大学大学竞争力研究中心副教授，研究领域为管理科学与工程；黄茂兴，博士，福建师范大学经济学院院长、全国经济综合竞争力研究中心福建师范大学分中心常务副主任、二十国集团（G20）联合研究中心常务副主任、教授、博士生导师，研究领域为经济学，通讯作者。

有众多人口。中国和印度作为世界上两个人口最多的发展中国家，解决温饱的粮食需求巨大。而俄罗斯、巴西等国广阔的农业用地又为粮食生产和农业合作发展提供了厚实的基础。南非的绿色农业、有机农业发展迅速。在当前单边主义和贸易保护主义贻害世界的情况下，全球面临前所未有之大变局。金砖国家应加强合作，通过在农业绿色生产和绿色消费方面深入开展交流与合作，才能更好地应对新挑战，保障全球粮食安全并推进人类可持续发展。

一　农业绿色发展与粮食安全

当今人类社会发展所面临的生态环境问题越来越严重，资源短缺、环境破坏、极端气候、生物多样性减少等，已逐步影响到了人类的可持续发展。因此，实现经济、社会与环境的协调发展，走绿色发展之路成为全球各国发展的重要目标。农业作为以土地资源为生产对象的国民经济重要产业部门，在可持续发展中扮演着重要角色。全面分析全球农业发展现状和趋势，对研究未来农业发展道路具有十分重要的意义。

（一）全球农业发展现状和趋势

1. 农业资源不断减少，生态系统功能降低

随着社会生产的快速发展，人类经济活动所涉及的范围逐步扩大，不断侵蚀有限的农业资源，土地、水、森林日渐减少，海洋渔业与生物多样性日益匮乏。近年来，全球农业用地总面积趋于稳定并稍有下降（见图 1），农业用地的生产力有所提高，但是土地集约化和土地利用变化引起的土壤退化、土壤养分污染、生物多样化丧失以及温室气体排放量也仍在增加。不当灌溉引起土地盐碱化和土壤肥力下降，以及化学品滥用造成土壤污染和退货，全球面临土壤保护的挑战。根据联合国环境规划署报告指出，“世界一些地区的传统集约型农业所引发的土壤侵蚀速度超过大自然的土壤再生速度 100 倍。由于土地的不可持续利用，全球约 24% 的土地质量及生产力在过去 30 年持续下降”。此外，为弥补已丧

失生产力的退化土地所造成的损失，耕地的进一步扩张变得越发必要，这进一步导致森林面积和草原面积的减少，并将加剧全球气温上升和生物多样性丧失问题。

近年来，包括中国在内的很多国家更加重视生态环境保护和生态文明建设，有效降低了污染排放量，推进了污染防治。世界可再生内陆淡水资源总量有所回升（根据联合国粮农组织数据，2014 年和 1987 年该指标分别为 42.8 万亿立方米和 37.8 万亿立方米）。然而，随着人口的迅速增长，人均自然资源总量仍在持续下降（见图 2）。日益降低的自然资源数量和质量，导致生态系统服务功能减退，使农业生产的社会和经济成本上升，并且对可持续发展带来持续挑战。发展兼顾日益增长的人口需求与环境效益的绿色农业是当前自然资源和环境限制下的必由之路。

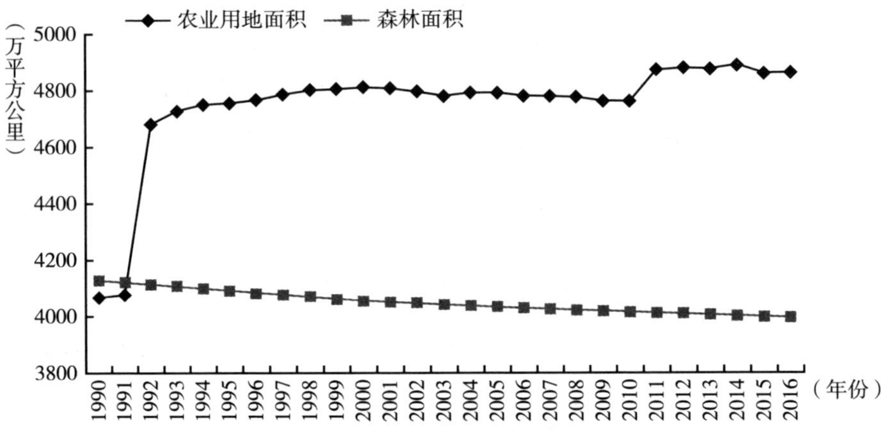

图 1　1990～2016 年世界农业用地面积和森林面积

资料来源：世界银行数据库。

2. 传统农业逐步迈向现代化农业生产

20 世纪五六十年代后，随着工业化水平的提高，现代生产要素不断投入农业生产，以代替传统农业要素。机械工具替代畜力和手工作业，化石能源投入代替传统绿肥，“现代工业科技知识”代替传统农业生产经验，商品化农业生产冲击农业自然经济，现代农业建设脚步逐步加快，农业产出快速

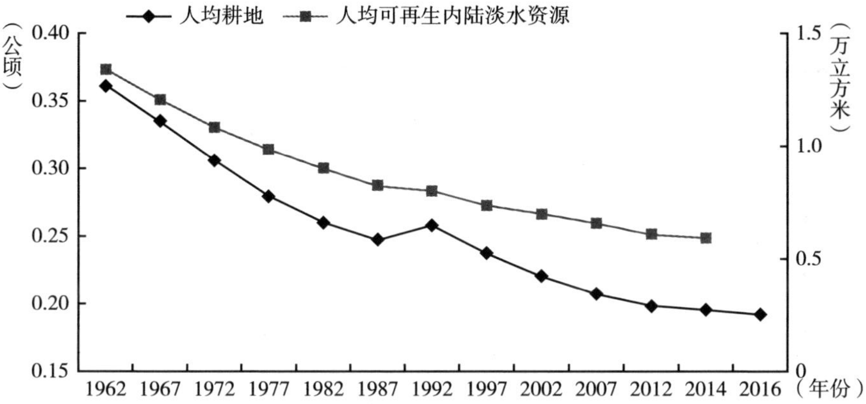

图 2　1962～2016 年世界耕地人均公顷数和人均可再生内陆淡水资源

资料来源：世界银行数据库。

提升。放眼全球农业发展趋势，几乎各个国家和地区都在致力于现代农业建设，农业现代化程度正逐年提升。农业机械化方面，世界拖拉机总数和每100 平方公里耕地拥有的拖拉机数量均稳步增加（见图 3）。同时，每公顷耕地化肥消费量也在逐年递增（见图 4）。

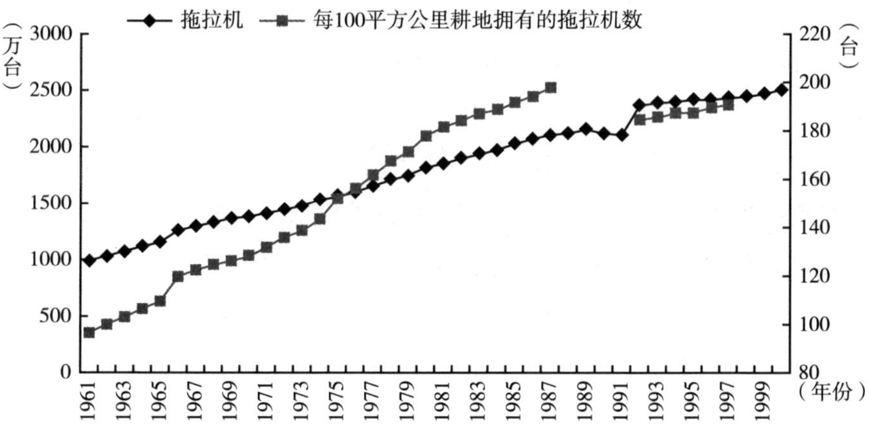

图 3　1961～1999 年世界拖拉机总数和每 100 平方公里耕地拥有的拖拉机数

资料来源：世界银行数据库。

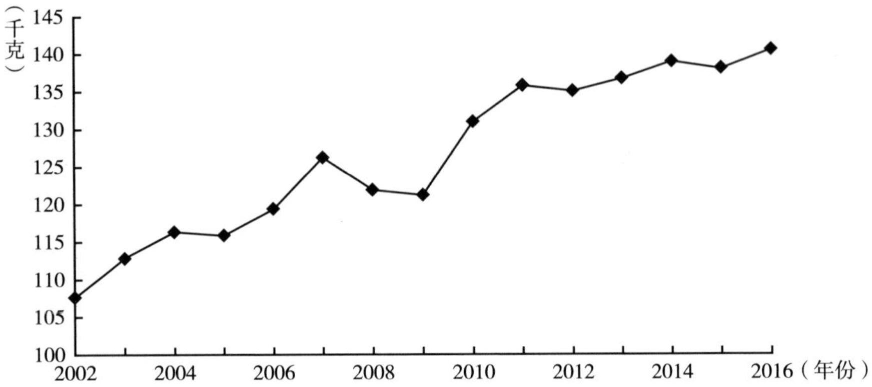

图 4　2002～2016 年世界每公顷耕地化肥消费量

资料来源：世界银行数据库。

发达国家基于自身国情与实力，率先推动农业现代化。归纳起来主要有三种模式：一是以美国、加拿大、澳大利亚等为代表的农业机械化模式，旨在提高劳动生产率；二是以日本、荷兰等为代表的生物技术化模式，旨在提高土地产出率；三是以法国、德国等为代表的农业机械化和生物技术化兼顾的模式。① 经过多年的发展，发达国家以科技为主导的农业现代化正在提质加速，其农业转向了以机械化、良种化、化学化、电气化、信息化为主要内容的全面农业现代化。② 而发展中国家为解决粮食问题，努力学习借鉴发达国家经验，加快了现代农业建设步伐，农业设施投入不断增加。

3. 农业科技创新发挥越来越重要的作用

农业科技创新是推动农业可持续发展的重要动力。根据联合国粮农组织 2014 年统计报告，以 2005 年实际购买力计算，世界农业科技投入从 2000 年的 260. 53 亿美元增长至 2008 年的 317. 44 亿美元。根据目前可查询的最新数据，很多国家的农业科技投入占农业预算的比重超过 2%（见图 5）。

① 国务院发展研究中心“新时期我国农业科技改革发展的目标与任务”课题组，韩俊、徐小青等：《世界农业科技发展动向与特点》，《发展研究》2012 年第 6 期。

② 国务院发展研究中心“新时期我国农业科技改革发展的目标与任务”课题组，韩俊、徐小青等：《世界农业科技发展动向与特点》，《发展研究》2012 年第 6 期。

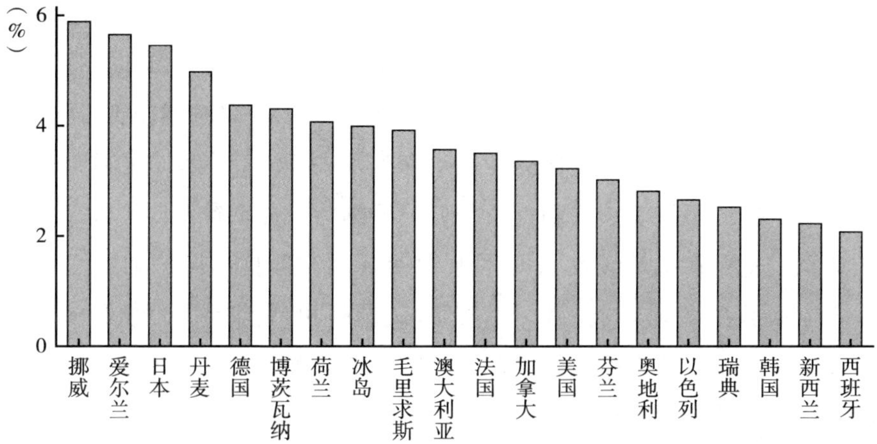

图 5　2008 年农业科技投入占农业预算比重排名前 20 的国家

资料来源：联合国粮农组织、国际粮食政策研究所。

农业科技进步有助于促进农业生产力的提高，是实现农业持续稳定发展、确保农产品有效供给的根本出路，是突破资源环境约束的必然选择。

在全世界范围内，以农业生物技术和信息技术为特征的农业科技革命浪潮正兴起。发达国家如美国、日本、德国等通过将现代生物技术应用于生物农药、品质改良、生物抗性、生物肥料、生物反应器等，使农业向高效、优质、绿色方向发展。并通过加快分子育种、基因测序、转基因技术、基因组学等方面的研发，不断推动尖端农业生物技术的应用。发展中国家致力于解决温饱等民生问题，积极选择主要作物的高产品种和高产技术。同时，为解决农业用水紧缺问题，发展灌溉技术和旱作技术。计算机信息技术方面，现代农业通过利用遥感技术、全球定位系统、地理信息系统技术等，不断提高农业生产的精确度与可控性。同时以互联网为媒介，将物联网、大数据、人工智能、机器人等技术整合运用，以网络信息技术贯穿农业生产经营决策、精细化管理、市场营销等各个环节，实现农业高度集约、高度精准、高度智能、高度协同、高度生态的 4.0 时代迈进。

4. 农业绿色发展是可持续发展目标下各国政府的重要战略

在未来的几十年里，农业将面对前所未有的多方面压力，包括全球人口增长 30%，对日益稀缺的土地、水和能源资源的竞争日益加剧，以及气候变化带来的生存威胁。为养活预计在 2050 年将达 93 亿的人口和支持不断变化的膳食结构，据估算，粮食年产量需要从目前的 84 亿吨增至近 135 亿吨。粮食和农业的可持续发展是保障后代生存和未来经济社会稳定的基础。联合国粮农组织提出可持续粮食和农业的五项原则为：提高资源使用效率对可持续农业至关重要；可持续性需要采取直接行动来养护、保护和加强自然资源；不能保护和改善农村生计、平等和社会福利的农业是不可持续的；提高社区和生态系统的抗灾能力是实现可持续农业的关键；可持续粮食和农业需要负责任和有效的治理机制。

绿色是农业的底色，是农业可持续发展的成色，是世界各国农业发展的战略性、长期性目标任务。推进农业绿色发展，是实现农业现代化与农业可持续发展的必然举措，对保障食物安全、资源安全和生态安全，维系当代人福祉和保障子孙后代永续发展意义重大。但发展中国家与发达国家农业技术水平存在较大差距，对于技术落后的发展中国家而言，实现原有的粗放型农业增长方式向绿色可持续增长方式的转变将面临更大挑战。

（二）农业绿色发展是未来粮食安全的保障

联合国各会员国于 2015 年 9 月一致通过 2030 年可持续发展议程，这是世界各国领导人与各国人民之间达成的社会契约。其中，“在全世界消除一切形式的贫困”和“消除饥饿，实现粮食安全，改善营养状况和促进可持续农业”是实现可持续发展的两个首要目标。实现粮食安全是上述目标关注的核心内容。根据联合国粮农组织的定义，粮食安全是指所有人在任何时候都拥有获得充足、安全和富有营养的粮食来满足其积极和健康生活的膳食需要及食物喜好所需的物质和经济条件。[①] 粮食安全已经与能源安全、金融安全并称为世界三大经济安全，是社会和谐、政治稳定、经济持续发展的重要保障，是全球经济治理的重要组成部分。

---

① 史贤明主编《食品安全与卫生学》，中国农业出版社，2003。

1. 保障粮食安全是实现2030年可持续发展议程的基础

“国以民为本，民以食为天”。粮食是关系国计民生和国家经济安全的重要战略物资，也是人们赖以生存的宝贵资源。粮食不安全可能导致多种形式的营养不良状况发生，如儿童消瘦、发育迟缓、母乳喂养缺乏、超重、女性贫血和成人肥胖等。其形成机制如图 6 所示，粮食不安全将导致喂养不足、情绪忧虑、饮食紊乱等问题，从而加剧粮食消费的不稳定性，以及营养物质摄取不足或不合理，最终引致各种形式的营养不良。

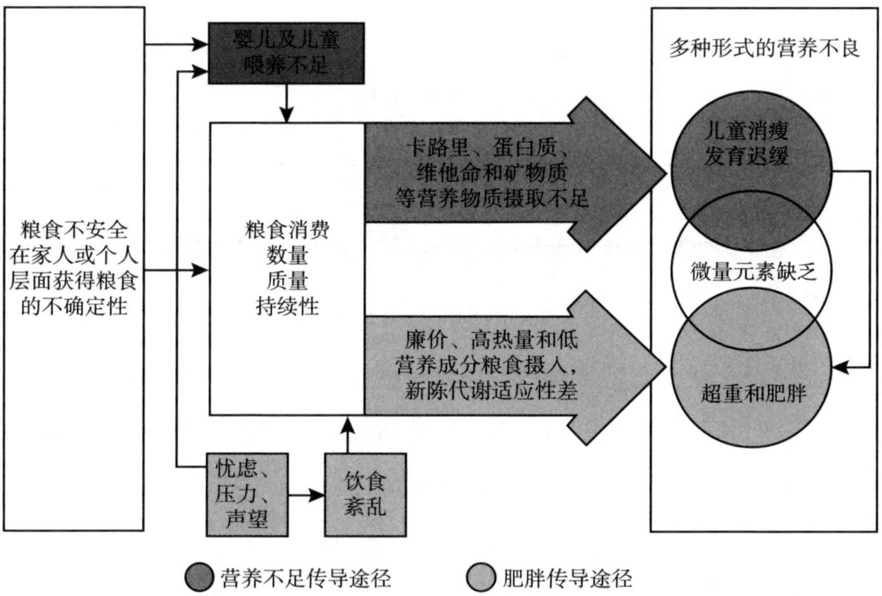

图 6　粮食不安全导致的多种形式的营养不良形成机制

资料来源：联合国粮农组织统计司。

2014 年以来，由于持续的地区冲突、极端气候及经济衰退等，世界营养不良人口数量连续增长。联合国发布的《2018 年世界粮食安全和营养状况》指出，2017 年全球食物不足人数约 8.21 亿，占总人口的比例达 10.9%。其中非洲是营养不良人口比例最高的地区，达 21%，营养不良人口数超过 2.56 亿。南美洲的情况也在持续恶化，营养不良人口比例从 2014

年的4.7%增长至2017年的5%。亚洲营养不良人口比例恶化情况虽然有所减缓，但营养不良人口仍超过5.15亿人，所占比例约11.4%。若不积极采取措施，到2030年实现消除饥饿的可持续目标将难以实现。

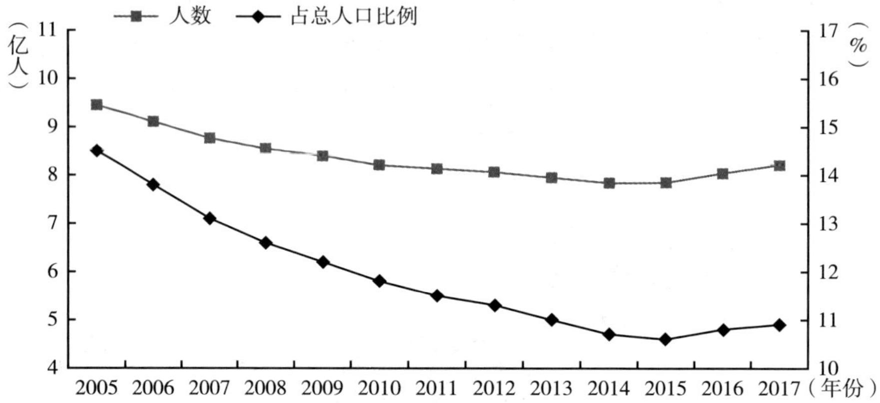

图7　2005~2017年世界营养不良人口总数及占总人口比例变化

资料来源：联合国粮农组织。

保证粮食安全和充足营养的粮食是一项基本人权。各国及国际组织需要注意儿童及妇女的粮食安全和营养，以防营养不良的代际循环，同时需要建立营养敏感的粮农系统，以提供安全和优质的食品，促进所有人的健康饮食。

2. 农业绿色发展对粮食安全的意义及紧迫性

综上可知，在地球有限的承载能力下，庞大的饥饿人口数量和人类对自然环境的不当活动，对农业未来的发展提出了巨大挑战。2050年世界人口总数将超过90亿。为满足日益增长的粮食需求和膳食结构的变化，全球粮食年产量需提升60%。同时，全球每年有1/3的粮食——约13亿吨，在整个供应链中损失或浪费，造成了巨大的财政和环境成本。农业增长与消除饥饿和贫困联系紧密。包含种植业、畜牧业、渔业和林业的广义农业为大多数贫困人口提供了收入、就业、粮食和其他商品与服务。因此，对减少贫困的效用，源自农业的GDP增长是其他非农业部门的至少2倍，在资源贫乏的低收入国家，甚至可以达到 5 倍。

由于对自然资源和环境的负面影响，目前大部分地区农业生产增长方式是不可持续的。全球大约有 1/3 的耕地退化，农作物遗传多样性丧失比例达 75%，约 22% 的动物品种面临风险，超过一半的鱼类资源被过度捕捞，过去 10 年每年约有 1300 万公顷的森林被砍伐用作他途。因此，在人类对农业提供的粮食、饲料纤维和商品及服务的需求迅速增加的时候，首先面临的是自然资源日益稀缺和迅速退化。一些对农业依赖度高和人口高速增长的地区，已经可预见地面临粮食不安全。此外，未来自然资源竞争可能由于城市扩张、以牺牲森林为代价的农业扩张、工业用水、休闲用地等进一步加剧；全球气候变暖和极端天气事件更为常见；越来越频繁的人员和货物流动以及环境变化带来的疾病和入侵物种可能威胁粮食安全。

面对快速变化的粮食需求和不确定的自然环境，各国需要从实际出发，坚持绿色可持续的农业发展道路，利用现代科技，协调好粮食需求和环境资源利用之间的关系，实现农业和生态环境的可持续发展。

（三）科技进步与合作是农业绿色发展的推动力

联合国粮农组织 2012 年以全球人口和收入增长趋势为基础预测，2050 年全球农产品产量必须在 2005～2007 年的基础上增长 60%。这一增长将主要来自作物单产的提高（对世界总产量增长的贡献率为 80%）和复种指数的提高（贡献率为 10%），其余来自土地面积的小幅扩大。其中，作物单产和复种指数的提高主要依赖于科技进步。据报道，发达国家的科技进步对农业经济增长的贡献份额已超过 60%。

现代农业生产应是可持续发展理念与现代农业科技支撑的结合。农业绿色发展必须依靠科技进步，通过技术创新与应用，不断推进以资源为基础的传统农业向高效、合理利用资源，生产潜力不断拓展的现代农业转变。通过依靠科技实现对资源约束的突破，保障农业产出的持续增长，在满足人类对粮食安全需求的同时，实现农业资源的优化配置，推进农业和农村产业结构调整，实现社会经济生产与生态环境保护的统一，走一条新型的农业现代化道路。

此外，发达国家与发展中国家科技水平存在较大差距，不同国家间的资源禀赋和农业发展水平也存在较大差异。各国之间的这种差距越大，通过优势互补，进行技术合作和知识共享，共同推进科技进步，所能提升农业产出的潜能就越大，合作共赢的空间就越大。因此，摸索出可行的、能够实现合作共赢的农业技术合作模式与路径，将有助于推进全球农业绿色发展。

二　加强金砖国家绿色农业合作，保障粮食安全

（一）金砖国家人口众多，粮食消费需求量较大

1. 金砖国家人口众多

表 1　2018 年全球及金砖国家人口构成情况

单位：百万人

国家	总人口	农村人口	城市人口
巴西	210.9	28.3	179.9
俄罗斯	144.0	36.2	104.7
印度	1354.1	875.7	449.9
中国	1446.8	588.4	865.3
南非	57.4	18.4	36.1
全球	7632.8	3375.8	4187.0

注：总人口中除农村人口和城市人口外，还有非农非城人口。

资料来源：联合国粮食与农业组织。

金砖国家总人口超过 32 亿，占世界人口总数的 42% 以上。如此规模的人口数量必然决定了其在全球粮食安全问题中的重要地位。中国和印度作为发展中国家，不仅人口数量庞大，而且贫困人口众多。2018 年金砖国家的农村人口数量占全球农村人口的 45.8%，高于人口总数占比，反映出金砖国家仍处在发展阶段。2018 年末中国农村贫困人口 1660 万人。布鲁金斯学会相关报

告称，截至2018年5月底，相关数据显示，印度的农村贫困人口为7300万人。如此巨大的贫困人口，仅解决温饱问题就会产生巨大的粮食需求。

2. 金砖国家的粮食消费与需求量巨大

以玉米、大米、黄豆和小麦四种国际粮食市场具有重要地位的主要谷物为例，根据联合国粮农组织的统计数据：2017年全球玉米、大米、黄豆和小麦的消费需求总量分别为154228万吨、72153万吨、54508万吨和118721万吨，其中金砖国家玉米、大米、黄豆和小麦的消费需求总量分别为54768万吨、38990万吨、26792万吨和45035万吨，分别占到全球玉米、大米、黄豆和小麦消费需求总量的35.51%、54.04%、49.15%和37.93%。整体来看，金砖国家对于粮食的消费需求量巨大，在全球需求中的占比也比较大。

表2　2017年全球及金砖国家主要谷物总消费需求情况

单位：万吨

国家	玉米	大米	黄豆	小麦
巴西	10770	938	12576	1381
俄罗斯	1424	99	588	10008
印度	2985	13099	1203	11366
中国	37729	24749	12425	22280
南非	1860	105	—	—
全球	154228	72153	54508	118721

资料来源：联合国粮食与农业组织。

（二）金砖国家农业生产资源潜力巨大

1. 金砖国家拥有广阔的农地资源

土地是农业生产的基本投入要素之一，更是农业生产赖以生存的基础。金砖国家不论是从领土面积来看还是从各类用地面积来看，都相对丰富。表3是2016年全球及金砖国家的各类土地面积。从表3中可知，2016年全球分别有1300875.7万公顷陆地、486961.9万公顷农业用地、399582.5万公顷森林用地和159275.5万公顷耕地，其中金砖国家拥有383459.9万公顷陆地、130636.2 万公顷农业用地、1597408 万公顷森林用地和 53034.2 万公顷耕地，分别占到了全球总量的 29.48%、26.83%、39.98%和 33.30%。

表 3　2016 年全球及金砖国家的各类土地面积

单位：万公顷

国家	陆地面积	农业用地面积	森林用地面积	耕地面积
巴西	83581.4	28354.6	49255.4	8754.6
俄罗斯	163768.7	21772.2	81488.9	12472.2
印度	29731.9	17972.1	7086.0	16946.3
中国	94247.0	52853.2	20986.4	13569.8
南非	12130.9	9684.1	924.1	1291.3
全球	1300875.7	486961.9	399582.5	159275.5

资料来源：联合国粮食与农业组织。

2. 金砖国家拥有较为丰富的淡水资源

除土地之外，淡水资源也是农业生产中的投入要素之一。世界银行的统计数据显示，2014 年全球共有淡水资源 428099.6 亿立方米，其中金砖国家拥有 142768 亿立方米的淡水资源，占全球总量的近 33.35%。其中，2014 年全球淡水资源最丰富的国家是巴西，淡水资源总量达到 56610 亿立方米，占到全球淡水资源总量的 13.2%。

表 4　2014 年全球及金砖国家淡水资源总量情况

单位：亿立方米

巴西	俄罗斯	印度	中国	南非	全球
56610	43120	14460	28130	448	428099.6

资料来源：世界银行。

（三）金砖国家也是农作物产量大国

根据联合国粮农组织的统计数据，2016 年全球主要谷类作物小麦、玉米、黄豆和大米的总产量分别为 75674 万吨、109222 万吨、34027 万吨和

50504 万吨。其中，金砖国家的小麦、玉米、黄豆和大米的总产量分别达到了 23255 万吨、34253 万吨、14818 万吨和 26342 万吨，分别占到全球产量的 30.73%、31.36%、43.55%和 52.16%。

表 5　2016 年全球及金砖国家主要谷类作物产量

单位：万吨

国家	小麦	玉米	黄豆	大米
巴西	426	9784	11900	838
俄罗斯	1	8	370	66
印度	9851	2872	1093	11152
中国	12977	21589	1455	14286
全球	75674	109222	34027	50504

资料来源：联合国粮食与农业组织。

（四）金砖国家是全球粮食贸易的主要国家

受农业生产资源与生产技术的影响，金砖国家既是农产品的主要生产者，也是农产品的主要消费者。在全球农业贸易中表现为，金砖国家中既有农产品的主要出口国，也有农产品的主要进口国，构成了全球粮食进口与出口的主要支撑。表 6 是根据联合国粮农组织 2017 年的统计数据绘制的全球及金砖国家谷类粮食供给（包括了当年的生产和年初库存）、消费、供给盈余/缺口（供给减去需求）、进口以及出口的数据。从表 6 可以看到，就全球范围内来看，2017 年谷类粮食总供给 174758 万吨，而消费总需求为 137677 万吨，供给盈余 37081 万吨，全球所有国家谷类粮食进口总量 19273 万吨，出口总量 19565 万吨。而金砖国家当年的谷类粮食总供给为 61530 万吨，消费总需求为 40530 万吨，供给盈余 21001 万吨，进口总量为 2082 万吨，出口总量为 4625 万吨。其中，中国为粮食主要进口国，2017 年粮食进口额占全球粮食进口总额的 9.74%。巴西、俄罗斯为主要粮食出口国，粮食出口额分别占全球粮食出口总额的 15.98%和 6.02%。这种金砖国家间的进出口状况，反映出各国存在农产品贸易的巨大空间。

表 6　2017 年全球及金砖国家谷类粮食供需及进出口情况

单位：万吨

国家	供给	需求	供给盈余/缺口	进口	出口
巴西	11003	6252	4751	137	3126
俄罗斯	4942	3001	1941	21	1177
印度	4815	4532	283	27	78
中国	38830	25461	13369	1878	11
南非	1940	1284	657	19	233
全球	174758	137677	37081	19273	19565

资料来源：联合国粮食与农业组织。

事实上，如果细化到谷类粮食内部各个分类，进出口对于各个国家保证粮食需求的关键作用将更加凸显。表 7 给出了 2017 年金砖国家各主要谷类作物的供给能力和消费需求情况。可以看到，在黄豆这一农产品中，中国缺口最大，为 8140 万吨，而巴西盈余最多，为 7610 万吨，两国在该农产品贸易上存在巨大的合作空间。

表 7　2017 年金砖国家主要谷类作物的供需情况

单位：万吨

国家	小麦			玉米			大米			黄豆		
	供给	需求	盈余/缺口	供给	需求	盈余/缺口	供给	需求	盈余/缺口	供给	需求	盈余/缺口
巴西	730	1180	-450	10680	5910	4770	870	820	50	12550	4940	7610
中国	21910	12040	9870	37400	23060	14340	24170	14310	9860	2910	11050	-8140
印度	11200	9520	1680	2980	2730	250	13100	9870	3230	1190	1160	30
俄罗斯	9980	4370	5610	1410	710	700	80	80	0	390	450	-60
南非	180	340	-160	1860	1220	640	10	90	-80	—	—	—

资料来源：联合国粮食与农业组织。

（五）金砖国家是全球绿色农业发展的重要推动力

1. 金砖国家拥有丰富的现代化农业生产经验

金砖国家中既有中国、印度这样传统的农业大国，更有俄罗斯、巴西这样的现代农业生产国。表8是2012年到2016年全球及金砖国家单位土地面积的谷类作物产量，从统计数据可以看到：首先，样本区间内除个别国家以外，绝大多数国家的单位土地面积的谷类作物生产能力有了不同的提高。从全球范围来看，单位土地面积的谷类作物产量从2012年的3625.3千克每公顷上升到了2016年的3966.8千克每公顷，年均增幅维持在2.3%左右。其次，2016年，金砖国家单位土地面积的谷类作物生产能力存在差距。其中，中国与巴西单位产出高于全球平均水平，其他国家低于全球平均水平。这反映出各国农业生产技术与农业要素应用状况的不同，因此，加强农业技术合作，有助于金砖国家整体提高单位面积产出。

表8　2012～2016年全球及金砖国家谷类作物单位产量

单位：千克/公顷

国家	2012年	2013年	2014年	2015年	2016年
俄罗斯	1858.7	2240.7	2443.7	2391.3	2650.4
印度	2963.5	2969.9	2960.4	2856.7	2992.8
南非	4239.6	4040.9	4894	3536.7	3809.5
巴西	4584.5	4826.4	4640.4	5000.7	4180.8
中国	5825.2	5894.2	5891.9	5981.5	6029.2
全球	3625.3	3832.1	3906.3	3923.2	3966.8

数据来源：世界银行。

2.金砖国家拥有较强的绿色农业创新实力

对于任何一个领域而言，创新都需要人才和资金的支持。根据美国科学基金会出版的《科学与工程指标2016》中的统计数据，当前全球研发活动主要集中在北美、欧洲和东亚地区的部分国家。以研发总支出为例，从地区来看，2013年全球研发总支出约为1.67万亿美元，其中美国、加拿大和墨西哥的北美地区研发总支出约为4929亿美元，以欧盟为主的欧洲地区的研发总支出约为3670亿美元，以中国、日本、韩国和印度为主的东亚和南亚地区约为6600亿美元。从国家个体来看，全球研发总支出排名前九的国家分别为美国、中国、日本、德国、韩国、法国、俄罗斯、英国和印度。可以说，金砖国家中既有传统农业生产技术较强的国家，也有绿色农业创新研发投入较大的国家。各国对于农业领域的大量研发投入与经费支出将为其未来进一步的绿色农业创新奠定强大的基础。

综上可见，无论是农业产出还是绿色农业科研创新投入，抑或是生产要素投入，都存在较大差异。以 2015 年金砖国家每公顷土地化肥使用数量为例，俄罗斯单位土地化肥的使用数量约为 16.5 千克每公顷，而中国每公顷土地化肥的使用数量则高达 506.1 千克，二者之间相差 30 倍有余。这些显著甚至较大的生产差异为金砖国家之间提供了广阔的合作空间，通过技术购买、转让或合作生产等形式，有助于实现金砖国家之间乃至金砖国家与其他国家之间在农业生产和消费上的优劣互补，从而推动农业绿色发展，以保障金砖国家乃至全球的粮食需求。

三　金砖国家加强绿色农业合作保障粮食安全面临的挑战与困境

基于金砖国家的资源互补，以及农业生产技术与潜力的不同，推进全球绿色农业发展技术的创新与合作，可以最大限度地实现全球农业绿色发展和粮食可持续供给。金砖国家中既有人口最多、粮食需求量较大的国家，也有耕地资源丰富、耕作技术较为成熟的国家，因此，加强绿色农业合作，对保障粮食安全，推进农业可持续发展具有重要意义。金砖国家须以全球化的视野来定位发展目标，增强互信，谋划发展机遇，通过互利合作，实现农业资源的全球优化、高效配置，在推动农业绿色发展的进程中，提高农业收益的同时，保障各国粮食的可持续安全供给。

当前，农业合作在金砖国家中蓬勃发展。以中俄农业合作为例，中国有广大的市场，俄罗斯有丰富的农业资源，双方可以优势互补，互利双赢。近年来，双方在农产品贸易方面，中俄双边贸易保持了快速增长。据海关统计，2018 年，双边农产品贸易超 50 亿美元，同比增长 28.2%，创历史新高；其中中国自俄罗斯进口 32.1 亿美元，同比增长 51.3%。2019 年 1 ~ 5

月，中俄农产品贸易达21.8亿美元，同比增长1.9%。俄方希望到2024年把对华农产品出口额提高到95亿美元。中国已经成为俄罗斯农产品出口主要目的地。可以说，合作共赢的绿色农业合作，不仅能够实现互惠互利，推动全球农业生态改善，而且包含技术的绿色科技合作，对保障粮食安全也具有积极意义。然而，当今世界单边主义、贸易保护主义思潮的出现，垄断利益维护下的技术贸易壁垒，发展中国家发展与生态困境，以及利益引导下农业结构的不合理性，都在一定程度上阻碍了金砖国家乃至全球的绿色农业合作与粮食安全供给。

（一）发达国家的贸易保护主义冲击现有农业合作格局

全球化促进了生产要素的全球流动，有助于实现资源最优配置和利用效率最大化。因此，从市场化经济发展的逻辑而言，全球化应当是一个非常合理的、必然的发展趋势。这一趋势对于金砖国家中的农业企业而言，意味着“走出去”就能获得更广阔的发展空间。通过与各国深入开展绿色农业合作，不仅可以提升公司业务在该领域的领先优势，同时也为所在国的农业转型升级和绿色农业发展带来重要契机。双方的合作也为保障粮食安全提供了积极的机遇。

然而，近年来，受国际政治和经济形势的影响，贸易保护主义不断涌现。从国际形势看，当今世界正处在百年未有之大变局中。美国挑起贸易摩擦就是这一变局的表现之一。贸易保护主义的再次抬头使自由贸易理念边缘化，严重冲击着当前全球农业合作格局。这不仅影响了绿色农业技术的创新与合作，更影响到了国际农业合作收益，从而在一定程度上抑制了全球农业的正常生产。以中美大豆贸易为例，中国一直是美国大豆的主要买家。2017年美国约60%的大豆销往中国。[①] 然而，一年多来两国的贸易摩擦，使双方的正常农产品贸易受到影响，美国大豆对华出口大幅下降。2018年中国自

① 董峻、于文静：《关税“双刃剑”令美豆农“伤筋动骨”中国大豆迎发展机遇期——专家评析中美大豆等贸易热点问题》，新华网，http：//www.xinhuanet.com/fortune/2019-05/24/c_1124537648.htm。

美国进口大豆 1664 万吨，比上年减少 49.4%，占全部进口大豆数量的 18.9%，比重较 2017 年下滑 15.5 个百分点。农产品出口受阻导致美国相关农产品价格下降，从业者与农场的收入降低，影响正常农业生产。自 2019 年下半年中国实施对美国大豆加征 25% 关税的反制措施后，美国大豆价格断崖式下降。①

作为世界人口大国，中国的农业资源禀赋并不占优势，是全球最大的农产品进口国。随着生活水平的提升，中国人对优质农产品的需求旺盛，直接推动了中国农业对外开放的新格局。有专家形容，中国农业的国际合作特别是农产品进口“势头强劲”“后劲十足”，也为全球农业大国所看好。然而受中美贸易摩擦的影响，中美农产品贸易受到冲击，健康发展的农业合作态势受到影响。但这为金砖国家的农业合作带来了机遇，当前大豆已成为中俄农业合作的先行者。在政策保障上，2019 年 6 月，中国国家主席习近平访问俄罗斯期间，两国签署了《关于深化中俄大豆合作的发展规划》，中俄元首特别强调支持两国企业开展大豆等农作物生产、加工、物流与贸易全产业链合作。在市场份额上，中国是俄罗斯大豆的主要买家，俄罗斯分析机构 APK - Inform 公司数据显示，2019 年 6 月，俄罗斯大豆出口 6.4 万吨，比上月增长 35%。在俄罗斯 2018/2019 农业年度（2018 年 7 月至 2019 年 6 月），中国已成为俄罗斯大豆主要出口国，占其出口总额的 93%。同样，中国和巴西的大豆贸易合作也获得了快速发展，2016 年 10 月至 2017 年 5 月，中国从巴西进口的大豆份额仅 30%，约为美国的一半。在中国开始实施报复性关税后，美国大豆出口遭受打击，巴西大豆很快占据了中国进口大豆份额的 75%。② 以金砖国家农业合作为代表的新农业合作格局正在形成。

---

① 董峻、于文静：《关税“双刃剑”令美豆农“伤筋动骨”中国大豆迎发展机遇期——专家评析中美大豆等贸易热点问题》，新华网，http://www.xinhuanet.com/fortune/2019-05/24/c_1124537648.htm。

② 《巴西大豆占中国进口大豆份额飙升至 75% 美豆跌至 10%》，世界农化网，http://cn.agropages.com/News/NewsDetail---19080.htm。

（二）利益冲突限制了农业合作的深入开展

当今世界，许多科技问题带有区域性乃至全球性特征，对于农业而言，更是如此，生态与环境、自然资源利用与保护、灾害防治和动植物疾病防治等，需要多国参与才能解决，全球科技呈现科学研究大合作、多元文化大碰撞和技术创新大发展的趋势，农业科技资源在全球范围内的流动和配置加速进行，科学研究的规模越来越大，多学科大规模交叉、相互渗透的特点日益突出。近年来，中国和以色列的农业技术合作就是这一特点的充分体现。两国近年来经贸关系发展迅猛，科技创新交流日益升温。双方在现代农业技术方面的深入交流不断深入，以色列的先进农业技术被中方引进和运用，在农业产业规划布局、高效节水灌溉、水肥一体化、农业自动化、土壤改良等方面，为中方实现技术提高和良性发展提供了助力。[①] 这一合作不仅推进了中国绿色农业发展，推动了粮食高效产出，也为以色列先进农业技术再创新与开发，找到了更广阔的发展空间，提供了更高效的农业资源。由此可见，为推进农业绿色发展，维护全球粮食安全，世界各国尤其金砖国家理应引领，并加强农业科技创新与合作。然而，受维护自身垄断利益的驱使，一些国家在进行绿色农业合作时，时常限制先进绿色农业科技的输出与合作，为技术贸易设置重重壁垒。此外，由于国际经济秩序、地缘政治等原因，一些国家间，即便是金砖国家间也存在政治互信不足、贸易壁垒、绿色壁垒，乃至政治介入限制创新要素、绿色农业技术向其他国家流动的问题。或是在合作中附加各种条件，使双方合作进程受到影响。这直接阻碍农业科技的国际交流与合作。

（三）发展中国家解决贫困与温饱问题使农业绿色发展受到影响

对于当前广大发展中国家而言，解决贫困与温饱问题仍然是各国政府关

---

① 王炯：《农业科技结出中以“一带一路”合作新硕果》，《光明日报》2018 年 6 月 16 日，第4 版。

注的头等大事。在饥饿与贫穷的双重压迫下，推动农业绿色转型，实现粮食安全与可持续供给，对广大发展中国家而言，仍是巨大的挑战。2018 年《世界粮食安全和营养状况》报告指出，2017 年世界饥饿人口数量上升至 8.21 亿，相当于全球人口每 9 人中就有 1 人处于饥饿状态。其中，非洲仍是饥饿问题最严重的地区。

在贫困方面，尽管各国都在极力减贫，但仍存在较多的贫困人口。金砖国家中也是如此，世界银行数据显示，2017 年贫困人口比例，按国家贫困线衡量的（占人口的百分比），中国占 3.1%，俄罗斯占 13.2%，尽管所占比例不是很大，但考虑到这些国家庞大的人口基数，贫困人口数量依然很多。2017 年末，尽管中国比上年末减少了贫困人口 1289 万人，但仍然有 3046 万农村贫困人口。在饥饿的压力下，各国农业发展的重心必然是尽可能地增加粮食产量。为了维持粮食产出，无论是化肥、农药等的不合理使用，还是土地资源的过度利用，都是难以避免的无奈选择。在这种农业发展模式中，是很难顾及农业绿色转型，也很难更多关注粮食的生产质量，以及农业资源的可持续利用问题的。这种只顾眼前、涸泽而渔的生产方式，必然会影响到农业绿色发展，也无法实现可持续的粮食安全供给。在这种情况下，即使企业拥有先进的农业绿色科技和粮食生产技术，也无法有效地与广大发展中国家进行对接合作。对于多数国家而言，贫困人口多集中在偏远的农村地区，在贫困的限制下，这些农村劳动力资源自身的科技素质较弱，学习技能和劳动态度也很难适应现代农业生产的需要。这为国际农业合作带来了很大的障碍，由于贫穷地区广大的农业劳动力无法满足技术输出方的要求，双方农业技术合作和交流的效果就会受到影响，合作带来的收益也十分有限，绿色农业技术合作的积极性就会减弱，合作难以走向深入。

（四）利润优先引导下的农业生产结构不利于粮食安全供给

为推进农业结构优化升级，尽快摆脱贫困，无论是广大发展中国家，还是一些金砖国家，调整种植产业结构和布局，加快发展经济作物，以便产生较大的社会和经济效益，成为其合理而又必然的选择。以中国为例，2016年中国粮食播种面积11303.4万公顷，比上年减少了30.9万公顷。而茶园和果园的面积均有所增加，分别从2015年的279.1万公顷、1281.7万公顷，增加到2016年的290.2万公顷和1298.2万公顷。需要指出的是，这种农业生产结构调整尽管在一定程度上提高了农业收益，但不断减少的粮食种植面积，必然会影响到粮食生产与安全。

同样，作为微观经营主体，企业实施农业技术合作的目的是盈利。因此，国际农业企业在“走出去”的过程中实施农业科技创新与合作，其动力也是获取更高收益。所以，它们选择的合作项目，更多的是收益较高的农业服务领域，或者经济作物合作项目，单纯的粮食合作项目较少。尽管不能以此断定国际农业合作就会降低粮食产量，但这种利益引导下的农业生产合作，必然在一定程度上对粮食生产与安全造成相应冲击。据联合国粮农组织网站消息，该机构发布最新一期《作物前景与粮食形势》报告。报告预测，2018年全球谷物产量为25.87亿吨，为3年内最低，比2017年创纪录的高位水平下降2.4%。因此，保障粮食种植面积，保证粮食安全可持续供给，依然是各国需要关注的重点。

四　金砖国家加强绿色农业合作保障粮食安全的思路与对策

（一）以“命运共同体”理念为指引，推进金砖国家绿色农业合作，保障粮食安全

尽管当前国际经济与技术合作正受到“逆全球化”的冲击，但经济全球化是不可逆转的世界潮流。哪怕个别国家逆潮流一意孤行，只会使经济全球化更加曲折，而不会改变经济全球化的大势。正如习近平主席在世界经济论坛2017年年会开幕式上的主旨演讲中所指出的那样，想人为切断各国经济的资金流、技术流、产品流、产业流、人员流，让世界经济的大海退回到

一个一个孤立的小湖泊、小河流，是不可能的，也是不符合历史潮流的。[①]对于国际绿色农业合作而言，更是如此。农业生产，尤其是涉及生态与环境、农业资源利用与保护、灾害防治和动植物疾病防治等问题，在一定程度上具有全球性影响，为此，金砖国家应率先力行，以全球命运共同体的理念为指引，加强农业技术合作与创新，共同应对绿色发展与粮食危机，推动2030年可持续发展议程目标的实现。

中国在中非合作论坛北京峰会上提出，以打造新时代更加紧密的中非命运共同体为指引，支持非洲在2030年前基本实现粮食安全。其中包括，同非洲一道制定并实施中非农业现代化合作规划和行动计划，实施50个农业援助项目，向非洲派遣500名高级农业专家，培养青年农业科研领军人才和农民致富带头人等。[②] 联合国粮农组织驻肯尼亚代表加布里埃尔·如加勒马表示，这些举措不仅将增强非洲地区的粮食自给能力，还将帮助当地农业发展，带动就业，进而提高非洲人民的生活水平。[③]

由此可见，各国通过全面扩大国际农业合作与交流，促进农业投资便利化、农产品贸易自由化。通过搭建平台、科技合作、海外试验示范园区建设、农业科技人才培养等多种方式，积极推动国际合作，必可为全球农业创新和可持续发展贡献智慧。只要金砖国家共同携手，应对单边主义与贸易保护主义，以全球命运共同体理念为指引，以全球视野、世界眼光，扎实开展国际农业科技交流与合作，推进现代农业合作，打造农业绿色发展，共同推进科技创新，必然能够保障未来粮食的可持续安全。

---

① 王一鸣：《美国打贸易战改变不了我国所处的历史机遇期》，《求是》2018年第19期。

② 王小鹏、李琰：《专访：中国行动对非洲实现粮食安全至关重要——访联合国粮农组织驻肯尼亚代表如加勒马》，新华网，http：//www. xinhuanet. com/world/2018 - 9/10/c_129950627. htm。

③ 王小鹏、李琰：《专访：中国行动对非洲实现粮食安全至关重要——访联合国粮农组织驻肯尼亚代表如加勒马》，新华网，http：//www. xinhuanet. com/world/2018 - 9/10/c_129950627. htm。

（二）构建合理的合作利益分配机制，推进国际农业合作走向深入

推进绿色农业合作，需要奠定牢固的合作基础，减少或消除分歧，增强互信，增进共识。而实现稳固合作，则需要双方在合作意愿的基础上建立合理的利益分配机制。从前文分析可知，推进农业绿色科技创新与合作，金砖国家间存在较强的合作意愿，因此，构建合理的合作利益分配机制，成为推动国际农业合作走向深入的关键。

合理的合作利益分配，一方面是遵循市场化原则，保证合作双方获取应有的收益，维护双方合作的积极性；另一方面，合作应本着减少贫困的原则，让合作利益更多地留在落后地区。农业绿色科技创新与合作的双方，要跳出单纯追求利益最大化的思维，把互利共赢作为出发点，要树立全球一体化的整体观念与长期收益理念，把优势互补作为开展合作的基本目标，不断推进创新与合作，实现双方利益的可持续增长。为此，金砖各国应本着推动全球农业绿色发展、实现粮食可持续安全供给的理念，摒弃垄断利益维护理念，在合作共赢核心理念指导下发展出互助、互惠、共赢的利益共享机制，使参与其间的国家真正实现“双赢的目的”，从而来维护合作的持续开展，推动绿色农业合作走向纵深。同时，要充分发挥绿色科技的最大作用，推动农业绿色发展，保障粮食安全供给，真正实现绿色农业国际合作的整体效益。

（三）完善发展中国家的农业发展基础与条件，提升农业技术合作收益

《2030 年可持续发展议程》的落实，意味着发展绿色农业成为方向。绿色农业发展，因其生态整体性特征，必然涉及更广泛的区域乃至全球，因此，发展绿色农业，推进农业国际合作是必然趋势。为此，应进一步加强各国及国际组织之间的农业科技合作，继续加强各国之间先进农业技术的交流与引进，鼓励各国，尤其是发展中国家与国际跨国涉农企业开展农业科技合作。提升农业资源利用效率，保护农业生态环境，保障粮食安全。

激励先进农业企业与发展中国家的绿色农业合作，必须坚持以市场为导

向，以微观经济企业为合作主体，这是经济运行规律的要求，也是推进农业技术合作深入开展与可持续合作的要求。因此，合作要坚持市场化运作，保证合作收益。除此之外，由于广大发展中国家农业技术落后，生产条件有限，人力资源无法适应合作中的劳动要求，短期难以保障双方绿色农业合作的收益。为此，金砖国家可建立专门机构，增进沟通与合作，加强技术援助与资金资助，保障合作初期项目的运行。待其逐步获得生存能力时，再逐步退出让位给市场机制。同时，广大发展中国家也要支持农业科技成果创新和推广，建立完善的农业科技成果产权保护制度，使科技创新企业能够获得科技成果转化所带来的利益，激励企业科技创新意愿。同时还应加强农业基础设施建设，通过技术培训，提高劳动力素质，为合作打造良好的基础条件，降低绿色农业的合作成本，提升双方的合作收益与整体效益。

（四）加大科技支撑力度，调整绿色农业生产结构，保障粮食可持续安全

当前的农业绿色发展，是现代生产理念与科学技术支撑下的农业生产模式。这意味着优化农业结构，发展绿色农业，不是粮食生产与生态保护、农业结构调整之间相互影响、相互取舍的思路，而是在不断改善农业生态环境的同时，提高粮食产量和质量，改善各农产品生产的布局，优化农业结构，进而提高农业产出效益，实现生态环境、社会经济发展和粮食安全生产各方的协调发展。而要实现这一协调发展，就必须依靠现代科技。通过加大各国之间的科技创新合作力度，实现科技的强力支持，以保障粮食安全和可持续发展。通过整合金砖各国农业现代化业务，深入挖掘市场潜力，完善周边产品配套，提供农业绿色发展所需的基础设施以及相关技术服务，引导并积极推动传统农业绿色转型，在促进农业、农民收益不断提升的同时，保障粮食产量持续增长。金砖国家应引导各国在粮食品种改良上的合作，通过提升谷物生产率，来保障粮食种植收益，维护粮食种植积极性。

B.6

金砖国家科技园区和孵化器发展概述

宋鸿瑞　王明阳　刘润达*

摘　要：　科技园区、孵化器是促进科技创新和科技成果转化的重要平台。本文分析了金砖国家科技园区、孵化器发展历程和发展现状，介绍了各国优势科技园区、孵化器。金砖五国基于自身经济基础、发展阶段、法律法规、社会基础等客观条件，探索出各具特色的科技园区、孵化器发展路径。作为最具竞争力的新兴经济体代表，金砖国家将进一步加强对科技园区及孵化器的支持，并有望借助其形成若干联通全球、充满活力的创新创业生态。

关键词：　金砖国家　科技园区　孵化器

科技园区诞生于20世纪50年代，经历了大半个世纪的发展演变，其功能、模式、形态均得到极大的丰富和拓展，各国对科技园区的认识也存在差异，除“科技园区”（Science and Technology Park）外，还有如“科学园/研究园”（Science/Research Park）、“技术园”（Technology Park、Technopark）、“创新园/创新中心/创新集群”（Innovation Park/Hub/Cluster）乃至“科学

* 宋鸿瑞，北京市长城企业战略研究所项目经理，研究领域为科技园区发展战略、创新创业生态、国际科技创新合作机制和合作策略；王明阳，北京市长城企业战略研究所国际业务部总监，研究领域为科技园区发展战略、创新创业生态、国际科技创新合作机制和合作策略；刘润达，中国科学技术交流中心科普处副处长，副研究员，研究领域为科技资源管理、科技传播等。

城/科技城”（Science City/Technopole）等不同表述。一般认为，科技园区是有特定组织创立，专业机构管理，以科创机构为主要创新源头，通过提供物理空间、优惠政策、金融资本、咨询服务等支持，推动创新成果转化、创业孵化加速和产业集群培育，从而为经济社会进步注入活力的特殊机构。相对于科技园区，孵化器的功能更加聚焦企业创业孵化服务。随着创新创业生态不断发展，各地围绕满足创业企业对低成本的办公空间和设施、金融资本、技术和商业服务等需求出现了各具特色的孵化空间。

金砖国家科技园区和孵化器普遍起步于20世纪80年代末，除了发展速度极快这一共同特点，金砖国家的科技园区各具特色：如巴西和俄罗斯主要依托大学建立科技园区，巴西通过科技园区建设优化城市环境，印度科技园区聚焦软件和生物技术产业，中国高新区强调科技创新服务经济发展等；金砖国家也高度重视孵化器发展，均提出了国家级别的发展战略，形成了以政府、高校等官方机构主导发展和各类商业孵化器百家争鸣的发展格局。

一　巴西

巴西的科技园区和孵化器起步于20世纪80年代末，因政府高度重视而发展迅速。巴西科技园区和孵化器大多由政府和当地大学出资共建，不以营利为目的，旨在促进科研机构与产业需求对接合作。

1987年成立的巴西科技园和孵化器协会（Associação Nacional de Entidades Promotoras de Empreendimentos Inovadores，Anprotec）是非营利组织，拥有390多个成员单位，主要从事维护成员利益、评价公共政策、促进协调政府与成员关系、研究和提供培训等工作，对巴西国内相关机构发展起到了促进作用。

（一）科技园发展历程与现状

1. 巴西科技园发展历程

巴西科技园起步于20世纪80年代，受政府高度重视。1984年，巴西颁布了《科技园区国家计划》，90 年代末第一个科技园项目立项后，巴西科技园项目数量快速增长。据巴西科技园和孵化器协会（Anprotec）统计，2018 年，科技园项目计划达到 104 个，其中已运营 44 个，入驻 1238 家企业，创造 3.2 万个就业机会。

2. 巴西科技园发展现状

巴西的科技园主要分布在人口稠密的东南地区，多数园区依托高校资源，由政府出资建设。巴西科技园大都位于东南部地区（41.5%）及南部地区（37.2%）等高校资源丰富之地，大多数科技园建设依靠政府出资。科技园区重点关注高新技术领域，与国家战略契合度高。2016 年，巴西颁布《国家科技创新战略 2016～2019》，明确了该国科技创新优先领域为国防航天、水资源利用、食品、生物、社会科学、气候、数字经济与数字社会、能源、核能、医疗卫生、跨领域融合（包括纳米技术、生物技术、信息通信技术、认知科学）。从巴西科技园重点关注领域分布看，科技园区发展的重点领域与国家战略高度契合。

（二）重点科技园介绍

1. TECNOPUC 科技园

TECNOPUC 科技园成立于 2003 年 8 月，位于巴西知名私立大学 PUCRS 的校园内，占地 5.4 公顷，共有 101 家单位入驻，涉及的主要领域有信息通信技术、电子器件、能源环保和创意产业，入驻企业包括微软、惠普、戴尔、西门子等。园区对于遴选出来的优秀创业企业实行“精细创业”模式，为创业项目配备导师，提供多方面运营支持服务。

2. 圣保罗科技园（São José dos Campos/São Paulo）

圣保罗科技园是巴西第一个科技园，园区依托圣保罗市丰富的高校和企业资源建立，重点发展航空、信息通信技术、能源、健康领域。园区占地 2500 公顷，有 3 个商业孵化器、2 个产业集群（ICT、国防航空）、7 所大学、3 个公共实验室，入驻 60 家企业，毕业 32 家企业。

3. PortoDigital 科技园

PortoDigital 科技园建于 2000 年，旨在建设世界一流的信息通信和创意经济产业集群、改造老城区基础设施和改善生活环境。PortoDigital 科技园位于巴西累西腓市（Recife），园区规划占地 171 公顷，现有 318 个企业和机构，其中 91% 是中小规模企业。

（三）孵化器发展历程与现状

巴西的孵化器大多隶属于政府或教育机构等公共部门，旨在帮助重点地区和产业的中小企业发展，不以营利为目的。孵化器依托高校，通过鼓励科研人员直接创业，连接学术与产业资源。巴西的孵化器发展经历三个阶段。

第一阶段，探索期（1982～1995 年）。政府为推动孵化器发展，分别于 1982 年和 1987 年建立科技园区基金会和巴西科技园和孵化器协会（Anprotec），保护孵化器和科技园区利益，激励知识型企业建立和发展，为孵化器发展奠定了基础。

第二阶段，快速增长期（1996～2009 年）。1995 年起，巴西国内商业孵化器数量进入快速增长阶段。2004 年，巴西颁布创新法案（Innovation Law），旨在促进政府、企业、高校院所之间创新合作，这一系列的举措促进了孵化器快速增长，推动巴西国内孵化器数量于 2009 年达到最高峰。

第三阶段，稳定阶段（2010 年至今）。2010 年以来，巴西孵化器数量稍有下降，但 2015 年后趋于稳定，现拥有商业孵化器共 369 家，累计孵化毕业企业 2815 家。

（四）重点孵化器介绍

1. 创世纪学院孵化器(Instituto Gênesis from PUC－Rio University)

创世纪学院孵化器位于里约热内卢天主教大学，成立于 1997 年，被誉为巴西最好的创业孵化器之一，为社会慈善机构，也是连接政府、企业的中介机构。创世纪学院重点关注数字影音、媒体、出版、信息技术、物流、能源环保、文化创意等领域。截至 2015 年，创世纪学院孵化器共孵化企业 12

家，并为数十家企业提供支持。

2. COPPE 学院孵化器(COPPE's Incubator from UFRJ University)

COPPE 学院孵化器位于里约热内卢联邦大学 COPPE 学院。COPPE 学院是拉丁美洲最大的工程师教育研究学院。为促进科技人员创业，1994 年，学院成立 COPPE 学院孵化器，并于 1995 年建立公私合营技术孵化器，共计孵化毕业 100 多家初创企业，创造了 2000 多个就业机会。

二 俄罗斯

俄罗斯在继承苏联良好科技创新体系的基础上，通过出台一系列支持政策支持科技园和孵化器飞跃发展。俄罗斯大多数规模较大的科技园区前身为苏联时期的科学园，拥有大量世界一流的科研机构，但在科技成果转化方面能力不足，且人才流失严重。因此俄罗斯政府通过出台鼓励创业政策，通过减税、优化基础设施等措施帮助科技园区内创新创业活动发展。

同时，专业的科学园协会在俄罗斯科技园发展过程中发挥重要作用。俄罗斯集群与科技园协会（Russian Association of Clusters and Science Parks）是俄罗斯负责科技园管理建设的半官方组织，成立于 2011 年，目前拥有 55 个成员。协会从科技园的概念确定、目标定位、具体建设、法律保障、政府支持等各个方面着手为科技园区的建设和发展提供服务。

孵化器工作方面，初期由于俄罗斯政府未提供政策和经费支持，建设资金主要依靠国外援助，资金流较为不稳定，制约了孵化器的发展。2005 年后，俄罗斯政府开始高度重视科技成果转化问题，出台了相应支持政策，商业孵化器获得了长足的发展。同时，大量政府部门的科技服务机构也积极开展孵化服务，成为俄罗斯商业孵化服务力量的重要组成部分。

（一）科技园发展历程与现状

1. 俄罗斯科技园发展历程

苏联时期（1991 年前）：科技园建设初衷是解决人才流失和经费问题。

20世纪80年代末，受国际上大学科技园发展的启发和影响，苏联高等院校率先开始了科技园建设的探索，以期解决经济危机下国家科研经费投入锐减、教师和科技人员大量流失的问题。

快速发展期（1991～1999年）：俄罗斯继承了科技园区良好的管理体系，科技园区快速发展。1990年，苏联人民教育委员会出台了《建立和发展科技园纲要》，这部纲要后来被俄罗斯联邦教育部继承，成为国家指导各高校建立和发展科技园、提供财政支持的法律依据，极大地推动了俄罗斯科技园的发展。苏联高校科技园协会（俄罗斯科技园协会的前身）也于该年在莫斯科成立，其主要任务是基于研究国外经验提出俄罗斯科技园发展思路、帮助各地设计和建设科技园并培养园区管理人员、推动园区国际合作等。科技园的概念得到广泛推广，地方行政机构和管理部门开始参与科技园的组建，许多科学中心、科学城、军工基地甚至大型工业企业也加入园区建设，短短数年内，科技园在俄罗斯各大城市迅速崛起，在20世纪90年代后期一度达到上百家，成为俄罗斯培育创新小企业的重要载体。

新时期（1999年至今）：科技园上升为国家创新战略的重要组成部分。1999年，俄罗斯科技园协会与俄罗斯联邦教育部专门出台了《关于大学科技园的细则》，对创建科技园的标准程序、管理办法、应当提供的服务及科技园活动的评价标准等进行统一规范，为俄罗斯科技园国家管理体系的形成奠定了基础。此后，科技园的建设成为俄罗斯国家创新战略的重要组成部分。2009年，梅德韦杰夫总理提出建立类似美国“硅谷”的大规模科技研发中心；次年，俄罗斯政府宣布该创新中心选址斯科尔科沃，通过了《斯科尔科沃创新中心法》并出台了系列优惠政策，在政策优惠力度和开放程度方面都达到了史无前例的规模。同年发布的《信息社会发展规划（2011～2020）》，将发展高新技术园作为发展信息技术产业的主要手段之一。2013年，俄罗斯政府出台《2018年前信息技术产业发展规划》，进一步提出在2015年前完成11个科技园的建设。同时，政府为科技园的建设提供了大量财政支持，2013年用于科技园建设的补贴总额为10.37亿卢布（约合3.15亿美元），2014年为10.48亿卢布（约合3.18亿美元）。

2. 俄罗斯科技园发展现状

据俄罗斯科技园协会统计，俄罗斯目前共有 70 多个已形成规模的科技园，共计 3000 多家入驻企业。大部分科技园集中于 IT 领域，其他领域包括生物医学、生物技术、医疗设备生产、纳米技术、仪器仪表、新材料开发以及油气工业技术等。俄罗斯的科技园绝大多数位于欧洲地区，其中有 1/3 的科技园位于莫斯科。

（二）重点科技园介绍

1. 莫斯科大学科技园

莫斯科大学科技园（MSU Science Park）是俄罗斯最成功的科技园之一。该科技园建于 1993 年，现占地 11.54 平方公里，约 150 家入驻企业，2500 名雇员，每年产值 2 亿美元左右，诞生了 5 家俄罗斯 50 强企业。目前科技园涉及的技术领域包括激光技术、生物技术、环保技术、软件技术以及通信技术。莫斯科大学科技园是国际科技园区协会（IASP）成员。

2. 新西伯利亚阿卡杰姆戈罗多克科技园

阿卡杰姆戈罗多克科技园区（Technopark of Novosibirsk Akademgorodok）的前身是建于 1957 年的新西伯利亚科技城，科学城拥有 30 个包括自然科学、技术科学等在内的综合科研实体，承担了许多苏联重大科研任务，在基础科学综合研究、科技成果转化、科教一体化等方面取得了突出的成果。

2006 年 8 月，俄罗斯决定在新西伯利亚投资 17 亿美元，建立阿卡杰姆戈罗多克科技园，重点发展信息技术、生物医药技术、电子电力和仪器仪表四个技术领域，该园区现为俄罗斯最成功的科技园之一。

3. 斯科尔科沃创新中心

斯科尔科沃创新中心（Skolkovo Innovation Center）位于莫斯科郊外，于 2010 年开始建设，旨在打造一个国家级现代化科学创新中心，被称为俄罗斯的“硅谷”。2013 年至 2020 年，俄罗斯联邦政府计划为该中心投资 1252 亿卢布（约合 18.82 亿美元）。

（三）孵化器发展历程与现状

俄罗斯孵化器事业发展大致分为两个阶段。

第一阶段（1990～2005 年），依靠国外资本艰难起步。1990 年，在美国国际开发署（USAID）的资助下，第一家孵化器在俄罗斯成立。1993 年，俄罗斯市场管理学院推出“莫罗佐夫斯基计划”（Морозовский проект），学院在该计划框架内成立了 13 家商业孵化器，但由于资金问题被迫关闭。直至 1996 年，俄罗斯真正意义上的第一个商业孵化器——创新技术中心成立并运营至今。

第二阶段（2005 年至今），在政府政策扶植下快速发展。2005 年，俄罗斯联邦政府出台支持中小企业发展计划，经济发展部将建立区域孵化器网络作为重点工作，俄罗斯商业孵化器数量开始快速增长，从 2008 年的 70 个增长至 2012 年的 160 个。截至 2017 年底，俄罗斯有超过 200 家孵化器。此外，其他科技服务机构也开展孵化服务。工业科技部提出以高校、科学院和研究机构为依托成立技术转移中心，在其提议和指导下，首批 6 个技术转移中心于 2003 年在 6 个联邦大区相继成立。除政府发起建立的技术转移转化机构外，俄罗斯拥有大量非官方的科技中介服务组织，如总部位于新西伯利亚市、在俄罗斯 40 个地区有超过 50 个创新中心的俄罗斯技术转移网络（RTTN）等。

（四）重点孵化器介绍

1. 俄罗斯国家研究型高等经济大学孵化器

俄罗斯国家研究型高等经济大学孵化器（Russia's Higher School of Economics）2006 年于该大学莫斯科校区建立，是俄罗斯第一个面向大学生的商业孵化器，为初创公司提供办公空间，并提供教育及技术、专利、运营等方面的专业咨询服务。

2. 英格利亚商业孵化器（Business－Incubator INGRIA）

INGRIA 孵化器是俄罗斯圣彼得堡科技园于 2008 年建立的试点项目，现已成为俄罗斯最著名的商业孵化器之一。自2009年运营以来，共实现对企业投资超23亿卢布（约合3452万现价美元），孵化450多个项目，举办超过1200个活动，实现收益超48亿卢布（约合7205万现价美元）。除常规初创企业服务项目外，孵化器还为外国企业提供软着陆服务。随着孵化器的成功，圣彼得堡科技园探索建立了原型开发中心、工程中心（API）和集群发展中心，为处于各发展阶段的企业提供全链条服务。

三　印度

印度科技园、孵化器起步于20世纪90年代初，政府围绕印度本国科技资源禀赋和全球产业转移与发展趋势，聚焦信息技术产业和生物技术产业，开展专业型科技园区建设。软件科技园和生物技术科技园成为印度科技园区的两种主要类型。微观层面，专业科技园区重视基础设施建设和中小企业培育，鼓励中小企业承担国外先进公司的外包项目，极大地推动了国内软件技术和生物技术创业和中小企业发展，在促进产品出口和推进国际人才交流方面成效显著。宏观层面，印度软件科技园区、生物技术科技园区均由设立在所属政府相关部委的中心部门集中管理，通过在全国各地建立次中心形成科技园网络，在辐射带动本区域发展的同时，实现不同区域间协同发展，推动了国家信息技术、生物技术整体产业水平快速提升。

公立孵化器建设方面，印度政府利用科技园领域的成功经验，将科技园区提供的基础设施服务、科研服务、孵化服务等精简，不针对特定产业领域，面向所有创业者提供服务。私营孵化器起步较晚但发展迅速，因此逐渐成为印度创新创业的重要载体。现在，印度孵化器大致可分为三种类型，即高校政府合作型、私人基金投资型以及外资型。

（一）科技园发展历程与现状

经济自由化全面改革为科技园发展创造了条件，软件和生物技术两类相关科技园是印度科技园的主要类型。20世纪80年代前，印度实行计划经济体制，对进出口贸易、国外投资管理较严厉。80 年代以来，印度开始探索经济自由化改革，主要涉及私有化、外国直接投资、贸易自由化三个方面，并推出了一系列降低关税的举措，推动印度经济的快速增长。20 世纪 90 年代以来，印度聚焦软件和生物技术产业，以出口导向性与出口工业加工区相结合为思路，软件和生物技术两类科技园区得到长足发展，成为印度两个主要科技园区类型。

全球软件产业发展成为印度发展科技园区的契机。20 世纪 90 年代，软件产业在全球蓬勃发展，以美国最为突出，但技术劳动力的短缺制约了美国软件产业发展。同时，印度的经济自由化改革及国内大量会讲英语的廉价技术劳动力吸引了美国软件公司投资。印度政府开始实施“软件园计划”，在全国范围内建立软件科技园区，提供软件业基础设施，加速印度科技产业腾飞。1991 年，印度电子信息技术部将班加罗尔（Bangalore）、浦纳（Pune）和布巴内斯瓦尔（Bhubaneswar）的三家自治软件科技园重组，建立统一的管理理事会。理事会成员主要是电子信息技术部官员，总部设在首都新德里，并在全国各地设立次中心。截至 2017 财年年底，共建次中心 57 个，形成遍布全国的软件技术园区网络，49 家次中心进入二期或三期建设。

生物技术科技园区蓬勃发展。1986 年，印度生物技术部（DBT）建立研究机构，推进生物技术产业发展。至今，生物技术部已规划建设了 7 个国家级生物技术科技园，包括位于勒克瑙（Lucknow）的生物技术科技园、位于海得拉巴（Hyderabad）的生物孵化中心、位于金奈（Chennai）的 TICEL 生物技术科技园和 Golden Jubilee 妇女生物技术园、位于高哈蒂（Guwahati）的生物技术孵化中心、位于科钦（Cochin）的生物技术孵化中心和位于班加罗尔（Bangalore）的生物技术科技园，其中，海得拉巴地区已成为印度知名的“基因谷”。2016 年，印度科技部发布《国家生物技术发展战略（2015 ~2020）》，该战略包括四大任务：医疗保健、食品和营养、清洁能源、教育培训。同时，还将同全球业内企业和研究院所共建技术开发和技术（商业化）转移网络，新建 5 个生物技术集群、40 个生物技术孵化器、150 个技术转让中心、20 个生物技术互联中心。

（二）重点科技园介绍

1. 班加罗尔国际科技园（ITPB）

1992 年，印度总理纳拉辛哈·拉奥和新加坡总理吴作栋共同提出在印度建立科技园区并复制新加坡园区建设的成功经验。1994 年，在两国共同投资下，班加罗尔国际科技园在距市中心 18 公里的 Whitefield 建成，该地区也是知名的信息技术产业集群，如 Dell、Tesco、Aviva、GM 等国际知名企业在此设立分公司。ITPB 是班加罗尔市第一个科技园区，园区占地 28 公顷，设备设施齐全，现入驻 130 多家信息通信技术、生物技术领域企业。

2. 海得拉巴基因谷

海得拉巴基因谷（Hyderabad Genome Valley）建于 1999 年，占地 600 平方公里，是印度政府与投资机构（MN、ICICI Group）共建项目，已成为印度生物医药研究、教育和制造的产业集群。它位于特伦甘纳邦海得拉巴市，该地区拥有大量高校和生物技术科研院所，如印度化学技术研究所、国家 DNA 鉴定诊断中心、细胞和分子生物中心等。基因谷现有超过 150 家公司、3 家印度最大的疫苗制造商，全球 10 大生物技术研发公司中有 6 家在基因谷设有分支机构。

（三）孵化器发展历程与现状

1982 年，印度政府设立国家科技创业发展委员会（NSTEDB），旨在服务科技创业人员，促进科技创新创业。印度孵化器发展大体经历了三个阶段。

第一阶段（1984 ~ 1999 年），政府主导的科技创业园（STEP）。1984 年，科技创业园计划（STEP Programme）由印度国家科技创业发展委员会牵头，科技部、邦政府、金融机构等联合实施，科技创业园将教育、培训、研究、融资、管理融入创新创业服务中。发展科技创业园的主要目标包括加强高校科研院所与产业联系、促进科技人员创业、与研究机构联合向小企业提供研发支持、促进创新型企业发展。截至 2000 年，印度建立了 15 个科技创业园，创造了5000个就业岗位，培训了11000多个创业者。

第二阶段（2000～2016年），技术商业孵化器（TBI）鼓励民间参与。2000年，在亚太技术转移中心的帮助下，印度科技部启动商业孵化器计划（TBI Programme）。与科技创业园相比，技术商业孵化器体量更小，更聚焦创业孵化和技术商业化，鼓励民间资本运营。截至2014年，印度国内有300余家注册的科技企业孵化器。

第三阶段（2016年至今），政府出台鼓励创新创业战略规划。2016年1月，印度政府推出"印度创业，印度崛起"计划，成立了高达90亿美元的创业基金，由印度商工部工业与政策促进局（DIPP）负责保障执行，向符合条件的"创新企业"投资的投资商将在享受程序性宽松的同时获得额外的投资收益豁免，以促进本地产业发展。

（四）重点孵化器介绍

1. 高校—政府合作型：科技创业园技术企业孵化器（Technology Business Incubation of Science and Technology Entrepreneurship Park）

科技创业园技术企业孵化器位于印度卡拉普的印度理工学院，建立于1986年，于1989年投入运营。孵化器受新德里、西孟加拉邦等地政府资助，主要通过提供孵化空间、科研和投资等服务，促进本校毕业生在国内创业。

2. 私人基金投资型：T-Hub孵化器

2015年9月，坦塔塔（Ratan Tata）与印度特伦甘纳邦政府、海得拉巴信息技术国际学院（IIIT－H）、印度商学院（ISB）和国家法律研究学院（NALSAR）合作，以PPP形式建立T－Hub孵化器。孵化器现有70000平方米空间，提供办公、会议等基础设施服务。

3. 合资型：阿里巴巴班加罗尔创业孵化器

2015年，中国阿里巴巴集团与印度GLOBALS公司合资，在班加罗尔建立创业孵化器，专注于移动互联网和移动电子商务产业的初创项目。

四 中国

科技园区在中国被称为高新区，是由中国科技部火炬中心指导、地方政府建设，为发展高新技术产业，促进科技成果转化，促进科研、教育和生产结合的综合性区域。高新区早期建设思想也源于西方发达国家兴办科技园区的实践经验，但在建设过程中结合中国经济发展需求，走出了中国特色的发展道路。30 年来，高新区始终坚持改革开放和自主创新，积极推进科技与经济结合，科技创新资源迅速聚集，科技企业快速成长，在创新驱动和转型发展中发挥着越来越重要的作用。

中国孵化器数量与质量均居世界前列，已成为促进科技成果产业化、培育科技企业和企业家的重要载体。现阶段，科技创业孵化工作向创业前端和成长后端扩展，“创业苗圃 + 孵化器 + 加速器”的科技创业孵化链条初步形成；创新创业服务体系也日臻完善；孵化器资金来源呈现多样化，如高校、企业等均给予支持；海外孵化器“走进来”、国内孵化器“走出去”屡见不鲜。孵化器已成为区域经济增长源、新引擎和科技企业走向世界的服务枢纽。

（一）科技园发展历程与现状

1. 中国科技园发展历程

科技政策改革创新为中国科技园区发展奠定了良好基础。1978 年 3 月全国科学大会召开，12 月十一届三中全会召开，中国科技发展逐步推进、快速提升。1985 年 3 月，《中共中央关于科学技术体制改革的决定》的发布，有助于推动中国计划经济体制下形成的原有科技体制改革发展，有助于推进中国特色国家创新体系建设。1986 年，“火炬计划”出台，明确将创办高新区作为重要内容。

“第一次创业”阶段（1988 ~2001 年）：中国科技园区从无到有。为贯彻中共中央提出的“经济建设依靠科学技术，科学技术要面向经济建设”的方针，科研机构和高等院校积极探索科技成果转化之路。中国科学院于

1983 年至 1987 年进行了系列改革探索。其中最重要的是实行“一院两制”，支持院内科研机构和科技人员通过创办企业转化自主研发的科研成果。随后，中科院与所属各研究所、高校创办了大量新型技术企业，这些企业聚集在中关村地区并形成了“中关村电子一条街”。1988 年，“中关村电子一条街”兴办高技术产业的经验得到中央重视，并同意在中关村成立第一个高新区——北京市新技术产业开发试验区。1991 年 3 月 6 日，《国务院关于批准国家高新技术产业开发区和有关政策规定的通知》正式发布。1991～1992 年，国务院先后批复 51 家国家高新区。

“第二次创业阶段”（2001～2013 年）：中国科技园区的“五个转变”。高新区在不断扩大开放的同时，逐渐参与国际分工，制造加工能力得到加强。国家级高新区经过 10 年创业，初步建立了适合高新技术产业发展的新型管理体制和市场推进机制，已从初创期进入以产业化、国际化为核心的壮大阶段，开始“第二次创业”，并实现了五个转变：从主要依靠土地、资金等要素驱动向主要依靠技术创新驱动的发展模式转变；从主要依靠优惠政策、注重招商引资向更加注重优化创新创业环境、培育内生动力的发展模式转变；推动产业发展由大而全、小而全向集中优势发展特色产业、主导产业转变；从注重硬环境建设向注重优化配置科技资源和提供优质服务的软环境转变；从注重“引进来”向注重“引进来”与“走出去”相结合的国际化发展方向转变。

新阶段（2014 年至今）：中国发展“三类科技园区”和国家自主创新示范区。2006 年，《国家高新技术产业开发区“十一五”发展规划纲要》提出“三类园区”建设设想，分别为世界一流高科技园区、创新型园区、具有地区特色的高新技术产业园区。在推动三类园区建设的过程中，为进一步推进创新型国家建设，大幅度提升国家自主创新能力，国务院在 2010 年到 2012 年先后批准中关村科技园区、武汉东湖高新区、上海张江高新区建设国家自主创新示范区。

2. 中国科技园发展现状

中国科技园区在经济、产业发展方面呈现新态势。截至 2018 年 3 月，中国现有经国务院批准成立的国家高新区共 169 家，依托实力较强的国家高新区建设的国家自创区 17 家。另外，中国科技部、教育部已认定国家大学科技园 115 家。现阶段，中国高新区发展有以下特点：第一，经济实现高速增长。据中国科技部统计，“十二五”期间，全国高新区营业收入实现年均增长 17.4%，净利润 1.6 万亿元，实缴税金 1.4 万亿元。有 63 个国家高新区营业收入超过 1000 亿元。第二，发展质量和效益同步提升。2016 年国家高新区的净利润率达 6.7%，总体工业总产值实现 10.3% 的增长，营业收入实现了 11.5% 的增长。第三，新产业新业态加速结构优化。2016 年，高新区内上报统计的高新技术企业 41181 家，在全国高新技术企业总数中占比超过 41%。

（二）重点科技园介绍

1. 中关村国家自主创新示范区

中关村科技园区始建于 1989 年，是第一家国家级科技园区和中国最大的科技园区。园区总面积 488 平方公里，包括 16 个子园区，下设有特色产业园区、研发创新园、创新创业社区、科技新城和改造更新园区等五种类型的功能园区。随着中关村科技园区的发展，园区形态由专业园、特色基地逐步发展到产城融合、生态宜居的创新社区形式，发展重点已从企业集聚过渡到以产业集群，并向以创新集群为核心的创新社区过渡。

2. 杭州高新区

杭州高新区（滨江）位于浙江省杭州，正在推进国家自主创新示范区建设。杭州高新区（滨江）以网络信息经济为主导，坚持“产业智慧化、智慧产业化”，重点发展网络基础产业、物联网、互联网三大主导领域。截至 2019 年，基本实现了智慧产业、信息产业的全产业链与技术体系落地，两大产业产值均已超过千亿元，培育壮大了阿里巴巴、华三通信、海康威视等一大批骨干企业，引领带动了杭州乃至浙江的转型升级和产业结构调整。截至 2016 年，杭州高新区（滨江）累计拥有科技企业孵化器 15 个、众创空间 38 家，拥有各类大学 15 家、研究院所 83 个、省级以上重点实验室 42 个；拥有企业技术中心 373 个、博士后科研工作站 48 个、外资研发机构 210 家。

3. 上海张江高科技园区

上海张江高科技园区创建于1992年7月，目前共有22个分园，总面积531平方公里，覆盖上海市所有行政区。张江高新区有两大产业集群。“医产业”集群，涵盖医药、医疗、医械、医学的医疗健康产业。“E产业”集群，基于互联网和移动互联网的互联网产业。园区现拥有近70000家科技型、创新型企业，其中高新技术企业3759家，1700多个研发机构，300余个公共服务平台，部属、市属高校42所。

4. 成都高新区

成都高新区筹建于1988年，1991年被国务院批准为全国首批国家高新技术产业开发区，现有规划面积130平方公里，由南部园区和西部园区、东部园区和成都天府国际生物城组成。其中，南部园区重点发展以金融业、商务服务业为代表的生产性服务业；西部园区重点发展以新一代信息技术、生物、高端装备制造、节能环保为重点的先进制造业；东部园区依托成都天府国际机场，重点发展临空高端制造业、临空现代服务业、新一代信息技术三大主导产业。

（三）孵化器发展历程与现状

中国科技企业孵化器事业开创已有33年，借鉴吸收发达国家培育中小企业、创造就业机会与推动区域经济发展的经验，结合中国科技企成果转化和高新技术产业化发展需求，中国科技企业孵化器成为产学研联动的重要枢纽。1987年6月，中国第一家科技企业孵化器——武汉东湖创业者服务中心在东湖高新区诞生。当年，中国国家科委中国科技促进发展研究中心，在武汉开展科技创业中心可行性研究工作，并迅速扩展至全国其他有条件的城市。1988年8月，中国正式开始实施加速高新技术产业化发展的“火炬计划”，该计划在倡导建立和发展科技园区的同时，建立和发展高新技术创业服务中心——科技企业孵化器。33年来，中国孵化器发展经历了以下三个时期。

第一阶段（1987～1999年）：在“面向”和“依靠”方针下成功探索。

该阶段中国尚处于改革开放初期，科技与经济脱节比较严重，非国有经济和民营科技企业发展步履艰难。这一阶段，孵化器建设处于以政府主导、以拓展孵化空间和建设大型综合孵化器为特点的探索发展阶段，孵化器绝大部分是自收自支的事业单位，被称为“科技企业摇篮、科技企业家学校”。这一阶段，孵化器服务特色以提供办公厂房等基础服务为主，注册孵化器达到100家左右的规模。

第二阶段（2000～2008年）：在创新型国家建设战略下的多元化发展。这一阶段，中国对科技企业孵化器的定位得到进一步提升，成为国家科技创新体系的重要组成部分。在各级政府培育扶持下，越来越多的社会资本进入科技企业孵化领域，投入的资金进一步增大，投资主体多元化局面初步形成，诞生了一批专业特色鲜明的孵化器。这一阶段，孵化器开始提供技术、市场推广、人力资源、财务、法律、知识产权、信息等共性或初级增值服务，孵化器数量显著增多，2003年注册的孵化器数量达到489家，数量仅次于美国。

第三阶段（2009年至今）：在创新驱动发展战略下的全面深化发展。这一阶段，中国政府相继出台《国家中长期科学和技术发展规划纲要（2006～2020年）》、《国家中长期人才发展规划纲要（2010～2020年）》和《关于科技企业孵化器有关税收政策问题的通知》等政策，进一步加大政府扶持力度，推动了如“创业苗圃”“企业加速器”等新型孵化空间，同时促进孵化器与投资机构合作，解决创业企业融资难题。这个阶段，孵化器呈现以下特点。一是孵化器多样化发展。包括创办主体多样化，创办主体不再局限于高校、企业、科技服务机构，一些传统企业为应对企业转型升级，也开始创办孵化器，这一举措大大推动服务对象、服务模式和盈利模式的多样化进步，出现了“留学生创业园”“孵化＋创业投资”等多种模式与主体。二是“众创空间”出现。围绕国家双创战略，一批以“众创空间”为代表的服务于地区战略的孵化器形成。与传统孵化器相比，众创空间聚焦创业孵化前期，是专门为创业者提供想法验证、创业计划打磨等服务的开放性新型产业组织。三是科技企业孵化器数量稳步增加，专业孵化器成为孵化器发展新趋势。2015 年至 2017 年，孵化器数量从 2533 家增加到 4069 家，平均增长率超过 25%，截至 2017 年底，全国共有众创空间 5739 家及加速器 500 余家，在孵科技型中小企业达 17.5 万家，在孵企业总收入 6323.47 亿元，累计毕业企业 11.1 万家，培育高新技术企业 1.1 万家。四是创业孵化机构呈现国际化趋势。截至 2017 年底，中国国内国际化发展的创业孵化机构 221 家，国内机构在海外注册创业孵化机构 28 家，海外注册的创业孵化机构中的孵团队/企业总数为 1022 个，国内机构在海外注册的创业孵化机构的跨境项目 309 个。

（四）重点孵化器介绍

1. 启迪之星孵化器

启迪之星孵化器创办于 1999 年，以“孵化服务 + 种子投资”为发展模式，是国家级孵化器之一。启迪之星设立孵化基地、创业营和投资平台及知识产权、人力资源、工商财税等平台，提供创业孵化、创业培训、咨询、投融资、中介、品牌宣传、培训交流、技术转移等一站式创业服务。启迪之星在中国建立了 50 余个孵化基地，通过整合创新资源，培育了大量优秀企业。

2. 创新工场

创新工场创办于 2009 年 9 月，是一家致力于早期阶段投资，并提供全方位创业培育的投资机构与创业平台，旨在培育创新人才和新一代高科技企业。创新工场通过针对早期创业者的需求提供一揽子服务，帮助创业公司快速成长。创新工场现有投资项目 300 余个，管理资产规模达 110 亿元人民币（2018 年）。

3. TCL 创客空间

TCL 创客空间孵化器前身是 TCL 集团的“TCL 创新孵化中心”。2014 年，创新孵化器项目被纳入 TCL 集团“双 +”转型战略，开始引入外部项目孵化，与十方创投、北京创客空间合作联合建设产业创新型机构，品牌正式切换成“TCL 创客空间孵化器”，TCL 创客空间采用创客苗圃、创业孵化器、传统产业对接平台“三位一体”孵化模式，强调创业项目从 TCL 集团内部研究机构支撑与企业外部投资等服务部门协同。它已成长为深圳最大的智能硬件、互联网电视、产业互联网领域产业驱动型孵化器之一。

五 南非

南非科技园区建设起步较晚，根据南非国内经济发展特点和需求，南非政府重点发展以工业产业园区、经贸区为主的特殊经济区，目前国内专门的科技园区数量较少，且规模较小。

南非孵化器建设在非洲处于领先位置，南非政府私营部门参与孵化器建设时间较晚，但在政府一系列支持政策下，私营孵化器数量快速增加。

（一）科技园发展历程与现状

1. 南非科技园发展历程

2012 年，南非工贸部出台《特殊经济区条例》草案，旨在弥补现行工业开发区政策缺陷，加强南非各级政府之间的协调，统筹资金、技术、资源，明确产业发展方向和投资目标，促进投资、贸易和就业的增长。

工业开发区是南非重点发展的技术产业园区。2000 年，南非政府开始实施工业开发区政策，旨在激励国内外直接投资、促进以出口为导向的制造业和服务业的发展，带动经济增长和增加就业。南非工业开发区是南非贸工部为提升制造业部门的国际竞争力而推行的创新计划之一，为企业提供一站式便利服务，优化企业运营环境。

现阶段，工业开发区将转型升级为特殊经济区。为了弥补现行工业开发区的政策缺陷，南非政府于 2016 年 2 月 9 日颁布特别经济区法案，预计 2020 年，所有工业开发区均将转换为特殊经济区。

2. 南非科技园发展现状

南非的科技园区数量较少。据联合国教科文组织（UNESCO）统计，南非国内现有较大规模的科技园区共 5 个，分别为南非创新枢纽（IH）、

Softline 科技园（STP）、Highveld 科技园（HTP）、斯坦林布什科技园（Technopark Stellenbosch）和 Coega 科技园（CTP）。

（二）重点科技园介绍

1. 南非创新枢纽（Innovation Hub）

南非创新枢纽是豪登省经济发展厅增长发展局的附属机构，建于 2001 年，是公认的南非第一个科技园区，也是国际科技园区协会成员单位。创新枢纽紧邻科学工业研究理事会和比勒陀利亚大学，总建筑面积 60 万平方米，主要面向生物技术、电子、信息通信技术、制造和自动化技术及材料领域。

2. 东伦敦工业开发区科技园（East London Industrial Development Zone Science & Technology Park）

东伦敦工业开发区建于 2003 年，是一个以汽车制造、农业加工和水产养殖为主的工业园区。为加快区域经济发展速度，工业园区提出建设科技园的新概念，寻求以促进科技创业和孵化，推动高新技术发展和应用。

（三）（商业）孵化器发展历程与现状

南非政府高度重视孵化器发展，其发展历程依据不同时期的相关政策大致分为四个阶段。

第一阶段（1995～2000 年）：工业蜂巢（The Hives of Industry）。1995 年，南非小企业发展署（Small Business Development Corporation）建立了首个商业孵化器——工业蜂巢（the Hives of Industry）。工业蜂巢大多坐落在市郊的旧厂房，以补贴的形式出租给小微企业，并将电力、通信、仓储等基础服务一并打包，但该项目在机制设置上并不完善。

第二阶段（2000～2006 年）：GODISA 计划（GODISA Innovation Programme）。GODISA 计划是南非鼓励孵化器发展政策的里程碑，该计划主要通过技术转移、支持科技创业等形式重点支持生物医疗和生物技术领域的中小企业发展。GODISA 计划建立了四个示范项目：第一，成立技术示范中心，向中小企业提供技术服务，培育技术升级。第二，建立技术孵化器，为初创企业和中小企业提供孵化、加速服务。第三，建立创新支持中心，激励创新创业。第四，建立集创新支持、技术示范、孵化为一体的综合中心。

第三阶段（2006～2012 年）：建立小企业发展署（SEDA Technology Programme）。2006 年，贸易与工业部、GODISA 理事会及其他政府机构联合成立新的小企业发展署。小企业发展署的主要任务有：加强小企业技术扶持、为小企业技术转移提供便利和降低小企业死亡率等。截至 2012 年，在该机构的监管下，南非公共孵化器数量达到 42 家。

第四阶段（2012～2022 年）：孵化支持计划（Incubation Support Programme）。2012 年，贸易与工业部启动孵化支持计划，宣布于 2015 年前建立 250 个孵化器，并给予通过认证的孵化器连续三年每年最高 1000 万南非兰特（约 67.7 万美元）的资金支持。通过该计划，南非政府鼓励大型私营领域企业通过技术转让、供应商扩展和市场营销协助等形式支持小微企业发展，从而提升了私营部门参与商业孵化器建设的积极性。

（四）重点孵化器介绍

1. SEDA 孵化中心（SEDA Incubation Centers）

根据 2004 年颁布的《小型企业法修正案》，南非小企业发展署于当年设立下属单位小企业发展局（Small Enterprise Development Angency, SEDA）。2006 年，小企业发展局推出 SEDA 技术项目，通过在全国设立 SEDA 孵化中心，服务中小企业并推动技术成果转化。2018 财年，SEDA 技术项目为 3829 个创业者提供服务，新增孵化企业 668 家，创造了 2952 个工作岗位。

2. Maxum 孵化器

Maxum 孵化器是位于南非创新枢纽的一家私营孵化器，设立 Maxum Smart 和 Maxum Digital 两个板块，重点关注信息通信技术（如物联网、网络安全、大数据、人工智能）、先进制造（如工业物联网、增材制造、工业 4.0）、游戏、动漫、虚拟现实等领域的初创公司。

参考文献

王胜光、程郁：《国家高新区创新发展报告：二十年的评价与展望》，中国经济出版社，2013。

Ministério Da Ciência, Tecnologia e Inovação. Propostas de Políticas Públicas para Parques Tecnológicos e Incubadoras de Empresas, Parques TecnolGicos Eincubadoras Para O Des Envolvimen to Do Brasil, 2015.

Gustavo Tietz, Rosley Anholon, Robert Cooper, Osvaldo Quelhas, "Business Incubators in Brazil: Main Gaps to Be Explored by Academic Researchers," *Journal of Technology Management & Innovation.* 10. 18 – 27. 10. 4067/S0718 – 27242015000400003, 2015.

Maxime Bayen, Dario Giuliani, "Africa: a Look at the 442 Active Tech Hubs of the Continent", https://www. gsma. com/mobilefordevelopment/programme/ecosystem – accelerator/africa – a – look – at – the – 442 – active – tech – hubs – of – the – continent/, 2018.

Yomi Kazeem, "Startup Venture Funding Jumped More than 50% in Africa Last Year to a Record High", https://qz. com/africa/1211233/how – much – did – african – startups – raise – in – 2017 – partech – disrupt – africa/, 2018.

M. Masutha, and C. M. Rogerson, "Small Enterprise Development in South Africa: The Role of Business Incubators," In Rogerson, C. M. and Szymańska, D. editors, *Bulletin of Geography. Socio-economic Series*, 2014, No. 26, Toruń: Nicolaus Copernicus University, pp. 141 – 155. doi: http://dx. doi. org/10. 2478/bog – 2014 – 0050.

Владимир Буев, Бизнес – инкубаторы: какова их результативность?, https://www. cfin. ru/investor/incubator. shtml, Бизнес – журнал, No. 1, 2012.

Васильченко С. А., ДЕЯТЕЛЬНОСТЬ БИЗНЕС – ИНКУБАТОРОВ В РОССИИ, https://applied – research. ru/ru/article/view? id = 9148 2016.

Anita Gupta, Indian Experience on Promoting Business and Technology Incubation for Improved Competitiveness of Small and Medium-Sized Industries Through Technological Developments, 2002.

Software Technology Parks of India, Annual Report 2016 – 2017, 2017.

Swapan Kumar Patra, Knowledge Production by Indian Biotechnology Parks, *Asian Biotechnology and Development Review*, (2014) Vol. 16, No. 1, pp. 69 – 87.

Small Enterprise Development Agency, Seda Technology Programme Annual Review 2017/2018, 2018.

B.7

金砖国家半导体照明科技创新与产业发展报告

杨　鹤　岳瑞生*

摘　要： 本文从金砖国家对半导体照明的政策支持、金砖各国半导体照明标准规范、产业规模、技术创新、市场应用等方面进行了对比分析，介绍了金砖国家半导体照明合作机制及其开展的工作、取得的成效，并对比了金砖国家半导体照明创新能力。在金砖国家中，中国领跑半导体照明科技创新与应用，经过十几年的不断发展，中国已成为全世界半导体照明研发、生产和应用的大国，形成了较为完善的政策支撑、科技创新、标准检测、产学研合作体系。其他金砖国家也处于不同的发展阶段，各具特色。其中俄罗斯、印度、巴西的半导体照明技术和应用发展增速明显，南非在这一领域的科技研发和创新相对滞后。

关键词： 金砖国家　半导体照明　创新能力

半导体照明又称作固态照明（Solid State Lighting，SSL），是用有机半导体材料及第三代半导体照明材料制作的光源器件及显示器件。半导体照明具有高可靠性、节能、色彩丰富、耐振动、可控性强等特点，被认为是继白炽

* 杨鹤，国际半导体照明联盟（ISA）副秘书长，英国华威大学博士，研究领域为光电工程；岳瑞生，国际半导体照明联盟（ISA）高级工程师，研究领域为国际合作。

灯、荧光灯后的又一次照明光源革命。

近年来，由于全球能源紧缺及生态环境恶化等问题，世界各国均在发展中倡导绿色、低碳、可持续的理念，以此缓解人类社会所面临的难题。而依托自身节能环保的特性，半导体照明材料将成为实现节能减排目标的一个重要抓手，其产品迎来了良好的全球性发展机遇。从 2008 年起，澳大利亚、美国、日本、欧盟、俄罗斯、巴西等国纷纷开始发布白炽灯禁令、限令，在全球范围开始淘汰白炽灯等低效照明技术和产品。2015 年 12 月在巴黎召开的联合国气候控制会议，宣布了《全球照明挑战》计划，该计划目标是到 2018 年在全球应用 100 亿盏 LED 光源或灯具，该计划的发布将进一步促进全球半导体照明产业的发展。

一　全球半导体照明产业发展现状

经过十多年的发展，LED 凭借其性价比优势，已经全面进入照明替代市场。在全球淘汰使用限制荧光灯和白炽灯的大环境下，世界范围内的半导体照明产品销量呈现井喷状态。

1. 技术水平快速提升、产品光效不断提高

近年来，半导体照明技术发展迅速。美国能源部在 2016 年发布了半导体照明研发计划，据统计，2015 年冷白 LED 器件的光效为 168lm/W（流明/瓦），LED 灯具整体光效为 108lm/W；预计 2020 年冷白 LED 器件的光效将达到 218lm/W，LED 灯具整体光效达到 196lm/W；最终目标为 LED 器件的光效达到 255lm/W，LED 灯具整体光效达 230lm/W。

而 OLED 的光效也在不断提升，2015 年 OLED 面板的光效达到 60lm/W，预计 2025 年达到 160lm/W，目标是 OLED 面板的光效达到 190lm/W。

2. 市场规模逐步扩大、半导体照明渗透提速

依托技术的进步，半导体照明的市场规模持续扩大，其应用领域也在不断拓宽。美国产业研究机构 Strategies Unlimited 于 2016 年发布了相关报告，据统计，LED 器件的主流应用仍为照明，应用占比超过 30%，且稳定增长；

LED 在农业及汽车领域的应用范围稳步扩大。

随着 OLED 技术的日益成熟，其应用领域也持续拓宽，已经从小尺寸显示应用向中大型尺寸显示应用发展，并涉足通用照明领域，此外，其在军工、航天等领域也有可观的应用前景。

尽管 LED 产品的市场渗透率提升迅速，但 LED 的在用量市场渗透率并不高。HIS 信息咨询公司于 2015 年发布了相关报告，2015 年 LED 灯安装数量的渗透率仅有 6%，预计将于 2022 年达到 40%。

3. 应用驱动产业发展、节能减排效果显著

新一轮的全球半导体照明市场是按照应用需求进行的，由节能转变为智能。以材料为例，新型衬底材料及技术路线快速发展；应用照明方面，创新主要围绕提升产品的光品质、可靠性及性价比；非视觉照明方面，紫外 LED、医疗、农业、生物等研究进展迅速；产业化应用方面，LED 与建筑材料的结合有所进展；智能照明是最受关注的领域，其技术及应用均飞速发展。

美国 DOE 曾发布了《固态照明在通用照明应用中的节能潜力预测报告》，报告指出，2013 年，美国全社会用电的 17% 由照明所消耗，半导体照明产品在通用照明市场中的渗透率为 3%，预计 2020 年增长至 48%，照明用电消耗将减少 15%；2030 年，半导体照明产品将主导照明市场，其渗透率将达到 84%，照明用电消耗将减少 40%。该报告从节能这一方面向读者展示了 LED 照明的发展潜力。

二　金砖国家半导体照明发展情况与对比分析

金砖国家半导体照明产业发展情况各具特色。2003 年以来，中国开始大力推动半导体照明技术创新及其应用，在超越照明应用等领域已经引领全球发展方向。自 2014 年起，印度政府在公共照明和家居照明领域大力推动半导体照明产品的使用，极大地促进了半导体照明产品在印度的部署和使用。俄罗斯在半导体研究领域一直有着很深的研究积累，其国内照明市场从

2014 年开始逐渐向半导体照明转变。巴西和南非自身半导体照明产业相对落后，相关技术和人员积累较薄弱，其照明市场也在 2016 年后开始逐步向半导体照明转型。

（一）金砖国家半导体照明产业发展现状

1. 中国

中国是全球最大且最具活力的半导体照明（SSL）技术研发、产品生产和销售国。中国国家半导体照明计划自 2004 年开始到 2014 年，10 年的成就让人印象深刻。LED 照明产品的功效已提升 6 倍，从 20lm/W 增至 140lm/W。75% 以上的 LED 芯片实现了国产化。预计每年节省 340TWh（亿千瓦时）的用电量，这将大大减少电力生产对环境的影响，同时也有助于减轻空气污染和缓解全球变暖。

中国 LED 产业结构呈金字塔形，中国 LED 产业包括大约 6000 家公司，这些企业大多数是中小型企业（SME），可在价值链中分为 3 个层次：LED 外延和芯片组成——60 余家公司，LED 封装和模块——200 余家公司，LED 灯具、照明设备、系统和应用——5000 余家公司。

在全球范围内，中国半导体照明制造商当前的优势是在组件、封装和照明产品上。2013 年末，中国 36000 余项专利组合主要集中在封装（42%）、应用（41%）和驱动程序（8.5%）领域。外延芯片专利只占 7%，大大低于其他主要本行业国家。但中国自己生产的大多数芯片用于满足国内消费。

（1）政策支持

半导体照明产业是转变经济发展方式、提升传统照明产业、实现社会经济的绿色可持续发展的重要手段，中国政府多部门、多举措共同推进半导体照明产业健康快速发展。

2004 年 6 月，中国科技部聚集几个不同地区的开发团队，开展中国国家半导体照明项目。该项目从中央政府获得了 1.4 亿元（约合 1700 万美元）资金。2006 年 2 月，作为国家“十一五”规划的一部分，科技部对半导体照明投入 3.5 亿元（约合 4400 万美元）。2009 年 9 月，五部委（国家发展和改革委员会、科技部、工业和信息化部、财政部、国家质量监督检验检疫总局）联合发布了“半导体照明行业发展建议”，该文件阐述了半导体照明节能行业的现状和趋势，确定了主要问题、拟定指导理念、基本原则、发展目标和核心区域。

“十二五”期间，六部委联合发布《半导体照明节能产业发展规划》，相关部门大力推广应用半导体照明，中国国务院发布《2014～2015 年节能减排低碳发展行动方案》，科技部启动“国家 863 计划”新材料领域“半导体照明”重点专项，从基础研究、前沿技术、应用技术到产业化示范全创新链进行系统部署；中国半导体照明领域取得了丰硕的成果，为中国发展成为半导体照明强国奠定了基础。

为促进半导体照明产业发展，中国政府提供了大量财政援助。中央政府和地方政府同意减免企业所得税或土地税，同时向国家和地方实验室提供资金进行研发、测试、培训，并向制造企业提供其他援助。中国政府采取多种补贴形式，从单一的财政补贴到财政补贴、招标采购、应用推广和土地税减负综合使用。随着该行业日渐成熟，政府政策中心的关注重心从简单的生产力扩张转移至技术创新、产业升级和建立领先企业。

2015 年中国国家半导体照明工程研发及产业联盟（CSA）半导体照明行业报告称，自 2003 年以来，主要在区域和地方层面采取了 600 多项措施，其中包括工业支持（30%）、节能减排（18%）、应用推广（18%）、技术创新（16%）和行业标准（5%）。

（2）规范标准

中国围绕半导体照明产业链，制定“半导体照明技术标准体系”，标准体系的制定将积极支撑产业的发展、产品水平的提高、市场与应用的规范，推动相关标准化工作科学、有序地开展。

以 LED 为主的半导体照明产业链上、中、下游依次为衬底、外延、芯片，器件和模块，光源和灯具，室内/室外照明应用和系统，如图 1、图 2 所示，在发光光源的生产主链以外，其他包括器件封装、照明产品组装、应用系统涉及的材料和配件。

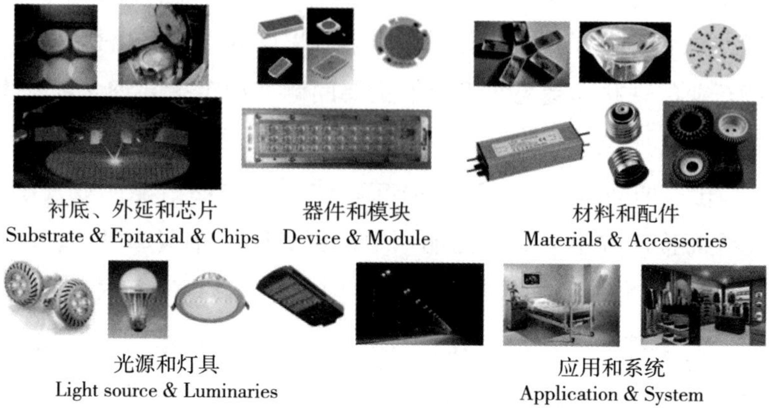

图1　LED 照明产业链组分图示

对半导体照明产品质量的关注加速了行业标准的引入，CSA 标准化委员会自 2012 年以来陆续发布了 50 多项半导体照明行业标准。技术标准是科技创新市场化、产业化的桥梁和纽带，可加快科技成果转化为现实生产力的进程。中国半导体照明产业正在积极探索技术标准机制创新，发挥技术标准的支撑和引领作用。

（3）产业规模

整个照明行业在中国发展迅速，2016 年产值达到 5600 亿元，其中出口占近 50%。LED 产品经过过去几年的积极推广，2015 年，其产量增加到 58 亿个，市场份额达 39%。至 2017 年，中国半导体照明产业总产值约为 6538 亿元，在过去 10 年中年均增长率超过 30%。2017 年中国半导体照明产品出口额为 106 亿美元，与 2016 年相比，增长了 14.72%。2018 年上半年出口同比增长了 6%，增至 62 亿美元。

（4）技术创新

中国政府高度关注半导体照明技术创新。自 2003 年中国科技部牵头启动“国家半导体照明工程”以来，突破了若干关键技术，大大缩小了与国际水平的差距。中国已具备较为完整的半导体照明的产业体系及研发体系，从上游材料芯片制造、荧光粉、器件封装等方面已具有自主技术产权的技

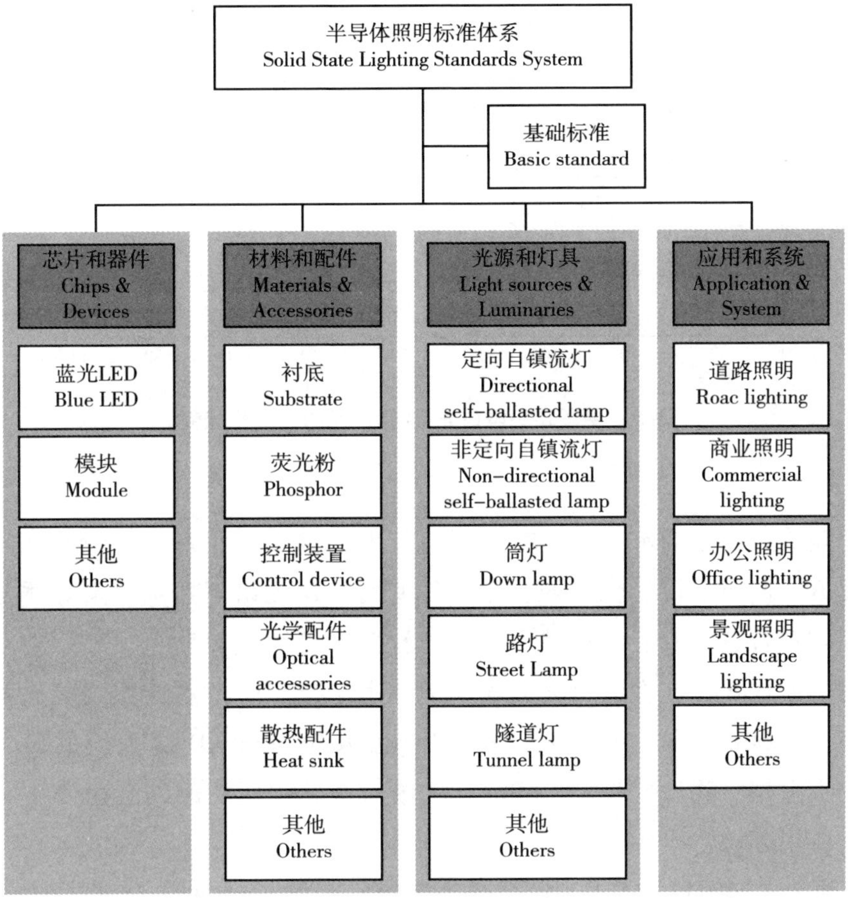

图2　半导体照明标准体系

术。在硅基 LED 方面，中国的研发水平领先全球。中国已经可以生产半导体照明产业链所需的关键设备。

在半导体照明的关键技术方面，中国正逐步缩小与国际的差距。2015 年，功率型白光 LED 灯在实验室测的光效为 160lm/W，且产业化生产的功率型白光 LED 灯的光效达到 150lm/W（见图 3）；“硅衬底高光效 GaN 基蓝色发光二极管”荣获 2015 年国家技术发明一等奖，如此具有自主知识产权的 LED 技术路线获奖，将会促进中国 LED 行业的发展，为行业带来无限前景。

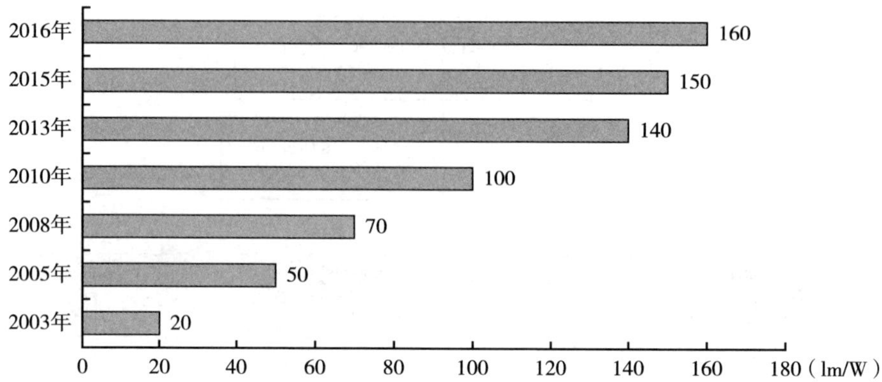

图3　中国功率型白光 LED 产品的产业化光效

数据来源：CSA Research。

随着人民生活水平的提高和照明技术的进步，用户更多地对光品质地提升，健康、智能化、舒适的光环境的构建提出了要求，半导体照明将在实现智慧家庭、智慧城市和智能社会中扮演重要角色。LED 在超越照明方面也在快速发展，如光通信、健康医疗照明及农业照明等已蓄势待发。在显示方面，QLED、MicroLED 已取代 MiniLED 成为新的研发热点。大数据、物联网、AR、VR 等领域与半导体照明的结合也产生了众多新应用领域。

半导体照明技术的进步也会推动整个第三代半导体材料产业化的发展，其中，以氮化物 LED 发光芯片为核心的半导体照明技术已成为第一个成功突破口。第三代半导体材料产业化又将引导其他众多技术领域的基础研发，依托第三代半导体材料的多领域创新应用，第三代半导体相关产业也将迎来井喷式增长。

（5）市场应用

从半导体照明各应用领域的技术来看，背光、显示、景观、信号等应用在“十二五”时期已经趋于成熟，并开展了大规模应用；从 2013 年起，汽车照明及其他功能性照明应用呈现井喷式增长；光通信、健康医疗照明及农业照明等新兴应用领域的技术也在蓬勃发展。

技术已不再是半导体照明产业发展的唯一驱动力，应用驱动逐渐主导半导体照明产业的发展，半导体照明由按需照明时代步入超越照明时代。

表1　2020 年中国半导体照明应用市场分布预测

单位：%

通用照明	背光应用	景观照明	显示屏	信号及指示	汽车照明	其他
~60	~4	~9	~11	~1	~2	~14

数据来源：CSA Research。

除了主流的照明应用之外，半导体照明在农业、医疗、通信、安全等领域超越照明的应用不可小视，CSA Research 预计 2020 年超越照明应用将在 LED 应用市场中占有 20% 以上的份额。

此外，新材料、新器件、新结构、新产品也将不断被研发，以满足各领域应用的需求。体积小、数字化及易加工等特点可使 LED 与建材等一体化，颠覆现有的产品形式，实现“见光未见灯”的目标。高光质量、外形美观、轻、薄、多功能、智能化将是未来半导体照明产品的主要特点，不但能提升半导体照明产品的性能，也将给人们带来良好的用户体验及视觉享受。

2. 印度

2014 年，印度中央政府和地方政府重申了通过提供物质奖励替换白炽灯和低能效路灯的承诺，同时强调要增加国内 LED 灯的制造产量，从而提供工作机会，降低收支压力。

印度政府认为加快高效照明设备的推广是减少国家电力供应业务长期赤字最有效的方法，2013 年政府将重心放到了 LED 技术上。印度电灯与配件制造商协会（ELCOMA）已经在《展望 2020》文件中表明了未来的前进方向，其主要目标是在 2020 年让照明用电比例从目前的 18% 降至 13%，希望 LED 市场价值在 2020 年增至 2200 亿卢比，也期望印度制造的 LED 照明产品比例从 2014 年的不足 40% 增至 2020 年的 80%。

（1）政策支持

2015 年 1 月，印度总理莫迪启动了国家 LED 家用和街用设备灯具项目，其目的是在未来3年内将全国所有通用型白炽灯替换成LED灯。路灯运营和维护的任务归属到城市地方机构（ULB）或者市政当局的职责范围。由于大多数城市地方机构自身无法承担高额的初期基建费，四个中央政府电力部门携手成立了能效服务有限公司（EESL）。在过去两年中，EESL已经展开招标拟采购用于替换白炽灯的LED灯。为了监测灯泡质量，政府做出了巨大的努力。EESL为前三年内发生故障的灯泡提供替换，但只有0.3%的灯泡在前期出现故障。

EESL实施的第二大项目是安装LED路灯。截至2016年5月30日，已经安装了84.7万只灯泡。2015年10月，印度能源局宣布，269个市政公司制定了通过投资250亿卢比安装340万只路灯的计划。截至2017年3月，EESL计划资助安装900万只路灯，总采购价格为500亿卢比，其中包括管理和安装所必需的附加支出。

（2）规范标准

政府及行业共同制定标准，遵循国际电工委员会（IEC）所制定的基础国际标准。由印度标准局（BIS）负责监督并宣布标准，印度国家照明规范（NLC）适用于室内外灯具安装的照明系统，覆盖诸如公共设施、医院、体育中心及地铁此类特殊区域。在照明工程及灯具分委会（ET24）的技术协助下，由印度标准局于2010年4月发布，作为文件SP72。在过去50年中，本文件在众多印度标准的基础上不断更新，包括照明灯具一般标准、机场照明、公共道路照明、防水电气照明、医院照明等。

印度政府的多家机构也积极参与制定LED灯标准，以及建立检测实验室。与其他多位股东协商后，印度能源局（BEE）也制订了照明标识计划，以确保产品的质量和可靠性。

（3）产业规模

印度照明行业由大约12家大型、15家中型和许多小型制造商组成。大型制造商包括飞利浦、欧司朗和美国通用等跨国公司，以及总部设在印度的一些公司，可以装配灯具及照明设备的小型公司估计有5000多家。印度大多数的LED芯片通常是由飞利浦和日亚化学提供的，科锐（Cree）、晶元

（Epistar）、欧司朗（Osram）、三星（Samsung）、首尔半导体有限公司（Seoul Semiconductor）等其他全球制造商同样也提供芯片。在不降低质量但要求降价的压力下，木林森（MLS）等领先的中国供应商也具备了加入印度政府招标项目的条件。

IHS 指出，2014 年 LED 灯泡的销售额大约为 1.6 亿美元（合 100 亿卢比），与印度电灯与部件制造商协会给出的该型灯泡和射灯销售额总和数量相当。根据 IHS 估算，2014 年所有灯具的总销售额大约为 100 亿美元，其中 LED 灯具销售额为 4.5 亿美元（合 300 亿卢比）。如图 4 所示，IHS 认为 LED 灯泡的销售额在 2020 年将增长到 8 亿美元左右（合 500 亿卢比）。2020 年 LED 灯具的销售额预计达到 10 亿美元（合 700 亿卢比）。

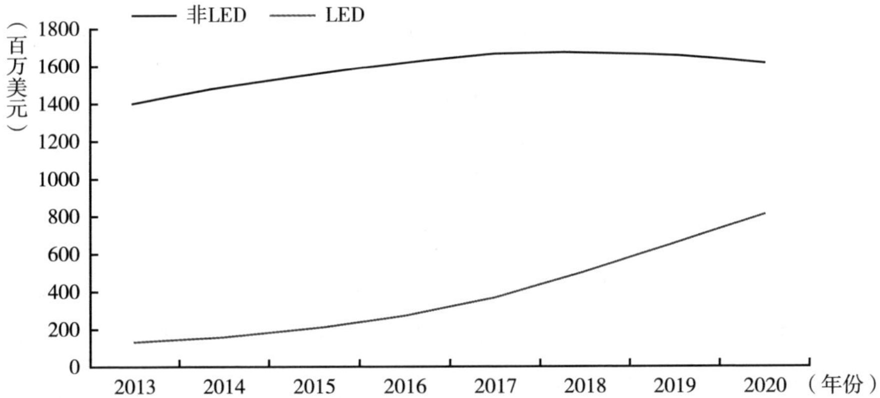

图 4　2013～2020 年印度照明器具的预期销售额

资料来源：IHS，2015。

据 CSA 报道，从中国出口到印度的 LED 照明产品总额在 2014～2015 年达到了 2 亿美元，增长率为 42%。

印度公司的 LED 芯片制造和封装能力比较差，大多数公司进口 LED 封装，同时在本国采购大部分其他配件。DeCore 集团是一个突出的例外，该集团投资 90 亿卢比在古吉拉特邦甘地纳格尔建立了一家工厂，预计年产量为 4 亿只芯片。许多光源器具制造商已经快速转型，建立了新的光源器具工厂，或者将现有的生产线转换成了LED灯生产线。超过50家公司表示有兴趣通过能效服务有限公司提供的分配方案供应灯具。通用电气、欧司朗和飞利浦等国际巨头在印度照明行业的发展中，起到了举足轻重的作用。其他国外公司对这个巨大的市场也表现出了越来越浓厚的兴趣。例如，业内人士表示，LED外延片和芯片制造商中国台湾晶元光电和总部位于中国的LED封装服务供应商木林森股份有限公司，将在印度新德里建立一家LED照明合资企业。中国台湾晶元光电将在该合资企业中持股30%～40%，并于2015年第四季度开业。据印度媒体Business Line报道，中国LED照明器具制造商欧普照明正在印度零售市场扩大其影响力，为印度南部提供“专为印度定制”的LED产品。

（4）技术创新

印度自身半导体照明产业技术创新能力较弱，尤其是缺乏上中游芯片和封装环节的技术储备和研发能力。许多印度公司能在当地生产用于LED灯具/照明设备的其他部件。现阶段印度不具备半导体照明芯片和封装器件的自主研发和大规模生产能力。

（5）市场应用

印度主要半导体照明应用主要集中在通用照明领域，尤其是对于传统照明灯具或系统的替换市场。家庭白炽灯泡的替换是降低电力需求最有效的方式。印度拥有3500万只路灯，总电力需求为3400兆瓦。通过LED灯可将能耗降低至1400兆瓦，每年可节省90亿千瓦时的电量，总价值超过8.5亿美元。作为世界上人口第二多的国家和第四大经济体，印度是世界第十大温室气体排放国。印度国家领导层已经做出了在2005年温室气体排放量的基础上，将印度2020年温室气体排放量削减20%～25%的承诺。LED灯的应用将对这一目标的实现做出重要贡献。2015年，通过两项EESL计划安装的LED灯已经将每日二氧化碳排放量削减了至少2.2万吨，相当于年削减800万吨。

3. 俄罗斯

俄罗斯的人口总数已超过1.4亿，在扩大节能照明设备的销售量方面具有巨大的潜力。然而，俄罗斯横跨多个气候带，应注意确保照明设备可以承受当地的环境，特别是户外应用。

（1）政策支持

照明行业是俄罗斯联邦“2020 年战略”的五个重点之一。支持半导体照明应用的政府措施包括以下几个。

- 2015 年，进口 LED 光源器具的关税从 2013 年的 10% 降至 0。
- 进口 LED 照明器具的关税从 2013 年的 18.3% 降至 2017 年的 12%。
- 对在俄罗斯、白俄罗斯和哈萨克斯坦生产的照明产品，市政和国家招标提供 15% 的价格优惠。
- 政府部门在 2016 年 7 月出台低效光源器具和整流器的禁令。
- 有关 LED 照明设备中进口组件份额的限制，2016 年是 70%，2018 年是 50%，而在 2020 年则是 30%。
- 能源效率计划必须设定到 2020 年国产 LED 照明产品达到 75% 的目标。
- 为保护俄罗斯制造商不受低质量进口产品带来的不公平竞争，制定了 RU - LED 法案。

俄罗斯政府对于“绿色节能”产业持高度支持态度，2010 年 6 月 4 日俄罗斯经济发展部制定的 229 号文件规定国家市政工程购买的照明产品中至少有 5% 为 LED 灯具。俄罗斯于 2012 年加入了世贸组织（WTO），并在 2013 ~ 2017 年对照明产品降低关税，尤其从 2015 年 9 月 1 日至 2017 年 9 月 1 日关税降至 0。

（2）规范标准

根据当地条件，俄罗斯政府标准化主管部门和行业组织共同提出了 200 多条照明标准，这些标准所关注的领域包括：

- 光度和色度参数；
- 电学参数；
- EMC 和安全要求；
- 机械、温度应激能力和 IP；
- 维护要求；
- 可靠性和保修；
- 认证；
- 特殊要求（防火、防爆保护等）。

（3）产业规模

2011 年至 2015 年，俄罗斯低效光源器具的销售量仍然很大。其中，白炽灯泡销售量在 2015 年有所增加，其部分原因是在实施禁令之前储存了一些白炽灯，还有一部分原因是 2014 年实施国际制裁后造成的经济压力。

俄罗斯国内生产的传统光源器具占有较大的份额，而且一半以上的光源器具是从中国进口的。该信息表明，俄罗斯国内生产的 LED 灯具数量较少。根据 LB 咨询公司的报告可知，俄罗斯只有 5 家木地 LED 光源器具制造商，但有 300 多个进口品牌。俄罗斯的 LED 照明器具制造商依赖国际供应商提供的关键组件。

（4）技术创新

俄罗斯在半导体材料领域有着深厚的研究基础，位于俄罗斯科学院圣彼得堡的俄罗斯科学院约飞研究所（IoffeInstitute）和 SHMR&E 研究中心，是俄罗斯半导体照明芯片及封装科研领域的领先机构。该中心在半导体照明（LED）材料和结构领域有着深厚的研究基础，拥有由多位诺贝尔奖获得者、众多俄罗斯科学院院士所领导的杰出科研团队，在半导体照明可靠性和光度学特性研究方面代表着俄罗斯乃至欧洲的最高水平。

在企业技术创新和研发能力方面，OptoGaN 是两个俄罗斯 LED 和 LED 模块制造商之一。2011 年 9 月，OptoGaN 提供了与俄罗斯 LED 公司在俄罗斯一起制造的第一批 LED 替换灯泡。2012 年 10 月，OptoGaN 声称他们的大功率 X－10 模块可以生成最多 80000 流明。2012 年 4 月，OptoGaN 公司与飞利浦创办了一个联营公司，用于在俄罗斯联邦开发、制造和销售道路照明交钥匙工程。最近，该公司建立了测试实验室，可提供测量和认证服务。另一家核心研发型企业 Svetlana 光学电子器件公司的业务也涉及 LED 封装、灯具、照明设备和照明系统。目前俄罗斯与中国在半导体照明领域共同开展了多项共性技术联合研发合作。

（5）市场应用

根据俄罗斯现有经济发展趋势，灯饰市场将平均每年增长 4.1%，在 2020 年增长至 29 亿美元。2014 年 LED 照明产品所占的市场份额是 54%，约 12 亿美元。其中，LED 光源市场的价值是 7. 43 亿美元，LED 灯具市场的价值是 4. 89 亿美元。LED 照明产品市场将平均每年增长 12%，2020 年将增长 86%，价值为 25 亿美元。

4. 巴西

巴西国内有 2 亿人口，是南美洲最大的能源消费国。有大大小小 5000 个城市，1700 万盏各类路灯。但其半导体照明产业几乎是零，研发能力欠缺，其市场对全球半导体照明生产制造企业具有极大的诱惑力。

（1）政策支持与规范标准

巴西政府制定和执行了一系列关于能效的政策和措施，鼓励生产商和消费者生产和购买高能效的节能产品。巴西国家计量、标准和工业质量局（INMETRO）是巴西的国家认可机构，负责制定巴西国家标准，INMETRO 发布多项条例促进半导体照明产业的发展，如 389 号条例为建立替换为 LED 灯具时需要满足的相关标准，包括能效、安全、电磁兼容等。巴西通过高效节能和新技术产品的激励计划等推动居民、商业、公共服务场所、工业的节能减排，鼓励开发和使用高效照明产品，淘汰低效照明灯具。

巴西现有的半导体照明路灯项目主要由州、市政府主导推动，商用、家庭用半导体照明产品则由市场自发推动。巴西政府规定将于 2016 年 6 月完全禁止白炽灯，大力推广 LED 灯泡。

（2）产业规模与市场应用

巴西国内有 570 家与照明有关的企业，31000 多名雇员。有两家主要的行业协会：巴西照明电器协会（Abilux）和巴西照明灯具进口商协会（Abilumi）。自 2017 年 7 月起，巴西国内全面禁止白炽灯的生产和销售（特种应用除外）。

巴西市场目前以半导体照明产品为主，主要来源于进口（95%），少量自产（5%）。据巴西照明灯具进口商协会统计，2017 年巴西进口 LED 光源类产品 2. 35 亿只，2018 年预计 2. 60 亿只，2019 年预计 2. 85 亿只；进口 LED 灯具类产品（仅商用）：2017 年 0. 40 亿套，2018 年预计 0. 46 亿套，2019 年预计 0. 53 亿套。

（3）技术创新

巴西半导体照明技术自主研发能力相对落后，标准体系不完善，标准化进程落后；缺乏有效的市场监管，产品质量问题严重。

由 LED 照明技术革新带来的产品快速更新换代，导致对 LED 照明器具的可靠性检测规范相对缺失，产品品质难以得到有效保障，造成了在巴西市场上大量充斥着劣质 LED 灯具产品，严重地降低了巴西当地消费者对 LED 照明技术的信心。2017 年 INMETRO 对半导体照明产品市场抽查结果显示，70% 以上的半导体照明产品销售商铺商品存在质量问题；同时还抽检了 12 个品牌的半导体照明产品，其中 5 个品牌产品检测不合格。

半导体照明在巴西刚刚起步，其国内基本没有相关研发、生产能力（全国只有 2 台 MOCVD）。从产业链讲，巴西国内没有封装及封装以上产业链的企业，有很少量的灯具装配型企业。

5. 南非

南非因半导体照明产业起步较晚，民众对于半导体照明的了解和认识还处于初级阶段，因此其半导体照明产业发展较为缓慢。目前南非照明市场还是以传统照明产品为主，半导体照明渗透不明显，具有较大的市场潜力和节能潜力。

（1）政策支持与规范标准

南非能源部出台了以《标准采购激励计划》来支持电力部门的能效与需求侧管理的政策，其中高效照明被确定为重点领域之一。在《联合国气候变化框架公约》第十七次缔约方会议中，南非能源部部长迪普彼得斯宣布，将在五年内禁止白炽灯的生产与销售。南非成为首个淘汰白炽灯产品的非洲国家。到 2016 年，南非全面禁止白炽灯产品。

南非标准局（SABS）与南非照明工程师学会（IESSA）共同推动当地的半导体照明标准化进程，目前主要还是依托现有国际电工委员会（IEC）和国际照明委员会（CIE）已发布的国际标准为基础。

（2）产业规模与市场应用

2015 ~ 2016 年南非的照明产品市场情况如下。

➢传统照明产品	➢半导体照明产品
■光源：1.2 亿只	■光源：0.75 亿只
■部件：0.1 亿只	■部件：0.18 亿只
■专业照明灯具：1.45 亿只	■专业照明灯具：1.05 亿只
■日常照明灯具：0.5 亿只	■日常照明灯具：0.27 亿只

（3）技术创新

南非半导体照明领域的技术创新能力主要集中在大学、科研机构，其主要研发方向集中在下游应用领域，缺乏中上游研发能力和研发团队。

（二）金砖国家半导体照明合作机制

金砖国家半导体照明合作工作组（以下简称“工作组”）由中国科技部2013 年在金砖国家科技创新合作机制下提议并组织成立，是半官方组织，由中国牵头，秘书处设在国际半导体照明联盟（ISA）秘书处。工作组迄今已召开六次会议。几年来，该工作组为促进金砖国家半导体照明的发展做出了积极贡献，为中国半导体照明产业“走出去”搭建了良好平台，取得了较好效果。

金砖国家半导体照明合作工作组作为一种半官方合作机制，近年来合作活动主要体现在以下几个方面。

1. 开展科技创新和技术转让方面的合作

在金砖各国科技部的支持下，工作组设立了“金砖国家半导体照明科技创新合作平台”，主要参加者为巴西科学技术与创新部信息技术中心、巴西照明协会、巴西照明产品进口商协会、俄罗斯 LED 及系统制造商联盟、俄罗斯科学院微电子亚微米及异质结构研究和工程中心、印度照明协会、印度电气研究与发展协会、印度国家合同能源管理公司、中国国家半导体照明工程研发及产业联盟、中国半导体照明联合创新国家重点实验室、南非照明工程师协会、南非国家能源发展研究院、南非新能源系统中心，以及上述国家主要的半导体照明企业。在该平台上，中国已与巴西、印度、南非开展了“智慧照明”“家禽养殖智能照明”方面的合作。工作组每年召开一次会议，以论坛、工作组会议、研讨会、现场参观讨论、小范围学术探讨等形式举行。

2. 促进开展半导体照明标准和测试方法的研究

半导体照明标准也是工作组的重要内容之一。在工作组框架下，工作组成员、中国半导体照明联合创新国家重点实验室专门访问了印度标准局，介绍了中国半导体照明产业工程研发及产业联盟研发的“加速测试方法”“规格接口”等标准、检测方法。在第四次工作组会议上，巴西国家计量、标准和工业质量局和南非标准局对中国半导体照明产业标准表示了浓厚的兴趣，要求将中国半导体照明行业所有标准翻译成英文供其参考。目前工作组秘书处已与卢旺达标准局正式签署了半导体照明标准合作备忘录。

在中国科技部的支持下，中国半导体照明联合创新国家重点实验室与俄罗斯科学院微电子亚微米及异质结构研究和工程中心联合研发出适合俄罗斯高寒气候的 LED 路灯可靠性加速测试性能规范，开发了针对高寒环境条件下 LED 路灯的可靠性加速测试计算方法，将原来 6000 个小时的测试时间缩短为 2000 个小时。

3. 分享半导体照明科技创新政策

分享各国推动半导体照明的科技创新政策也是工作组的活动内容之一。工作组每次会议均由金砖国家政府科技部门的代表、产业界的代表介绍其各自国家半导体照明近中期战略、政策，包括战略性新兴产业、能源政策中促进半导体照明发展的有关内容，半导体照明科技创新政策及相关发展规划、财政补贴、激励措施，促进半导体照明科技创新活动中政府、企业、科研院所、非政府组织等利益相关方的职能及分工，等等。

中国半导体照明于 2003 年开展全面部署，其战略清晰，政策到位，研发推动快，布局完整，产业链齐全，产业整体发展迅猛，中国正在从半导体照明产业大国向强国迈进。这些都是其他金砖国家关注和感兴趣的内容。

4. 产业对接及示范交流

中国半导体照明产业链齐全，技术成熟，应用方面已走在世界前列。其他金砖国家代表认为，中国半导体照明产业创新发展思路及实践路径对他们有着很好的借鉴作用。迄今为止，工作组已在巴西、俄罗斯、印度、中国和南非分别召开了 9 次研讨会、技术交流会议。

例如，应代表们的要求，第四次工作组会议召开了 8 个研讨会及现场参观问答，在智能 LED 驱动电源、模块化大功率 LED 户外照明、植物照明、光电测试、自动化设备技术、室内智能照明、智能路灯照明、创新孵化 + 智能化家禽养殖照明应用等方面进行了系统介绍和讨论，为金砖国家半导体照明技术创新、政策制定、产业发展等提供了有效的借鉴和参考。

金砖国家半导体照明合作工作经过几年的实践，已取得了初步成果，其体现在以下几个方面。

（1）结合“一带一路”倡议，产生了辐射作用。周边国家如泰国、越南等派观察员参加了工作组第四次会议。应“一带一路”共建国家的需求，从 2017 年起，该工作组会议采用“金砖 +”模式，即增大了“一带一路”共建国家的参与力度。

（2）工作组具有可持续性。工作组得到相关国家政府部门的支持，开展的活动既有研究单位的研发创新，又有协会、联盟的平台支撑，同时也有企业的积极参与，创新、技术交流合作带动了产业的互动，使工作组具有可持续性。

（3）产生“多赢”。工作组在推动金砖国家半导体照明标准、检测、研发、制造等方面做了实实在在的工作，有具体产出，达到了“多赢”的效果，推动了半导体照明这一新兴产业在金砖国家的发展。如南非、俄罗斯均表示希望将工作组会议放在其国家召开的意愿。

（4）活动有实效。为参加的组织、企业带来了实实在在的效益和商业机会，促进了多边贸易和市场交流，提高或延伸半导体照明企业的产业链价值和产能价值。

（三）金砖国家半导体照明创新能力对比

根据现有采集的信息和资料，以及在工作组日常工作中对金砖各国半导体照明创新能力的了解，作者做了对比分析，结果见表 2。

表 2　金砖国家半导体照明创新能力对比

一级指标	二级指标	巴西	俄罗斯	印度	中国	南非	备注:各项选填(1~3分)
政策支持	国家政策	3	3	3	3	3	国家层级发布针对性政策
	国家补贴	1	1	3	3	1	国家层级发放专用补贴
	地方政策	3	3	3	3	1	地方层级发布针对性政策
	地方补贴	2	1	3	3	1	地方层级发放专用补贴
规范标准	标准化能力	2	2	2	3	2	专职标准化委员会
	市场监督力度	3	2	3	3	2	市场抽查监管机制
	检测认证能力	2	2	3	3	2	配套检测实验室及认证体系
	标准化体系	2	2	2	3	2	现有标准化体系完善程度
产业规模	外延芯片	2	3	2	3	1	外延芯片产业规模(核心设备、产能产量)
	封装器件	2	3	1	3	1	封装器件产业规模(核心设备、产能产量)
	照明应用	2	2	2	3	2	照明应用产业规模(核心设备、产能产量)
	本地企业	3	3	3	3	2	本地核心企业市场竞争能力
技术创新	研发经费	2	2	2	3	2	专用研发经费
	设施设备	1	2	1	3	1	现有研发用设施设备
	人员团队	2	2	2	3	1	现有专业研发团队
	技术积累	2	3	2	3	1	相关技术积累
市场应用	通用照明	3	3	3	3	3	在通用照明领域应用程度
	农业照明	2	2	2	3	1	在农业照明领域应用程度
	健康照明	1	1	1	3	1	在健康照明领域应用程度
	智慧照明	3	3	3	3	2	在智慧照明领域应用程度
合计		43	45	46	60	31	

参考文献

诺曼·巴德兹利:《2018 年全球半导体照明行业现状与市场趋势》, 国际半导体照明联盟（ISA）, 2019。

《LED 通用照明市场发展报告 2018》, 中国国家半导体照明工程研发及产业联盟产业研究院, 2019。

诺曼·巴德兹利：《2015 ~ 2016 年全球半导体照明行业现状与市场趋势》，国际半导体照明联盟（ISA），2017。

《LED 通用照明市场发展报告 2016》，中国国家半导体照明工程研发及产业联盟产业研究院，2017。

哈拉德·哈斯：《LiFi - LED 新应用之催化剂》，国际半导体照明联盟（ISA），2018。

http：//energy. gov/eere/ssl/downloads/solid - state - lighting - 2016 - rd - plan.

www. lightingeurope. org/videos/197 - lighting - europe - strategic - roadmap - 2025.

www. lightingeurope. org/position - papers/329 - white - paper - serviceable - luminaires - in - a - circular - economy.

国别报告

Country Reports

B.8

巴西国家创新体系的演变与动态*

〔巴西〕约瑟夫·卡西奥拉托　海伦娜·拉斯特尔斯**

摘　要： 本文回顾了巴西国家创新体系（NSI）的发展历程，分析了当前巴西国家创新体系的特征和面临的挑战。二战后，巴西开始了国家创新体系的制度化进程，在科技政策、科技基础设施等方面取得了重要进展。科研机构发展态势良好，科学产出显著提高，农业、空间和油气等领域的竞争力有所提高。但巴西的社会不平等问题阻碍了国家创新体系的发展，多数工业活动的创新较为缺乏，卫生健康等领域的公共服务不足。

---

* 本文获得作者授权，译为中文，收入本书。译者戴乐，一级翻译，中国科学技术交流中心欧洲处专技七级。

** 约瑟夫·卡西奥拉托（José Eduardo Cassiolato），英国萨塞克斯大学博士，法国皮埃尔·门德斯大学博士后，巴西里约热内卢联邦大学经济研究所教授，研究领域为经济学；海伦娜·拉斯特尔斯（Helena Maria Martins Lastres），英国萨塞克斯大学博士，法国皮埃尔·门德斯大学博士后，巴西里约热内卢联邦大学经济学家。

政府对于推动国家创新体系发展非常重要，不仅要制定系统性政策以增强技术研发和创新，还要确保创新目标和社会发展目标相融合。科技政策的选择应符合本地实际，并加强同解决贫穷、社会不平等和促进环境可持续性的政策之间的关联。科技政策不应局限在特定领域和有限群体。

关键词： 金砖国家　巴西　国家创新体系

一　国家创新体系的理念

国家创新体系的概念由 Christopher Freeman（1982，1987）提出。这一概念强调了生产和创新的互动性、渐进式创新和激进式创新、技术创新和组织创新的重要性（以及两者之间的互补性）以及它们之间的不同点和同源性。企业在这里被视为嵌入特定社会经济政治环境中的组织，反映了特定的历史和文化轨迹。

20 世纪 90 年代初以来，这一概念一直被发达国家和发展中国家用作分析工具和政策分析框架。因此：（1）大多数国家开展了明确以创新体系为中心的研究和政策活动，形成对具体国家创新制度越来越多的研究；（2）大多数国家一直在讨论和实施以创新、学习和能力建设为重点的公私政策（Arocena and Sutz，2003；Cassiolato et al.，2003；Johnson and Lundvall，2003；Mytelka，2000）。

创新体系的基本理念是：

- 重新开始关注历史和国家发展轨迹以及技术变革的作用；
- 认识到渐进式和激进式、技术性和组织性创新是同时进行以及相辅相成的；
- 强调创新和学习，其特征是具有多个方向和来源的交互过程（对企业和国家边界而言都有内外部因素）；

- 将企业重新概念化为嵌入社会经济政治环境中的组织，并能够反映特定的历史和文化轨迹；
- 强调在微观、中观和宏观背景下考虑生产、金融、社会、体制和政治范畴的必要性（参见 Cassiolato et al.，2003）。

国家创新体系框架在文献中有两种不同的理解方式。图 1 是展示这两种方法的示意图，包括狭义的和广义上的。一些研究者更倾向于关注狭义上的创新体系。在这一构想中，国家创新体系的概念延续了对国家科学体系和国家技术政策的早期分析（Nelson，1993）。对于采用这种方法的研究人员来说，关键是绘制创新、研究和发展努力以及科学技术组织方面国家专业化和绩效的指标。所提出的政策问题典型地几乎完全是关于研发的科技政策。分析可能包括知识市场——知识产权和金融市场的风险资本方面，但几乎不考虑一系列影响创新体系的体制因素（如关于创新和金融体系的、隐性的宏观经济政策）和影响经济中各种能力建设（如教育、培训、劳资关系和劳动市场动态）（Lundvall，2006）的体制原因。

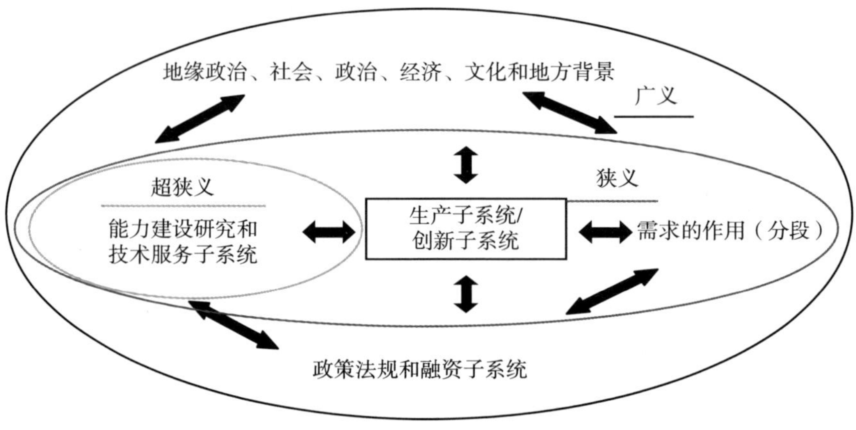

图 1　国家创新体系的广义、狭义和超狭义的版本

对创新体系狭义解读虽然给出了关于国家创新体系的重要信息，但只提供了其结构和演变的不完整说明。对创新体系的广义理解则更具包容性，包含了狭义的维度并超越了它（Freeman，1987；Lundvall，1992）。它考虑到企业、教育和研究组织、政府的作用（作为一个整体，不仅仅是在科学和技术政策方面）、融资组织以及影响创新的获取、使用和传播的其他参与主体和因素。同样重要的还包括具体条件，例如自然资源禀赋、历史发展模式（包括殖民地遗产等）、文化和地缘政治结构。广义上的这些特征反映了自20世纪80年代以来的一种认识，即各国的创新路径存在显著差异，这些差异不能仅仅用政策来解释。

对创新过程有一个更广泛和系统的理解，将有助于避免过分强调研发，并鼓励决策者以长远的眼光看待学习和创新的机会。将重点放在各种因素相互作用和历史的作用上——它们解释了不同社会经济能力的差异，以及不同的发展轨迹和体制演变——塑造了同各地地域特色和动态高度相关的创新体系。因此，对创新体系广义的理解着重强调不同国家自身特点对创新体系的重要性。

在这里，其中一个主要的论点是，为解释不同国家的经济表现，须考虑新技术体系是如何出现的，以及现有的国家机构和组织模式是如何演变的。新技术与国家机构和组织模式是基于特定的历史、社会、政治和文化现实共同演进的，反之，这种特定的现实也塑造了这种共同演进。①

在本文使用的方法中，创新体系是一个框架，它包括：

- 生产（从原材料到商品和服务的商业化）和创新子系统；
- 能力建设子系统，包括教育、研究和技术基础设施；
- 政策法规和融资子系统；
- 需求的作用（包括收入分配、消费结构、社会组织、社会需求 - 基础设施、卫生、教育）。

准确地说，这是从以生产为中心的角度解读国家创新体系。我们认为这种角度对理解发展中国家的创新体系建设有现实意义。我们正是从这个角度对巴西过去几十年的创新体系进行简要分析。

① 在这一点上，弗里曼（Freeman）和伦德瓦尔（Lundvall）都指出了基于抽象模型的定量分析的局限性，并呼吁采用一种他们称之为“理性历史”的方法（Freeman，1982；Lundvall，2006）。

二 巴西创新体系的起源

自1500年葡萄牙殖民者第一次来到这里，一直到19世纪早期，巴西一直被葡萄牙国王作为殖民地直接统治。从这个意义上说，在巴西存在的前3个世纪中，一些现实情况对该国的科学技术能力发展产生了重大的影响。在大多数情况下，葡萄牙人的殖民开发不利于当地发展，但同时对某些当地资源的开发需要进行技术研发，且这些技术在其他地方无法获得。

直到19世纪下半叶，随着君主制和奴隶制的逐渐崩溃，情况才逐渐得到改善。巴西第一所工科本科学校于1874年成立［里约热内卢政治学院（The Rio de Janeiro Polithecnic School）］。还有自然科学技术中心［埃米利奥·戈尔迪博物馆（Emilio Goeldi Museum），于1885年成立于帕拉］、农业研究中心［1987年成立的坎皮纳斯农学研究所（The Campinas Agronomics Institute）］和健康卫生中心［1893年成立的圣保罗细菌学研究所（The Sao Paulo Bacteriology Institute）、1899年成立的布坦塔昂研究所（The Butanta Institute），以及1908年成立的联邦血清研究所，即后来的奥斯瓦尔多·克鲁兹研究所（Oswaldo Cruz Institute）］。但是，这些卫生和农业领域的技术培训和研究中心，只是在有助于保证巴西经济专业化的情况下才会被建立起来。

20世纪20年代，巴西的大学最初通过将一个州内现有的各自孤立的本科专业学校合并成立，并由各自的州负责行政管理，由联邦政府和州政府共同出资。此后10年中，共建立了6所公立大学。直到20世纪30年代，巴西才以综合性项目的方式建立了一所大学。1932年，圣保罗州在一场脱离联邦的内战中失败后，决定进行现代化改造，而圣保罗大学的建立则被视为现代化进程中迈出的重要一步。随着为躲避纳粹德国和意大利法西斯的欧洲高级研究人员来到圣保罗大学，其在物理、生物和化学等领域实现了高水平的教学和研究。圣保罗大学项目激发了在联邦层面类似的工作。

三 20世纪50年代至70年代末的巴西创新体系

第二次世界大战后，随着巴西工业化进程的推进，国家创新体系才开始制度化的进程，巴西也才开始从传统的原料和农作物（如咖啡）供应国，逐渐发展成一个以制造业为基础的经济体。其国家制度与该国独有的社会和政治条件紧密相关，尤其是巴西不合理的收入分配以及地区和个人的不平等，仍然是这个体系的显著特征。

20 世纪 50 年代中期至 70 年代末的工业化进程以国家推动进口替代为典型特征，伴随着外资和外部技术的大量参与。国家发挥着巨大的作用，包括：（1）大型投资集团的出现以及其发挥的巨大作用和融资支持；（2）参与基础设施建设，提供重工业化所需的资源。1980 年，通过采取广泛和持久的保护、促进和规范化战略，形成了部门间高度一体化和产品多样化的工业结构。根据 1980 年巴西的工业普查，1970 年化学和金属机械工业（包括资本货物、耐用消费品和汽车工业）占工业总产量的 47.5%，到 1980 年这一比重上升到 58.8%。

从科技的角度来看，巴西实施的战略主要是提供良好的基础设施。20 世纪 50 年代，巴西成立了国家研究委员会。1964 年，巴西国家开发银行设立了国家科技基金（FUNTEC），该项基金旨在为科技基础设施的升级提供资金支持。1969 年，巴西联邦规划部成立了一个特殊的政府机构——巴西创新署（FINEP）（为研究和项目筹资的机构），并于 1973 年对国家研究委员会进行了升级，以协调联邦一级的科学技术活动。在此期间，建立了几个政府所有的研究机构。

然而，除了技术基础设施问题以外，尽管国家做了许多发展规划，但在促进企业创新和研发活动方面取得的成果非常有限。对 20 世纪 70 年代企业技术行为的研究分析表明，企业内部研发活动水平较低，并且与政府拥有的工业研究机构和大学之间的联系非常薄弱。

简而言之，我们可以得出这样的结论：在这一时期，科学技术领域发生了一些重要的制度改革，从长远来看，这些改革将产生重大的积极影响。就技术发展而言，满足社会需求（基本基础设施、保健、教育、卫生）并不是技术发展的一个重要目标。从商业层面的技术发展来看，政策并无显著成效，但它为农用工业［尤其是建立了巴西农业研究公司（Embrapa）］、航空航天［巴西航空工业公司（Embraer）、航空航天技术中心（CTA）、国家空间研究所（INPE）等］、石油（巴西是深海石油开采技术的世界领先者）、电信（后来消失）和能源（包括生物质能）的成功奠定了一定的基础。

四　20世纪80年代以来的巴西创新体系

（一）政策层面

20 世纪 80 年代是巴西经济危机最严重的时期，这场危机给巴西的创新体系带来了重大变化。军政府的垮台和由此恢复的民主，导致其在 1985 年成立了一个新的科学技术部。该部门首次将创新列入政策议程，在信息技术、生物技术和先进材料等新领域出台了重要的人力资源规划，并将资金恢复到 20 世纪 70 年代的水平。然而，20 世纪 80 年代末，当通胀率达到三位数时，危机的不断加深给该地区的科技体制带来了相当大的不稳定因素（科学技术部被降级为一个特别秘书处）。资源大量减少。

20 世纪 90 年代，科技政策仅限于保有科学基础设施，开展技术能力建设，创新总体上由市场力量来决定。随着社会危机和经济危机的加深，创新政策于 1999 年被重新列入政府议程。然而，它们同样依据自由主义原则设计，主张政府需进行干预，纠正所谓的市场失灵。国际金融机构提出了一些战略措施，包括新的创新政策、集中支持该国科技基础设施的现代化，以及促进科研机构与企业之间的伙伴关系。这些政策的积极方面是计划了新的科技经费投入（部门基金），重建联邦政府对科技活动的财政支持。但不幸的是，受制于对创新非常基础性的认识，经费使用缺乏创造性。

随着卢拉政府（2003～2010年）和罗塞夫政府（2011～2016年）将创新问题置于巴西发展战略的核心，巴西的创新政策在21世纪变得更加复杂。政府制定和执行了若干复杂的政策机制和措施，取得了不同程度的效果。其中有两点值得在本文中加以说明。第一个是制定旨在促进当地创新生产体系（Local Innovation Production System，LIPS）政策的趋势，政策特别强调技术发展。第二个是，2006年以后，巴西国家开发银行（BNDES）开始在政策设计和执行方面发挥主要作用。[①] 自2006年以来，该银行制订了几项计划，通过提供较低利率的贷款支持创新。根据科学、技术和创新部公布的数字，科学和技术方面的公共支出总额，从2003年占GDP的0.65%增长到2010年的0.87%。[②]

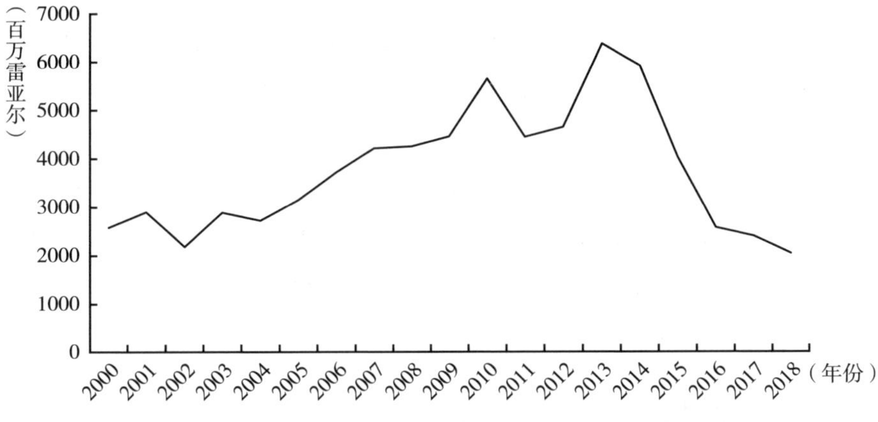

图2 巴西政府科技支出［国家研究委员会（CNPq）和FNDCT预算］（2000～2018）

2016年罗塞夫总统被弹劾后，巴西的政策发生了重大的变化。首先值得注意的是，科学、技术和创新部在与电信部合并时失去了地位。此外，科

① 巴西国家开发银行（BNDES）在科技创新方面的支出比美洲开发银行（IDB）和世界银行的支出多。例如，2010年，巴西国家开发银行（BNDES）在科技创新方面的支出总额为979亿美元，而世界银行和美洲开发银行（IDB）分别分配了265亿美元和172亿美元。

② 巴西在银行自动化方面的成功就是一个很好的例子（Cassiolato，1992）。

学、技术和创新政策几乎从政府政策议程中消失了。科技创新经费被大幅削减。图 2 显示了 2000 年至 2018 年巴西科学技术主要预算的实际变化情况。这些数字表明，从 2014 年起，这一预算急剧减少，2018 年分配的资源与 2002 年大致相当，2002 年是这一时期分配的资源最少的一年。

（二）科技基础设施

1960 年，巴西只有一个研究生课程，寥寥几所大学。研究工作只集中在少数几个公共机构。50 年后，形势发生了巨大的变化。2011 年，理学硕士和博士课程增加到了 3096 个。

20 世纪 80 年代早期，研究活动仅限于少数群体，但自 80 年代以后，有了显著的扩大。研究人员总量在 2000 ~ 2010 年增长了 1 倍多（Cassiolato et al.，2014）。在这期间，大学和技术学院的就业研究人员总数增加了 1 倍多，从 2000 年的 68331 人增加到 2010 年的 195614 人。

随着总体科技能力的提高，巴西的科学产出得到了显著提高。根据巴西科学技术部提供的数据，巴西在 1991 年的科技文献索引方面居第 28 位，2009 年升至第 13 位。在斯高帕斯（Scopus）数据库中，1996 年有 8414 篇索引文章的作者是巴西人（占总数的 0.76%），2011 年这一数值达到 46933 篇（占总数的 2.28%）。

（三）产业结构

图 3 所示为巴西 2000 年至 2018 年 GDP 增长率的变化情况。数据表明，巴西的 GDP 增长率在 2000 年至 2013 年间增幅合理，但之后便出现了历史性的急剧下降和停滞，一直持续到现在。

20 世纪 70 年代末期，巴西的生产结构复杂而相对完整，包括石化产品、黑色金属和有色金属、化肥、造纸工业以及资本货物等生产活动。此外，巴西建立了有效的通信和运输基础设施（Cassiolato，1992）。这有赖于国有企业在生产结构中的大量参与以及由跨国公司对制造业部门中最具活力部分的控制（Cassiolato，1992）。

然而，自20世纪80年代中期以来，巴西的生产结构发生了重大变化，技术含量较高的制造业活动的重要性相对下降，外国资本的作用日益增强，而政府对经济活动的参与减少了。制造业在GDP中所占的份额从1947年的17%增长到1985年的28%。此后急剧下降，到2003年下降到18%，到2018年下降到11%（见图4）。在20世纪80年代和90年代的危机期间，产能缩减，产业集中化，跨国公司的子公司收购了本地的大中型企业。

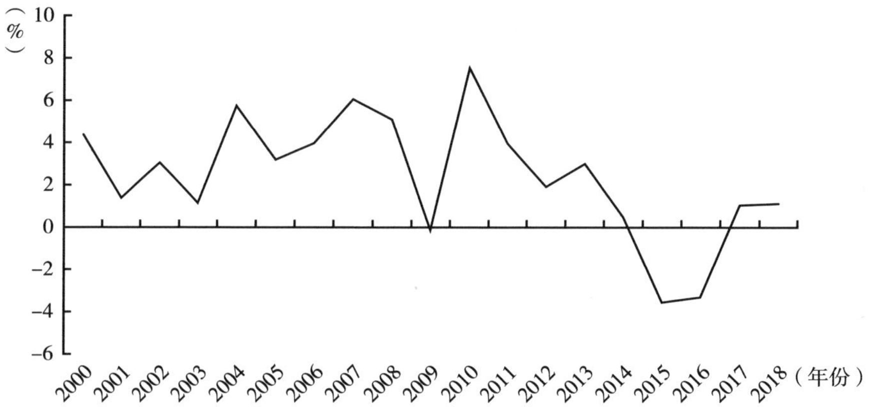

图3　巴西GDP增长率（2000～2018）

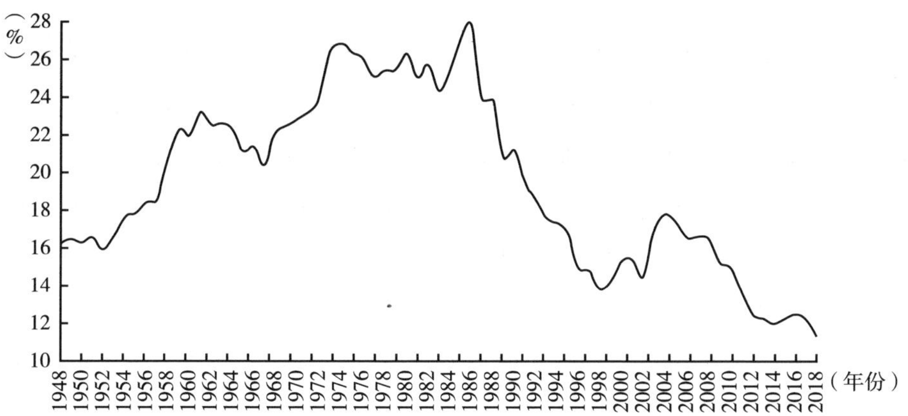

图4　巴西制造业增加值占GDP的百分比（1948～2018）

2005 年，巴西制造业居世界制造业第 4 位，附加值占全球增加值的 2.81%。从那时起，它的重要性逐渐下降，到 2018 年，降到了第 9，仅占全球制造业附加值的 1.83%（见表 1）。早在 2000 年，Cassiolato（2000：7）便指出，巴西制造业具有脆弱性，这体现为几乎所有具有较高附加值的工业领域商业的脆弱性，特别是在技术含量高的领域以及在传统的非耐用消费品行业中也很明显。

表 1　各国制造业增加值占全球增加值中的份额

单位：%

国别	2005 年	2010 年	2018 年
中国	11.45	18.32	24.90
美国	19.90	17.46	14.96
日本	12.68	11.36	9.74
德国	7.15	6.51	6.24
印度	1.88	2.56	3.53
韩国	2.47	2.90	2.94
意大利	3.60	2.88	2.33
法国	3.05	2.56	2.24
巴西	2.81	2.68	1.83
印度尼西亚	1.52	1.58	1.83
俄罗斯	2.09	1.86	1.68

关于其结构，相对于其他类别，尤其是技术密集型活动，大量使用自然资源的部门的参与程度大大提升。这一趋势始于 20 世纪 90 年代后期，导致了自然资源密集型部门的专业化。另外，重要性本就不太高的高科技活动的相对重要性出现了显著下降。例如，所有信息通信技术产业的增加值在制造业总增加值中的相对份额下降，从 2000 年的 4% 下降到 2005 年左右的约 2%，并在 2016 年跌至 1%（见图 5）。

巴西信息通信技术产业增加值占 GDP 的权重在 2000 年约为 1%，到了 2016 年约为 0.15%（见图 6）。简要比较下，根据经济分析局的数据，2008 年至 2010 年，美国的信息通信技术产业增加值占 GDP 的比重约为 9%，欧盟则为 5%～7%（Cassiolato et al.，2015）。

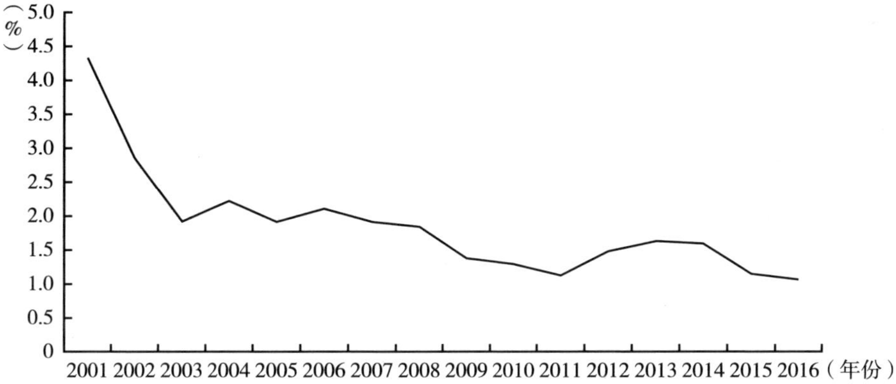

图 5　巴西信息通信技术产业增加值在制造业增加值中所占的份额（2001～2016）

注：信息通信技术产业指计算机、通信设备和半导体产业。

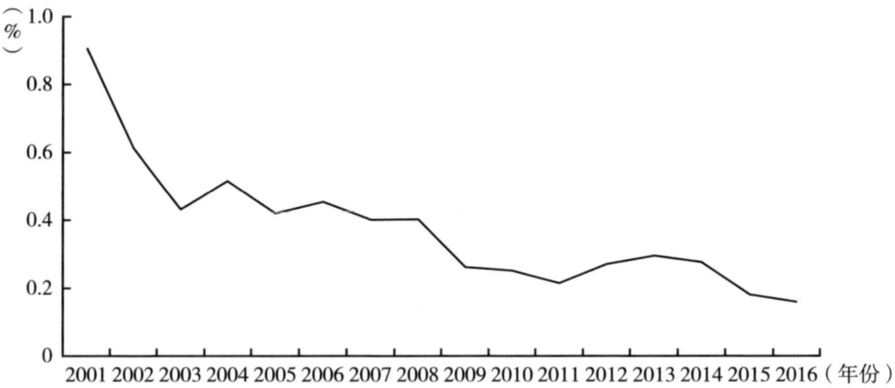

图 6　巴西信息通信技术产业增加值在 GDP 中的份额（2001～2016）

注：信息通信技术产业指计算机、通信设备和半导体产业。

自 20 世纪 90 年代以来，巴西对外贸易表现强劲。从 2000 年开始，巴西的出口增长速度高于巴西的进口增长速度（分别为 236% 和 147%），两者均高于全球贸易的增长率（119%）。图 7 提供的信息对巴西制成品和基础商品出口占比进行了描述。这种活力显然与大宗商品的全球扩张以及众所周知的“中国效应”有关。自 2009 年以来，中国已成为巴西的主要贸易伙伴，到 2018 年，巴西对中国的出口额达到 642 亿美元，占巴西整体出口额的 26.8%。

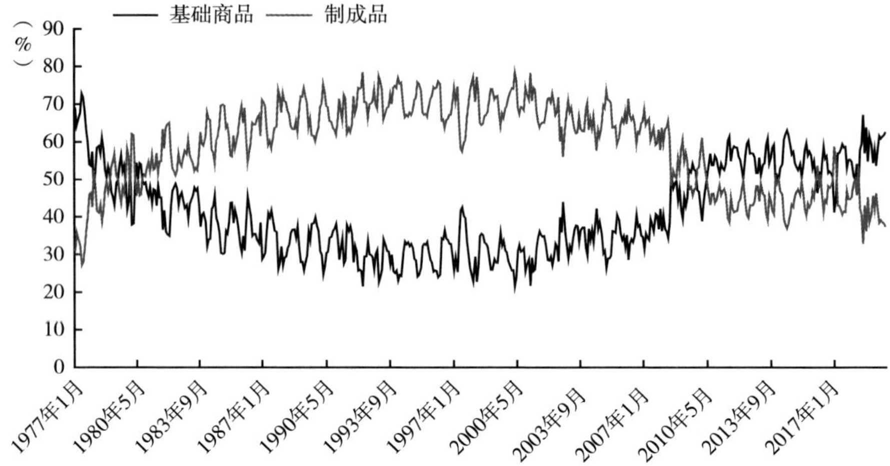

图7　按产品类型分列的巴西制成品和基础商品出口占比（1977～2017）

资料来源：MDIC / SECEX。

但是，巴西对中国的出口大部分是基础商品，即农产品和矿业商品。换句话说，劳动和自然资源密集型产品是其最重要的外汇收入来源。实际上，这种专业化模式与巴西结构创新相关。一方面，农业、工业和采矿业这三个重要的出口产业在提高生产率和效率的同时，提高了技术含量。另一方面，地方资本在制造活动中发挥着重要作用，制造业的创新也受限于此。

出于至少两个主要原因，通常应谨慎对待有关巴西经济创新的表述。第一个原因是巴西生产部门的特殊历史特征，即其生产中的高度异质性。这种异质性既发生在区域层面，也发生在不同的活动方面，也与巨大的收入差距有关。这意味着所有技术变量和指标都将出现高偏差，而传统的创新指标很少能够捕获这种偏差。

第二个原因恰恰是指使用传统创新指标所固有的问题，传统的创新指标（如研发、创新率、专利等）存在固有的局限性。传统创新指标，因指代创新投入（R&D）或产出（专利）的指标漏洞较多，是无法捕捉到创新过程的本质的。最重要的是，当专注于创新主体（企业）时，这些指标无法反映创新过程中不同参与者与集体学习之间的系统性关系。

根据表2中的数据，20世纪90年代后期以来，巴西制造业的创新率虽已逐渐提高，但仍然很低。

表2　巴西制造业创新率、创新支出/销售额和研发/销售额

单位：%

	1998～2000年	2001～2003年	2004～2005年	2006～2008年	2009～2011年	2012～2014年
创新率	31.5	33.3	33.4	38.1	35.6	36.4
创新支出/销售额	3.9	2.5	2.8	2.6	2.5	2.2
研发/销售额	0.7	0.6	0.6	0.6	0.7	0.7

另外，大公司约占巴西制造公司所有创新支出的75%。这伴随着类似部门的集中。但是，如表3所示，从国际上看，巴西大公司（本地企业和跨国企业的子公司）的研发强度（R&D支出超过销售额）非常低。

这些发现证实了先前研究的结果。特别是，Zucoloto和Toneto（2005）在比较巴西和经合组织国家2000年的“内部研发/工业产出”关系时得出结论，即在任何特定部门中，外国控制权越高，相对技术研发水平越低（根据“内部研发/工业产出”的关系衡量）；在大型巴西公司占主导的部门中，与经合组织的平均水平相比，相对技术投入大致相似，有时甚至更高。

表3　巴西员工超过500人的公司比较研发支出/销售额

单位：%

	2000年		2003年		2005年		2008年		2011年		2014年	
	Nat	TNC	Nat	TNC	Nat	TNC	Nat	TNC	Nat	TNC	Nat	TNC
制造业	0.84	0.96	0.73	0.88	0.75	0.81	0.66	1.26	1.00	1.11	0.83	1.02
食品加工	0.48	0.18	0.13	0.19	0.10	0.16	0.10	0.79	0.22	0.17	0.22	0.17
饮料	0.14	0.18	0.03	0.03	0.14	0.06	0.15	0.05	0.08	0.39	0.17	0.05
化工	0.67	1.14	0.49	0.71	0.54	0.68	0.41	1.08	1.21	2.16	0.99	0.98
制药	0.71	0.38	1.34	0.29	1.13	0.81	3.85	1.11	3.38	1.35	5.15	1.44
机械	1.66	1.03	1.72	0.53	1.36	0.53	0.77	0.84	1.44	0.99	1.25	0.89
通信设备	0.48	2.42	1.34	1.34	1.73	0.65	0.76	1.63	5.95	0.90	4.77	1.21
汽车	0.96	1.03	0.91	2.00	0.91	1.36	1.30	1.85	0.81	1.44	0.90	1.26

注：Nat指巴西国有企业，TNC指跨国企业巴西子公司。

这些结果表明，巴西大型公司的创新水平低下与资本来源方对市场控制水平有关。当跨国子公司控制特定的市场时，创新就会减少，倾向于大量改良外国技术适应当地市场。[①] 同样，当本地公司是最重要的市场参与者时，技术水平和创新水平似乎更高。[②]

除了巴西企业的研发支出相对较小，与部门和资本控制相关的重大差异外，巴西制造业企业的整体创新模式还可以通过以下方式来表征（Cassiolato and Vitorino，2009）。

（1）巴西制造业企业的创新规模相对较小，专注于产品和流程的改进，而不是开发新产品和新流程。巴西公司的创新率（在调查前的三年中，向市场引入新产品或改进产品和/或工艺的公司的百分比）为 31% ~31.5%。如果我们筛选出推向市场的新产品的创新，则创新率将降至 3% ~4%。

（2）巴西制造业企业的创新支出集中在资本货物的购买上。巴西制造业企业的创新支出中有 50% 以上与有形资产（基本上是机械）的购买有关。

（3）巴西制造业企业中用于创新培训的支出非常有限。在巴西，制造业企业支出的培训费用约占销售额的 0.05%。

（4）巴西制造业企业往往不与大学和研究所合作。巴西有不到 3% 的创新型企业与大学和研究所合作，而在大多数经合组织国家中，这一比例约为 10%。这是一个重要的政策失误，因为过去 20 年来实施的大多数政策机制旨在促进这种合作关系。但是，如前所述，政策是依据对创新的线性理解而制定的，因此收效甚微。

（5）仅有一小部分创新型企业运用了创新政策方案；根据巴西创新调查，不到 20% 的创新者获得了政府的支持，不到 1% 的创新者利用了财政激励措施。

---

① 外国直接投资是巴西经济和国家创新体系的重要因素。根据巴西外国资本普查，2010 年巴西外国直接投资（股权资本和企业间贷款）存量为 6605 亿美元（占 GDP 的 30%）。2010 年的股权外国直接投资（FDI）为 5790 亿美元，高于 2005 年的 1620 亿美元和 1995 年的 410 亿美元。

② Sun（2010）在对大型中国公司（本地和外国）的研究中得出了相同的结论。

（四）社会层面：不平等和巴西国家创新体系

巴西是世界第七大经济体，同时也是世界上15个最不平等的国家之一。巴西社会不平等造成的结构性明确的影响阻碍了国家创新体系的发展，以及国家学习和各种相关能力的积累，不利于创新的产生、传播和使用，并且阻隔了技术进步的内生化进程。同时，巴西当前国家创新体系的发展动态在某种程度上也加剧了社会的不平等，原因在于国家的创新政策并不旨在构建一种可以推动社会平等或者满足低收入群体基本消费需求的生产结构（Soares and Podcameni，2013）。

五　巴西推动科技创新政策发展所面临的机遇和挑战

本节探讨对推动巴西创新政策发展三种主要可能性的不同看法。首先，应用创新性理论的根本性进步。其次，结合巴西的实际情况，运用分析性和政策性指标及其相关模型和工具，并根据国家战略发展需求，针对不同领域的机遇，制定和明确创新政策。最后，本节探讨在21世纪，随着与社会和环境发展有关的新要求的出现而闪现的创新机遇。

过去30年与创新有关的理论和实证研究取得的显著进步表明巴西需要更广泛和更复杂的分析性和政策性指标以及相应的指南和工具。同时，这些进步已影响人们对真正扶持科技创新政策设计的各种支持方式的看法。强调研发活动和新科学发现的政策通常关注的群体有限。但创新并不仅仅局限在特定的领域。因此，政策应将创新理解为一个过程，在这一过程中组织吸纳新知，用于生产货物或提供服务，无论国内或国际竞争者对这新知是否熟悉。根据不同生产结构的领域特色设计、施行政策会有许多好处。

上述讨论中还有一点需强调，即不能忽略宏观大环境和相关制约发展的因素，即每个国家独有的经济、金融、组织、社会和政治因素。国家在制定涉及生产和创新发展政策（以及研究）的过程中，应选择和部署符合本地实际的概念、指标和模型，促进相关经济和社会发展，减少社会和地区不平等，支持提升生产和创新能力的学习和创造流程。同时，国家需充分利用当地经验和流程，而非对此置之不理，执着于某些模型，忽视国家和当地的实际情况。

六　结论

对社会和环境可持续发展的担忧为新发展观的出现提供了窗口机遇期，其也是全球研究和创新政策的重要方面。幸福生活和国家创新体系之间的良性发展的确能够对国家经济的增长、生产效率的提高以及社会平等带来极其正面的综合效应，其也在具有包容性发展的前瞻性战略中构成了重要的一环。

本文中，我们描述了巴西国家创新体系的演变。巴西在二战结束后才开始大规模发展自己的科技基础设施。在不到一个世纪的时间里，巴西已经取得了显著的成绩。巴西适用劳动力基数正在不断增长；其国内的一些大学和研究机构已经获得了国际认可；同时，某些领域，比如农业研究、健康、空间和油气等领域的前沿研发正在巴西开花结果。就某些特殊研究创新（如飞行器、油气和食物生产）而言，当地公司的创新步伐已经能够紧跟世界，且在国际上获得认可。此外，巴西各个不同地区、不同行业（如农业、工业、文化和服务业）无数区域性的创新体系正在遵循正确的道路，通过将当地的传统知识和最新的技术充分融合来实现技术积累和创新。

但是，对许多工业活动而言，创新较为缺乏。巴西（以及巴西国内的公司）几乎缺席所有的高科技领域，尤其是信息通信技术领域（软件领域除外）的全球创新活动。在卫生设备、健康、住房和其他基本服务方面，巴西一直以来较为缺乏。要克服这种状况，巴西需要在内部推动相关的技术开发和创新，这也为巴西带来了机遇。巴西政府在推动研发活动的过程中应扮演极其重要的角色。巴西需要推动国家创新体系的发展，使社会福利发展的逻辑和经济发展的逻辑在内在上一致。

参考文献

Arocena, R. and Sutz, J. (2003). Knowledge, Innovation and Learning: Systems and Policies in the North and in the South. in J. E. Cassiolato, H. M. M Lastres and M. L. Maciel (eds.), *Systems of Innovation and Development*. Edward Elgar: Cheltenham, UK.

Cassiolato, J. E. (2015). Evolution and Dynamics of the Brazilian National System of Innovation, in P. Shome, & P. Sharma (eds.), *Emerging Economies*, Springer India, pp. 265 – 310.

Cassiolato, J. E., Lastres, H. M. M. and Soares, M. C. (2014). The Brazilian National System of Innovation: Challenges to Sustainability and Inclusive Development, in G. Dutrénit & J. Sutz (eds.), *National Innovation Systems, Social Inclusion and Development: The Latin American Experience*. Cheltenham, UK: Edward Elgar, 2014, pp. 68 – 101.

Cassiolato, J. E., Szapiro, M. and Lastres, H. M. M. (2015). Dilemas e Perspectivas Dapolítica de Inovação', in N. Barbosa, N. Marconi, M. C. Pinheiro, & L. Carvalho (eds.), *Indústria e Desenvolvimento Produtivo no Brasil*. Riode Janeiro: Elsevier, pp. 377 – 416.

Cassiolato, J. E., Matos, M. and Lastres, H. M. M. (2014). Innovation Systems and Development. in: B. Currie – Alder, R. Kanbur, D. M. Malone, R. Medhora, (Org.), *International Development Ideas, Experience, and Prospects*. 1ed. Oxford, Reino Unido: Oxford University Press, pp. 566 – 581.

Cassiolato, J. E., Guimarães, V., Peixoto, F., Lastres, H. M. M. Innovation Systems and Development: What Can We Learn from the Latin American Experience? 3rd Globelics Conference, Pretoria, South Africa 31 October – 4 November 2005.

Cassiolato, J. E., Lastres, H. M. M. Knowledge, Learning and Development: Lessons from the Mercosur Experience. In DRUID Summer Conference, June 2000, Rebild.

Cassiolato, J. E. (1992). The Role of User – Producer Relations in Innovation and Diffusion of New Technologies: Lessons from Brazil, Thesis submitted for DPhil, University of Sussex. Science Policy Research Unit.

Cassiolato, J. and Lastres, H. (1999). Globalização & Inovação Localizada Experiências de Sistemas Locais no Mercosul, Bras. lia: IBICT/MCT.

Cassiolato, J. E., Lastres, H. M. M. and Maciel, M. L. (eds.) (2003), *Systems of Innovation and Development: Evidence from Brazil*, Cheltenham, UK and Northampton, MA, USA: Edward Elgar.

Cassiolato, J. E. and Vitorino, V. (2009). *BRICS and Development Alternatives. Innovation Systems and Policies*, London: Anthem Press.

Coutinho, L. (2003). Macroeconomic Regimes and Business Strategies: an Alternative Industrial Policy for Brazil in the XXI Century, in J. E. Cassiolato, H. M. M. Lastres, and M. L. Maciel (eds.), *Systems of Innovation and Development: Evidence from Brazil*, Cheltenham, UK and Northampton, MA, USA: Edward Elgar, pp. 311 - 351.

Erber, F. (1981). Science and Technology Policy in Brazil: a Survey of the Literature, *Latin American Research Review*, 16 (1), 3 - 56.

Fajnzylber, F. (1988). Competitividad Internacional: Evoluci. n y Lecciones, Revista de la Cepal, n. 36.

Freeman, C. (1982). Technological Infrastructure and International Competitiveness, Draft Paper Submitted to the OECD ad Hoc Group on Science, Technology and Competitiveness, Paris: OCDE;

Freeman, C. (1987). *Technology Policy and Economic Performance - Lessons from Japan.* London: Frances Pinter.

Freeman, C. and Soete, L. (2007). Developing Science, Technology and Innovation Indicators: What We Can Learn from the Past, UNU - Merit Working Paper Series, 001 - 07, Mastricht: UNU.

Furtado, C. (1961). Des Envolvimento e Subdes Envolvimento, Rio de Janeiro: Editora Fundo de Cultura.

Furtado, C. (2002). *Capitalismo Global*, São Paulo: Paz e Terra.

Hanson, P. and Pavitt, K. (1987). *The Comparative Economics of Research, Development and Innovation in East and West: A Survey*, London: Harwood.

Herrera, A. (1972). Social Determinants of Science Policy in Latin America: by Explicit Science Policy and Implicit Science Policy, *Journal of Development Studies*, 9 (1), 19 - 37.

Herrera, A. (1975). Los Determinantes Sociales de la Politica Cientifca en America Latina, in J. Sάbato, (ed.), *El Pensamento Latinoamericano en Ciencia - Tecnologia - Desarrollo - Dependencia*, Buenos Aires: Paidos, pp. 98 - 112.

Johnson, B. and Lundvall, B. - Å. (2003). Promoting Innovation Systems as a Response to the Globalising Learning Economy. in J. E. Cassiolato, H. M. M. Lastres, and M. L. Maciel, (eds.), *Systems of Innovation and Development.* Cheltenham: Edward Elgar.

Katz, J. (2006). Cycles of Creation and Destruction of Production and Technological Capabilities in Latin America, SLPTMD Working Paper Series No. 6, Department of International Development, University of Oxford.

Koeller, P. and Gordon, J. (2013). Brazil, in M. Scerri and H. Lastres (eds.), *BRICS: The Role of the State*, New Delhi: Routledge, pp. 21 - 79.

Lastres, H. M. M. and Cassiolato, J. E. (2005). Innovation Systems and Local Production Arrangements: New Strategies to Promote the Generation, Acquisition and Diffusion of

Knowledge, *Innovation: Management, Policy and Practice*, 7 (2 – 3), 172 – 187.

Lastres, H. M. M., Cassiolato, J. E. and Maciel, M. L. (2003), Systems of Innovation for Development in the Knowledge Era: an Introduction, in J. E. Cassiolato, H. M. M. Lastres, and M. L. Maciel, (2003), *Systems of Innovation and Development: Evidence from Brazil*, Cheltenham, UK and Northampton, MA, USA: Edward Elgar, pp. 1 – 33.

Lastres, H. M. M., Pietrobelli, C., Caporali, R., Couto, M. C. and Matos, M. (2012). A Nova Geração de Políticas de Desenvolvimento Produtivo: Sustentabilidade Social e Ambiental, Brasilia: Editora da CNI.

Lastres, H. M. M., Cassiolato, J. E. and Maciel, M. L., (2005), Systems of Innovation for Development in the Knowledge Era: An Introduction, in J. E. Cassiolato, H. M. M. Lastres, and M. L. Maciel, (2003), *Systems of Innovation and Development: Evidence from Brazil*, Edward Elgar.

Lastres, H. M. M. and Cassiolato, J. E., (2005). Innovation Systems and Local Production Arrangements: New Strategies to Promote the Generation, Acquisition and Diffusion of Knowledge, *Lnnovation: Management, Policy and Practice*, 7 (2 – 3), 172 – 187.

Lastres, H. M. M. and Cassiolato, J. E., (2007). Local Innovation and Production Systems: The Advantages of Using the Concept to Analyze BRICS' Development, Research Paper 01/07, Redesist – Economics Institute, Federal University of Rio de Janeiro, Brazil.

Liu, X. and Liu, J. (2011). Science and Technology and Innovation Policy in China, in J. Cassiolato, and V. Vitorino (eds.), *BRICS and Development Alternatives: Innovation Systems and Policies*, London: Anthem Press, pp. 133 – 162.

Lundvall, B. – Å. (1985). *Product Innovation and User – Producer Interaction*. Aalborg: Aalborg University Press.

Lundvall, B. – Å. (1988). Innovation as an Interactive Process: From User – Producer Interaction to the National Innovation Systems. in G. Dosi, C. Freeman, R. R. Nelson, G. Silverberg, and L. Soete (eds.), *Technical Change and Economic Theory*, London: Pinter Publishers.

Lundvall, B. – Å. (1992). Introduction. in B. – Å. Lundvall (ed.), *National Systems of Innovation: Towards a Theory of Innovation and Interactive Learning*. London: Pinter.

Lundvall, B. – Å. (2006). *National Innovation System: Analytical Policy Device and Policy Learning Tool*. Mimeo. Department of Business Studies, Aalborg University, Aalborg, Denmark.

Mararajh, R. (2012). "Developing Sustainably and the Emergence of a New Productive Paradigm", Paper Presented at the Seminar Innovation Policies and Structural Change in a Context of Growth and Crisis, Economics Institute, UFRJ, Rio de Janeiro.

Mytelka, L. K. (2000). Local Systems of Innovation in a Globalized World Economy.

Industry and Innovation, 7 (1), 15 -32.

Nelson, R. (1993) . *National Innovation Systems A Comparative Analysis*, New York & Oxford: Oxford University Press;

Soares, M. and Cassiolato, J. E. (2008) . Innovation Systems and Inequality: The Experience of Brazil, Paper Presented at the Globelics Conference, Mexico.

Soares, M. C. C. and Podcameni, M. G. (2013) . Inequality, Innovation System and Development - the Brazilian Experience, in M. C. C. Soares, M. Scerri, and M. Rasigan, (eds.), *BRICS National Systems of Innovation: Inequality and Development Challenges*, New Delhi: Routledge, pp. 19 -79.

Sun, Y. (2010) . Foreign Research and Development in China: A Sectoral Approach, *International Journal of Technology Management*, 51 (2 -4), 342 -363.

Yoguel, G. and Boscherini, F. (1996) . Algunas Reflexiones Sobre la Medición de los Procesos de Innovación: la Relevancia de los Elementos Informales e Incrementales, Redes, 1 (III/8), 95 -116.

Zucoloto, G. F. and Toneto Jr, R. (2005) . Esforço Tecnológico da Indústria de Transformação Brasileira: uma Comparaçãcom Países Selecionados, *Revista de Economia Contemporânea*, 9 (2), 337 -365.

B.9

巴西创新体系理念应用的经验和对促进科技创新合作的建议*

〔巴西〕约瑟夫·卡西奥拉托　海伦娜·拉斯特尔斯

马塞勒斯·马托斯　玛丽娜·萨皮罗**

摘　要： 当地创新生产体系（LIPS）是拉丁美洲结构主义学派在发展和技术变革方面的理论与创新体系理念相结合产生的研究方法。本文介绍了LIPS专注于当地创新生产体系研究的网络（RedeSist）分析方法，以及主要分析成果，证实了消除饥饿、减少赤贫、普及教育、促进健康以及发展可持续的城市空间等基本公共服务是公共部门和私营部门政策的核心，强调了在国家和国际层面通过研究和经验所积累的知识的重要性。通过金砖国家创新体系的比较研究发现，有必要设计和实施新的发展与创新政策，消除不平等现象等。并在此基础上提出了有关创新与发展的教学和研究方面的建议，建议进一步加深了解全球地缘政治、技术和制度变迁对全球金融化等进程的影响，同时加深了对经济社会发展前景的理解。

* 本文获作者授权，译为中文，放入本书。译者荣丽，浙江工业大学讲师。

** 约瑟夫·卡西奥拉托（José Eduardo Cassiolato），英国萨塞克斯大学博士，法国皮埃尔·门德斯大学博士后，巴西里约热内卢联邦大学经济研究所教授，RedeSist协调员，研究领域为经济学；海伦娜·拉斯特尔斯（Helena Maria Martins Lastres），英国萨塞克斯大学博士，法国皮埃尔·门德斯大学博士后，巴西里约热内卢联邦大学经济学家，RedeSist协调员；马塞勒斯·马托斯（Marcelo Pessoa de Matos），巴西弗鲁米嫩塞联邦大学经济学博士，巴西里约热内卢联邦大学教授，RedeSist研究员；玛丽娜·萨皮罗（Marina Honório Szapiro），巴西里约热内卢联邦大学经济学博士，巴西里约热内卢联邦大学教授，RedeSist研究员。

关键词： 金砖国家　巴西　当地创新生产体系

一　介绍

20 世纪 90 年代末，为了将弗里曼（Freeman）1987 年提出的国家创新体系理念付诸实践，当地创新生产体系（LIPS）这一概念应运而生。我们在之前的文章（Cassiolato and Lastres，2008；Lastres and Cassiolato，2017）中指出，LIPS 概念融合了创新体系理念与拉丁美洲结构主义学派在发展和技术变革方面的理论。1997 年，专注于当地创新生产体系研究的网络——RedeSist 在巴西成立。自成立以来，其开展的研究将来自拉丁美洲、金砖国家及世界各地的研究人员联系在一起（参见 www. redesist. ie. ufrj. br）。RedeSist 的研究内容包括：（1）知识生成和运用过程的地方维度；（2）确定最合适的空间和形式，以促进地方、州、地区、国家及跨国层面的生产和创新发展；（3）提出具有针对性、系统性的创新生产政策，以加强个人、企业、社区、国家和地区间的合作。

本文在前人（Matos et al. ，2017；Cassiolato et al. ，2017，2018）回顾过去 20 年 RedeSist 取得重大成果的基础上，进行了补充。从概念和方法论入手，着重阐述这 20 年来回顾梳理出的主要成果。各研究项目相关的几处技术说明旨在探讨概念和方法层面。由于篇幅所限，本文无法详细解释每个要素和工具（问卷、访谈记录、列表等）。详细讨论可参考网站 www. redesist. ie. ufrj. br 及文献（Matos et al. ，2017；Cassiolato et al. ，2017，2018）。

二　LIPS 的概念框架

RedeSist 的概念、分析和方法论框架的发展，是基于新熊彼特学派（neo－schumpeterian）对创新体系的论述以及拉丁美洲结构主义关于发展与技术进步的理论。我们在其他著作（Cassiolato and Lastres，2005，2008；Lastres and Cassiolato，2017）中阐述过，这些观点之间联系紧密。这两个学派的核心思想都考虑到了经济、社会和政治主体的特征及其背景，以及它们之间的微观、中观和宏观关系。这两种思想发展过程的特征都是结构变化，这些变化影响着每种背景下经济、社会、政治和体制结构，同时反过来又受其影响。因此，发展被视为独特的系统过程，其理论和政策建议高度依赖每个特定环境（Furtado，1964，1983；Freeman，1987，1999）。

RedeSist 创新作为一个有针对性、系统性的过程，是个人与企业互动的结果，通常由人际和机构间复杂的关系网络产生并维持。正如拉丁美洲结构主义学派的文献（Herrera，1971；Katz，1996；Erber，2012；Coutinho，2003）开创性地指出，在很大程度上，创新受到宏观环境和政策的影响；宏观环境和政策会极大地影响投资决策，直接影响生产和创新战略，使公共部门和私营部门的创新政策大打折扣。更为重要的是，应考虑到国家（或地区）经济体系的发展进程，在很大程度上取决于其在世界经济结构和力量中的地位。因此，需要评估：（1）全球化对巴西 LIPS 创新生产动力的影响。（2）由宏观经济框架、“隐性政策”（Herrera，1971）和“恶性政体”（Coutinho，2003）带来的局限性。该局限性导致微观经济战略和发展政策的最终流产。（3）在巴西和其他国家推动创新生产能力的具体可能性。

正如豪尔赫·卡茨（Jorge Katz）所声称的，有关技术的主流文献一直忽略了特定社会中宏观经济变量的表现与微观经济结构发展之间的关系。他坚持认为这个观点可以作为经济学分析的一个章节，然而至今仍没有完整编写。此外，卡茨在关于 20 世纪 90 年代市场化改革和拉丁美洲创新体系转变的著作中，有效地揭示了传统技术与发展办法的重要局限性：“缺乏适当的创新理论导致拉丁美洲经济学家和政策制定者理所当然地认为，‘市场纪律’是各国提高技术和创新表现以及长期参与世界经济竞争所需要的一切。”（Katz，2003：5）

RedeSist 分析 LIPS 的概念及方法论途径的发展和整合，来自对巴西实际的国家创新体系框架的应用和进一步发展。LIPS 本质上代表了一个参考框架，从中可以捕获并更好地理解知识和创新的生成、传播和使用的过程，从而为其发展提供重要工具。LIPS 方法是一种分析生产结构并指引其生产发展方向的方式，使诸如行业、综合体和生产或价值链等概念更加充分

(Cassiolato and Lastres，1999，2003)。

LIPS 涉及一系列经济、政治和社会主体及其相互作用，包括提供最终生产产品和服务的企业以及原材料供应、设备和其他投入品的供应商；分销商；工人和消费者；着眼于培训、信息、研究、开发和工程的组织；支持、监管及融资；合作社、协会、工会和其他代表机构。LIPS 指的是具有不同动态和轨迹的活动，包括从知识超密集型活动到内源性或传统知识使用型活动；具有不同规模和功能，源自第一、二、三产业，在当地、全国或国际范围运营。

LIPS 的概念是基于这样的假设，即知识和创新的生成能力是企业、生产经营活动和国家发展的关键要素，与基于低工资和密集型掠夺性自然资源开发的“虚假竞争力”相区别。知识既不是中性的，也不是自发的，要依赖于特定环境，因此有必要了解知识的生成、获取和传播的方式和条件，以及知识的拥有者、使用者和传播者，包括个人和机构。正因如此，在分析知识生成和使用过程中，对环境的特定特征（个人、组织、机构等）进行评价非常重要。

值得指出的是，这种方法是分类学的应用，是基于经济全球化过程假设之上所做的分析，该过程以流动经济为特征，完全是全球性和区域性的分析。由于地方特征对于知识的发展以及技能创造和使用的重要性，建议在其他情况下使用或开发类型学时，应格外谨慎。由于每个地区的历史文化背景，几乎没有任何经验可以简单地从一个地区复制到另一个地区。这表明不可能提出可以解释不同国家、地区和社会等多样性情况的模型。

三　LIPS 的 RedeSist 分析方法

需要强调的是，RedeSist 使用的分析工具始于以下观察：对任何 LIPS 转型都取决于 LIPS 的外部环境和当地环境的内在结构及过程。当然，知识的生产、生成、传播和使用知识的过程是当地化的。但是，必须面对自然条件、物理条件以及法律和其他社会体系（政治、经济实力、文化等）的特征——这些都不是当地的，而是存在于不同地区、国家和全球层面的特征。

RedeSist 在 21 世纪初所做的几项研究已经指出：试图通过全球出口链增强其创新和学习能力的 LIPS，遭到不平等的权力关系或主导出口链的大型跨国公司的扼杀，或者被贸易保护主义政策阻止进入高附加值产品市场的较发达国家。同样在国际层面，《巴塞尔协议》、《与贸易有关的知识产权协议》（TRIPS）和《世界贸易组织协议》等国际协议的条款也极大地影响了资金、信息和技术的获取和市场准入，限制了生产和创新转型的可能性。①

从全球和国家的规模及相关技术体制的角度分析生产和竞争组织模式的相关性也是如此。在国家层面，分析 LIPS 体系内的政策和机构体制的影响、问题和机遇也同样重要。尤其重要的是对地域及其宏观经济政策的创新生产能力，以及其他诸如贸易、外国资本、监管、竞争、社会、环境等"隐性政策"的分析。

在研究此类外部过程时，我们优先考虑了 LIPS 的多个内部维度。首先是创新过程。LIPS 分析框架着重确定和评估与创新过程有关的以下几个地域维度的研究：（1）不同生产部门的组织为促进生产过程的变化而展开的活动和精心筹划；（2）各种资源来源和金融在战略中的作用；（3）资金方面的影响；（4）创新的障碍；（5）创新带来的广泛影响。

除创新本身以外，我们的分析还涉及当地能力建设过程。与之特别相关的是隐性知识，包括技能、能力、信仰、各主体和组织的价值观等。RedeSist 的分析方法涉及几种学习形式：内部的学习（从自身经验中学习，从生产、商业化和使用过程中学习，以及寻找新的内部解决方案等）和公司外部的学习。这种学习可以通过反向工程、雇用专门人员教授等方式进行模仿，以及与不同主体进行交流，如与同一类活动的不同生产主体交流（水平互动），与同一生产体系的上/下游主体交流（垂直互动）。

另外，作为知识生成和使用的过程，学习和创新不是在一个制度真空中发生的，因此分析必须要考虑到影响的制度环境，才能确定提升价值的方法。与当地主体之间互动有关的另一个主要分析维度集中在通过以下方式进

① 有关详情，请参见 Cassiolato et al.，2017。

行的 LIPS 合作过程中：（1）与客户、供应商、竞争对手以及其他人交换生产、科技创新和市场信息；（2）通过共同的培训计划、活动/展览会和研讨会等进行的各种类型互动；（3）通过开展联合行动实现的整合能力。

地域化也是分析的一个层面，即衡量活动起源于当地和由当地管治的程度。该分析着眼于主体与网络之间关于使每个 LIPS 符合当地环境的交流，旨在了解当地环境的特征对创新和生产能力发展的影响和促进程度，这些特征包括基础设施、金融和知识、代表和发展机构及其他方面。该分析也旨在了解这些特征对整个地区甚至整个国家发展的影响和贡献。

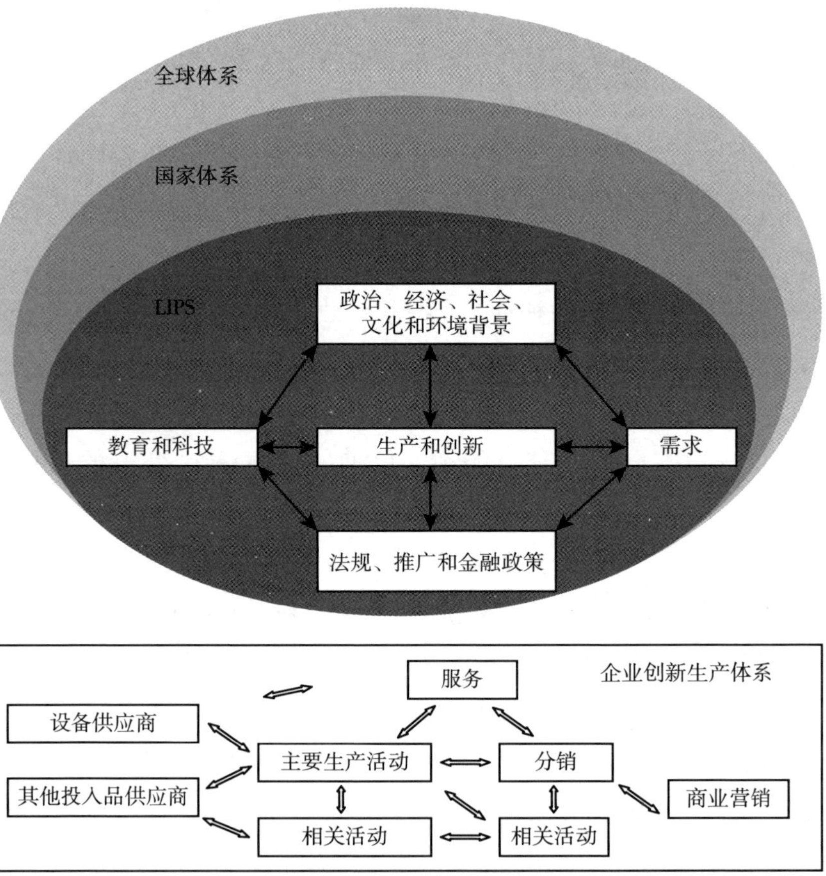

图 1　LIPS 国家和国际创新生产体系

资料来源：Matos et al.，2017。

此外，以下几点是该方法的核心要素：（1）了解 LIPS 的内部动态，重点关注业绩和竞争策略，观察劳动力、生产、收入、地区、国家及外国（包括出口目的地和进口来源）市场，以及主要竞争策略；（2）分析法规、推广和金融政策，确定和审查主要政府部门和私营部门；（3）将 LIPS 发展的观点体系化，提出促进 LIPS 的政策建议。

RedeSist 方法论的下一步是设计当地创新生产体系，同时考虑与当地生产主体有直接或间接交互的主要活动及主体。LIPS 的设计应考虑地方、国家和国际特征，包括这些层面的经济、政治和社会背景，如图 1 所示。这表明明确和分析各种现有流程和网络的重要性。尤其要强调的是，该方法需要考虑每个地区的特征以及 LIPS 的嵌入方式。

在确定研究案例、LIPS 特征和设计（包括主要主体、活动、网络、关系、产品和结构）之后，可以推断需要优先考虑、研究和探索的问题以及相关的采访对象。接下来的步骤包括选择用于实地研究的工具（制订抽样计划、问卷调查、访谈不同主体、处理获取信息的方法）。所有步骤在 Matos 等（2017）和 Cassiolato 等（2017）的文章中均有描述。

四　RedeSist 的 LIPS 主要分析成果

从概念和分析的角度看，RedeSist 的研究已成功加深了对巴西不同地区和地域生产体系的理解。应强调学术界在帮助理解符合实际情况的合理发展理念和目标方面发挥的作用。RedeSist 研究了 300 多个案例，提供了丰富的实证依据。最初，研究重点是巴西南部和较富裕地区的制造业生产活动。随着其他活动和该国所有地区被纳入研究范围，研究视角更加丰富。21 世纪第一个 10 年以来，LIPS 研究内容的新核心是农业和服务业，即家庭农业、基本公共服务、旅游和文化活动，包括小规模和非正式活动。为了囊括不同类型的活动和结构，这些并行推进的研究内容需要不断完善框架结构。

在此，值得指出的是，发展过程中社会和经济层面相结合能够带来重大机遇。实际上，RedeSist 及其合作伙伴进行的研究证实，“应对一系列挑战如消除饥饿和赤贫、普及教育、健康以及可持续城市空间等基本公共服务，揭示了创新和工业发展的替代方案，这是建立强大、持久的内部市场的需要。从危机中汲取的主要经验教训表明，以前被视为与经济增长目标无关，仅为社会、区域或环境的问题，实际上是公共部门和私营部门政策的核心，不仅可以增加收入，也可以实现更广泛、合理的可持续发展”（Coutinho，2012：13）。

RedeSist 的研究也加深了我们对巴西五大区域的生产体系创新动态的理解。这也得益于与拉丁美洲、金砖国家和全球创新学术网络（Globelics）的各合作伙伴开展的联合研究活动。尤其值得一提的是，该项目的成果——“创新体系和社会融合研究”，分析了不同国家（包括巴西、南非、印度、中国和乌拉圭）的医疗 LIPS 学习和创新过程，以及这五个国家采用 LIPS 的常用途径和方法（Cassiolato and Soares，2015）。这些案例研究旨在了解如何通过改善当地健康创新体系提高当地医疗的包容性。该分析的重点是由国家以及非正规和小型生产商领导的医疗 LIPS，研究传统医学、植物疗法、农村医疗体系和低成本医疗器械。①

值得强调的是，金砖国家创新体系的比较研究表明，有必要寻找机会设计和实施新颖的发展与创新政策（Scerri and Lastres，2013），消除不平等现象（Soares，Scerri and Maharajh，2014），加强中小型企业（Arroio and Scerri，2014），降低跨国企业在当地经济的过度参与所带来的负面影响（Cassiolato et al.，2014）。虽然研究越来越多，但仅有几项着眼于分析不同宏观条件是如何促进或限制国家和地区创新与发展体系的。为了更好地运用这些流程，理解是至关重要的。随着新自由主义思想在 20 世纪八九十年代盛行，这些抽象的理论、概念和模型的传播变得愈加困难。

因此，揭开创新优先权所谓的中立和普遍性本质的神秘面纱，是形成新的创新内容面临的第一个挑战。挑战之二，则涉及多样化、因地制宜又合理的研究和政策实施工作的重要性，工作始于用于评估的概念和以模型为导向

① 除了亚马孙地区植物治疗药物开发案例外，该书还收录了在巴西其他四个州（南里奥格兰德州、米纳斯吉拉斯州、圣埃斯皮里托州和帕拉伊巴州）进行的研究成果。

的指标以及其他参数。从这个意义上说，要面对的主要挑战是不断升级的经济理论异化威胁。

这个在合作中发展起来的方法，让我们对创新生产结构动力有了更宽泛的理解。特别是，要更好地理解特殊计划的动态以及提出如何推进这项计划的建议，不仅需要深入了解其特征，还需要了解其在生产链和生产部门中的权重和作用，包括区域和国际经济体。Lastres 等（2003）论述 RedeSist 在巴西开发的方法的主要优点时指出，LIPS：

- 代表一个研究应用单位，在地域和经济活动之间建立起一座桥梁，超越了传统的空间和部门的界限；
- 专注于主体群体（负责产品和服务的生产和商业化、研发、教育、培训、监管、促销、融资、代表、协调等的组织）及相关活动；
- 覆盖创建和使用主要生产和创新生产能力以及隐性知识流向的场所；
- 意味着在微观、中观和宏观领域之间架起一座桥梁，整合经济、社会、环境和政治的维度；
- 代表公共部门和私营部门政策更有效的层面；
- 为企业、推广机构和其他主体提供一个更加完整的事实画面，帮助确定合适的策略。

因此，历史和特定地域条件对解释如何获得、使用和开发创新生产能力至关重要。忽略这些参数的分析模型、分类法和政策规定，其实用性堪忧（Lastres，Cassiolato and Maciel，2003；Cassiolato et al.，2018）。

从规范的角度看，值得注意的是，从 21 世纪初开始，巴西联邦和地方各级政府及非政府机构就将 LIPS 方法视为政策重点，这极大地丰富了实验和学习过程。所有参与者也受益匪浅。然而，应该指出，使用 LIPS 方法并没有摆脱人们对其“新瓶装旧酒”的质疑，这种着眼于生产结构的新方式，因为一时风行而被扭曲。[①] 因此，了解这些过程很重要，否则使用新的学术

① Reinert 和 Reinert（2003）在里约热内卢举行的第一届全球会议上警告说，不管是在研究方面还是政策方面，国际上尝试使用创新体系概念，无疑是“新古典主义蛋糕上的一层薄薄的糖霜”。

和政策参考会很难。实验和学习过程中通常涉及以下因素：（1）对霸权的屈服，这种霸权通常是指发达国家建立的新自由主义秩序；（2）保守主义，它使新方法服从于预先存在的旧规则、惯例和层级结构。在此我们强调，RedeSist 的国际合作伙伴关系有助于加深对自身挑战的理解。

我们自己的政策经验评估得出一个更令人震惊的结论：无论如何理解这个概念（差不多类似于发展主义或新自由主义的观点），考虑到国家发展融资条件和规则，对 LIPS 的支持并未按计划实施（Lastres et al.，2016；Castro et al.，2017；Cassiolato et al.，2017）。因此，对目前发展障碍的理解逐渐清晰，帮助我们厘清新条件和传统上称为知识殖民和认知不公现象有关的曲解所带来的混乱局面。也就是说，发达国家先入为主的观点和知识模型，除了不适合的其他背景条件外，还会产生社会排他性且限制备选方案的可能性。通俗地说，就好比我们必须使用他人的眼镜，而不是更符合自身情况的眼镜。在这一点上，有人认为有必要从审查目前使用的教学、研究和政策参考中加强反思，推进新概念和新方法的恰当阐述。

另外，还值得指出的是，国内外专家认为巴西针对 LIPS 的政策经验是“近几十年拉丁美洲最新颖、最相关的产业政策创举……（并且）也是拉美地区最重要的巴西 APLS 支持项目”（Peres，2011：3）。同样，这个方法被国际专业文献视为在分析理解地区生产发展现象后提出的最重要建议之一，是“这个当地化的特殊类别……不仅在学术文献，而且在决策中心、推广政策及其影响性的交流方式的决策制定者中都取得了令人瞩目的成就”（Torre and Zimmerman，2015：25）。[①] Mazzucato 和 Penna 也注意到了这个具有系统性的巴西政策指导方法，并强调说产业技术发展政策的制定者们已经认识到，企业群体及其互动所产生的利益有助于可持续性竞争优势的提升。“LIPS 或 APLs（葡萄牙语：Arranjos Produtivos Locais）的概念……在国家发

① 正如在《2015 年工业经济评论》上所发表的那样，该报告呈现了以下主题的世界文献调查结果：“我们可以指出……某些类别的当地化体系……在学术文献中都取得了显著成功，也接近公共决策者的想法：……APL（法语：Arrangements Productifs Locaux）（Cassiolato and Lastres，2003）。”（Torre and Zimmermann，2015：25）

展政策和科技创新政策方面扮演着重要的角色”（Mazzucato and Penna，2016：28）。

RedeSist 的调查结果也证实了这些结论，表明了对 LIPS 的重视：（1）使非正式的小规模生产者及活动得到工业和科技创新政策的支持，在很多情况下是该国的历史首创；（2）变成了一张“包容性护照”，为制定减少社会和地区间不平等的包容性政策提供了参考。①

当然，要改变更传统的创新发展衡量理解方法及其政策设计，我们还有很长一段路要走。21 世纪第二个 10 年末发生的世界经济转型，为新知识的创造和传播带来了巨大的挑战和难得的机遇。

五　关于创新发展教学研究新内容的建议

考虑到目前世界经济转型的金融、生产、技术、地缘政治等维度是理解长期发展战略局限性和可能性的基本条件，因此按照教学和研究的新内容，我们建议从以下两个主要方面加深理解。

第一，全球地缘政治、社会技术和制度变迁，旨在讨论和增进对以下过程的理解。

（1）全球金融化，重点如下。

√目标倾向和权力结构；动因和主要作用；金融自由化、不稳定性和危机的加剧。

√生产资本和金融资本的脱节；国际资本流动的不确定性，加剧了经济的不稳定性和落后国家的财政劣势。

√投机者和短期逻辑及其在宏观经济体制、隐性政策、发展公约、发展财政模型、创新生产动力和 LIPS 中所产生的后果。

√金融危机的系统性本质及其在生产范式改革要求与金融化和可持续性压力之间的融合。

① 有关详情，请参见 Castro et al.，2017；Cassiolato et al.，2017，2018。

√新型国际地缘政治、金融和经济治理的潜在形式。

（2）组织、生产、消费、金融和政策模式的变化；地区性或区域性的发展变化；技术和知识生成的社会政治环境的变化；生活方式和城市动态的变化，以及生产社会关系的变化，主要集中在以下几个方面。

√新的创新生产标准；物联网；人与可持续发展城市。

√新模式指导及其可能产生的后果所带来的利益和权力问题有：结构性技术类失业；低技能工人的收入和生存空间；工作和生活条件的不稳定性；排外和不平等问题的加剧。

√明确新兴国家及其 LIPS 所面临挑战和机遇的可能性及合理路径。

√评估现有经验，揭示生产、营销、消费、工作、社交、支付和融资等的可持续性新方式。

√知识生产、生成、使用和传播的新形式。

√新政策要求以及国家的新模式和新作用。

第二，发展前景，专注于以下几个方面。

√根据利于包容性和可持续性发展的宏观经济新体制和社会政治新协议，制订国际国内统一计划的可能性。

√在支持发展和应对国家危机、民主化进程和政府换届带来的影响，以及解决现代化参与的地域化政策规划实施和评估的相关性问题时，国家、开发银行和其他机构发挥的作用。

√前瞻性的政策，以及着重发展与食品生产、健康、教育、住房、水资源、卫生和能源、社会流动性以及文化等相关的 LIPS 政策。

√机遇，包括将通常被边缘化的主体、知识、地区和活动纳入创新生产工作中，以及支持基于当前环境和社会文化多元性的创新生产体系。

√自然资源开采和使用的形式现代化以及地区社会生物多样性的形式现代化，使其能可持续发展并优先关注当地社会需求。

√明确和评估现有经验，指明未来 LIPS 的可持续整体发展的新路径。[①]

① 参见 Lastres, et al., 2016；Cassiolato et al., 2017。

六 结论

本文介绍了过去 20 多年来巴西在发展和应用当地创新生产体系（LIPS）概念方面积累的经验。[①] 如上所述，除制造业和农用工业的 LIPS 分析之外，RedeSist 还对小规模农业活动和家庭农业活动、文化 LIPS 以及基本公共卫生服务等基础公共服务展开了研究。这些研究由 22 个研究团队完成，研究团队分布在巴西的不同地区，与金砖国家和拉丁美洲国家的其他研究团队均有合作。

随着巴西和其他国家各项 LIPS 研究和创新生产发展理论的应用不断深入，研究和政策举措进一步充实，这是地区、国家和国际层面的研究团队与决策者合作的成功案例。我们重申，RedeSist 的概念和方法论框架的构建是一个持续的过程，是在众多研究人员使用的共同框架上，并在其建设性反馈意见的基础上完成的。因此，目前围绕发展前景和政策影响开展进一步研究，挑战和机遇并存。有关创新体系的文献不断在探索如何有效地纳入可持续性的多维度视角，尤其富有成效的是对环境和社会两个维度的探索：包容性、“隐蔽性”创新及“新的发展保护区”。

金砖国家同样需要应对类似的挑战，其中之一就是要将其大部分的社会和经济纳入政策内容。这凸显了：（1）揭示与展现那些经常被定义、衡量和促进创新发展的传统方法所忽略和边缘化的主体、活动和地区的相关性；（2）专业技术和知识的学术、政策积累的相关性，以及国际、国内案例分享与比较的相关性。金砖五国已经有许多案例研究，在生产商品和服务的包容性、可持续性等方面为我们提供了相关的经验教训，指出了未来生存和发展模式的新途径。但是，这些几乎毫无例外不在重点关注之列。只有重大的社会和政治变革才会得到认可和支持。当然，还存在重大机遇，从而促进经

① 有关制造业案例研究和服务领域的全面讨论可以在 Cassiolato，Lastres and Maciel（2003）和 Matos 等（2017）中找到。

验、概念、指标、研究成果、政策模型、优先事项和机制的进一步交流，共同开发理解、衡量和调动政策及其手段可持续性发展的新形式。

最后，我们再次强调以下论点。

- RedeSist、金砖国家研究团队和其他合作伙伴积累的经验证实了创新体系概念的相关性，也证实了与部门、群组、生产或价值链的概念相比，LIPS 方法确实构成了一个更先进、更完整的框架，也代表了一种非常有用的工具，可以更好地理解和指导知识的生成和使用过程以及创新生产的动态过程。
- 通过应对未来发展的挑战，可以积累新的丰富知识。
- 如何使教学、研究和决策活动的理论、概念、模型和目标更加贴合实际，存在重大机遇。
- 当今世界正经历社会技术模式的巨大变革，在不拘泥于目前生产和积累模式的国家和地区，有望产生不同于以往的新模式。
- 研究人员、政策制定者及其所在国和国际网络在知识产生和传播中扮演着重要角色，照亮和铺平了新的发展道路。

参考文献

Arroio, A., Scerri, M. (eds.). *BRICS National Innovation Systems: the Promise of Small and Medium Enterprise.* New Delhi: Routledge, 2014.

Cassiolato, J. E., Lastres, H. M. M., Maciel, M. L. (Orgs.). *Systems of Development and Innovation: Evidence from Brazil.* 1ed. Cheltenham: Elgar, 2003.

Cassiolato, J. E., Lastres, H. M. M. Discussing Innovation and Development: Converging Points Between the Latin American School and the Innovation Systems Perspective? In: *Globelics Working* Paper Series 01 – 08, 2008. www.globelics.org.

Cassiolato, J. E., Lastres, H. M. M., Matos, M., Soares, M. C. C. The Brazilian System of Innovation: Challenges to Sustainability and Inclusive Development. In G. Dtrenit, J. Sutz (eds.). *National Innovation Systems, Social Inclusion and Development: the Latin – American Experience.* Edward Elgar: Cheltenham UK, 2014.

Cassiolato, J. E., Soares, M. C. C. *Health Innovation Systems, Equity and Development.* Rio de Janeiro: E – Papers, 2015.

Cassiolato, J. E., Lastres, H. M. M., Matos, M., Szapiro, M. Local Production and Innovation Systems in Brazil: A Balance of 20 Years. 15th. Globelics Conference, Athens, October, 2017.

Cassiolato, J. E., Lastres, H. M. M., Matos, M., Szapiro, M. RedeSist's Conceptual and Methodological Framework on Local Innovation and Production Systems. *RedeSist Discussion Papers.* 2018 – 1. www. redesist. ie. ufrj. br.

Coutinho, L. G. Macroeconomic Regimes and Business Strategies: An Alternative Industrial Policy for Brazil in the Wake of the 21st Century. In J. E. Cassiolato, H. M. M. Lastres, and M. L. Maciel (eds.). *Systems of Innovation and Development: evidence from Brazil.* Cheltenham: Elgar, 2003.

Coutinho, L. G. Preface: The New Generation of Sustainable Development Policies. In H. M. M. Lastres et al. *A Nova Geração de Políticas de Desenvolvimento Produtivo: Sustentabilidade Social e Ambiental.* Brasília: CNI, 2012.

Erber, F. S. "The Evolution of Development Conventions". *Revista de Economia Contemporânea*, 16 (1): 5 – 26, 2012.

Freeman, C. *Technology Policy and Economic Performance: Lessons from Japan.* Frances Pinter, London, 1987.

Freeman, C. Innovation Systems: City – state, National, Continental and Sub-national. In J. E. Cassiolato, H. M. M. Lastres (eds.). *Globalização e Inovação Localizada: Experiências de Sistemas Locais no Mercosul.* Brasília: MCT/IBICT, 1999.

Furtado, C. *Development and Underdevelopment.* Los Angeles: University of California Press, 1964.

Furtado, C. *Accumulation and Development.* Oxford: Martin Robertson, 1983.

Herrera, A. *Ciencia y Política en América Latina.* México: Siglo XXI, 1971.

Katz, J. (Coord.) *National Innovation Systems in Latin America.* Mimeo. ECLAC, 1996.

Katz, J. "Market – Oriented Structural Reforms, Globalization and the Transformation of Latin American Innovation Systems". Conferencia ALTEC, México, 2003.

Lastres, H. M. M., Cassiolato, J. E., Maciel, M. L. Systems of Innovation for Development in the Knowledge era. In J. E. Cassiolato, H. M. M. Lastres, M. L. Maciel. (eds.). *Systems of Innovation and Development: Evidence from Brazil.* Cheltenham: Elgar, 2003.

Lastres, H. M. M., Cassiolato, J. E., Laplane, G., Sarti, F., Laplane, M. Condicionantes e Requisitos ao Futuro do Desenvolvimento. In H. M. M. Lastres et al. (Orgs.). *O Futuro do Desenvolvimento.* Campinas: Unicamp, 2016. www. redesist. ie. ufrj. br

Lastres, H. M. M. , Cassiolato, J. E. Development and Innovation: Learning from the Legacies of Freeman and Furtado. *Innovation and Development*. v. 7, n. 2, pp. 271 – 286, 2017.

Matos, M. , Cassiolato, J. E. , Lastres, H. M. M. , Lemos, C. , Szapiro, M. (eds.). *Arranjos Produtivos Locais: Referencial, Experiências e Políticas em 20 anos da RedeSist*. Rio de Janeiro: E – papers, 2017.

Mazzucato, M. , Penna, C. The Brazilian Innovation System: a Mission – oriented Policy Proposal. *Centro de Gestão e Estudos Estratégicos*. Brasília: CGEE, 2016.

Peres, W. Industrial Policies in Latin America. *Working Paper, World Institute for Development Economics Research*, 48, 2011.

Reinert, E. , Reinert, S. Modern Nations – states in a Historical Perspective: the Role of Innovation and of Systemic Effects in Economic Thought. 1st Globelics Conference, 2003.

Scerri, M. , Lastres, H. M. M. (Orgs.). *The Role of the State. BRICS National Systems of Innovation*. New Delhi: Routledge, 2013.

Soares, M. C. , Scerri, M. , Maharajh, R. (eds.). *BRICS and Development Challenges: Inequality and National Innovation Systems*. New Delhi: Routledge, 2014.

Torre, A. , Zimmermann, J – B. Des Clusters aux Ecosystèmes Industriels Locaux. *Revue d'ÉconomieIndustrielle*, n. 4, pp. 13 – 38, 2015.

B.10

俄罗斯科技创新政策：新目标和新挑战*

〔俄〕列奥尼德·高克伯格　塔蒂亚娜·库兹涅佐娃　米哈伊尔·格什曼**

摘　要： 本文对俄罗斯科技创新现状、2010 年以来的科技政策、2012 年 5 月一系列总统令设定的关键目标的落实情况进行了评价，并对普京总统在 2016～2018 年设定的新目标进行了评估。评估发现 2010 年以来的政府科技政策取得了一定成效，但设定的关键目标仍有相当比例未能达到，新国家政策确定了七大科技发展重点，但新的目标极具挑战性。建议构建一个覆盖从联邦到各地区的体系，扩大经费来源，实施体制改革，以促进竞争，改善投资环境，鼓励企业创新活力；继续推行“绩效合同”，完善研究人员学术资历和成就的评价机制，提高研究人员的社会地位。

关键词： 金砖国家　俄罗斯　科学技术创新

一　概述：有待再次彻底变革

科技创新是推动社会技术系统转型的主要因素。俄罗斯联邦政府及其各

* 本文获作者授权，译为中文，收入本书。译者李志强，二级翻译，中国科学技术交流中心处长。

** 列奥尼德·高克伯格（Leonid Gokhberg），教授，俄罗斯国家研究型高等经济大学第一副校长，统计研究和知识经济学研究所所长，研究方向为科技创新、教育与数字经济统计，科技创新经济与制度，预测研究，科技创新政策研究；塔蒂亚娜·库兹涅佐娃（Tatiana Kuznetsova），博士，俄罗斯国家研究型高等经济大学统计研究和知识经济学研究所科技、创新和信息政策中心主任，研究方向为科技创新政策、科技创新发展分析、研究职业、国际科技合作、科技创新经济与组织；米哈伊尔·格什曼（Mikhail Gershman），博士，俄罗斯国家研究型高等经济大学统计研究和知识经济学研究所副主任，通讯作者，研究方向为科技创新政策、创新管理、科技创新指标、创意经济。

联邦主体政府纷纷将其列为政策重点（BRICS，2018；EU，2019，2016；Godin，2009；OECD，2015，2017，2018；Smith et al.，2005；Schot，Steinmueller，2019）。尽管从苏联解体到2005年前后，俄罗斯经历了一段很长的过渡期，但总体来看，其继承了苏联的科技实力。在科技相关的世界排名中，俄罗斯表现依旧十分抢眼：研发人员总量居第四位，民用研究预算拨款居第六位，国内研发经费总支出（GERD）居第十位。但与此同时，一些全局性因素也制约了其科技创新领域的发展，包括遭受西方国家制裁压力、国民经济多样化发展进程缓慢、研发部门改革不彻底和缺乏统筹、对企业投资吸引力不足、智力活动成果供需脱节以及企业对创新和研发成果转化缺乏热情等（Gokhberg，Roud，2016；Gershman et al.，2018；Gershman，Kuznetsova，2016）。表1列出了部分存在问题的科技创新领域。

表1　俄罗斯科技创新问题领域

问题领域	定量特征
研发投入增长缓慢，对经济增长的贡献率较低	研发经费投入强度（GERD/GDP）居全球第35位 自2000年以来，GERD（按不变价格计算）增长不到2倍 美国、德国和中国研究人员人均GERD分别为俄罗斯的4.2倍、3.4倍和2.9倍 每万就业人员中研究人员数量居世界第32位
采用“国家”模式资助和管理研发部门	2/3的GERD来自政府预算拨款；2/3的研发组织为国家所有 约60%的GERD拨给了研发部门中的企业部门，然而私营企业自身的投入却不到GERD的30%（世界科技强国高于60%，如日本为78%）
公众对研发成果和新技术的态度存有争议	俄罗斯公众高度信赖科学（这与大多数发达国家情形相似），却对科学进展知之甚少（仅14%的公民认为其对科学进展有足够的了解；这与发达国家情形不同），且对技术发展的关注度很低；近70%的公众认为科学进展信息对他们而言无关紧要，或认为无所谓
社会影响力和科学地位不高 科研职业起步和发展的环境（对于年轻人以及国内或国际的顶尖研究人员）吸引力不够	俄罗斯是唯一一个研究人员总量持续减少的发达国家（自1990年以来，减少了63%；2000～2016年，年均增长率为-1.3%，而中国为9.8%，巴西为7.2%，美国为2.3%） 研究人员的平均年龄为47岁（全国劳动力平均年龄为41岁） 仅0.6%的大学毕业生投身科研职业 仅约1/3的父母希望自己的孩子从事科研职业

续表

问题领域	定量特征
俄罗斯研发部门的优势领域与全球发展趋势不一致	与苏联相似，研发部门的主要优势领域为物理、化学、地球和空间科学、数学、材料科学。生命科学、环境、农业等学科低于世界水平
伴随尚未解决的经济和政治问题，（多年来）各经济部门的创新进程持续停滞	技术创新组织占组织总数比例的世界排名为第28位（2017年，这一比例为7.5%）；德国和捷克分别为俄罗斯的7倍和4倍

资料来源：HSE，2019a，2019b，2019c，2018；Global Innovation Index，2019。

近年来，为改善科技创新领域的现状，俄罗斯进行了多番努力，包括为重点大学的相关活动提供支持，促进论文发表和专利活动，推动企业的创新活动。几位作者之前的一篇文章（Gokhberg et al.，2018）分析了2000～2015年俄罗斯施行科技创新政策的情况和成果。本文拟对俄罗斯2012年5月一系列总统令设定的关键目标的落实情况进行评价，并对普京总统在2016～2018年设定的新目标进行评估。但在此之前，我们将首先审视俄罗斯科技创新领域的现状。

二　俄罗斯科技创新现状

（一）科技资源

1. 研发机构

2017年，俄罗斯共有研发组织3944家，其组织和管理形式多样。与发达工业国家不同的是，在俄罗斯研发部门占据主导地位的研究机构并不参与教育和生产活动。尽管其数量从1990年的1762家降至2017年的1577家，但依旧在研发组织中占有很大的比重（40%）。从事研发的高校占全国高校总数的24.6%，同期，其数量由453所增至970所。从事研发成果转化的工程和设计机构所占比重从1990年的32.9%降至2017年的7.5%。事实证明，此类机构受俄罗斯宏观经济形势的影响最大：1990 年，数量为 1530 家，到 2017 年，则只剩下 296 家。产业研发中心在俄罗斯科技力量中所占的比重很小，数量从 1990 年的 449 家降至 2017 年的 380 家，在研发组织中所占比重维持在 9.6% 左右。由于大多数研发组织归联邦政府所有，以及其他因素影响，企业投资热情不高，地方政府对吸纳其融入区域创新体系或参与应对区域经济社会挑战意愿不强。

2. 研发人员

俄罗斯研发人员总量多年来呈下降趋势，但从研发部门的绝对就业率来看，俄罗斯仍居世界前列。2017 年，研发部门就业人数为 77.82 万人（全时当量）。这一指标值仅次于中国（375.88 万人）、美国（138.0 万人）和日本（87.5 万人）。2017 年，研究人员总量为 37.04 万人。自 2000 年以来，平均每年减少 1.2%。而多数领先国家研发部门的就业人数逐年增长。同期，年均增长率较高的国家为韩国、巴西、印度和中国。英国、德国和法国均为 3% 左右，美国为 2.1%（见图 1）。

年龄结构扭曲和研究人员总体大龄化是俄罗斯研发部门面临的突出问题。2017 年，俄罗斯研究人员的平均年龄为 47 岁，近 1/3 达到退休年龄。2006 ~ 2017 年，39 岁以下研究人员的比例从 30.1% 增加至 43.8%，而 40 ~ 49 岁研究人员的比例从 19.0% 下降到 14.2%（见表 2）。

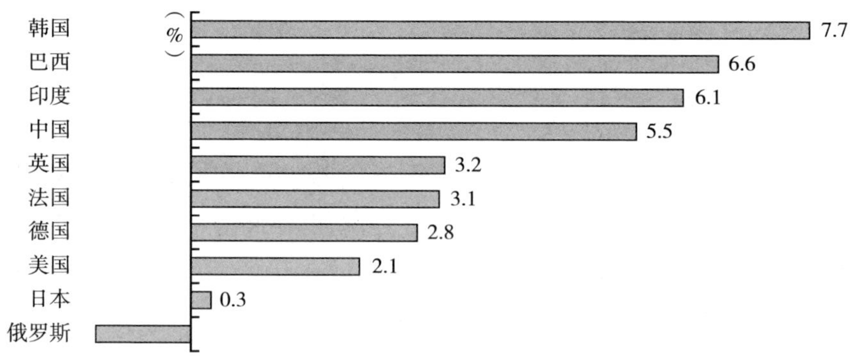

图 1　2000 ~ 2017 年研究人员数年均增长率

表 2　2000～2017 年研究人员年龄分布

单位：%

年份	低于 29 岁	30～39 岁	40～49 岁	50～59 岁	60～69 岁	70 岁以上
2000	10.6	15.6	26.1	26.9	17.7	3.1
2010	19.3	16.2	14.7	24.0	16.5	9.3
2017	18.4	25.4	14.2	16.6	16.0	9.3

资料来源：HSE，2019b。

顶尖研究人员，即博士（哲学博士和理学博士），是研发部门的中坚力量。2017 年，俄罗斯拥有博士学位的研究人员数量为 10.33 万人（占研究人员总量的 27.9%）。目前，研发部门正积极招募年轻博士。然而，更为年长的博士群体依旧是俄罗斯研发力量的核心：68.4% 的理学博士和 32.6% 的哲学博士已过退休年龄。

3. 研发经费

过去 20 年，俄罗斯对研发部门的经费投入大幅增加。2017 年，俄罗斯 GERD（按各国货币购买力平价计算）达 10191 亿卢布（见图 2），列世界第 10 位（373 亿美元）。1995～2016 年，俄罗斯 GERD 的增长（增长 1.6 倍）远高于经合组织国家（平均增长 0.9 倍）。但由于企业研发投入不足、高度依赖政府资助，俄罗斯的研发经费投入强度（GERD/GDP）总体处于较低水平，2017 年为 1.11%，排第 35 位，远低于其他经济体。领先的有以色列（4.3%）、韩国（4.2%）、瑞士（3.4%）等国。

目前，政府资金（主要是联邦预算）依旧是研发部门最主要的经费来源。2017 年，政府研发经费投入为 6743 亿卢布，占 GERD 的 66.2% [其中联邦预算占 52.6%、地方预算占 1.7%、高校资金占 0.2%、政府所属机构资金（包括自有资金）占 11.7%]，其次是企业占 30.2%，国外资金占 2.6%，其他国内经费来源占 1.0%。然而，在多数发达国家和新兴国家，研发经费主要来自企业。美国企业研发投入占 GERD 的比重为 64.2%，德国为 65.6%，中国为 74.7%。1995～2017 年，虽然俄罗斯企业研发投入增长 2.2 倍（按不变价格计算），但占 GERD 的比重从 33.6% 降至 30.2%。

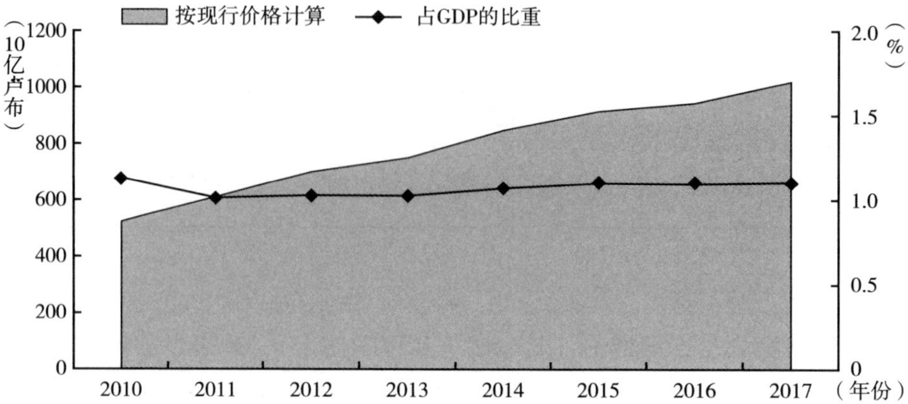

图2　2010～2017年俄罗斯的GERD

资料来源：HSE，2019b。

4. 研发固定资产

近年来，俄罗斯研发部门的设备和设施状况持续得到改善。2015年，五年内生产的科研仪器设备值占科研仪器设备总值的比重为47.4%。然而，2017年，这一比重降至42.1%（见图3）。科研设备状况得到显著改善，测控仪器设备和实验室设备总值增长1.3倍，占实际在用研发固定资产总值的比重升至41.8%。

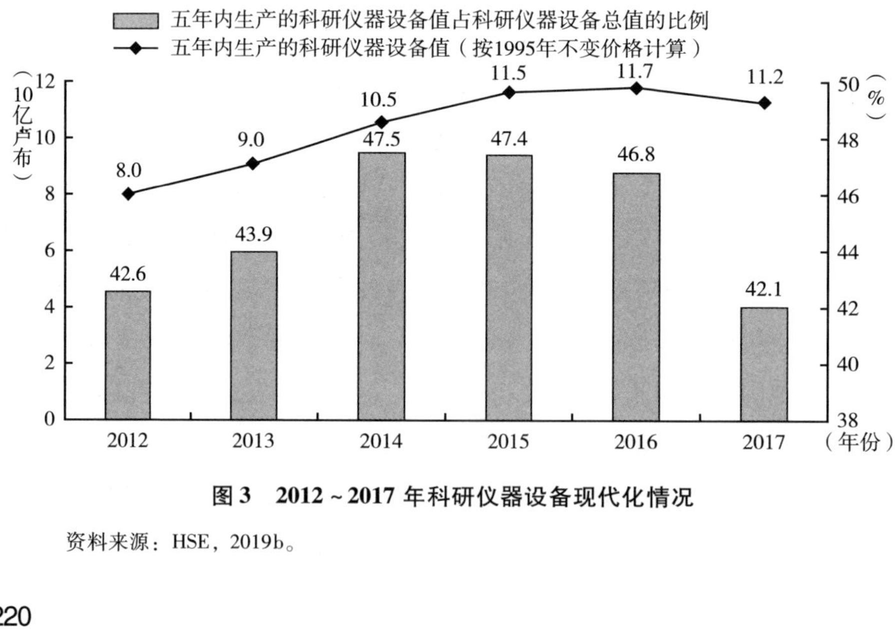

图3　2012～2017年科研仪器设备现代化情况

资料来源：HSE，2019b。

截至2017年初，俄罗斯共有共用科研设备中心572个、专用科研设施310个。目前，俄罗斯正在国家“科学”项目框架下，拟订一项大科学设施建造和升级计划。不久的未来，依托这些设施开展国际合作，将为俄罗斯在基本粒子物理和高能物理、核物理、纳米医学等有前景的研究领域取得突破性成果奠定基础。

（二）研发活动

1. 论文发表活动

论文发表活动的水平和活跃度显示，俄罗斯在全球研究版图中的影响日渐显现。在科学网（Web of Science）索引论文总量中，俄罗斯作者发表的论文的比重长期呈下降之势，直至2013年才开始回升，2017年达到2.8%（见表3）。俄罗斯重返之前的部分位次，并实现了俄罗斯总统2012年5月颁布的一系列总统令中提出的相关目标。2017年，在全球论文发表活动排名中，俄罗斯升至第14位。论文发表活动的更多详情请见本文第三节和第四节。

表3　2017年各国在科学网收录的科学期刊所载论文总量中所占比重

单位：%

美国	中国	德国	英国	印度	日本	法国	意大利	巴西	俄罗斯	南非
23.8	19.5	8.5	7.2	4.7	4.7	4.4	4	3.2	2.8	0.8

资料来源：HSE，2019b。

俄罗斯研发部门正迅速融入国际研究合作网络。20世纪90年代初，俄罗斯在顶尖国际期刊上发表的论文中仅有10%为国际合著，而到2017年，这一比例升至26.4%（基于科学网收录期刊）。过去20年，俄罗斯研究人员论文合作的主要伙伴国几乎没什么变化（见图4），主要为美国和德国（2017年，俄罗斯24.1%的学术论文是与美国研究人员合著，23.1%是与德国研究人员合著）以及法国（14.0%）、英国（13.4%）和意大利（10.0%）。与中国科学家合作增多（10.3%）是俄罗斯国际研究合作的一个重要新趋势。

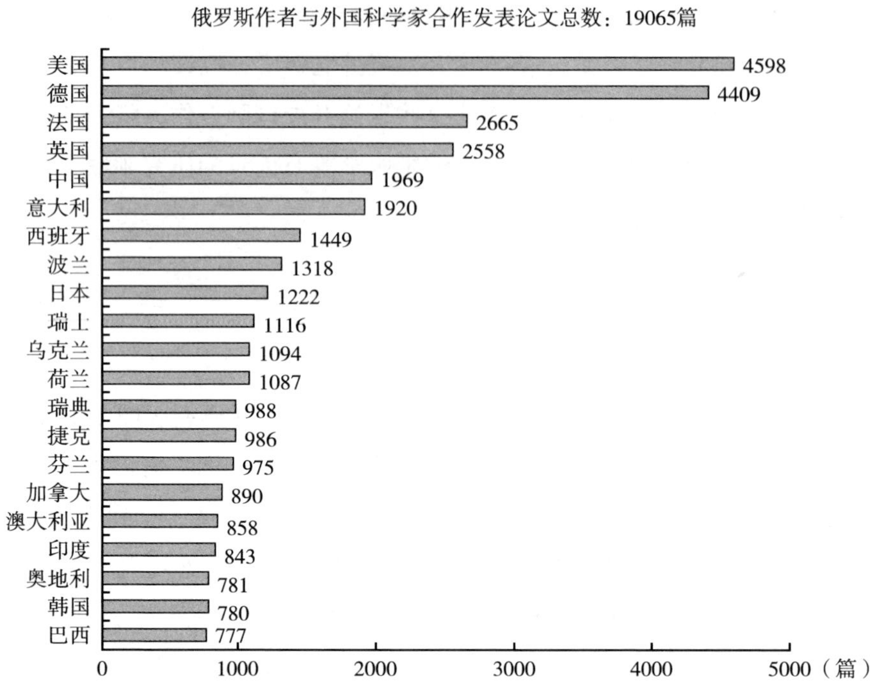

图 4　2017 年俄罗斯研究人员与外国研究人员在科学网收录的学术期刊上合作发表论文的数量（按国别）

资料来源：HSE，2019b。

2. 专利活动

俄罗斯国内知识产权市场的活动日趋活跃。2000～2017 年，联邦专利局受理的发明专利申请量从 2.87 万件攀升至 3.65 万件（见图 5）。但这主要归功于外国申请者申请量增加了 2 倍，而俄罗斯国内申请量只增加了 15%。2017 年，外国申请量占申请总量的 37%（2000 年为 19%），美国、德国、日本、中国等国的申请者尤其活跃。

与之相反，俄罗斯申请者在国外的专利活动显示，俄罗斯在国际知识产权市场上明显处于弱势。2016 年，俄罗斯居民向外国专利局提交的专利申请量为 4700 项。尽管增长显著，但俄罗斯这一指标不仅落后于大多数经济发达国家，也落后于一些新兴国家，尤其是中国（52200 项申请）和印度（12600 项申请）。

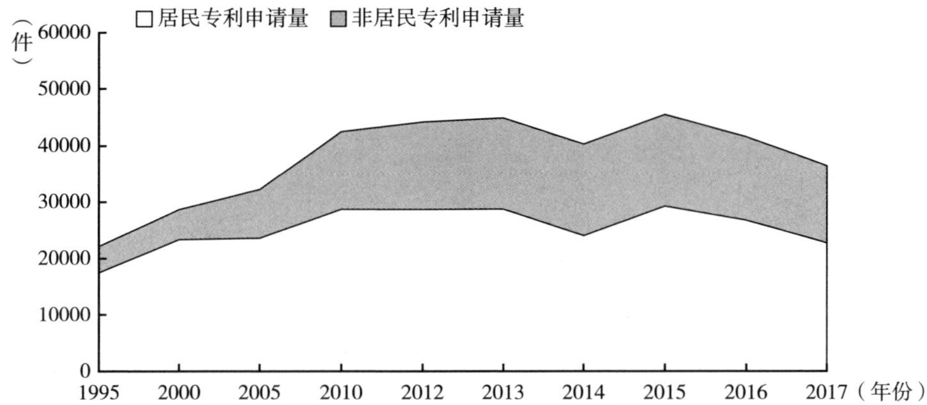

图5　1995～2017年居民和非居民在俄专利申请量

资料来源：HSE，2019b。

根据世界知识产权组织的数据，俄罗斯的国际专利活动排名已从2000年的第8位降至2016年的第10位。

3. 研发成果

（1）技术贸易

俄罗斯技术及技术相关服务在国际市场上的销售规模有限。2017年，俄罗斯的技术出口额和进口额分别为12亿美元和33亿美元（见图6），在经合组织的排名中，俄罗斯出口额仅列第27位，进口额列第22位。俄罗斯技术贸易呈逆差态势。2017年，俄罗斯技术贸易进口额同比增长32.3%，而出口额同比下降7.5%，技术贸易逆差达21亿美元。由于出口中占主导地位的是无法登记的创新和与技术相关服务，且其价值远低于获知识产权保护的产品，因此俄罗斯的对外技术贸易效益一直不高。

（2）科技活动的社会影响

科技进步深刻地影响着人们的日常生活，大多数俄罗斯人对科技的社会影响持肯定态度。认为科技进步有用的人的比例从1996年的59%上升到2016年的83%。然而，许多人（85%）也对科技的迅猛发展表示担忧，认为伴随好处而来的还有潜在的威胁，如人们精神层面的价值被削弱（见表4）。这种态度可能是人们对最新科技进展了解不足所致（2016年，只有

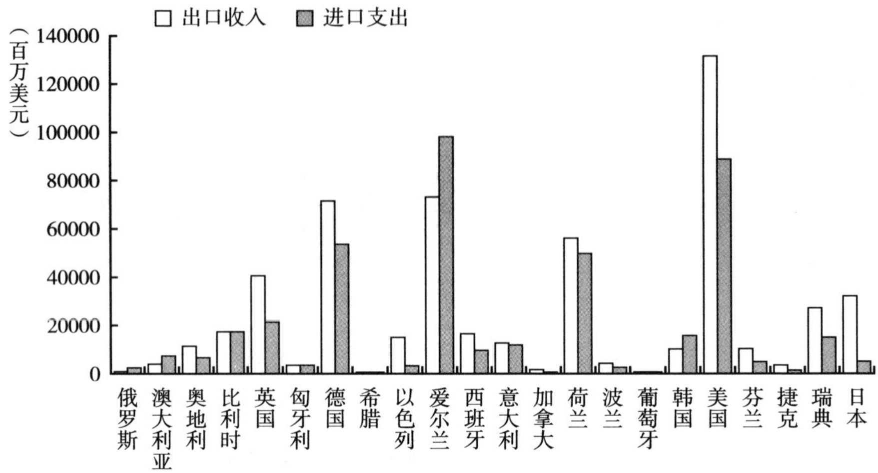

图 6　2016 年各国技术相关进出口收支

资料来源：HSE，2019b。

14%的公众对科技进展表示关注，仅为欧盟平均水平的 1/4）。

表 4　公众对科技对日常生活影响的看法

单位：%

年份	科学技术让我们的生活更简单,更舒适,更健康	多亏了科学技术,未来世代将会有更多的机会	现在人们过于依赖科学技术,而不是信仰	科学使我们的生活方式变化太快
1996	53	0	26	44
2006	73	82	47	57
2016	91	90	78	85

资料来源：HSE，2019b。

归根结底，科学发展成功与否取决于公众对其的态度。2016 年，仅有 32%的父母愿意让他们的子女从事科研工作（在美国和以色列，这一比例分别为 80%和 77%）。鉴于科技成果需求和科技人员均出自民众，因此加强科学普及，提高其科学素养，并让其参与国家科研议程的开发过程变得越来越重要。

（三）创新活动

俄罗斯研发部门的创新实力尚未成为决定该国经济发展的资源。大多数俄罗斯企业并未将研发与创新列为其商业战略的重点。2017 年，仅有 7.5%（“创新活动水平”）的企业开展技术创新。这一比例低于德国（52.6%）、英国（40.9%）、法国（40.9%）和捷克（35.7%）等大多数国家（见表5）。

“技术创新主体”在各经济部门工业企业中所占的比例参差不齐，而在发达国家其在多数经济部门占有较大的比例。在俄罗斯，制造业是企业参与技术创新最为活跃的部门（2017 年为 13.7%），而高技术产业的这一指标（31.8%）与欧洲国家相当。然而，这两大产业占 GDP 的比重却不高（见图 7）。由此引发的疑问是，国家创新政策聚焦传统高技术产业（如运输车辆、机械和设备等的生产）而忽略众多其他对经济增长举足轻重的产业（包括服务业）是否为明智之举？

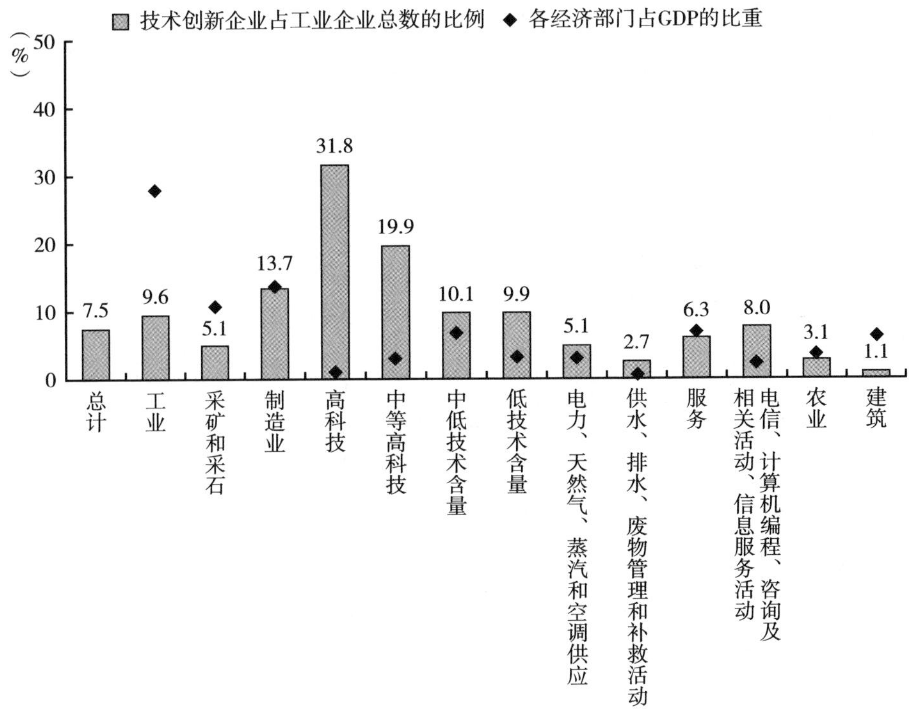

图 7　2017 年按经济部门划分的技术创新企业占工业企业总数的比例和各经济部门占 GDP 的比重

资料来源：HSE 统计研究与知识经济所、俄罗斯联邦统计局。

技术创新投入水平、创新产品销售量直接关系到创新活动的增长。2012年以来，技术创新投入水平按现行价格计算仅增长了0.5倍。技术创新投入主要（超过90%）来自少数一部分研发组织（员工人数超过250人），且多为制造业研发组织（2017年经费支出为8480亿卢布，较2012年增长9%）。

从创新的投入强度（创新投入占销售总额的比例，2017年为2.4%）来看，俄罗斯可媲美世界前列国家（见表5）。然而，其创新活动的产出率仍比较低。以不变价格衡量，其创新产品产量增幅小到可以忽略，这主要归咎于近年来消费需求与投资水平的双双下降。

表5　2017年各国主要创新指标

国家	技术创新企业占工业企业总数的比例		技术创新投入占销售总额的比例		创新产品和服务销售额占总销售额的比例	
	国家排名	%	国家排名	%	国家排名	%
比利时	1	52.9	10	1.75	17	7.6
德国	2	52.6	2	2.92	7	13.3
爱尔兰	3	48.8	…	…	3	18.1
芬兰	4	48.3	4	2.30	15	9.3
……	……	……	……	……	……	……
英国	10	40.9	15	1.40	1	20.8
法国	11	40.9	5	2.29	5	15.0
……	……	……	……	……	……	……
捷克	16	35.7	12	1.59	6	14.6
……	……	……	……	……	……	……
斯洛伐克	23	20.3	23	0.85	2	19.1
匈牙利	24	18.2	17	1.34	9	12.5
……	……	……	……	……	……	……
俄罗斯	28	7.5	3	2.44	18	7.2
罗马尼亚	29	6.5	26	0.43	22	6.5

注：2017年是有数据可查的最近年份。

2017年，俄罗斯创新产品产值为3.4万亿卢布，主要由制造业企业生产。中端技术企业因其巨大的产量，创新产品产出率（66.5%）常居首位。电信和信息技术企业在“创新市场”中的地位有所提升：2017年，其产出的创新产品产值约为 1113 亿卢布（为近几年之最）。

如果对图 8 所列部分数据的进一步细分，则有：俄罗斯创新产品占销售总额的比例不高，2017 年仅为 7.2%；在制造业，这一比例更小，为 6.7%。在高技术产业和中高端技术产业中，相关指标则高出 1～2 倍（分别为 14.7% 和 15.3%）。① 因这些数据图示太复杂，图 8 没有直接显示。

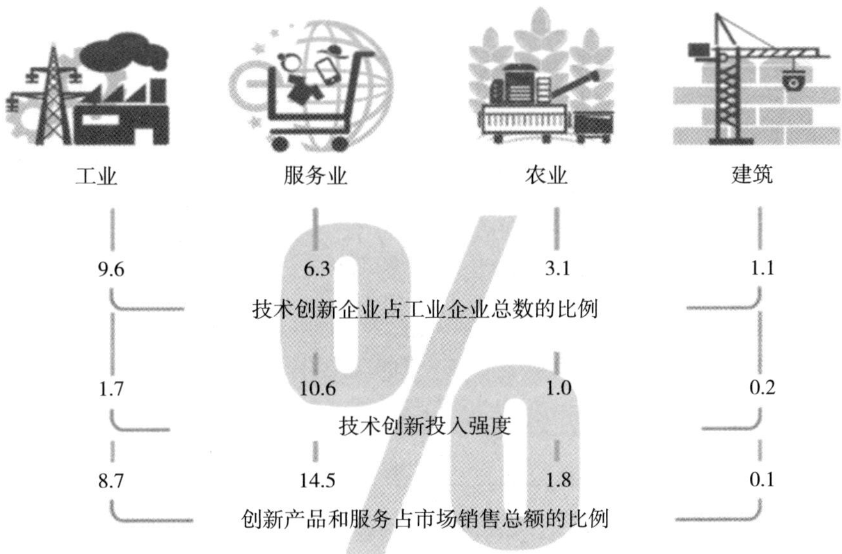

图 8　2017 年俄罗斯创新发展状况（单位：%）

资料来源：HSE，2019b。

俄罗斯与世界领先国家的显著差距，阻碍了其技术加速发展的步伐。在全球创新指数（Global Innovation Index）② 排名中，俄罗斯的位次尽管有所上升（2009 年排第 68 位，2019 年排第 46 位），但也只是在 129 个国家中挤入了前 50 位。排名提升的主要贡献来自衡量资源的有效利用与创新的经济

① 这一指标在计算机、电子设备和光学设备生产领域，为 17.2%；在机动车辆生产领域，为 20.0%；在其他车辆和装备生产领域，为 25.8%。

② 全球创新指数（Global Innovation Index）是由美国康奈尔大学、欧洲工商管理学院和世界知识产权组织联合发布的年度排名。该指数包含 80 项衡量创新活动潜力、产出和框架条件的指标。

社会影响的指标（见图 9）。

在全球创新指数排名中，俄罗斯位次提升主要得益于以下指标——高等教育入学率、科学和工程专业毕业生占比、知识密集型就业占比、具有高级学位的女性员工占比、专利活动、版税和学术出版物质量。国家创新体系的其他优势包括贸易规模、竞争力水平和国内市场规模。监管质量、政治稳定性、商业环境及管理体系符合 ISO 标准的程度等方面制约了俄罗斯总体的创新产出。

	2015 年		2017 年		2019 年
全球创新指标	48	→	45	→	46
创新投入次级指数	52	→	43	→	41
人力资本和研究	26	→	23	→	23
高等教育	24	→	23	→	14
研究与开发	28	→	25	→	30
创新产出次级指数	49	→	51	→	59
知识的吸收	55	→	31	→	32
研究人才在企业中的占比	—		29	→	27
知识与技术产出	33	→	45	→	47
知识的创造	21	→	22	→	30
知识的影响	79	→	111	→	77
知识的传播	42	→	43	→	63

图 9　2015～2019 年俄罗斯全球创新指数排名

注：经济体数量 2015 年为 141 个；2017 年为 127 个；2019 年为 129 个。
资料来源：2018 年全球创新指数，2019 年全球创新指数。

三　2010年以来的政策：取得一定成效，但前景不明朗

2010 年以来，俄罗斯出台多项重要法案，以推行全新的科技创新政策模式（Gokhberg et al.，2018）。这些法案的共同目标是帮助俄罗斯科技发展走出停滞困局，提升全球地位。表 6 列出了俄罗斯 2010 年以来出台的重大政策文件及其确立的相关定性和定量目标。

我们想着重指出上述政策文件的两大重要特点。首先，科技创新发展目标直接以总统令的形式确定，赋予其最优先的地位。其次，目标均为中长期

目标。表6所列的定性和定量目标可谓雄心勃勃，但并不是所有目标已在设定的时限内得以实现。

表6 2010～2018年国家重大政策文件（科技创新定性目标及定量目标示例）

文件	颁布形式和年份	定性目标	定量目标示例
俄罗斯联邦至2020年创新发展战略	2011年第2227号联邦政府令	转向创新发展路径	到2020年： ——创新型工业企业的占比提高到25% ——俄罗斯高技术产品和服务在全球市场5～7个细分市场的份额达到5%～10% ——俄罗斯高技术产品出口占全球总额的比重达到2% ——创新产品占工业总产值的比重达到25%～35% ——GERD占GDP的比重达到2.5% ——俄罗斯研究人员在国际科学期刊上发表论文的份额达到3%等 共计45项指标
面向2020年及之后的科技发展基本政策	2012年第83号总统令	到2020年，使俄罗斯科技重点领域的研发能力和竞争力达到世界水平	到2020年，GERD占GDP的比重提升至2.5%～3%
国家长期经济政策	2012年第596号总统令		2011～2018年，高技术产品和知识密集型产品占GDP的比重提高了0.3倍
国家社会政策的落实措施	2012年第597号总统令	改善社会各部门人员和科学工作者的物质条件	到2018年，研究人员的平均工资提高到所在地区平均工资的2倍
国家教育和科学政策的落实措施	2012年第599号总统令	基于创新型经济的需求，完善教育、科学和职业培训领域的国家政策	GERD占GDP的比重提高到1.77%（至2015年）；大学研发经费支出占GERD的比重提高到11.4%；俄罗斯研究人员论文发表量占国际科学期刊论文总量的比重提高到2.44%（到2020年）
俄罗斯联邦2013～2020年国家科技发展计划	2017年第2014号联邦政府令	提升俄罗斯基础研究、探索研究和应用研究与试验发展的竞争力和效益	到2020年： ——论文发表活动占比达到2.74% ——研究人员的平均工资提高到所在地区平均工资的2倍 ——俄罗斯作者在国际科学期刊上合著论文发表量的份额达到29.5%等 共计63项指标

续表

文件	颁布形式和年份	定性目标	定量目标示例
国家技术倡议	2016 年第 317 号联邦政府令	为促进未来高技术市场的发展，实施一体化项目和计划，升级现有的高技术产业，打造新的高技术产业；开发面向这些市场和产业的路线图体系	
俄罗斯联邦科技发展战略	2016 年第 642 号总统令	通过建立有效提升和发挥国家智力潜力的体系，打造新的政策模式，增强国家的独立性和竞争力	到 2035 年，GERD 占 GDP 的比重逐步提升至 2%；扩大私营部门的研发投入比例，达到与公共部门投入相当的水平

为了说明政策的制定和评估过程，让我们回顾一下俄罗斯在落实表 6 所列部分目标方面取得的成果。

专栏 1　促进俄罗斯研究人员的论文发表活动

苏联在论文发表活动方面位列世界第三。在如此雄厚的“储备”支撑下，即使是在苏联解体之后以及在 20 世纪 90 年代研发部门遭遇严重危机期间，俄罗斯在论文发表活动方面依旧保持世界第 7~8 位。之后，俄罗斯经济发展经历了较长期的衰退，加上科技实力的削弱，其在全球论文发表方面的领先地位不保。这样的下降趋势持续了近 15 年。21 世纪头 10 年，随着经济发展的复苏和研究活动的重振，俄罗斯采取了多种举措促进论文发表活动（例如，2008 年，面向学术机构人员，推行与论文和专著等发表数量挂钩的奖励机制）。

续

2010 年，俄罗斯联邦政府批准实施相关法规，支持俄罗斯研发中心和大学招募顶尖研究人员，推动实施产学研一体化合作项目，促进高技术产业发展。2012 年，实施“2013～2020 年国家科学院基础研究计划”。2013 年，启动了“5～100 计划”，旨在提升俄罗斯重点大学在全球教育服务和研究项目市场的竞争力。21 所俄罗斯大学获得大力扶持。 上述举措对激励俄罗斯研究人员的论文发表活动、提升其他具有“显示度”的全球科研指标产生了积极影响。参与全球科技信息交流，加强研发成果在教育中的应用，也为培养具备高技术企业所需能力的专业人员起到了促进作用。

到 2015 年，俄罗斯研究人员在科学网收录的科学期刊上发表论文的份额增至 2.44%。该目标业已达成，甚至有所超越：2015 年这一数字为 2.55%，2017 年为 2.78%。为实现该目标，俄罗斯借助了若干工具，主要是行政工具（见专栏 1）。俄罗斯还着力加强其在新兴资源引文索引（ESCI，科学网子数据库之一）中的论文发表，并将本国期刊纳入汤森路透与科学电子图书馆 eLIBRARY. RU 基于科学网平台联合开发的俄罗斯科学引文索引[①]。虽然俄罗斯的论文发表量 3 年内增长了 50%，但仍未能使其在全球论文发表方面的排位（2019 年列第 14 位）实现跃升，进入世界前列。

到 2015 年，GERD 占 GDP 的比重增至 1.77%，大学研发经费支出占 GERD 的比重增至 11.4%。设定 GERD 占 GDP 比重的相关目标旨在加速扩大私营部门的研发投入（包括政府参与的大型企业，参见 Gershman, Thurner, 2016），达到与公共部门投入相当的水平。然而，尽管出台了经费、制度等多方面的支持政策，但相关目标并未达成。GERD 占 GDP 比重几乎没有增长：2015 年为 1.1%，2017 年为 1.11%。大学研发经费支出占

① 目前已收录 760 多份俄罗斯科学期刊。

GERD 的比重维持在 9%，企业研发经费支出维持在 30%。

到 2018 年，各类国家科学基金的投入扩大到 250 亿卢布。俄罗斯于 2013 年设立了新的基金——国家科学基金，并增加了相关的联邦预算。[①] 通过这些举措，扩大基金投入的目标已得到实现：各类国家科学基金获拨经费增至 292 亿卢布。尽管如此，但俄罗斯各类以促进研究为宗旨的基金尚未形成网络，俄罗斯国家科学基金的经费规模也无法与国际水平相比。

制订支持基础研究发展的长期计划。俄罗斯已经出台了这样的计划，但其仅面向研发部门中的学术部门（各大国家科学院，不包括从事研发活动的高校等其他组织）。该计划并未规定采用专家公开评审等先进有效的工具来管理基础研究。鉴于学术部门（各大国家科学院）（Gokhberg et al.，2018；UNESCO，2016）仍在优化重组，上述举措只是部分落实了出台基础研究计划的要求，不足以扭转俄罗斯研发部门的颓势。例如，自 2009 年以来，国内基础研究经费支出持续下降（以实际价格计算，从 2009 年至 2017 年，此类支出缩减近 20%）。

扩大创新型企业（从事技术创新的企业）的比例。该目标是俄罗斯 2011 年以来提出的。根据俄罗斯联邦至 2020 年创新发展战略，到 2016 年创新型企业比例达到 16%，到 2020 年达到 25%。在工业领域，这一目标定得更高：分别为 20% 和 40%。尽管如上所述，俄罗斯采取了众多促进创新的举措（Gershman et al.，2018），但 2017 年从事技术创新的制造业企业的比例仅为 9.6%。

到 2018 年，高技术产品和研究密集型产品产值占 GDP 的比重提高了 0.3 倍，并扩大了其出口额；建立技术预测体系，以满足制造业的未来发展需求，并兼顾关键生产技术的开发。这些目标部分是依托旨在促进技术开发的国家计划[②]落实的。这些国家计划有的面向 2020 年，有的面向 2025 年，

---

① 仅 2018 年对俄罗斯基础研究基金的投入就增长了 0.8 倍。

② “科学技术发展”“教育发展”“发展工业并提升其竞争力”“医药产业发展”“电子和无线电电子产业发展”“造船业发展”“飞机制造业发展”“核电设施发展”“俄罗斯太空活动”和“经济发展和创新型经济”等计划。

有的面向2030年。然而，高技术产品和研究密集型产品产值占GDP的比重并没有多少起色（2011～2018年，在20%左右徘徊）。这主要归因于西方制裁引起的原材料市场波动，以及遭受的高技术产品贸易限制。甚至这些产品国内需求的恢复进程也大为放缓。

专栏2　促进俄罗斯出口

俄罗斯成立了国家开发银行（Vnesheconombank），致力于促进非初级产品出口，为出口商提供支持，为出口活动创造便利，消除出口障碍。2015年，又成立了俄罗斯出口中心（REC），在国家开发银行旗下运营。该中心下设俄罗斯出口信贷和投资保险局及多家银行机构。这些措施为俄罗斯出口型企业提供专业化服务，并推动企业引入先进的商业模式。2015年，俄罗斯发布了一份高技术产品（服务）清单，为技术开发机构、政府机构和出口商提供了有用的指导工具。

促进非初级产品（包括高技术产品）的出口是俄罗斯经济政策的重点领域之一（见专栏2）。近年来，俄罗斯对产品出口的格局进行了调整，着力加强长期规划，大力推动新兴产业现代化。2012～2017年，俄罗斯高技术出口总额（以现行价格计算）增长了0.3倍（从71亿美元增至92亿美元）。政府计划到2020年将其扩大到141.5亿美元。同时，必须指出的是，按实际价格计算，俄罗斯高技术出口总额甚至有所下降（据HSE测算，2012年以来下降约7%）。这一时期，高技术产品贸易保持逆差（2016年，逆差额为190亿美元）。2012～2016年，俄罗斯高技术出口的全球占比为0.3%～0.5%，远低于中国（2016年为24.9%）、德国（9.5%）、美国（7.7%）和法国（5.2%）。2016～2017年，俄罗斯高技术出口总额与巴西、以色列、斯洛伐克和丹麦等国相当。

需要着重指出的是，俄罗斯依据2012年5月颁布的一系列总统令，虽然采取了一系列举措，以提振国内需求（首要是投资），扩大高技术产品产量，激励企业创新，支持和促进非初级产品出口（Gokhberg et al.，2018），但显然力度不够，且缺乏协调。

提高研究人员薪酬待遇。第597号总统令提出，到2018年将研究人员的平均工资提高到所在地区平均工资的2倍（Gershman，Kuznetsova，2013，2016）。这一面向国立研发组织和大学的目标，在联邦预算的大力资助下总体得以实现。但同时，仍存在一些掣肘因素，阻碍了研发部门实现（包括在全球范围内）有竞争力的薪酬待遇以及研究人员工作绩效与其薪酬待遇的合理挂钩。国家科技实力主要集中于平均工资较高的地区。尤其是，俄罗斯五大区市（莫斯科市、圣彼得堡市、莫斯科州、新西伯利亚州和斯维尔德洛夫斯克州）研究人员数量占全国研究人员总数的2/3（66.4%）。截至2018年底，莫斯科市和圣彼得堡市的提薪目标尚未达成。

此外，一项试验性（预测性）的估算显示，将研究人员绩效与工资挂钩后，提薪幅度越大，生产力指标值增幅就越大。然而，在实际中，生产力相对较低的员工的薪资在薪资总量占据的比例很大。各级研发主管必须考虑此类员工的相关问题：需不需要激励他们提高生产力？如果需要，如何激励？单位需要多少这样的员工？如何评价他们的成果？应该给予他们什么样的职位？等等（Gershman，Kuznetsova，2013）。

在落实一系列“五月”总统令及其他政策文件提出的目标的过程中，暴露出种种问题，凸显出有必要促进科技与实体经济的紧密结合，着力打通和拓展研发成果转化的渠道，最大限度地发挥研究和创新的影响力。

四　新的国家政策模式：期望与风险

2016年12月发布的俄罗斯联邦科技发展战略提出了新的国家政策模式，2018年5月签发的关于2024年前俄罗斯联邦国家发展目标和战略任务的第204号总统令对此进一步予以完善。该发展战略首次阐述了俄罗斯面临的“重大挑战”，并确立了七大科技发展重点（见图10）。

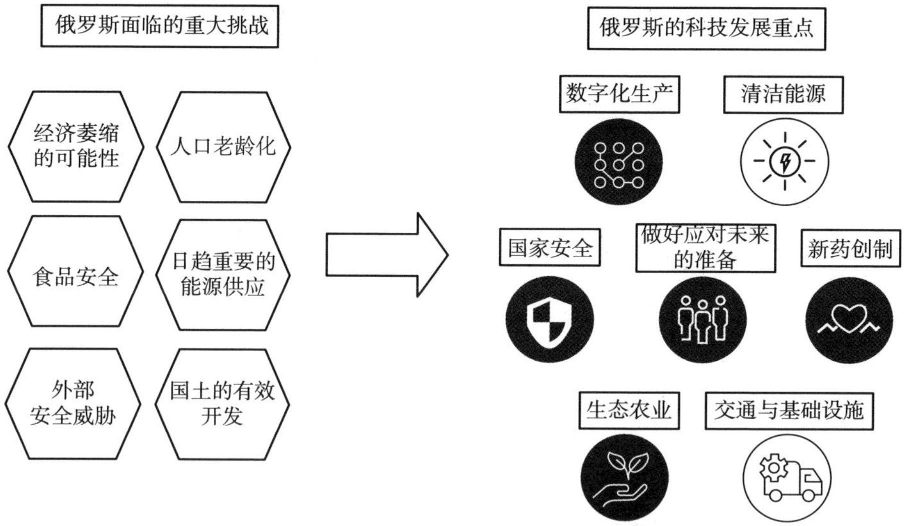

图 10　俄罗斯联邦科技发展战略提出的重大挑战和发展重点

资料来源：HSE 统计研究与知识经济所。

该发展战略还明确了以下五个领域的关键科技政策措施：

- 促进科技创新职业的发展
- 营造良好的研发环境
- 设计促进产学合作的高效体系
- 加强科技创新治理
- 促进国际科技创新合作

第 204 号总统令将该战略的关键内容细化为具体的目标和任务（见表 7），有望助力俄罗斯科技和经济社会发展取得重大进步。虽然之前几年制定的目标尚未全部实现，但这并未妨碍俄罗斯朝着其他远大目标迈进的步伐。俄罗斯还设立了国家“科学”项目，旨在落实第 204 号总统令提出的以加强研发和产学合作、打造先进研究基础设施和开发人力资源为重点的目标，以及俄罗斯联邦科技发展战略制定的目标。以上一系列相辅相成的全局性目标面向 2024 年，预期在中期内实现。然而，对于实现第 204 号总统令提出的目标而言，挑战与机遇同样明显（见表 8）。

表 7　2018 年 5 月 7 日第 204 号总统令确定的科技创新发展目标和任务

主要目标:加快俄罗斯技术发展步伐,技术创新组织占组织总数的比例增至 50%	
目标	任务
·跻身世界研发强国前五之列	·打造先进的研究基础设施,包括大科学设施
·提升俄罗斯对顶尖科学家和杰出青年研究人员的吸引力	·领军研发组织半数以上的研究设备实现更新换代
·加速扩大国内研发经费投入,使其与 GDP 增长相匹配	·建设世界一流的研究中心,包括数学和基因组研究中心
	·与企业合作建立至少 15 个世界级研究教育中心
	·建立研发人员培训与职业发展体系,为青年科学家开展研发活动创造条件

表 8　国家“科学”项目目标落实情况的专家评价

序号	目标	基础值	2024 年的目标	风险(高、中、低)	监管工具的完善程度(高、中、低)
目标 1:俄罗斯在科技重点领域跻身世界研发强国前五之列					
1.1	在通过科技预测研究确定的科技领域,按国际数据库收录期刊上论文发表量占比衡量,俄罗斯的全球排名	第 11 位	第 5 位	高	中
1.2	在通过科技预测研究确定的科技领域,按发明专利全球申请量占比衡量,俄罗斯的全球排名	第 8 位	第 5 位	高	低
1.3	按研究人员总量(全时当量)衡量,俄罗斯在世界领先国家中的排名(基于经合组织数据)	第 4 位	第 4 位	低	中
目标 2:提升俄罗斯对国内、国际顶尖科学家和杰出青年研究人员的吸引力					
2.1	受聘于俄罗斯研发组织、曾在国际数据库收录的一区期刊和二区期刊上发表过论文的国内和国际研究人员总量(单位:万人)	2.75	3.08	低	中
2.2	俄罗斯 39 岁以下研究人员占研究人员总量的比重(%)	43.3	50.1	低	高
目标 3:使 GERD 增速高于 GDP 增速					
3.1	GERD 增速与 GDP 增速之比	1.00	1.02	低	高
3.2	按现行价格计算的 GERD(亿卢布)	9438	18476	中	中

俄罗斯要想赶上领跑者的步伐，跻身世界论文发表强国前五之列，其论文发表增速必须远超竞争对手。鉴于全球论文产出量一直都在增长（2012～2017年，年增长3%～6%），这项任务看起来极具挑战、极为艰巨。目前，印度的占比为4.7%（印度是俄罗斯最直接的竞争对手，全球论文发表量排名第五），而俄罗斯的占比刚升至2.8%。如果再将国际合著论文数量、高被引论文数量、每篇论文平均作者数量等其他反映全球研究实力的指标纳入考虑范畴，俄罗斯的差距则愈加明显，美国、中国、德国和印度分别约为俄罗斯的26倍、12倍、7倍和2倍。

要实现论文发表的相关目标，只采取常规的行政或准行政措施（例如，制定论文发表数量目标，改进指标测算技术）明显是不够的，因为此类措施通常只能带来短期效应（Amabile，1997；Jacobsen，Andersen，2014；Kim，Bak，2016）。因此，还需要采取诸如提高薪酬待遇、提供稳定研究支持、创造有利条件留住国内、国际顶尖科学家和杰出青年研究人员等关键措施。

在专利活动方面，鉴于俄罗斯目前全球排名第8，其国家目标看起来还是切实可行的。然而，在国际专利申请方面，俄罗斯要想有所作为，难度也不小（见表9）。

表9　俄罗斯的专利活动

	2010年	2011年	2012年	2013年	2014年	2015年	2016年	2017年
发明专利申请总量(件)	32837	31464	34379	34067	28512	33798	31817	27782
向国内提交的申请量(件)	29022	26879	29174	29120	24370	29567	27136	23115
向国外提交的申请量(件)	3815	4585	5205	4947	4142	4231	4681	4667
向国外申请量占比(%)	11.6	14.6	15.1	14.5	14.5	12.5	14.7	16.8

首先，俄罗斯的专利活动以国内市场为主：2010年以来，俄罗斯国际专利申请量占其申请总量的比重徘徊在10%～17%（2017年为16.8%），

在全球专利申请总量中的占比仅为1%，而德国（世界第五）为5.7%。与其他领先国家的差距则更大（在全球专利申请总量中，中国占比近35%，美国约18%）。这意味着俄罗斯的研发中心、大学和企业融入全球技术链的程度依旧很低。同时，2010～2017年，俄罗斯人向别国专利局提交的发明专利申请比例显著增长，从14.7%升至16.8%。

为实现国家“科学”项目及其他国家级文件提出的专利活动增长目标，俄罗斯计划推行专利费补助、支付别国专利局的专利咨询费补助等各类举措。俄罗斯也在改善（尤其是顶尖研发组织的）科研设施和设备，以助力开发在全球技术市场有竞争力的技术。

多年来，就研发人员总量（2017年，为70.79万人，仅次于中国、美国和日本）和研究人员总量（约37万人）而言，俄罗斯一直处于领先地位（HSE，2018）。从研究人员数量来看，第204号总统令提出的相关目标业已实现。但要保持目前的全球排名并更进一步，俄罗斯仍需付出更多努力。俄罗斯应完善其科学政策，着力消除制约研发部门人力资源开发的障碍（见表10）。

俄罗斯研发部门人力资源开发的步伐正逐渐跟上经济社会发展不断增加和变化的需求。经济社会发展对人员及其能力的要求越来越高，同时对人才评价和认证程序的要求也越来越严。然而，俄罗斯还未建立起一套先进的科技创新人才培养和再培养体系，这可能会影响到国家研发目标的实现。

第204号总统令提出了加快国家技术发展并将创新型企业比例提升至50%的目标，但俄罗斯要按期全面实现这一目标，面临诸多挑战。

截至2019年，俄罗斯仍未能形成并出台成体系的政策，未能扩大创新规模、提升创新质量、增强创新效益。其政策重点仍局限于传统高技术产业、工业出口和数字技术，且采用的政策工具缺乏统筹协调；也没有采取明确的举措来带动社会资金投入，促进企业的创新活动。

多位专家指出，“经费”风险也对国家目标的实现构成了挑战。风险不仅与国家“科学”项目及由联邦预算资助的其他国家和联邦项目的资助经费规模有关，也与地方政府预算压力有关，更是与缺乏（或者根本没有）

吸引社会资金投入的有效机制有关。难以吸引企业加大研发投入这一问题阻碍俄罗斯抓住机遇，使其难以实现重大科技突破。

表 10　研发人力开发相关的主要问题或风险

问题	评价
包括研究人员在内的研发人员数量持续下降	俄罗斯是为数不多的拥有庞大的研发人力资源但同时人员总量长期呈负增长的国家之一 2000～2016 年，俄罗斯研发人员总量年均减少 1.3%。而中国的年均增长率近 10%，韩国为 8%，巴西为 7%，美国为 2.3%，德国为 1.9% 1990 年以来，俄罗斯研究人员总量锐减近 2/3；2008 年以来，按全时当量计算，减少 9%
年龄结构长期失衡	尽管年轻人(39 岁以下)在研究人员总量中的占比不断上升(2017 年为 43.9%)，但也有近 1/4 的研究人员年龄超过 60 岁。最易出成果的群体(40～49 岁的研究人员)占比仅为 31%。2008 年以来，40～49 岁的研究人员数量减少 18%，50～59 岁的研究人员数量减少 39% 2017 年，理学博士和哲学博士的平均年龄分别为 63 岁和 51 岁，而研究人员总体平均年龄为 47 岁
研发人员培养和更替方面的潜力弱化	大学毕业生在研发人员总量中的占比为 11%～18%(取决于不同的领域)。 高技能人才培养(硕士研究生和博士研究生教育)质量仍有待提高，虽然正在推行各类重大变革，但并非都能见到成效。仅有约 14% 的硕士研究生和 11% 的博士研究生能够按时答辩(2016 年数据)
研发人员结构长期失衡	技术人员在实用研发成果开发和转化方面发挥着特殊的作用，但其在俄罗斯所占的比例极低，且一直在下降；而辅助人员的比例却居高不下。俄罗斯政府出台的提高研究人员薪酬待遇的政策并未涵盖技术人员
研究人员领域分布长期失衡	研究人员按研究领域分布源自苏联时期所形成的专业化分工需求：84% 的研究人员集中于自然科学和工程科学领域(这一比例几乎一直未变)。只有 4.2% 的研究人员分布于医学科学领域(该领域人员数量呈负增长)，3% 的研究人员分布于农业领域(也为负增长)。失衡的人员分布格局使高技术产业和尖端科技领域(俄罗斯联邦科技发展战略确定的重点发展领域)所面临的高素质人才短缺风险日益上升。在机器人产业领域，约 60% 的受访企业称专业领域人才短缺，约 33% 的受访企业称从业人员的职业水平和培养质量有待提升。在生物技术领域，情形相仿

资料来源：HSE，2019a，2018。

许多专家认为，国家“科学”项目在地区层面的实施情况总体而言不尽如人意。如前所述，俄罗斯科技创新实力的地区分布极不均衡，各地区之间几乎不具可比性。根据 HSE 发布的地区创新指数排名来看，11 个创新领跑地区经济社会发展和创新发展速度较快；另有 14 个地区成绩尚佳，但大多数地区（60 个）远远落在后面（HSE，2017）。这种差异导致在部分地区难以实施第 204 号总统令，或相关的措施在这些地区无法取得预期的成果。

与此同时，在实施“科学”项目等国家项目方面，各地区发挥着越来越大的作用。它们担负着落实部分措施的主要职责，例如，在本地区打造世界一流的研究和教育中心，各地区都在竞相争夺这一重要机遇。① 研究人员认证、科学学位认定等方面的权力正在下放给各地区。各地区对于实现创新相关的目标可以说至关重要。此外，各地区政府对于其辖区内的联邦大学和研发组织不具有其所需的科技发展相关的管理权。这也影响了各地区参与落实国家科技创新发展目标的积极性。

五 结论

在各类积弊仍旧有待解决、政府行政制度尚未彻底完善的情况下，设定宏大的科技创新目标实属冒险之举。俄罗斯国家领导人也清楚地意识到了这一点：“国家项目不仅是资源，更是管理各类目标的体系。这是一种管理创新。构建一个覆盖从联邦到各地区的体系，一个监测体系，并让各级政府参与管理这一进程。”② 然而，截至 2019 年，这样的体系至少在研发部门，还远未成形，甚至还停留在“概念”层面。例如，解决吸引社会

① 2019 年，俄罗斯决定在秋明州、别尔哥罗德州、下诺夫哥罗德州、克麦罗沃州和彼尔姆边疆区五个地区建设此类研究和教育中心。

② 俄罗斯联邦第一副总理兼财政部部长西卢阿诺夫在俄罗斯国民经济与公共管理学院所做的报告（2019 年 1 月 16 日；网址：http：//fedpress. ru/article/2177762，最后访问日期：2019 年 5 月 13 日）。

资金投向研发部门这一难题，还是主要依靠政府参与来带动企业的研发和创新活动。当然，这种方式既未吸引社会资金，也不属于先进的公私合作伙伴形式。

扩大经费来源，实施体制改革，以促进竞争，改善投资环境，鼓励企业创新活动，这些都是必不可少的措施。这一点即使在落实国家科技创新目标之初也是显而易见的。但如前所述，体制改革在俄罗斯尤为艰难。

对现有的（和之前的）科技创新政策工具开展评估势在必行，但长久以来从未落实。当前，俄罗斯研发组织的绩效评估体系（2009 年推出，但尚未全面推广）亟待改进。缺乏有效的评估体系，削弱了国家“科学”项目框架下各类新设计划的执行绩效。

另外，此前采取的其他措施，如果成效显著，则应继续加以完善。值得一提的是，推行“绩效合同”（以提高研究人员的薪酬）这一做法变得越来越规范（Gershman，Kuznetsova，2016）。研发组织须实现相关的量化目标或满足论文发表的数量要求，方可提高研究人员的工资待遇。然而，各类研发组织的机构运作模式和规则往往大相径庭，各自具体如何实现工资增长并未予以考虑。因此，实现提薪目标的机制应更加透明、切合实际，并给予足够的资源支持。推行“绩效合同”模式的成效应体现在科技综合体实力的切实改善、研发组织及其人员竞争力和生产力的提高，以及吸引并留住国际一流的人才和杰出的青年研究人员上。俄罗斯须极力提升公众和政府对科学的认知。这一切都需要历经时间的沉淀，需要辅以全局性的政策。国家资源的有限确实是影响提薪的因素，但并不是唯一的因素。在提高薪酬待遇的同时，也需要制定明确的职业能力标准，出台对从事创造性研究工作和研究管理工作给予奖励性补助的清晰规则。这些因素和其他因素，以及它们对人员素质的影响，均具有“链条式”的特性，即如果链条的一环发生下垂，就会引起整个系统的失衡。

同样重要的是，需要采用先进的工具，作为现行政府政策（包括在国家“科学”项目框架下推行的政策）的补充手段，加强科学技术普及和推广，完善研究人员学术资历和成就的评价机制，提高研究人员的社会地位，扩大科研职业的声望等。[①] 在多数国家，此类举措是由国家支持和实施的（Martin，Osberg，2007；Schiele et al.，2008；Ren，Zhai，2014）。在以有效的方式开展优质的科普活动、组织专业化的培训项目、帮助研发组织建立公共关系部门等方面，俄罗斯也应制定全局性的政策。

参考文献

Власова，В. В.，Кузнецова，Т. Е.，Рудь，В. А. Анализ драйверов и ограничений развития России на основе информации Глобального инновационного индекса // Вопросы экономики. 2017. № 8. С. 24 –41.

Гохберг，Л. М.，Кузнецова，И. А.，Кузнецова，Т. Е.，Соколов，А. В.，Городникова，Н. В.，Китова，Г. А. Отечественная наука и научная политика в конце XX в.：тенденции и особенности развития（1985 – 1999）. М. ：Издательство Московского университета，2011.

Amabile，T. M.（1997）. Motivating Creativity in Organizations：On Doing What You Love and Loving What You Do. *California Management Review*，Vol. 40，No. 1，pp. 39 –58.

Gershman，M.，Gokhberg，L.，Kuznetsova，T.，Roud，V.（2018）. Bridging S&T and Innovation in Russia：A Historical Perspective，*Technological Forecasting and Social Change*，No. 133，132 –140.

Gershman，M.，Kuznetsova，T.（2016）. The future of Russian Science through the Prism of Public Policy，*Foresight*，Vol. 18，No. 3，pp. 320 –339.

Gershman，M.，Kuznetsova，T.（2013）. Efficient Contracting in the R&D Sector：Key Parameters. *Foresight Russia*，7（3）：26 –36.

Gershman，M.，Thurner，T.（2016）. New Development：State – owned Enterprises as Powerhouses for Innovation—the Russian Case，*Public Money & Management*. Vol. 36，No. 4，pp. 297 –302.

Global Innovation Index（2019）. https：//www. wipo. int/global _ innovation _ index/en/

① 苏联的科学技术推广和普及活动开展得有声有色，发挥了重要作用（例如，在众多先进的科学领域，苏联发行了一批科普期刊；全苏知识协会面向大众开展教育和宣传工作）。库兹纳涅出版社每年发行2亿多册小册子、图书、杂志，还出品各类视觉教具，畅销的期刊有《科学与生活》《知识就是力量》《国际生活》。每年还举行数百万场讲座。规模之大是现在的俄罗斯无法想象的。

2019.

Godin, B. (2009). National Innovation System: The System Approach in Historical Perspective, *Science, Technology and Human Values*, 34 (4), 476 – 501.

Gokhberg, L., Kuznetsova, T., Pikalova, A. G. et al. Overview of Science, Technology and Innovation Development in Russia. in *BRICS Innovative Competitiveness Report 2017*. Singapore: Springer, 2018. Ch. 5. 115 – 150.

Gokhberg, L., Roud, V. (2016). Structural Changes in the National Innovation System: Longitudinal Study of Innovation Modes in the Russian Industry, *Economic Change and Restructuring*, 49 (2 – 3), 269 – 288.

EU (European Union) (2019). European Innovation Scoreboard, 2019, https://ec.europa.eu/growth/industry/innovation/facts – figures/scoreboards_ en.

EU (2016). Research and Innovation Futures 2030: Exploring the Future of Research. Trends and Drivers in Doing and Governing Research. European Commission. Brussels.

Jacobsen, C. B., Andersen, L. B. (2014). Performance Management for Academic Researchers: How Publication Command Systems Affect Individual Behavior, *Review of Public Personnel Administration*. Vol. 34, No. 2, pp. 84 – 107.

HSE (2019a). Science Indicators: 2017. Data book. Higher School of Economics: Moscow.

HSE (2019b). Indicators of Innovation Activities: 2019. Data book. Higher School of Economics: Moscow.

HSE (2019c). Science. Technology. Innovation. Pocket Data Book. Higher School of Economics: Moscow.

HSE (2018). Russian Science in Figures. Analytical Report. Higher School of Economics: Moscow.

HSE (2017). Russian Regional Innovation Scoreboard. Issue 5 (eds.) by G. Abdrakhmanova, P. Bakhtin, L. Gokhberg et al., National Research University Higher School of Economics. – Moscow: HSE, 2017.

Grupp, H., & Schubert, T. (2010). Review and New Evidence on Composite Innovation Indicators for Evaluating National Performance, *Research Policy*, 39 (1), 67 – 78.

Hagedoorn, J., & Cloodt, M. (2003). Measuring Innovative Performance: Is there an Advantage in Using Multiple Indicators?, *Research Policy*, 32 (8), 1365 – 1379.

Kim, D. H., Bak, H. J. (2016). How Do Scientists Respond to Performance – based Incentives?, Evidence from South Korea, *International Public Management Journal*, 19 (1), 31 – 52.

Martin, R. L., Osberg, S. (2007). Social Entrepreneurship: The Case for Definition, *Stanford Social Innovation Review*, 5 (2), 28 – 39.

OECD (2018). Science, Technology and Innovation Outlook 2018, https://www.oecd.org/sti/oecd-science-technology-and-innovation-outlook-25186167.htm.

OECD (2017). Science, Technology and Industry Scoreboard, https://yandex.ru/search/? text=OECD%20sCIENCE%20SCOREBOARD%2C%202019&lr=213.

OECD (2015). The Innovation Imperative: Contributing to Productivity, Growth and Well-Being, Paris: OECD Publishing. http://dx.doi.org/10.1787/9789264239814-en.

The Science and Technology Labor Force: The Value of Doctorate Holders and Development of Professional Careers, ed. by L. Gokhberg, N. A. Shmatko, L. Auriol. Springer International Publishing Switzerland, 2016.

Smith, A., Stirling, A., Berkhout, F. (2005). The Governance of Sustainable Socio-technical Transitions, *Research Policy*, 34, 1491-1510.

Schot, J., Steinmueller, W. E. (2019). Transformative Change: What Role for Science, Technology and Innovation Policy?, *Research Policy*, 48, 843-848.

Schiele, B., Claessens, M., Shi, S. (2008) Science Communication in the World Practices, Theories and Trends, https://www.researchgate.net/publication/303725205_Science_communication_in_the_world_Practices_theories_and_trends.

UNESCO (2016). Gokhberg L., Kuznetsova T. Russian Federation, in UNESCO Science Report: towards 2030. UNESCO Publishing, 2016, pp. 343-363.

Ren, F., Zhai, J. (2014). Communication and Popularization of Science and Technology in China, https://www.researchgate.net/publication/297363222_Communication_and_popularization_of_science_and_technology_in_China.

B.11 印度科技创新发展报告（2019）

单祖华　柏杰*

摘　要： 2017～2019年，印度围绕“印度制造”“数字印度”“创业印度”等国家战略，启动了国家创新发展与治理计划、信息物理系统跨学科研究计划、“深海使命”计划等重大科技创新计划，大力实施人才引进培养计划，推进成果转化和军民科技融合发展，积极优化科研环境，科技创新实现稳步发展。空间技术继续保持快速发展势头，新能源研发投入不断加大，生物医药取得新突破，信息科技加快追赶步伐，智慧城市建设稳步推进，环保科技渐受重视，传统医学继续发展，国际科技合作及中印科技创新合作稳步推进，全球创新指数排名从2017年的第60位上升至2019年的第52位。

关键词： 金砖国家　印度　科学技术创新

印度总理莫迪在2017年的印度科学大会上提出要在2030年将印度建成世界第三科技强国。2017～2019年，瞄准这一目标，围绕“印度制造”“数字印度”“创业印度”等战略，印度科技创新采取了一系列新举措，取得一系列新进展。康奈尔大学发布的全球创新指数显示，印度的全球排名从2017年的第60位上升至2018年的第57位，再上升至2019年的第52位。

---

* 单祖华，中国驻印度大使馆科技秘书；柏杰，西安交通大学管理学博士，清华大学博士后，副研究员，中国驻印度大使馆科技参赞。

一　主要举措

保持科技投入强度。2017～2018财年印度中央政府科技投入3744亿卢比（约合370亿元人民币），同比增长10%。其中科技部预算1150亿卢比、空间研究组织909亿卢比、原子能局1246亿卢比、地球科学部172亿卢比。2018～2019财年科技部预算1232亿卢比、空间研究组织1078亿卢比、原子能局1397亿卢比，继续保持增长态势。印度科技部发布的《研发统计报告2017～2018》最新数据显示，2014～2015年印度全社会研发投入为8532亿卢比，占GDP的比重为0.69%。预计2017～2018年全社会R&D投入达到1.1万亿卢比。

启动信息物理系统跨学科研究计划。印度总理莫迪强调信息物理系统（Cyber-Physical Systems）在全球快速发展，必须给予高度重视。2018年底，印度内阁正式批准实施信息物理系统跨学科国家计划（NM-ICPS），5年内投入366亿卢比，推动信息物理系统及相关科技的发展与应用、人才培养、技能提升、创新创业等，涉及的领域包括人工智能、物联网、机器学习、深度学习、大数据分析、机器人、量子计算、量子通信、量子加密、网络安全等。计划将采用“中心—辐射”模式，将全印度的有关中央部委、地方政府、高水平研究机构、企业、初创企业等连接起来，建设15个技术创新中心、6个应用创新中心和4个技术转化研究园。

着手启动“深海使命”计划（Deep Ocean Mission）。印度总理莫迪强调，海洋经济对印度的可持续发展至关重要，实施“深海使命”计划是保障印度繁荣和安全的关键措施。印度地球科学部正在谋划启动“深海使命”计划，预算可能高达1000亿卢比，以提升印度在勘探、开发和利用海洋资源领域的科技竞争力和国际地位。

加快实施国家超算计划。印度于2015年启动国家超算计划，计划投入450亿卢比建设50个超算中心，但进展缓慢。2017年，首批5个超算中心布局确定，分别为尼赫鲁大学、位于班加罗尔的印度科学研究院（IISc）、印度理工学院卡拉格普尔校区、印度理工学院坎普尔校区和位于普纳的国际信息技术研究所。

积极实施国家创新发展与治理计划。计划投入 20 亿卢比建设 100 个孵化器，官方已支持孵化器 146 个，认定初创企业 2000 多家，近 20 万人申请了创新创业培训。投入 9 亿卢比在印度理工学院建设研究园。生物技术产业研究支持委员会（BIRAC）五年来支持 618 个项目、850 个初创企业和 20 个孵化器。出台政策将初创企业专利申请费降低 80%，鼓励初创企业创新创业。推出农业创业扶持项目，支持智能农业、食品创新技术、农业物联网技术等领域科技型企业。

大力实施人才引进培养计划。2017 年正式启动“先进合作研究访问学者计划”（VAJRA），拟支持 1000 名印人印侨科学家以访问学者或兼职教师身份来印工作 1～3 个月，每月薪酬 1 万～1.5 万美元，已择优支持了 100 多名。2012～2017 年，共有 649 名印度科学家回印度，是上一个五年的近 3 倍。实施海外博士奖学金计划，支持博士到海外接受不超过一年的培训，每月奖学金 2000 美元。启动教师卓越研究计划，支持 500 名青年教师与印度国家级科研机构合作开展科学研究，每人每年提供 500 万卢比科研经费。新设立杰出研究者奖，奖励在参与政府科研项目中表现优秀的年轻科学家。新启动 MANAK 项目培养中学生的科技创新兴趣，3 万名中学生获得奖励。

推进成果转化和军民科技融合发展。加快公立科研机构科研成果市场化，2017～2018 年合同金额达 25 亿卢比。印度科学与工业研究理事会采取严格专利审查、支持创业、设立创新基金等措施，加速专利商业化。据印度科技部称，该理事会专利商业化率为 13.3%，全球平均水平为 3% 至 4%。印度空间研究组织建设创新分中心，作为其技术商业化和创业基地。印度国防部设立国防创新基金，由印度军工企业出资，启动资金 10 亿卢比，同时接受政府拨款和社会捐款，旨在加强与相关产学研机构的合作，促进防务创新和技术开发。

发布印度创新指数。印度国家转型委员会（NITIAayog）、产业政策和促进局（DIPP）和印度工业联合会（CII）启动印度创新指数工作，将对印度各邦创新情况进行排名，推动地方政府加大科技创新力度。

推动科研便利化。从2018年着手建设印度科技门户网（India S&T Portal），为学生、科学家乃至全社会打造一站式科技项目和活动信息平台。科学与工程研究委员会（SERB）支持的所有基础研究项目全部实现网上办理，惠及数千名科学家。支持大学生从事科研的INSPIRE计划实现网上办理和无纸化，惠及十多万名学生。支持高校改善科研设施的FIST计划也引入了网络系统。推动高水平科研设施共享的网络系统建设完成。

二　重点领域发展动态

空间技术继续保持快速发展势头。2017年极轨卫星运载火箭（PSLV）搭载104颗卫星发射成功，创造新的世界纪录；积极研发造价为传统运载火箭1/10的小型运载火箭，抢占微型卫星发射市场；地球同步卫星运载火箭（GSLV-Mk）重载火箭成功试射；“南亚通信卫星”发射成功，将供印周边国家无偿使用；“无畏”巡航导弹第五次试射成功，加入“先进亚音速巡航导弹俱乐部”；双层反导系统再次成功完成拦截测试，标志着印度成为世界反导大国；发布新的星空探测战略，计划2021～2022年向火星发送着陆器、向金星发射轨道飞行器；成立贾杜古达（Jaduguda）科学实验室，参与全球寻找暗物质竞赛。2018年，探月与载入航天工程进展顺利，月船二号探月器着陆系统试验成功，GSLV-Mk重载火箭再次成功试射；批准名为“加冈扬”（Gaganyaan）的载人航天计划，总预算1000亿卢比，预计于2022年将3名宇航员送上太空并停留7天。

新能源研发投入不断加大。2017～2018年，瞄准2020年可再生能源发电能力达到175吉瓦的目标，出台可再生能源规划，对未来三年太阳能和风能项目发展制订时间表。加快太阳能发展，实施太阳能技术使命计划，太阳能电价降至3卢比每千瓦时，成为印最廉价新能源，全印太阳能装机容量达20吉瓦。支持锂电池和电动汽车研发，实施“2020年国家电动机动车任务”，2016～2017年将补贴电动汽车制造商17.5亿卢比，希望到2030年达到全国车辆100%电动化目标。启动储能材料研究计划，支持18个项目。8个甲醇研发生产项目获得支持。

生物医药取得新突破。提出到2020年将印度建成世界生物技术创新中心新目标，新建海洋天然产物与药物、药物发现与疗法等国家研究设施。登革热疫苗获得临床试验许可，有望于2020年研制成功，各年龄段人群一次接种即可预防全部四种登革热病毒。投入75亿卢比启动印度结核病研发合作计划，整合全球相关资源研发结核病诊断技术、新药品和疫苗。培育出低血糖生成指数水稻改良品种，适合糖尿病患者食用。抗败血症抗炎药、银屑病治疗药物等研究取得新进展。

信息科技加快追赶步伐。谋划启动量子计算研究计划（QuST），2018年首批征集了50个研究项目建议。投资15亿卢比建设关键基础设施网络安全与网络防御跨学科中心。投入500万美元开发电子政务区块链。加快新一代通信应用，与华为等公司合作开始推广应用5G移动通信技术。谋划发展人工智能，2018年先后发布《人工智能特别小组报告》和《人工智能国家战略讨论稿》，着力消除各界对人工智能威胁就业的疑虑，统一思想。许多初创企业开始利用人工智能技术解决印度医疗资源匮乏等问题。积极打造全球最大的身份认证生物识别数据库，目前印度政府已收集了12亿印度公民的Aadhaar数字身份识别数据，包括指纹和虹膜，印度政府允许开发者整合这些认证数据。启动“开放车间”（OpenForge）项目，打造一个基于开放数据和标准、开源开发电子应用程序的平台。

智慧城市建设稳步推进。2018年印度智慧城市国家计划完成了100个智慧城市的遴选工作，计划到2022年前中央和地方政府向每个城市投入100亿卢比财政资金支持，完善这些城市的水资源、环境、交通、住宅、新能源、信息网络等核心基础设施，为城市可持续和普惠性发展提供智能化解决方案。各智慧城市设立国营商业运营机构，全面负责智慧城市国家计划项目的实施和运营，并通过PPP等模式筹措所需资金。

环保科技渐受重视。启动建筑能效提升计划，首批支持了31个节能建筑设计、建设与运营项目。积极推进雾霾污染溯源和形成机制研究，开展绿色烟花、秸秆利用等技术研发。研发碳封存新技术，将燃煤锅炉排出的二氧化碳转化为苏打。实施水科技计划，支持研发了除砷纳米材料、生物沙石过滤技术、大气水捕获技术、铬比色检测器等一批经济适用的水质检测和水处理技术。开展电子垃圾污染调查研究，建筑垃圾利用科技在12家企业获得推广。

传统医学亮点纷呈。莫迪总理为全印阿育吠陀研究所（AIIA）揭幕，呼吁复兴印度传统医学。印度科技部启动了瑜伽和冥想科技计划项目。研发出控制血糖草药片Diamedica，通过审批认证正式上市，可大幅降低糖尿病患者治疗费用。研发基于印度醋栗（Amla）的草药制剂，具有治疗阿尔茨海默病的潜力。印度国家研究开发公司向私人企业转让3项阿育吠陀药物技术，分别可治疗糖尿病、类风湿和关节炎。

三　国际科技合作情况

2017～2018年，印度共开展了250个联合研究项目、30个联合研讨会、700多人次人员交流。

积极与科技大国开展合作。与美国启动美印智能配电存储系统合作项目（UI-Assist），每年各出资150万美元，整合智能电网、能量存储和新能源研究，促进新能源在公共电力系统中的应用。与欧盟在水净化、污水处理等涉水领域征集了一批新的合作研究项目。与俄罗斯签署《科技领域开展合作的备忘录》，明确通过联合开展科技会议、科学活动、科学项目、人员交流等方式加强合作，并在基础研究领域及环境、制造及材料、海洋等应用领域实施了一批合作项目。与英国合作继续推进牛顿—巴巴计划，签署《建立农作物科学合作中心谅解备忘录》，联合在印建立农作物科学合作中心，并实施农作物科学联合奖学金计划，促进英印相关领域博士和博士后合作与交流；联合启动“日出计划”，加快研制可打印的低成本光伏材料，英国全球挑战研究基金（GCRF）出资800万英镑；各投入500万英镑联合建设印英清洁能源虚拟中心；英国罗尔斯－罗伊斯公司计划在印度班加罗尔建设航空发动机技术中心，研发生产航空发动机。与德国在印合作建设生命科技技能培训中心。与加拿大在先进制造、清洁能源、智能电网及食品与农业领域征集了一批合作研究项目。与荷兰各出资5720万卢比，开展城市生活污水处理、重金属检测与消除等多项清洁水技术研究。与日本探讨合作探索月球。与澳大利亚签署协议加强海洋科技合作。与韩国合作在信息物理系统、人工智能、农业物联网领域新建2个印韩联合网络中心。

加强对发展中国家的科技援助。加大技术与经济合作计划（ITEc）实施力度，2017～2018财年向161个发展中国家提供300多种技术培训课程、10500个奖学金名额。积极利用不结盟运动及发展中国家科技中心（NAMS & TCentre）、环孟加拉湾多领域经济技术合作倡议（BIMSTEC）推动与有关国家的科技交流合作。与阿富汗签署空间技术合作备忘录，双方计划在农业天气预报、电信、环境卫生、城市发展、遥感与导航等领域开展空间技术应用合作。向马尔代夫、毛里求斯等印度洋相关国家捐赠海岸雷达系统。

积极牵头和参与多边科技合作。加快推进国际太阳能联盟（ISA）建设，60个国家签署了框架协议，32个国家批准加入；已与UNDP、世界银行、气候议会等国际组织签署合作协议；启动实施了太阳能规模化应用计划和规模化项目实惠金融计划，将提供14亿美元贷款用于支持15个发展中国家的27个太阳能项目；2018年举行ISA成立大会和太阳能峰会。在第二届创新使命部长级会议（MI-2）创新挑战中与相关国家牵头组织7项挑战中的“智能电网”和“离网电力供应”2个项目。

四　中印科技创新合作情况

（一）金砖国家合作框架下的中印科技合作

中印积极参与金砖国家合作框架下科技创新合作，第4届、第5届金砖国家科技部长级会议分别于2016年、2017年在印度和中国举行，发布了《斋普尔宣言》、《杭州宣言》、《金砖国家创新合作行动计划》和《金砖国家

2017～2018科技创新工作计划》。两国还分别举办了传统医学、创新创业、新能源与可再生能源、天文等多个领域的研讨会、工作会和技术转移项目路演对接活动。在金砖国家联合研究项目框架下，中印科学家在新能源、可再生能源和能效、信息技术与高性能计算等多个领域开展了一批联合研究项目。

（二）中国—南亚科技伙伴计划下的中印科技合作

在第二届、第三届中国—南亚技术转移与创新合作大会上，共同举办了中国—印度技术转移对接专场活动，签署了多项合作协议。云南省科学技术情报研究院（中国南亚技术转移中心）与印中贸易中心签署合作协议，共建中印技术转移中心；双方已在新德里举办了3届中印技术转移、创新合作与投资大会，为中印技术转移与创新合作营造了积极氛围。第三届中印技术转移、创新合作与投资大会于2018年12月在印度举办，亚欧科技创新合作中心与中印技术转移中心签署合作谅解备忘录，中印企业间签署多项合作备忘录。

（三）清洁能源部长级会议及创新使命部长级会议下的中印科技合作

2017年第八届清洁能源部长级会议及第二届创新使命部长级会议在中国举行，发布了创新挑战项目，中国、印度、意大利联合牵头了创新使命机制下的智能电网创新挑战，联合其他17个国家和地区，共同打造未来电网；2016～2018年分别在中国、印度、瑞典召开了三次专家研讨会，形成了《北京宣言》《新德里宣言》，发布了《智能电网创新挑战国别报告2017》《厄勒海峡联合声明和建议》，启动了储能系统等6个专项任务。

（四）中印地方政府与民间科技交流合作

2017～2018年，印度软件和服务业行业协会（NASSCOM）分别与大连市、贵阳市政府签订合作协议，建设IT走廊，在物联网、大数据等领域开展合作。2017 年，深圳股票交易所赴印度开展跨境资本平台对接活动，印度本土科技创业项目通过直播与深圳 30 家专业投资机构集中对接，并向中国近 4000 家投资机构专题展示。深圳证券交易所将利用“科技型中小企业成长路线图计划 2.0”平台，通过网上路演、网下对接，促进中印两地创新资本的有效对接。阿里、腾讯、IDG 等中国高科技企业和风投资本不断加大对印初创科技企业投资。由在印中资企业筹办的中印互联网对话大会轮流在新德里和北京成功举办了三届，推动中印互联网企业和创投机构广泛深入开展合作。2017 年，中资企业投资的首个中印互联网企业孵化器在新德里设立。2018 年，临沂市拓普公司与印度阿盖尔公司、萨姆科技学院签署科技、人才合作协议，并在萨姆科技学院建设了中印联合研发中心。

参考文献

Annual Report 2017 – 2018 (2018), Department of Biotechnology, Ministry of Science and Technology, Government of India, New Delhi.

Annual Report 2017 – 2018 (2018), Department of Science and Technology, Ministry of Science and Technology, Government of India, New Delhi.

Indian Technical & Economic Cooperation (ITEC) Civilian Training Programme 2017 – 2018 (2017), Ministry of External Affairs, Government of India, New Delhi.

National Strategy for Artificial Intelligence (Discussion Paper) (2018), NITI Aayog, Government of India, New Delhi.

Report of the Artificial Intelligence Task Force (2018), the Artificial Intelligence Task Force, Ministry of Commerce and Industry, Government of India, New Delhi.

Research & Development Statistics 2017 – 2018 (2017), National Science & Technology Management Information System, New Delhi.

Union Budget of India 2018 – 2019 (2018), Government of India, New Delhi.

B.12
中国科技创新发展报告（2019）

贠涛　赵新力*

摘　要： 2006年，中国制定了2020年进入创新型国家行列的目标。2015～2019年，中国科技创新竞争力继续稳步提升，在金砖国家中相对领先。全球创新指数（GII）显示，中国的国家科技创新竞争力的全球排名从2017年的第22位上升至2019年的第14位。3年来，中国的创新型国家建设继续显著进展。科技体制机制改革不断深入，科学风气和氛围的营造不断加强，研发经费投入不断增长，取得了一批具有代表性的重大成果，科技成果的转化更加高效，为中国经济动能转换起到了支撑和引领作用。近年来，中国继续积极参与和推动国际科技创新合作，特别是在金砖国家框架及双边框架下与金砖各国密切合作，科技人文交流、合作机制体制建设、各领域合作研究等方面开展了扎实工作，为人类命运共同体的构建贡献了科技力量。

关键词： 金砖国家　中国　科技创新

一　中国国家创新竞争力评价

2019年7月，世界知识产权组织在印度新德里发布2019年全球创新指

* 贠涛，理学博士，中国科学技术交流中心助理研究员，研究领域为科技创新发展战略、科技项目管理、国际科技合作；赵新力，工学博士，中国科技部二级专技，中国科学技术交流中心研究员，博士生导师，研究领域为管理科学与工程、信息管理。

数（GII），中国列第 14 位。[①] 彭博社 2020 年发布的《全球创新指数国家 TOP 排行榜》中，中国居第 15 位。[②] 在 IMD 发布的 2019 年世界竞争力排名中，中国列第 14 位。[③] 世界经济论坛于 2019 年 10 月发布的《2017～2018 年全球竞争力报告》中第十二项创新指标中，中国居第 24 位。[④]

表 1　2015～2019 年中国国家创新竞争力评价

评价体系＼年份	2015 年	2016 年	2017 年	2018 年	2019 年
全球创新指数(GII)	29	25	22	17	14
世界竞争力排名	22	25	18	13	14
全球创新指数国家 TOP 排行榜	21	21	19	16	15
全球竞争力报告	31	30	28	24	24

图 1[⑤] 显示了 2014 年以来中国的国家创新竞争力在金砖国家中的排名情况及分值。表 2 对中国未来 5 年的创新指数做出了预测。

从综合排名情况来看，2014～2019 年的 5 年间中国国家创新竞争力综合排名始终在金砖国家中处于第 1 位，处于稳定领先地位。从得分看，2019 年中国国家创新竞争力得分为 55.08 分，比全球 129 个国家或经济体的平均分高 21.22 分，为金砖国家最高分，比金砖国家平均分高 15.65 分。与 2017

① 苏米特拉·杜塔（Soumitra Dutta）、布吕诺·朗万（Bruno Lanvin）、萨沙·温施－樊尚（Sacha Wunsch-Vincent）：《2019 年全球创新指数：打造健康生活——医学创新的未来》，日内瓦，康奈尔大学、欧洲工商管理学院和世界知识产权组织，2019。

② http://tieba.baidu.com/photo/p?kw=%E5%9F%8E%E5%B8%82gdp&flux=1&tid=6463633933&pic_id=1fa4c1fb43166d22803bb6ef512309f79152d2d9&pn=1&fp=2&see_lz=1&red_tag=m0093859975#!/pid1fa4c1fb43166d22803bb6ef512309f79152d2d9/pn1。

③ IMD World Competitiveness Yearbook 2019, Institute for Management Development, Lausanne, Switzerland.

④ World Economic Forum, The Global Competitiveness Report 2001 – 2002, Geneva: World Economic Forum, 2017.

⑤ 李建平、李闽榕、赵新力主编《二十国集团（G20）国家创新竞争力发展报告（2016～2017）》，社会科学文献出版社，2017；苏米特拉·杜塔（Soumitra Dutta）、布吕诺·朗万（Bruno Lanvin）、萨沙·温施－樊尚（Sacha Wunsch-Vincent）：《2019 年全球创新指数：打造健康生活——医学创新的未来》，日内瓦，康奈尔大学、欧洲工商管理学院和世界知识产权组织，2019。

年相比提升 3.36 分。未来 5 年的预测结果显示中国的综合创新指数将继续稳定增长，2023 年的综合指数有望再次突破 60 分。

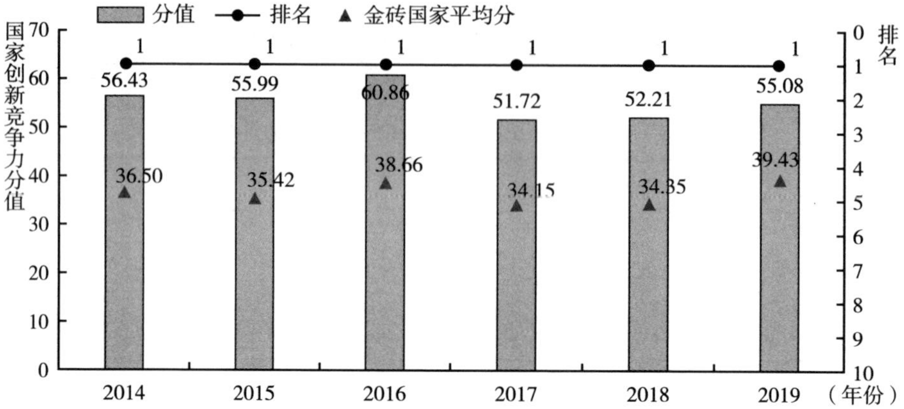

图 1　2014 ~ 2019 年中国国家创新竞争力得分和在金砖国家中的排名变化趋势

综合全球其他主流科技创新评价体系的评估结果，中国的科技创新竞争力排名在 2015 ~ 2019 年继续上升。在 G20 成员国中，中国科技创新竞争力排名持续提升，在 2019 年度是唯一进入前 10 位的发展中国家，居第 5 位。

表 2　中国创新指数预测

	2020 年	2021 年	2022 年	2023 年	2024 年	2025 年
创新指数	55.4	56.97	58.52	60.09	61.65	63.21

二　中国科技创新进入新时代

2017 年以来，中国发生的对科技创新影响最大的事件是中国共产党第十九届全国代表大会的召开。十九大对中国建设创新型国家提出了明确要求，即突出科学技术创新对经济、民生以及美丽中国等经济社会各方面建设的支撑引领作用。为中国科学技术创新的下一步发展指明了前进方向，为科学技术创新赋予了新的历史使命。

十九大以来，中国科学技术创新工作始终自觉践行习近平新时代中国特色社会主义思想，在习近平关于科技创新的重要论述指导下不断前行。科技工作的方向、任务的确定、部署坚持从国家战略目标的高度出发。以建设世界科技强国为奋斗目标，科技创新工作符合中国国情及实际特点，贯彻创新、协调、绿色、开放、共享的发展理念，一以贯之地实施创新驱动发展战略。新时代的中国科技创新包括以下突出特点。

第一，科技创新能力全面增强。十九大提出在实现“第一个百年奋斗目标”后分两个阶段全面建成社会主义现代强国：一是基本实现社会主义现代化（2020～2035 年）；二是建成富强、民主、文明、和谐、美丽的社会主义现代化强国（2035 年到 21 世纪中叶）。与伟大祖国同步发展的中国科技创新事业在进入创新型国家行列后的未来发展也分为两个阶段：一是跻身创新型国家前列（2030 年）；二是建成世界科技强国（2050 年）。

第二，科技创新以人民为中心。十九大报告明确了新时代中国社会主要矛盾为“人民日益增长的美好生活需要和不平衡不充分的发展之间的矛盾”，这是关系全局的历史性变化。对发展的全面性、协调性、可持续性提出了更高要求。科技创新工作聚焦主要矛盾转化，从融入经济主战场转向全面融入经济、社会、文化、生态文明等国家发展各领域，把以人民为中心的发展思想落到实处，为人民不断创造美好生活、实现共同富裕提供更加全面、更加及时、更加精准的科技支撑，不断增强人民群众获得感、幸福感。

第三，科技创新发展坚持高质量，科技创新对经济社会各方面的支撑引领作用全面增强。十九大指出，中国经济“处于转变发展方式、优化经济结构、转换增长动力的攻关期”。高质量的发展依赖现代化的经济体系，而经济发展质量效率的提升、动力的转换依赖的是科技创新的支撑引领。充分发挥科技创新作用，尽快取得重大创新突破，发展科技创新、实体经济、现代金融、人力资源协同推动的产业体系，提升科技成果转化效率，为深化供给侧结构性改革、实现高质量发展厚植根基。

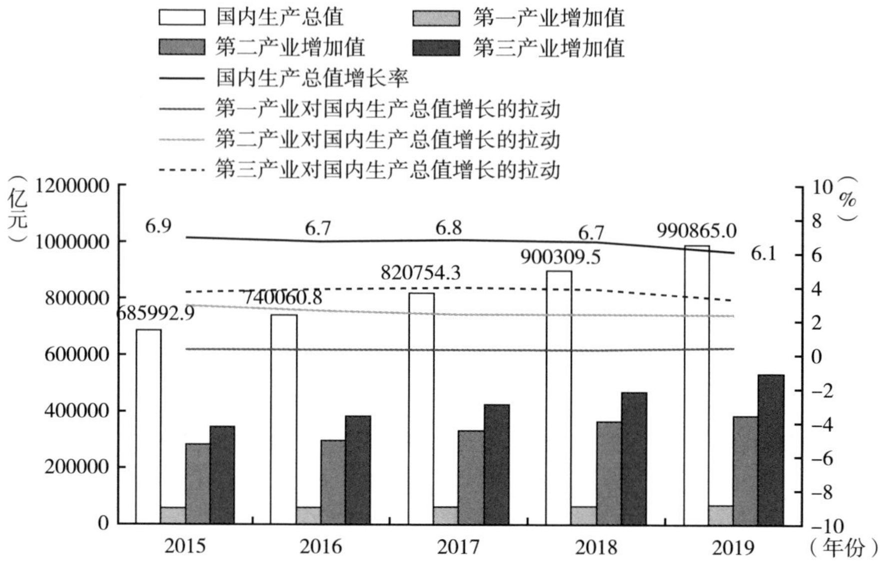

图 2　2015～2019 年中国国内生产总值变化趋势

数据来源：中华人民共和国国家统计局。

随着中国经济发展进入“新常态”，经济发展质量更高、经济结构更趋优化，中国的科技创新投入也迈向了更高水平。

2017 年，中国全社会研究与试验发展经费支出 17606.1 亿元，较上年增加 1929.4 亿元，同比增长 12.3%，提高了 1.7 个百分点。研发投入强度（研发投入与国内生产总值之比）为 2.16%，比上年提高 0.04 个百分点。

在 2017 年全社会 R&D 经费投入结构中，活动类型方面，国家试验发展投入 14781.4 亿元，同比增长 11.6%；应用研究投入 1849.2 亿元，同比增长 14.8%；基础研究投入 975.5 亿元，同比增长 18.5%。三者分别占全社会 R&D 经费总投入的 84.0%、10.5% 和 5.5%。从活动主体看，各类企业研发支出 13660.2 亿元，同比增长 12.5%；政府所属研究机构支出 6725.7 亿元，投入强度为 1.65%，比上年提高 0.14 个百分点。

2017 年，全国财政科技研发支出 8383.6 亿元，同比增长 8%；占 2017 年全国财政支出的 4.13%，与上年持平（见图 3）。其中，中央财政科技支出 3421.5 亿元，同比增长 4.7%，占比 40.8%；地方财政科技支出 4962.1 亿元，同比增长 10.5%，占比 59.2%。

图 3　2009～2017 年中国国家财政科技投入情况

数据来源：中华人民共和国国家统计局。

2018 年，中国主要科技创新指标稳步提升。全社会研究与试验发展（R&D）经费支出达到 1.97 万亿元，占 GDP 比重为 2.19%，超过欧盟 15 国平均水平。研发人员总量达到 418 万人年，居世界第 1 位。国际科技论文总量和被引次数稳居世界第 2 位；发明专利申请量和授权量居世界首位。高新技术企业达到 18.1 万家，科技型中小企业突破 13 万家，全国技术合同成交额为 1.78 万亿元。科技进步贡献率为 58.5%，国家综合创新能力居世界第 17 位。

2019 年全年研究与试验发展（R&D）经费支出 2.17 万亿元，比上年增长 10.2%，与国内生产总值之比为 2.19%，其中基础研究经费 1209 亿元。国家科技重大专项共安排 234 个课题，国家自然科学基金共资助 45192 个项目。截至 2019 年底，正在运行的国家重点实验室 515 个，累计建设国家工程研究中心 133 个，国家工程实验室 217 个，国家企业技术中心 1540 家。国家科技成果转化引导基金的资金规模已达 313 亿元，目前已经累计设立 21 只子基金。国家级科技企业孵化器 1177 家，国家备案众创空间 1888 家。

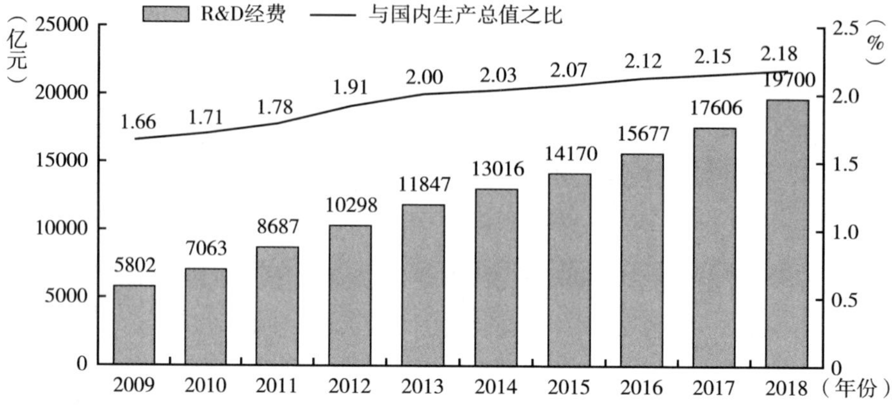

图 4　2009 ~ 2018 年中国 R&D 经费投入情况

数据来源：中华人民共和国国家统计局。

全年境内外专利申请 438.0 万件，比上年增长 1.3%；授予专利权 259.2 万件，增长 5.9%；PCT 专利申请受理量为 6.1 万件。截至 2019 年底，有效专利 972.2 万件，其中境内有效发明专利 186.2 万件，每万人口发明专利拥有量 13.3 件。全年商标申请 783.7 万件，比上年增长 6.3%；商标注册 640.6 万件，增长 27.9%。全年共签订技术合同 48.4 万项，技术合同成交金额 22398 亿元，比上年增长 26.6%。

表 3　中国科技创新主要指标

指标		2015 年	2016 年	2017 年	2018 年	2019 年	2020 年目标
1	国家综合创新能力世界排名(位)	18	17	17	17	14	15
2	科技进步贡献率(%)	55.3	56.2	57.5	58.5	59.5	60.0
3	研究与试验发展经费占 GDP 比重(%)	2.10	2.12	2.16	2.19	2.19	2.50
4	每万名就业人员中研发人员(人年)	48.5	50.0	52.0	—	—	60.0
5	高新技术企业营业收入(万亿元)	22.2	—	—	—	—	34.0

续表

指标		2015 年	2016 年	2017 年	2018 年	2019 年	2020 年目标
6	知识密集型服务业增加值占国内生产总值的比例（%）	15.6	—	—	—	—	20.0
7	规模以上工业企业研发经费支出与主营业务收入之比（%）	0.90	0.90	1.06	1.25	—	1.10
8	国际科技论文被引次数世界排名	4	4	2	2	—	2
9	PCT 专利申请量（万件）	3.05	4.31	4.89	5.33	6.10	6.10
10	每万人口发明专利拥有量（件）	6.3	8.0	9.8	11.5	13.3	12.0
11	全国技术合同成交金额（亿元）	9835	11407	13424	17697	22398	20000
12	公民具备科学素质的比例（%）	6.20	—	—	8.47	—	10

数据来源：中华人民共和国国家统计局、OEDC Main Science and Technology Indicators 2020 – 2、《国务院关于印发“十三五”国家科技创新规划的通知》（国发〔2016〕43 号）。

2017 年以来，随着科技研发投入不断加强，中国原始创新能力不断提升，企业创新活力进一步激发，科技产出成果丰硕，对经济社会发展的支撑引领作用愈发显著。中国的科技创新已具有重要的国际影响力，在全球创新版图中的地位继续提升。在高新技术、基础研究、支撑经济和产业发展、农业与民生方面取得了新进展。

基础研究进一步加强。取得的典型成就有：首次发现铁超导体中的 MyRaNa 束缚态，实现了拓扑量子计算机的重大突破；第一个散裂中子源建成并投入运行；首次在半导体量子点系统中实现了三量子位逻辑门，为集成量子芯片的发展奠定了基础；第一次创建了一个单染色体真核细胞。一些实验在磁约束聚变大型科学装置上取得了突破，这是聚变反应堆实验运行的关键一步。

高技术领域取得重要突破。取得的典型成就有：长征五号遥三运载火箭和高分七号卫星成功发射，长征系列运载火箭发射突破 300 次大关。“嫦娥四号”探测器世界上首次实现月球背面软着陆和巡视探测。固体运载火箭海上发射圆满完成。“雪龙2号”首航南极，正式列装首艘国产航母，首次试航亚洲最大自航绞吸挖泥船“天鲲号”，国产大型水陆两栖飞机首次进行了水上实验飞行。“北斗三号”核心星座部署完成，开始系统提供全球服务。“地壳一号”万米钻机圆满完成松科二井项目目标，并达到7018米的钻探深度。在高精度微重力传感器等元器件方面实现了技术突破，有力地支撑深地探测。

科技创新深度融入经济发展。中高端数控机床功能部件市场占有率大幅提升。集成电路封装关键装备的品种覆盖率达到80%。手机等移动终端系统级芯片的年出货量占全球的28%。新型药物研发实现重大突破，世界第一款抗艾滋病长效融合抑制剂、原创抗阿尔茨海默病新药获批上市。中国首个大型页岩气田——涪陵页岩气田建成投产。规模化应用饮用水质安全保障技术，全国超1亿人因此受益。

科技支撑重大工程和产业升级取得新突破。高铁制造技术与运营迈上新台阶。先进激光制造工艺取得突破，成功研制一批高端激光加工装备。岛隧桥相关科技难题获得重大突破，并且创造了沉管隧道的多项世界纪录，为港珠澳大桥的正式运营提供了有力支撑。

科技支撑农业现代化取得新成效。创建国家农业高新技术产业示范区。七大农作物育种和粮食丰产增效科技创新成果涌现，有力地支撑了国家粮食安全。累计推广3亿亩防治病虫害关键技术，促进作物增产234亿千克，促进农民增收278亿元。在全国累计推广多抗、广适、高产、稳产小麦新种“山农-20”达到8000多万亩。

科技改善民生福祉取得新进展。研究制定关于构建市场导向绿色技术创新体系的指导意见，出台科技支撑污染防治攻坚战的方案。加快建设深圳、桂林、太原等国家可持续发展议程创新示范区。中国成功开展世界上首个全长牙髓再生的临床研究。中国首个植入式人工心脏床试验成功，并成功救治9例终末期心衰患者。国产正电子发射计算机断层显像/核磁共振成像仪（PET/MR）获批上市。

三　中国科技创新现状

（一）科技体制机制改革向纵深推进

中国加快推进创新驱动发展的顶层设计，中央财政科技计划管理改革取得决定性进展，科技成果转化制度障碍得以破除，科技管理基础制度不断完善，企业技术创新能力不断提升，高校和科研院所的源头支撑能力不断增强，科技创新创业体系更加有效地促进大众创业、万众创新，激励创新的法律法规和政策体系加快完善，科技体制改革的整体性、系统性和协同性大大增强，国家创新体系建设取得重要进展。近 5 年以来，全国科技创新大会各项任务全面落地，《国家创新驱动发展战略纲要》加快实施。中央全面深化改革领导小组历年下达的 32 项任务已按时完成 31 项；《深化科技体制改革实施方案》部署到 2020 年要完成的 143 项任务已完成 110 项；以国务院办公厅以上名义印发文件 70 余件，部门出台相关举措超过 400 项。

公开统一的国家科技管理平台基本建成，“一个制度、三根支柱、一套系统”的基本框架已经形成。部际联席会议制度运行良好，特邀咨评委作用充分发挥，全面实行专业机构管理项目制，国家科技管理信息系统成功上线运行，“全程嵌入式”科技监督和评估体系建成，运转机制初步健全，监督保障作用初显。

百项科技计划优化整合工作接近完成，初步建立了新的科技计划体系与项目形成机制。基本确立了新 5 类科技计划所组成的体系，即包括国家科技重大专项、国家重点研发计划、国家自然科学基金、技术创新引导专项（基金）和基地人才项目。首批 42 个重点专项布置了 1300 余项科技项目，涵盖海洋、信息、公共安全、空间等领域，着力解决当前及未来发展面临的科技瓶颈和突出问题，为国民经济和社会发展主要领域提供持续性的支撑和引领。自然科学基金会落实中央财政科技计划改革要求，明确在“五大计划”中更加聚焦基础、前沿、交叉、人才、团队，取消、整合了 13 个类型。

人才专项优化方案和基地整合方案出台实施，科技计划优化整合工作基本完成，新旧计划体系实现平稳过渡。公开统一的国家科技管理平台基本建成，部际联席会议、特邀咨评委、项目管理专业机构、评估监管和动态调整机制、国家科技管理信息系统有效运行。科研经费管理改革取得了显著进展，深入落实《关于进一步完善中央财政科研项目资金管理等政策的若干意见》，重点研发计划、民口科技重大专项等资金管理办法先后出台，《国家自然科学基金条例》加快修订，重点研发计划已启动 48 个重点专项，新的项目形成机制和组织实施方式运行良好。

科研项目资金管理制度不断完善。中共中央办公厅、国务院办公厅于 2016 年 7 月出台了《关于进一步完善中央财政科研项目资金管理等政策的若干意见》，进一步突出资金管理使用的放权、让利、减负，切实让经费服务于人的创造性活动。各部门出台了 20 多项（套）政策和制度，有效保障了改革的顺利实施和新旧计划体系的平稳过渡。国家社会科学基金、国家自然科学基金、高等学校哲学社会科学繁荣计划、重点研发计划等和各地方科研项目资金管理办法相继出台，形成政策组合效应。项目管理全流程公开、透明、可追溯，注重痕迹留存，实现项目申报及实施团队对项目评审立项过程管理的“可申诉、可查询、可追溯”。试点改革举措加快落实。成立国家科技领导小组，科技治理体系更加完善。发布实施关于深化项目评审、人才评价、机构评估改革的意见，建立以质量、绩效、贡献为导向的分类评价体系。发布关于进一步加强科研诚信建设的意见，将科研诚信管理纳入科研管理全流程。围绕“明确资助导向、完善评审机制、优化学科布局”三大任务，制定了系统化的国家自然科学基金改革方案。研究制定优化科研管理、提升科研绩效的若干措施。加快推进减表、解决报销烦琐、精简牌子、检查瘦身、信息共享等 7 项减轻科研人员负担专项行动。有关机构开展的简政放权群众获得感大数据分析显示，为科研人员松绑减负的群众获得感为 94. 58%。深入开展“唯论文、唯职称、唯学历、唯奖项”清理行动，切实扭转不合理的评价制度。

进一步促进科技资源的开放共享。科学数据管理办法发布实施，科学数据规范管理、公开共享得到加强。开展了对重大科研基础设施、大型科研仪器设备的共享评估。新购科研仪器设备再评价制度初步建立。京津冀科技资源互联共享稳步推进。

深入全面落实成果转移转化政策。科技和金融结合、投贷联动试点深入开展。对于承担着国家重大项目的企业的成果转化、产业化融资提供支持。国家科技成果转化基金总规模达到313亿元，已经设置21只子基金，放大倍数超过4倍。目前，全国有8个国家科技成果转移转化示范区和435个国家认可的技术转移机构。科技成果转化现金奖励、个人所得税优惠政策出台。

（二）科技人才优势进一步巩固优化

2017年，中国科技人力资源总量继续增长，达到8705万人，比上年增长4.9%，数量规模仍居全球首位。[①] 其中，大学本科及以上学历的科技人力资源总量为3934万人，比上年增长7.1%。全国科技人力资源的整体学历层次逐步提高，学历结构不断改善，并呈现年轻化趋势。高等教育是科技人力资源培养的主渠道，根据国家统计局《2018年国民经济和社会发展统计公报》，2018年，中国普通本专科招生791.0万人，在校生2831.0万人，毕业生753.3万人；研究生教育招生85.8万人，在校研究生273.1万人，毕业生60.4万人。这预示着中国科技人力资源量将持续稳定增加。

中国研究与发展人员（R&D人员）数量持续增加，自2013年首次超过美国以来，一直稳居世界第一，研发人力投入强度与西方发达国家的差距有所缩小。2017年，全国参与R&D活动人员总量有所增长，达到621.4万人，比上年增长6.6%；其中全时人员占67.7%；女性人员占26.7%，数量比上年增长7.5%；研究生学历人员占到总数的21.5%，比2016年（21.0%）有所提高。按全时当量统计。2018年，中国R&D人员总量（全时当量）为438.1万人年，比上年增加34.7万人年，增速为8.6%，比上

① OEDC Main Science and Technology Indicators 2020-2.

年提升了 4.6 个百分点；[①] 2017 年就业人员中 R&D 人员全时当量为 52.0 人年/万人，其中，R&D 研究人员总量（全时当量）也持续增长，达到 174.0 万人年，继续居世界首位，比 2016 年增加 4.8 万人年，增速为 2.8%。R&D 研究人员占 R&D 人员的比重为 43.1%；就业人员中 R&D 研究人员为 22.4 人年/万人。中国 R&D 研究人员全时当量数占全球总量（44 个国家和地区合计数）的比重从 2009 年的 18.5% 上升到 2017 年的 22.5%。[②]

中国 R&D 人员中，从事试验发展的 R&D 人员一直是占比最大的。2018 年，中国 R&D 人员中从事基础研究的为 30.5 万人年，占 7.0%，比 2017 年增加 1.5 万人年，“十三五”以来年均增速 6.83%。从事应用研究的人员为 53.9 万人年，占 12.3%，比 2017 年增加 4.9 万人年，“十三五”以来年均增速为 8.45%。从事试验发展的人员有 353.8 万人年，占比与上年持平，为 80.7%；人员规模比 2017 年增加 28.4 万人年，“十三五”以来年均增速为 5%。

从执行部门来看，中国 R&D 人员主要分布在高等学校、研发机构、企业三大部门。2018 年，中国规模以上工业企业 R&D 人员总量达 298.1 万人年，占全国的 68.0%，所占比例最大，比上年增加 0.2 个百分点。研发机构 R&D 人员总量为 41.3 万人年，占比 9.4%。高等学校 R&D 人员总量为 41.1 万人年，占比为 9.4%。其他部门的 R&D 人员总量为 57.6 万人年，占比为 13.1%。

（三）高等学校和科研机构有力支撑科技创新

1. 高等学校研发体系现状

2018 年，高等学校研发经费达 1457.9 亿元，比上年增长 15.2%。其中，基础研究经费为 589.9 亿元，应用研究经费为 711.5 亿元，试验发展经费为 156.5 亿元。2016 年全国基础研究经费中，高等学校占 52.5%；应用研究经费中，高等学校占 32.8%。同时，政府资金是高等学校研发经费的最大来源，2016 年，高等学校研发经费中，政府资金为 687.8 亿元，企业

① 数据来源：中华人民共和国国家统计局。

② OEDC Main Science and Technology Indicators 2020 - 2022.

资金为310.5亿元，国外等其他资金共73.9亿元，分别占高等学校研发经费的64.1%、29.0%和6.9%。

高等学校研发人员持续增加，2018年，高等学校研发人员全时当量为41.1万人年，比上年增长7.6%，占全国研发人员的9.4%。从研究类型来看，高等学校投入基础研究人员19.1万人年、应用研究人员19.7万人年、试验发展人员2.3万人年。2016年，全国科学研究人员中，高等学校占14.6%。高等学校研发人员中，博士毕业人员24.8万人，占29.1%；硕士毕业人员34.6万人，占40.6%。

2018年，高等学校发表科技论文139.0万篇，比2017年增长6.3%；出版科技著作44794种，比2017年下降1.7%。专利申请量达32.1万件，比2017年增长15.6%，其中，发明专利申请数为19.2万件。高等学校专利授权量为19.3万件，比上年增长13.8%，其中，发明专利授权量为8.0万件。

2. 科研机构研发体系现状

2018年，全国研究与开发机构数量达3306个，其中中央直属机构717个、地方机构2589个。研发经费达2691.7亿元，比上年增长10.5%。其中，基础研究经费为423.1亿元，应用研究经费为792.1亿元，试验发展经费为1476.5亿元。全国基础研究经费中，研究与开发机构占41.0%；应用研究经费中，研究与开发机构占39.9%；试验发展经费中，研究与开发机构占9.7%。

研究与开发机构研发人员持续增加，2018年，研发机构研发人员全时当量为41.3万人年，比上年增长1.7%，占全国研发人员的9.4%。从研究类型来看，研发机构投入基础研究人员8.5万人年、应用研究人员14.7万人年、试验发展人员18.0万人年。研发机构的研发人员中，博士毕业人员7.9万人，占17.6%；硕士毕业人员15.6万人，占34.7%。

2018年，研究与开发机构发表科技论文17.6万篇，出版科技著作5722种。专利申请量达6.1万件，比上年增长9.1%，其中，发明专利申请数为4.8万件。研究与开发机构获得3.7万件专利授权，较上年增长了4%，其中2.3万件发明专利授权。

（四）企业科技创新发展迅猛，技术交易日益活跃

实施国家技术创新工程有力支撑、引领经济高质量发展，培育了经济发展新动能。《“十三五”国家技术创新工程规划》发布，促进了中国企业创新能力提升，一批具有全球影响力的创新型企业崛起，业务范围涵盖无人机、云计算、电子商务、人工智能、智能终端、互联网金融等领域。技术创新的国际化水平不断提升。市场导向的技术创新资源配置格局已经初步形成。华为、中兴、腾讯等一批企业成为具有世界影响力的创新型领军企业。《福布斯》2018 年全球最具创新力百强企业中有中国 7 家公司。

2018 年，全社会研究与试验发展（R&D）经费支出 1.97 万亿元，其中企业研发经费支出占比超过 76.6%；企业研发人员占比达到 78%；企业获得发明专利授权 19.0 万件，占国内发明专利授权量的 68.7%。2018 年，企业创新能力持续增强，全国共拥有 13.6 万多家高新技术企业，企业缴税超过 30 万亿元，研发投入、发明专利授权量比重分别超过 50%、40%，提供超过 2500 万个就业岗位。截至 2019 年，依托企业在重要领域建设国家技术创新中心 2 个，国家重点实验室 435 个、国家工程技术研究中心 361 个，在孕育重大原始创新、推动科技成果转化和解决国家紧迫需求等方面提供了重要支撑。

2018 年，科技部与全国工商联印发的《关于推动民营企业创新发展的指导意见》、科技部与国资委联合印发的《关于进一步推进中央企业创新发展的意见》、国家开发银行制定下发的《国家开发银行支持科技创新发展工作的意见》、国家开发银行与科技部联合印发的《关于推进开发金融支持重大科技创新项目实施有关工作的通知》等一系列政策出台。企业在全国技术创新中的主体位置进一步巩固，企业的创新能力提升明显。企业的研发投入、研究人员和发明专利在总体中的比重均超过 70%。自党的十八大以来，中央企业研发经费占主营业务收入比重稳中有升。国家科技成转化引导基金累计设立 14 只创业投资子基金，中央财政投入 56 亿元，引导地方政府、金融机构、民间资本投资规模达 247 亿元。

创新型企业在特高压输变电、北斗导航、核电、高速铁路、移动通信、电动汽车、杂交水稻等方面突破一批重大关键技术。全球研发投入最高的2500家企业中，中国有438家，居全球第2位。中兴、华为在全球PCT专利申请量最大的公司中高居第1位、第2位。

2018年上半年，全国技术市场共签订技术合同134012项，成交金额5855.9亿元，较上年同期增长43.8%。从合同类型看，技术开发、技术服务、技术咨询合同增量迅猛，增长率分别为46.5%、49.9%和44.4%。4种合同成交额从大到小依次为技术服务合同、技术开发合同、技术转让合同和技术咨询合同，成交金额分别为3033.4亿元、2064.7亿元、576.1亿元和181.8亿元。

从技术领域看，排名前三位的领域依次分别为电子信息技术、现代交通技术、先进制造技术，成交额分别为1685.2亿元（同比增长21.5%）、853.2亿元（同比增长73.2%）、785.2亿元（同比增长154.8%）。新材料及其应用领域技术合同大幅增加，成交额为202.1亿元，增长150.5%。航空航天，环境保护与资源综合利用，城市建设与社会发展，新能源与高效节能，生物、医药和医疗器械技术领域都有不同程度的增长。核应用和农业技术领域成交额有所下降。

从技术交易主体看，企业占据技术交易的主导地位更加突出，共输出技术合同97751项，成交额为5340.9亿元，同比增长46.8%，占全国技术合同成交总额的91.2%。

从知识产权类型看，涉及各类知识产权的技术合同55799项，占比为41.6%；成交额为2753.1亿元，占比47.0%，同比增长65.0%。成交额从大到小依次为技术秘密合同、专利合同、计算机软件著作权合同，成交额分别为1604.4亿元、703.3亿元和318.7亿元。

（五）科技监督日趋规范，科研诚信建设不断加强

1. 强化科技监督

中国科学技术部制定发布《2018年科技监督和评估工作计划》，围绕科

技政策规划、科研诚信建设、科技计划、项目和资金及监督体系建设 5 个方面统筹部署开展 31 项工作任务。开展检查瘦身行动，进一步突出监督检查的统筹，大幅精简材料报送，切实为科研人员松绑减负。

科技部、财政部、教育部、中科院、自然科学基金会启动了项目随机抽查工作，按照小于 5% 的比例抽取了 30 个项目，涉及 5 个省市、14 个单位，覆盖国家重点研发计划、国家科技重大专项、国家自然科学基金和国家"十二五"科技计划在研项目，对项目执行和经费使用、法人责任及内控机制、国家科技政策落实、项目管理等内容开展重点检查。对 2014 年国家科技计划管理改革以来国家重点研发计划项目立项专家评审总体情况，特别是疑似打"人情分"和"恶意分"情况进行梳理分析，形成了《立项评审专家打分总体情况初步分析报告》。研究形成《专家评审行为内部评估分析工作方案（草案）》，提出内部评估分析工作目标和原则、范围和内容、分工和实施、结果应用、进度安排等。

2. 完善科研诚信制度

中共中央办公厅、国务院办公厅联合于 2018 年 5 月正式印发《关于进一步加强科研诚信建设的若干意见》，对科研诚信建设做出系统部署。2018 年 11 月，科技部、国家发展改革委等 40 余个部门联合印发《关于对科研领域相关失信责任主体实施联合惩戒的合作备忘录》，对违背科研诚信要求的行为提出 43 条联合惩戒措施。

进一步建立和完善科研诚信管理体系。由科技部和中国社会科学院分别统筹协调和宏观指导自然科学领域和哲学社会科学领域科研诚信的相关工作；明确从事科研活动的各类企事业单位、社会组织等是科研诚信建设的主体责任；明确社会团体应自律自净，科研活动参与者应坚守底线、严格自律。

加强科研活动全流程诚信管理。项目指南编制发布、立项评审、过程管理、综合绩效评价全过程贯彻诚信管理要求；推进科研诚信要求进指南、进合同、进承诺，明确承诺事实和违背承诺的处理要求；对弄虚作假、剽窃抄袭等违规行为予以严肃查处，将严重违背科研诚信要求行为的责任主体记入失信行为数据库；将科研人员的科研诚信状况与科研立项、科技人才计划、奖励等挂钩，对违反科研诚信要求的申报人或单位实行“一票否决”。2018年对申报各类科技计划的18万余人次开展诚信审核。

四 中国与金砖国家科技创新合作现状

当前，科技外交在中国国家总体外交中的地位日益提升，支撑创新驱动发展的效果不断显现，科技对外开放与合作事业迎来新的历史机遇。面对新形势，中国以“一带一路”科技创新合作为引领，积极谋划国际科技创新合作战略布局，努力构建互利共赢的创新能力开放合作体系，全方位融入全球创新网络。2017年5月，科技部发布了《“十三五”国际科技创新合作专项规划》，专项规划对“十三五”期间国际科技创新合作的思路目标、主要任务和重大举措做出了详细阐述，为我国深度参与全球创新治理，提升科技创新国际化水平提供了较为详细的“施工图”。

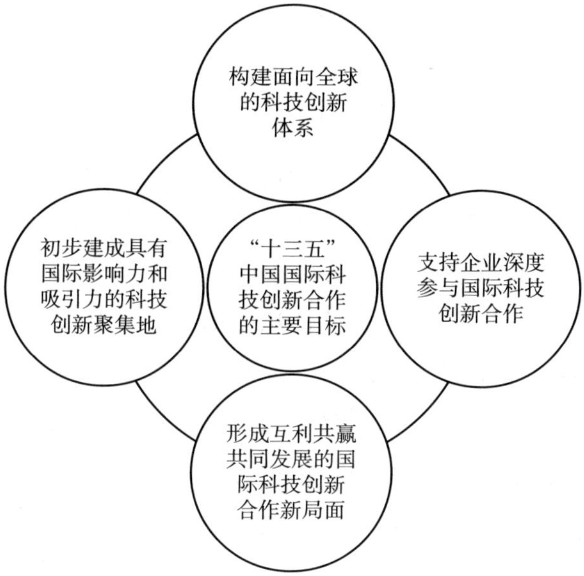

图5 “十三五”期间中国国际科技创新合作的主要目标

资料来源：http：//www.stdaily.com/cxzg90/kjzw/2017-05/15/content_543474.shtml。

（一）“一带一路”创新合作与多边科技合作

“一带一路”国际合作高峰论坛于2017年5月14日在北京召开。习近平主席在论坛期间提出“要将‘一带一路’建成创新之路……搞好‘一带一路’建设要向创新要动力。我们要坚持创新驱动发展，加强在数字经济、人工智能、纳米技术、量子计算机等前沿领域合作，推动大数据、云计算、智慧城市建设，连接成21世纪的数字丝绸之路”。[①] 高峰论坛期间发布了《“一带一路”科技创新合作行动计划》，致力于同“一带一路”共建国家开创科技创新互联互通新局面，具体措施包括：开展与“一带一路”共建国家政策规划对接，落实科技人文交流，推动建设科技创新基地、技术合作平台及联合研究中心（实验室），扩大成熟适用技术培训和成果转移转化；适时启动“一带一路”技术转移与科技园区合作、联合实验室等行动计划，引领国际产能合作迈向新高度。

目前，中国与“一带一路”共建国家之间的4项科技行动（科技人文交流、共建联合实验室、科技园区合作、技术转移）正在稳步推进，成效初显：约500名“一带一路”共建国家青年科学家获得资助来华开展科研工作，举办发展中国家技术培训班培训上万名科技管理人才，中国与东盟、南亚、中亚、阿拉伯、中东欧等国家和地区共同建设技术转移中心、创新合作中心，区域技术转移协作网络初步形成。2018年10月，在苏州召开了“一带一路”能源部长级会议和国际能源变革论坛，中国同各国在共建“一带一路”框架内加强能源领域合作，共同促进全球能源可持续发展。2018年11月，在北京召开了“一带一路”国际科学组织联盟成立大会暨第二届“一带一路”科技创新国际研讨会，沿线各国科学界人士就深化发展战略和科技创新政策合作对接、民心相通、经济社会可持续发展等议题做了深入探讨。数字丝路国际科学计划（DBAR）曼谷国际卓越中心于2018年4月在

① 习近平：《携手推进“一带一路”建设——在“一带一路”国际合作高峰论坛开幕式上的演讲》，人民出版社，2017，第10页。

泰国成立。该计划由中国科学家发起，秘书处总部设在中国科学院遥感与数字地球研究所，将在全球设立 8 个国际卓越中心。曼谷中心是 DBAR 启动的首个国际卓越中心，针对联合国 2030 年可持续发展目标，研究开发空间评估指标体系，并监测“一带一路”可持续发展目标的实现，为可持续发展提供科学支撑。

（二）中国与金砖各国在金砖框架下的多边合作

金砖国家框架下的合作近年来不断深化拓展，已经形成了以领导人会晤为导向、以各有关部门和领域高层会晤为辅助的多领域多层次合作机制。金砖国家框架下的科技创新合作包括三个工作机制：部长级会议、高级官员会议和工作组会议。

2015 年 3 月在巴西利亚召开了第二届金砖国家科技创新部长级会议，讨论 2015 ~2018 年金砖国家科技创新工作计划及建立青年科学家论坛的倡议，签署了《金砖国家政府间科技创新合作谅解备忘录》，并发布了《巴西利亚宣言》。同年 7 月，在俄罗斯乌法召开了金砖国家领导人第七次会晤，会议期间发布了《乌法宣言》及行动计划。该宣言提出，在联合研究、开发设计、高科技产品等领域深化合作研发，致力于缩小与发达国家的科技差距，为当前世界经济面临的挑战寻求解决方案。在此背景下，2015 年 10 月，在莫斯科召开了第三届金砖国家科技创新部长级会议，会议发表了《莫斯科宣言》并且通过了《金砖国家 2015 ~2018 年工作计划》，确定气候变化与减轻自然灾害、污染治理、天文学、地理空间技术及其应用、新能源、可再生能源和能源效率等 19 个优先合作领域，并宣布将联合征集多边研究项目。

2016 年 10 月，在印度斋普尔召开了第四届金砖国家科技创新部长级会议，通过了《2016 ~2017 年金砖国家科技创新行动计划》，同时发布了《斋普尔宣言》，金砖各国承诺使金砖国家科学技术创新合作更加制度化、多元化。金砖国家现已启动 10 个领域的联合研究，其中中国领衔两个领域研究：一是能源、可再生能源和能效；二是信息技术与高性能计算。

2017 年，金砖合作进入第二个“金色十年”，中国任金砖国家主席国，举行了多场重要的多边科技创新活动，进一步强化科技创新部长级会议机制。2017 年 7 月，在中国杭州举行了第五届金砖国家科技创新部长级会议。金砖各国围绕科学技术创新政策、科技园区合作、青年创新创业、青年科学家交流、专题领域联合研究、多方研发项目等形成了多项重要成果，会议期间发布了三份成果文件：《杭州宣言》《金砖国家创新合作行动计划》《金砖国家 2017 ~2018 年科技创新工作计划》。2017 年 9 月 4 日，《金砖国家创新合作行动计划》正式签署，该行动计划致力于推动加强创新合作，推动建立青年创新创业合作伙伴关系、支持科技创新投资及跨境投资、建立园区合作定期交流机制、搭建产学研合作平台，开展研究基础设施和大科学项目合作。

2018 年 7 月，在南非德班召开了第六届金砖国家科技创新部长级会议，发布了《德班宣言》和《金砖国家科技创新工作计划（2018 ~2019 年）》，强调以科技创新促包容增长，更好地共同应对全球经济社会挑战。2018 年 7 月 25 ~27 日，金砖国家领导人第十次会晤在南非约翰内斯堡举行，发布了《金砖国家领导人第十次会晤约翰内斯堡宣言》，将建立金砖国家科技园、技术企业孵化器和中小企业网络作为落实伙伴计划的积极举措，并提出推动落实金砖国家科技项目，建立有效的技术转移机制，更好地应对第四次工业革命挑战。

2017 年 6 月，在天津召开了第三次金砖国家环境部长会议。金砖各国环境管理部门就全球性环境问题、金砖国家环境合作方向等议题展开深入讨论，会议期间发布了《第三次金砖国家环境部长会议天津声明》，并且发布了《金砖国家环境可持续城市伙伴关系倡议》。2018 年 5 月 18 日，以“加强金砖国家在可持续消费与生产背景下的循环经济合作”为主题的第四次金砖国家环境部长会议在南非德班召开，围绕循环经济、海洋经济、生物多样性、综合水资源管理及未来金砖国家环境合作方向等议题进行了讨论，发布了《第四次金砖国家环境部长会议声明》。

金砖国家知识产权局局长会议机制已被列入金砖国家合作部长级会议，金砖五国的知识产权合作保持良好发展势头。2017 年 4 月 6 ~7 日，第八届金砖国家知识产权局局长会议在印度新德里召开。与会各方决定继续举办金砖国家审查员研讨班和中小微企业知识产权管理研讨会，启动金砖国家知识产权网站建设，在知识产权保护和运用领域设立新合作项目。2017 年 10 月，在日内瓦召开了第九届金砖国家知识产权局局长会议，就《外观设计法条约》等国际知识产权事务进行了交流。2018 年 3 月，在成都举行了第十届金砖国家知识产权局局长会议，会议发布了《金砖五局关于加强金砖国家知识产权领域合作的联合声明》，推动金砖国家知识产权发展，在法律法规、知识产权意识提升、人员培训等方面开展信息交流与合作。

第一届金砖国家研究基础设施及大科学计划项目合作工作组会议于 2017 年 5 月 15～16 日在俄罗斯杜布纳召开。各国代表围绕研究基础设施及共享网络建设、大科学项目合作工作组规则、各方基础设施共享清单等内容展开讨论并达成广泛共识。

（三）中国与其他金砖各国在双边框架下的科技创新合作

1. 与俄罗斯的科技创新合作情况

2015 年 10 月，中俄总理定期会晤委员会科技合作分委会第十九届例会举行，会议积极推动两国科研机构就重离子超导同步加速器（NICA）、先进托卡马克装置（EAST）等大科学项目开展合作，加强中俄在核聚变领域的互利合作。中国科技部、中国科学院、俄罗斯教育科学部杜布纳联合核子研究所就中国参与实施大科学项目 NICA 签署四方协议。

2016 年 6 月，中俄创新部门签署了《关于在创新领域开展合作的谅解备忘录》，明确建立中俄创新合作对话机制，共同举办中俄青年创新创业大赛、中俄创新合作论坛，加强中俄科技产业园区间合作，促进双方创新政策交流及创新企业合作。为推动实施创新对话机制，双方成立了中俄创新合作协调委员会，负责领导和协调双边创新领域合作。同年 10 月，在上海举行了中俄总理定期会晤委员会科技合作分委会第二十届例会。两国确定了 2017～2018 年中俄科技交流项目计划。在本次例会框架下，双方联合举办了中俄科技合作圆桌会议。

中俄战略协作伙伴关系的五大组成部分包括“做共同创新的科技合作伙伴”，同时这也是“一带一路”与“欧亚经济联盟”建设对接的重要内容。2017 年 6 月，首届中俄创新对话及系列活动在北京举办。双方围绕科技创新战略与政策、国家创新体系建设、区域创新体系、科技金融与合作、中小微型企业发展、产业聚集政策引导等议题展开深入讨论，签署了《首届中俄创新对话联合宣言》，活动期间发布了《2017～2020 年中俄创新合作工作计划（路线图）》。2017 年 5 月 20～23 日，中俄总理定期会晤委员会环境保护合作分委会第十二次会议在北京召开。双方就加强两国环保政策交流、深化环境领域合作等议题交换意见，肯定了在环境灾害应急联络、跨界水水质监测、生物多样性保护、固体废物管理等方面的合作成果，商定将共同拓展环保合作新领域，携手为推动全球可持续发展做出贡献。同年 9 月，在广州召开了中俄人文合作委员会卫生合作分委会第十七次会议。双方就传染病防控、边境地区卫生防疫合作、灾害卫生应急、中俄医科大学联盟、传统中医药合作、药品流通监督管理等议题展开深入讨论，签署了《中俄人文合作委员会卫生合作分委会第十七次会议纪要》。9 月 27～28 日，中俄气象科技合作第十次正式会议在莫斯科举行。双方签署了《中国气象局和俄罗斯联邦自然资源与生态部水文气象与环境监测局第十次正式会议会谈纪要》，将在气候变化和预测研究、灾害性天气和其他灾害性水文气象现象的数值模拟和预报、人工影响天气、气象通信系统改进、环境污染监测、邻近地区中俄气象部门合作、气象培训等领域开展合作。10 月 29 日，在北京召开了中俄总理定期会晤委员会科技合作分委会第二十一届例会，会议围绕双方科技创新合作现状与前景、科技人文交流活动、大项目合作、大科学装置合作等议题深入探讨，形成并签署了《中俄总理定期会晤委员会科技合作分委会第二十一届例会议定书》。

2018 年 6 月，中俄两国元首在北京见证了中国科学院与俄罗斯科学院签订《中国科学院与俄罗斯科学院科技合作协议》，进一步加强在物理和天体物理、化学和生物科学、纳米技术、人文科学、医学、农业等领域的合作。9 月 6 日，根据中国国家海洋局第一海洋研究所与俄罗斯太平洋海洋研究所签订的合作协议，中俄科学家登上俄罗斯“拉夫连季耶夫院士”号科学考察船，开启第二次北极联合科学考察工作。10 月 16 日，中国科技部与俄罗斯经济发展部在莫斯科共同主办“第二届中俄创新对话”，发表《第二届中俄创新对话联合宣言》，并且制定《2019～2024 年中俄创新合作工作计划（路线图）》。10 月 17 日，中国科技部与俄罗斯科学和高等教育部在莫斯科召开中俄总理定期会晤委员会科技合作分委会第二十二届例会，双方签署了《中俄总理定期会晤委员会科技合作分委会第二十二届例会议定书》，并商定未来两年共同资助实施大科学装置、智能交通系统、新能源和节能技术、新材料、数字技术、大数据、人工智能等领域的合作项目。

2. 与印度的科技创新合作情况

2015 年 5 月，中印双方签署了《关于加强海洋科学、海洋技术、气候变化、极地科学和冰圈领域合作的谅解备忘录》，并且成功召开了首届中印海洋科学技术合作研讨会，在生物地球化学过程研究、南北极科学考察、西南印度洋季风研究预报等方面达成共识。

2016 年 5 月，在北京举行了中印海洋科技合作联委会首次会议。双方商定进一步加强中印海洋科技合作规划和指导，深化在南北极、太平洋、印度洋及其他海洋区域的联合考察，深化双方在海洋管理、专家学者等方面的沟通交流，定期召开中印海洋科技合作联合委员会联席会议和研讨会，在此基础上成立联合指导委员会，共同参与首次国际印度洋考察计划。10 月，第四次中印战略经济对话在新德里举行，两国围绕政策协调、节能环保、高技术、基础设施、能源等 5 个工作组展开会谈。政策协调工作组会议商定设立一个秘书处，以促进国际产能和设备制造方面的合作，并在城市规划与环境管理、智慧城市、城乡基础设施建设等方面开展合作。节能环保工作组会议同意推动两国企业在节水认证、海水淡化、火电厂烟气脱硫脱硝、生活垃圾处理等领域开展务实合作。高技术工作组会议就信息技术服务业发展和软件产业政策支持等问题交换了意见；同时讨论了平板显示等信息基础设施的技术特点，固态照明与稀土产业技术合作、超级计算、信息技术园、软件等市场准入政策。此外，中印两国积极推动卫星遥感领域科技合作，共同支持由中国科学院发起的首届“数字一带一路”国际科学计划，加强两国在空间对地观测技术、地球大数据平台、环境变化、自然灾害、水资源与城镇化、农业与粮食安全等领域的研究合作。

2017 年，中印科技界在智慧城市、信息技术、农业科技等方面保持着密切交流合作。11 月，中印双方共同举办第二届中印技术、创新与投资合作论坛，逐步深化在科技金融、人工智能、传统医学、农业科技、新能源、环保技术、互联网信息技术方面的创新合作，促进科研人员交流，推动中印技术转移与产业技术合作。

2018 年 4 月，第五次中印战略经济对话召开，中国国家发展和改革委员会与印度国家转型委员会达成了在节能环保、能源、高技术、基础设施等方面加强合作的共识。7 月，中国科学院与印度国家科学院等科研机构合作，成立了发展中国家国际绿色技术组织联盟（IGTA），促进双边和多边科技合作，实现发展中国家绿色技术可持续发展。9 月，第三届中印互联网对话大会在新德里举行，两国代表围绕创投、物联、电商等新兴科技产业领域开展交流，探讨加强中印信息技术合作。11 月，G20 峰会期间，中印两国首脑提出加强在医药卫生、环保、防灾减灾等领域的合作，将中印关系提升到新水平。

3. 与南非的科技创新合作情况

2015 年 12 月，中国科技部与南非科技部共同签署了《关于科技园合作的谅解备忘录》。2016 年 7 月，中南两国科技部签署了《关于启动科技园合作的意向声明》。根据两国元首共识及双方协议，中国将与南非分享中国高新区及科技园建设经验，促进南非电子信息、生物技术、先进制造、能源技术产业的发展。2016 年 10 月，中南科技合作联委会第六次会议暨中南双边合作委员会科技分委会第六次会议在南非召开，双方就青年科学家交流、共建联合研究中心、联合研究项目、科技园区等合作达成共识。

2017 年 4 月，在南非比勒陀利亚召开了中国—南非高级别人文交流机制第一次会议。中国科技部与南非科技部签署了《关于共建中国—南非联合研究中心的谅解备忘录》和《关于实施中国—南非青年科学家交流计划的谅解备忘录》。双方将启动共建联合研究中心合作，推动国家科研机构建立长期稳定的伙伴关系，开展高水平合作研究；实施中南青年科学家交流计划。2018 年 9 月 14 日，中南矿产资源开发利用联合研究中心在约翰内斯堡揭牌成立。这是中国与南非共建的首个联合研究中心，致力于加强中南两国在能源、材料、选矿、采矿、环境保护等领域的学术交流和人员互访，促进成果转化，推动两国在矿业领域的科技合作。其间，两国政府共同签署了《中国科技部和南非科技部关于共建中南林业联合研究中心的谅解备忘录》，推动中南科技创新合作。

4. 与巴西的科技创新合作情况

2015 年 6 月，中国科技部与巴西科技和创新部在巴西利亚举行第二届中巴高级别科技创新对话，双方签署了《关于科技园区领域双边科技和创新合作的谅解备忘录》，双边科技园区交流合作机制正式建立，鼓励在科技园区、企业孵化器及其他领域开展合作，建设由市场驱动的技术创新生态系统。2016 年 5 月，中国石油大学和里约热内卢联邦大学联合成立“中巴深海技术联合研究院”，加强两国在深海领域的密切合作。7 月，“中国—巴西科技园区论坛”在圣保罗召开。中国科技部火炬中心与巴西科技园及企业孵化器协会共同决定在人员培训、信息交流、政策共享等方面深入合作。首届中巴双方空间领域合作研讨会于同年 12 月举行，由中巴空间天气联合实验室举办。研讨会围绕实验室建设和后续发展、拓展合作领域等内容交换意见，并推进“中巴空间天气科学卫星项目”的科学论证。2016 年 12 月，第二届中拉（美）科技创新与技术转移论坛在东莞举行。在清华大学中国—巴西气候变化与能源技术创新研究中心基础上成立中拉清洁能源与气候变化联合实验室，其成为中国科技部支持成立的第一个中拉实验室。

2017 年 9 月 5 日，中国—巴西高层协调与合作委员会科技创新分委会第四次会议在巴西利亚召开，双方签署了《中国—巴西高层协调与合作委员会科技创新分委会第四次会议纪要》，决定在科技园区合作、共建联合实验室、智库交流等方面加强互利合作。2018 年 8 月，中巴航天合作十年计划工作组会议在巴西召开，双方就中巴地球资源卫星发射、后续卫星研制及相关领域合作展开讨论并达成一致。同月，中国工业和信息化部与巴西科技创新通信部签署了《通信领域合作备忘录》，加强在下一代移动通信、通信基础设施、云计算、大数据、物联网等领域的交流合作。

B.13

南非的创新、研究和可持续发展*

〔南非〕迈克尔·卡恩**

摘　要： 本文从科技创新政策、创新资金和人才供给、科技交流等方面对南非的科研创新情况进行分析。南非属于混合型经济体，较为开放，但因市场失灵等经济结构问题，产业竞争力下滑。政府为缓解市场失灵开展了广泛的政策试验，如发布《科技白皮书》《研发战略》等，重组或新建国家研究基金会等机构。在科研资金方面，全社会研发支出占GDP比重的长期均值约为0.8%，远低于先前设定的目标，且增长步伐缓慢。在人才培养方面，南非公立教育薄弱，研究人员总量增长停滞，人才体制陷入困境，无法满足经济增长和创新的需求。在科技交流方面，南非的科研体系越来越开放，呈现出科研体系高度多样化、偏重生物医学领域的特点。与其他金砖国家相比，南非在科学创新产出方面成绩靠前。

关键词： 金砖国家　南非　科技创新

一　形势分析

在历经多年种族冲突和隔离之后，新成立的民主国家——南非面临建设

---

* 本文获得作者授权译成中文，放入本书。译者夏欢欢，二级翻译，中国科学技术交流中心欧洲处专技九级。

** 迈克尔·卡恩（Michael Kahn），博士，研究创新政策独立顾问，南非斯泰伦博斯大学和西开普大学特聘教授，研究领域为研究与创新政策。

包容、稳定政体的挑战。1992~1996年，几经讨论，南非最终制定出新宪法（RSA，1996）。新宪法主张新的治理规则，为宪政民主奠定基石，为未来发展提供指引。新宪法在保留个人财产、职位和养老金等内容的同时，引入若干积极举措，通过增强社会和经济的包容性来纠正过去的不公。

打破种族隔离制度、推行民主制度以来，南非在试图突破种种藩篱、化解利益集团（政府、本国资本与国际资本、劳工、世袭集团、公民社会）矛盾方面，各类财政、产业、环境、劳工、研究和创新政策发挥着各不相同有时甚至互相矛盾的作用。如果公权缺乏有效的问责和结构化改革，便会滋生权力寻租（Swilling et al.，2017；Von Holdt，2019）。

表1　2018年南非社会经济环境指标

GDP(购买力平价)(10亿美元)	723
人口(百万)	57
人类发展指数(排名)	123
出生时预期寿命(岁)	63
性别发展指数	0.95
获得饮用水供应的家庭比例(%)	93
获得电力供应的家庭比例(%)	67
就业人口占15岁以上人口的比例(%)	39
基尼系数	0.65
民主指数(排名)	37
GDP中服务业占比(%)	66
约翰内斯堡证券交易所前40家公司离岸收入占比(%)	>40%
约翰内斯堡证券交易所前40家公司中外国人持股比例(%)	>40%
世界银行营商环境指数(排名)	73
全球创造力指数(排名)	39
进出口占GDP比重(%)	64
手机用户/百人	150
宽带普及率(排名)	102
人均二氧化碳排放(排名)	13

资料来源：世界银行；南非统计局；世界经济论坛；约翰内斯堡证券交易所世界概况手册；联合国开发计划署；马丁研究所（Martin Institute）；经济学人智库。

南非经济并未出现结构性调整。在世贸组织规则之下，李嘉图竞争优势理论占据主导，李斯特保护主义理论遭到禁止。贸易数据显示，南非信息通信技术领域逆差严重——南非错失了信息通信技术革命的发展契机。

受这些因素影响，近年来南非产业竞争力下滑，全球竞争力指数排名从2005年的第40位骤降到2019年的第61位，人均GDP增长陷入停滞。外界对南非的金融机构、宏观经济稳定和政府廉洁普遍丧失信心。商业信心跌至30年来的低点。[①] 矛盾的是，尽管南非高等教育和科研机构排名下降，但创新力排名有所上升。

南非较为开放，本国大型企业主导着正式经济部门。为抓住商机，规避监管负担（体现为较低的营商环境指数），南非企业积极开展全球贸易。约225万家中小微企业中，则有多达70%涉足非正式经济部门，88%为非裔持有。这些企业主大多未完成学业［经济研究局（BER），2016］。这一状况和南非存在的贫穷、失业和社会不平等问题，均是种族隔离政策的历史产物。通过提供一定配额的免费电力、饮用水、基本医疗、教育和社会补助，这些问题得以部分缓解。

二　框架条件

南非新成立的多数派政府继承了曾服务于占人口少数的统治阶层的科技体制。虽然旧体制被认为带有偏见、缺乏协调、投入不足，但正是它让南非成为非洲唯一的多元化工业经济体。在各方就南非未来发展纷纷建言献策之际，肯尼亚知名科学家托马斯·奥迪安博（Thomas Odhiambo）就向时任总统曼德拉提出要确保现有产能用于重建，避免流失［国际发展研究中心（IDRC），1993］。

① https：//businesstech. co. za/news/business/365182/south－africas－business－confidence－fell－to－its－lowest－in－three－decades－in－2019/.

南非重整研究创新体系的首个政策工具是《科技白皮书》［南非艺术、文化和科技部（DACST），1996］（以下简称《白皮书》）。《白皮书》指出研究对创新至关重要——“应用研究和基础研究对创新至关重要，进而对经济社会发展也具有重大意义”（DACST，1996）。最重要的是，《白皮书》提出要引入国家创新体系（NSI）概念。《白皮书》强调高校、公立研究机构（PRO）、政府部门所属研究机构（DBRIs）、企业和非营利组织等执行主体之间协作的重要性，但对它们之间的知识扩散和应用言之甚少。

《白皮书》综合新古典经济学和福利经济学理论提出，企业是经济增长的驱动力，政府应为竞争性市场中的交易提供引导、激励和支持。政府要满足中小微企业的科技需求，将政府资源转向支持企业研发，纠正研发市场的失灵。

《白皮书》特别强调基础研究的重要性：“基础研究不应被视为不实用的研究活动，这是因为基础研究维持着研究的水准，离开了基础研究，长期来看应用科学也会走向消亡……科学研究的目标不是纯粹功利性的，其有着重要的文化和社会价值。此外，出于文化方面的原因，有必要维持物理学和天文学等‘旗舰’科学领域的基本竞争力。不注重提升这方面的竞争力，则意味着我们对我们国家的前景缺乏信心——自认为是一个二流国家，永远只能局限于养殖、服装等低端产业。”（DACST，1996）

《白皮书》中提出的建议在曼德拉政府的现代化议程中得到了体现和落实。该议程包括旨在矫正经济的《重建和发展规划》《就业平等法案》《广义黑人经济振兴法案》《劳动关系法案》《公共财政管理法案》《新公共管理准则》。南非财政部在很大程度上采纳了“华盛顿共识”提出的公司化、货币化、去监管化和基于证据的决策等主张。其中包括强调“物有所值”“用户付款”原则和“精简型政府”。这些措施的短期效果是外债减少、商业信心恢复、GDP 温和增长。

《重建和发展规划》施行的时间虽短，但开展了基础设施投资，包括充分发挥南非南半球天空观测的比较优势[①]，建成南非大型望远镜（SALT）。由此，旗舰科学成为现代化议程的首批受益领域之一。

实施《白皮书》之后，南非发布了《研究和技术前瞻性研究》（DACST，1999）、《国家生物科技战略》（DACST，2001）、《研发战略》［南非科技部（DST），2002］；推出《创新十年规划》（DST，2008）、《研发税收激励相关法案》（RSA，2008a）和《公共财政资助研发知识产权法案》（RSA，2008b）。其中，《研发战略》终结了中央政府向公立研究机构划拨基本资金的做法。《研发税收激励相关法案》遵循国际惯例，《公共财政资助研发知识产权法案》在很大程度上参考了美国的《贝多法案》。

根据各项战略和法案，南非重新组建或新组建了国家研究基金会、国家创新咨询委员会（NACI）、南非科学院、创新基金、生物科技区域创新中心、科技创新署等机构。此外，南非还参考加拿大的模式，采取“南非研究首席计划”（SARChI）形式。在各大高校设立卓越中心和能力中心并给予大量资助。这一系列的行动体现了南非在政策试验和借鉴方面所做的大量努力。

三　金融

充裕的金融资源对于国家创新体系各主体实施各类行动、履行各类职责至关重要。南非创新活动主要由企业直接资助，包括利用企业自身资源以及本国和国际捐助机构提供的贷款和股权融资。创业投资市场和天使投资者在国家创新体系中的作用有限。由于南非并未开展创新活动经费投入总额的定期量化统计，因此只能参考临时性创新调查的估算数据。经调查统计，南非创新经费投入总额按当前货币计算为1500多亿兰特。南非创新活动资源的

① “南半球地理优势”的想法已深深植根于南非科学，可追溯至一个世纪前军人、政治家、科学家扬·克里斯蒂安·史末资（Jan Christiaan Smuts）的全盛时期（Dubow，2006）。

另一个来源是政府的科技活动支出，不过其金额要少得多，2016～2017财年为234亿兰特（DST，2018）。

研究和试验发展经费投入调查是研发支出数据的官方发布渠道。2017～2018财年的全社会研发支出总量（GERD）折合当前货币共计360亿兰特。

2001～2002财年首次开展官方调查的全社会研发支出总量占GDP比重（GERD/GDP），是衡量创新体系活力的最佳实践指标，反映一国发展的潜力。

如图1所示，2001～2002财年至2006～2007财年南非全社会研发支出总量占GDP的比重稳步增长。这主要归功于调查覆盖面的扩大、经济的强劲增长以及球床模块式反应堆（PBMR）示范电厂项目高额的经费投入。从2007～2008财年起，随着经济增长停滞，全社会研发支出总量占GDP的比重开始下降。此后两年，由于“能源资源”支出削减9亿兰特，球床模块式反应堆示范电厂项目被叫停，调查覆盖范围收缩，全社会研发支出总量占GDP的比重最低下降到仅0.72%，远低于2002年设定的目标值1%，也远低于《创新十年规划》提出的1.5%的目标。

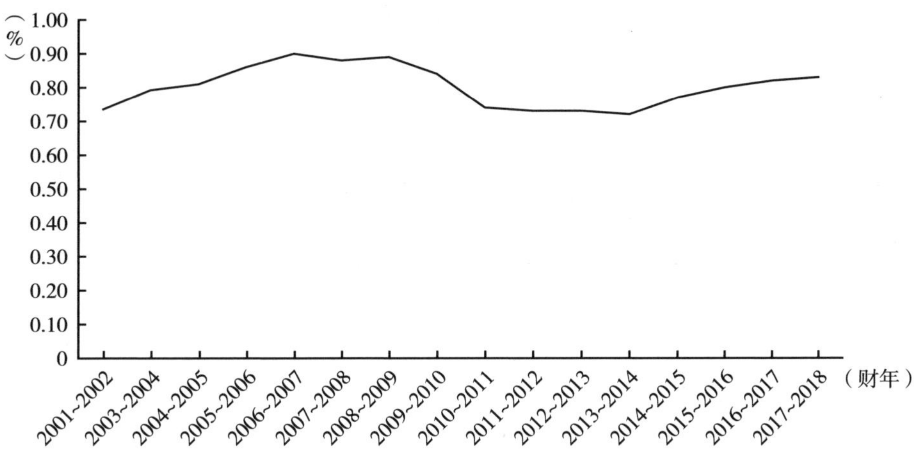

图1　2001～2018年研发支出总量占GDP比重

资料来源：DST，2015；2018。

在研发资金来源方面，2008～2009 财年之后，南非政府成为研发经费主要的国内来源；本国企业的经费投入落后于外国经费投资增长的步伐。其中，大部分政府资金流入公共部门，但各政府部门及其所属研究机构仅支出了 14.4 亿兰特，大量资金流向了公立研究机构、国有企业和自主办学高校。名义上，政府直接影响的研发活动仅占 6% 左右。企业研发支出所占比例自 2008～2009 财年达到峰值后，便不断下降，2017～2018 财年仅为 41%。“自主开展研究”的高校所占比例升至 33.6%，负责大科学研究的科学委员会所占比例基本保持不变（见表 2）。

表 2　各部门研发支出占比（2008～2009 财年至 2017～2018 财年）

单位：%

财年	政府	科学委员会	高校	企业	非营利组织
2008～2009	5.4	14.9	19.9	58.6	1.1
2009～2010	5.1	16.5	24.3	53.2	0.9
2010～2011	5.0	17.8	26.8	49.7	0.8
2011～2012	5.6	16.8	29.8	47.1	0.8
2012～2013	6.0	16.9	30.7	44.3	2.1
2013～2014	6.6	16.8	28.4	45.9	2.3
2014～2015	6.5	17.1	28.5	45.3	2.7
2015～2016	6.2	17.8	30.5	42.7	2.8
2016～2017	5.9	17.2	32.7	41.4	2.9
2017～2018	6.0	16.3	33.6	41.0	3.1

在研发经费投入方面，南非在新兴经济体中企业研发支出占全社会研发支出总量的比例较高，2016 年占 42.7%。同年，基础研究支出在全社会研发支出总量中的占比为 24.5%；高校研发支出在全社会研发支出总量中的占比为 30.5%，其中基础研究占 52%。相比之下，科学委员会有 77.0% 的支出投向应用研发。

表3　研发经费投入（1996年和2016年）

单位：%

经费数据	1996年	2016年
全社会研发支出总量占GDP比重	0.81	0.80
企业研发支出（BERD）占全社会研发支出总量百分比	41.5	42.7
服务业研发支出占企业研发支出百分比（社会经济目标指标）	—	36.5
高校研发支出（HERD）占全社会研发支出总量百分比	22.1	30.5
基础研究支出占全社会研发支出总量百分比	19.6	24.5
工程与技术研发支出占全社会研发支出总量百分比	41.7	25.8
健康医疗科学研发支出占全社会研发支出总量百分比	6.9	17.2
国防研发支出占全社会研发支出总量百分比	9.3	5.4

资料来源：南非高等教育与培训部，1993；DST，2017。

比较数据显示，制造业和采矿业等“硬科技”产业领域的研发支出在下降，其他领域的研发支出相应增长，尤其是服务业、健康医疗科学和人文社会科学的研发支出占全社会研发支出的比例从20.7%升至32.0%。但是，高校人文社会科学研发支出所占比重在下降。这说明，私营部门对人文社会科学研发的投入有较大增长。

在实际研发投入的使用方面，多由研究界自行决定，而天文学、高性能计算、海洋和宽带等研究领域的高额国家投入则由政府和研究界协商开展。

四　人才

目前南非的人才体系折射出殖民史和种族隔离法律。政府采取各种措施努力扭转教育体制，虽然有一些农村学校表现较出色，一些大学和商学院名列世界前茅，但公立教育总体依旧薄弱，高等教育保留着众多种族隔离的元素，职业教育和培训体系效果欠佳（Presidency，2011）。

表 4　人才供应（1996 年和 2016 年）

人才	1996 年	2016 年
高校科学、技术、工程和数学教育(STEM)专业入学率(%)	23.7	29.6
高校研究人员/博士研究生比例(%)	1.4	1.0
研究人员(全时当量,不包括博士生和博士后)	12102	12494
女性研究人员(%)	—	42.3
黑人研究人员(政府部门)(%)	<3	>55
GERD(2010 年,兰特)/千名研究人员(全时当量)	844	1848
外国留学生(%)	<1	7

资料来源：http：//www.che.ac.za/focus_areas/higher_education_data/2013/participation；研究和试验发展经费投入调查；南非高等教育与培训部、科技部。

高校招生数量在增加，但毕业率很低，包括 STEM 专业在内的学位完成率粗略估计为 17%。这种人才和资源的浪费，可能已经影响到经济增长和创新。

虽然每名研究人员（全时当量）的研究支出在增加，但在 20 年间，研究人员数量（全时当量，不包括博士生和博士后）停滞不前，2016 年仅为 12494 名。这表明，南非采取的是人员更替而非人员扩增的策略。财政拮据、毕业生数量有限、移民造成的人才流失以及不愿吸纳技术移民都是造成这一局面的原因，而大量的外国留学生仍是一个未被挖掘的人才库。另外，全日制博士生和博士后的数量增至 13665 名。这批高技能人员成为一种相对低成本的人力资源，使研究体制能够随着增倍的招生数量而不断发展。

在宏观层面，南非在性别、种族平等方面表现良好。在本科生中，女生数量已经超过男生。在公立研究机构中，黑人研究人员比例也大幅增长。1994 年，公立研究机构高校毕业生员工中 99% 为欧裔（LHA Consultants，1994）；现在，公立研究机构研究人员中，超过 50% 为有色人种。

在年龄结构方面，最新评估显示，“1990～1998 年，50 岁以上论文作者数量大幅增长（18%～45%），而且似乎一直保持着这一增长态势。2005 年，其增长率为 42%，2014 年为 45%，两者非常接近”（Mouton，2019）。

企业对硕士研究生和博士研究生的需求难以评估，但研究和试验发展经费投入调查显示，企业招募到的博士研究生数量并不能满足其科研需求。

五　知识交流

知识交流包括投入产出（涉及编码知识和意会知识交易）与人才流动之间的联系要素。没有这些联系，知识交流体制就会“脱节”，导致创新体系缺位（Freeman and Soete，2007）。知识交流的联系机制包括技术转移、联合研究、合作发表研究论文、联合创新、双多边协议、合同和多利益相关方激励计划。

政府支持的创新基金（1997～2009 年）面向合作团队公开征集项目，是激励多利益相关方开展合作的绝佳范例。南非科学家成功参与欧盟框架计划的合作对接活动，表明公立研究机构在推动南非科学家参与欧盟项目过程中起到重要作用（Ruigrok and Kahn，2014）。

在校企联系方面，Kruss 等（2015）发现，2000～2002 年的高等教育改革扰乱了高校尤其是理工类学校的联系要素。此外，他们发现在天文学大科学项目中，校企联系尤为紧密。这要归功于种族隔离年代在远距离测量领域成形的研究型大学、公立研究机构和高科技企业之间的合作机制。

我们还观察到，南非国际“合作”的特点和广度为大科学项目①的游戏规则所扭曲。② 表面来看，南非与 150 多个国家的科学家开展“合作”。但

① 大科学项目包括：日内瓦欧洲核子研究中心及其他高能物理实验室；斯隆数字巡天计划、普朗克望远镜、人类基因组计划、全球疾病负担研究项目。

② 高能立体望远镜系统（H. E. S. S.，https：//www. mpi – hd. mpg. de/hfm/HESS/pages/about/）由来自 12 个国家（纳米比亚、南非、德国、法国、英国、爱尔兰、奥地利、波兰、捷克、瑞典、亚美尼亚和澳大利亚）的 32 家科研机构和 170 多名科学家合作运营。迄今为止，通过 H. E. S. S. 合作，已在《自然》《科学》等高影响力科学期刊上发表了 100 多篇文章。2006 年，H. E. S. S. 获颁欧盟委员会笛卡尔奖，这是对合作研究的最高认可。2010 年，荣获享有盛誉的美国天文学会罗西奖。在 2006 年的一项调查中，H. E. S. S. 被评为全球第十大最具影响力的天文台，与哈勃空间望远镜、位于智利的欧洲南方天文台的望远镜并列。

是，部分“合作”名不副实。这归因于计算论文发表数量时，只要使用大科学项目中产生的数据，则参与此项目的所有研究人员均会被计入征引数据（Kahn，2018）。

南非科研体系的产出如表5所示。从表5中可以看到，非裔高校毕业生的数量增长了约3倍，但博士毕业生的数量仍远低于《创新十年规划》设定的6000人目标（DST，2008）。1988名博士毕业生中，950名为留学生。南非政府要求留学生毕业后离境，这些留学生或许应在官方论文统计中列为单独一个类别。

表5　科研体系产出

	1996年	2016年
授予黑人学生的学位数量	38383	145831
博士毕业生	630	1988
外籍博士毕业生(%)	—	47.8
论文数(篇)	3233	12251
按论文计数法计算,占世界论文总量的比例(%)	0.40	0.81
按分数式计量法计算,占世界论文总量的比例(%)	0.38(31)	0.44
国际合作论文的比例(%)	30	49

资料来源：科学引文检索（Web of Science）、美国国家科学委员会、南非高等教育与培训部。

国际上一般采用论文计量学指标来评价知识产出。按论文计数法计算，南非占世界论文总量的比例为0.81%，略低于《创新十年规划》设定的1%目标。按分数式计量法计算，南非占世界论文总量的比例为0.44%。

国际合作论文的发表数量不断增长，其中一些合作论文源于参加大科学项目，相应地，论文的发表总量随之上升。这一现象加上博士研究生和博士后研究人员数量的增加，或许可以解释每名研究人员论文发表数量增加的原因。

根据对南非多学科领域发表的论文数量分布（见表6），可以看出：（1）科研体系高度多样化；（2）明显偏重生物医学等特色学科。传染病学，公共、环境和职业卫生，免疫学和病毒学等学科领域的 RAI 值和 CNCI 值[①]均大于 1。体现南非独有自然状况的生态科学（包括生态学、环境科学和植物学），是另一组高度活跃的学科领域。此外，地质科学、天文学和天体物理学也位居前列，反映出南非参与国际大科学的水平。粒子物理及场物理也是如此。但与产业界联系密切的几个“硬”学科领域，如化学、材料、工程等，南非表现欠佳。

表 6　各学科论文发表情况（2013 ~ 2017 年）

	排名	总数(篇)	论文占比(%)	RAI	CNCI
天文学和天体物理学	1	2746	2. 77	3. 14	2. 24
传染病学	2	4262	4. 30	5. 60	1. 36
公共、环境和职业卫生	3	3871	3. 91	2. 42	1. 79
生态学	4	2952	2. 98	3. 94	1. 30
免疫学	5	2716	2,74	1. 88	1. 47
环境科学	6	2889	2. 92	1. 48	1. 09
粒子物理及场物理	7	1333	1. 35	2. 55	1. 85
微生物学	8	1538	1. 55	1. 76	1. 49
物理化学	9	1714	1. 73	0. 75	1. 01
心脏与心血管系统	10	863	0. 87	0. 48	2. 94
生物化学和分子生物学	11	1615	1. 63	0. 59	1. 13
植物学	12	3426	3. 46	3. 17	1. 12
能源与燃料	13	2070	2. 09	1. 09	1. 15
化学(多学科)	14	1601	1. 62	048	0. 66
地质科学(多学科)	15	1524	1. 54	1. 45	1. 29
材料学(多学科)	16	1883	1. 90	0. 43	0. 91
呼吸系统	17	1104	1. 11	1. 01	2. 06
基因学和遗传学	18	1025	1. 03	1. 03	1. 45
工程学(化学)	19	1325	1. 34	0. 95	1. 03
病毒学	20	1312	1. 32	4. 30	1. 15

资料来源：科学引文检索，2019。

① 研究活动指数（RAI）指一国在某一学科所占的份额与同学科的全球平均份额的比值；学科规范化引文影响力（CNCI）指一篇论文的被引频次与在同学科、同年度发表的同类型论文的平均被引频次相除得出的值。

论文被引频次相应出现增长。与国际同行合作在影响力较大的期刊上发表文章，往往会无形中拉高被引频次（Wagner，2008）。参与国际大型项目可以提高论文被引率，增加引用，但心理学、教育学和宗教学研究项目无法做到这一点。大科学项目扭曲“合作”含义的问题，仍有待解决。

过去 10 年间，南非在美国的专利授权量和 PCT 专利申请量出现小幅增长（见表 7）。

PCT 专利申请量每年约 380 项，没有明显的增长。必须指出，外国子公司开始成为 PCT 专利受让人，2011 年以来高校专利申请活动大幅增加。

表 7　创新产出和成果

	1996 年	2016 年
美国专利授权量(美国专利商标局)(件)	105	144
PCT 专利申请量(世界知识产权组织)(件)	390	442
商标申请量(南非国内)(件)	7051	19522
商标申请量(南非国外)(件)	11	5694
有效植物品种(种);世界占比;排名(国际植物新品种保护联盟)	无数据	2710;2.6%;8
高科技出口占总出口比例(联合国商品贸易统计数据库)	5%	6%

资料来源：http：//data. worldbank. org/indicator/TX. VAL. TECH. MF. ZS? page =4；世界知识产权组织与美国专利商标局数据库。

创新调查显示，南非企业倾向于遵循适应性创新和渐进式创新路线，其创新驱动力源自企业本身的价值链，而非高校或公立研究机构。这与在经济合作与发展组织（OECD）成员国中观测到的规律类似。

南非科研体系被忽视的另一个产出是其高校 2005 ~2015 年向撒哈拉以南非洲国家的学生授予了 3700 个博士学位及 14000 个硕士学位，其中向乌干达、马拉维、肯尼亚、尼日利亚和津巴布韦分别授予 112 个、151 个、197 个、376 个和 606 个博士学位。最近的一项对南非 5 家顶尖研究型高校（开普敦大学、夸祖鲁—纳塔尔大学、比勒陀利亚大学、斯坦陵布什大学、威特沃特斯兰德大学）试点研究调查显示，2012 ~2016 年外籍非洲毕业生中的70%返回了自己的祖国（Kahn，Gamedze and Oghenetega，2019）。这一结果很重要，因为这是人才环流，而非人才流失。

必须指出，南非科研体系开放性不断提升，主要得益于南非欧盟协定、双边科技协定以及对南部非洲发展共同体、非洲发展新伙伴关系、非洲联盟和金砖国家组织的科技创新政策支持。

六　南非和金砖国家组织

南非和中国一样，被评价为效率驱动型经济体，而巴西和俄罗斯正在向创新驱动型经济体转型，印度则是要素驱动型经济体。在全球竞争力指数的5个分项指标中，除创新和技术水平外，南非在过去5年内全面下滑。

与巴西一样，南非存在严重的社会不平等，人类发展指数与印度一样低。南非的碳足迹仍然很高，与俄罗斯、中国一样。巴西由于使用水电资源，碳足迹较低，而印度的碳足迹很低则反映了其较低的工业化水平。俄罗斯、中国和印度均为核大国和太空大国，国防支出都很高；巴西和南非因各自独特的地缘特性，国防支出较低。

2014年，首届金砖国家科技创新部长级会议发表了《开普敦宣言》，提出要加强科技合作，并确定了各成员国分别牵头的科技合作重点领域。表8对金砖各国科技创新进行了比较。

表8　2018年金砖国家科技创新情况

	巴西	俄罗斯	印度	中国	南非
人口(百万)	206	143	1309	1383	56
人均GDP(购买力平价)(美元)	15600	27900	7200	16700	13600
基尼系数	51.9	42.0	36.8	47.3	63.1
人类发展指数排名	85	55	136	101	121
二氧化碳人均排放(吨)	2.15	12.18	1.64	6.18	9.18
全球竞争力指数	80	38	41	27	61
·基本要求	104	48	63	31	92
·研究机构	109	83	39	41	76
·增效指数	60	38	42	28	52

续表

	巴西	俄罗斯	印度	中国	南非
·金融市场发展	92	107	42	48	44
·创新和技术水平	65	57	30	29	39
国防支出/GDP(%)	1.5	4.0	2.5	2.0	1.2
美国专利数量/百万人口	1.5	3.1	2.5	5.9	2.9
有效植物品种登记数量/百万人口	11	33	—	4.9	52
科学引文检索	74359	71741	132244	438383	23567
科学引文检索量/百万人口	361	502	101	317	421
优势学科领域	1. 电气工程 2. 公共、环境和职业卫生 3. 生物化学 4. 植物学 5. 跨学科	1. 物理学（应用） 2. 电气工程 3. 数学 4. 光学 5. 物理学（跨学科）	1. 电气工程 2. 计算机科学 3. 数学 4. 通信 5. 化学	1. 电气工程 2. 数学 3. 化学（跨学科）、物理学 4. 化学（物理）	1. 电气科学 2. 传染病学 3. 公共、环境和职业卫生 4. 植物学 5. 跨学科

资料来源：联合国开发计划署、世界银行、世界经济论坛、科学引文检索、世界概况手册。

创新产出方面，2015 年，中国的每百万人口美国专利数量领先，南非位居第三。

每百万人口有效植物品种登记数量方面，南非位居第一，其次是俄罗斯。

在 PCT 专利方面，2017 年，中国申请了 48882 项，远超巴西（593）、印度（1603）、俄罗斯联邦（1097）和南非（301）。2017 年欧洲专利局的专利授权量分别为：巴西（127）、俄罗斯联邦（105）、印度（247）、中国（2513）、南非（70）。

根据科学引文检索数据库，南非的科学产出占总人口比例仅次于俄罗斯。总体来看，俄罗斯、印度、中国表现出“东方式”的科研体系特点，科研集中在工程、物理、化学领域；而巴西和南非为混合型，偏重“生物医学”。金砖国家均注重电气和电子工程。

对 Scopus 数据库的比较搜索也佐证了各国上述的科研体系特点，印度和中国的工程领域 RAI 大于 1，俄罗斯物理和天文学 RAI 大于 1。所有其他领域 RAI 均小于 1。巴西和南非的多样化体系尤是如此。

金砖国家间的科研合作往往侧重于天文和物理学（Kahn，2018），这是由于其各自科学家参加了先前提到的国际大科学项目。此类“合作”反映了金砖各国的优势所在，不应视为人员之间的机制性合作。

简而言之，南非保持了在金砖国家中的科技创新地位。

七　综述

20 年后，1996 年发布的《白皮书》（其隐含的目标是“科技服务社会”）仍显现出先见之明。南非通过实施《白皮书》，实现了组织创新，设立了创新基金、国家研究基金会、国家创新咨询委员会，更加重视基础科学。创新基金在催生短期项目团队方面取得了成功，但远未实现使南非国家科研体系向政府施政目标进一步靠拢的目标。

但是，《白皮书》并未带来执行层面的变革，且缺乏演化经济学的支撑（Nelson and Winter，1982；Lundvall，1988；Nelson，1994），即对政策制定者和创新者所面临的不确定性和风险的缺乏关注。概而言之，《白皮书》缺乏变革理论。

相比之下，《研发战略》则有一套阐述清晰的变革理论为依据（见图 2）。

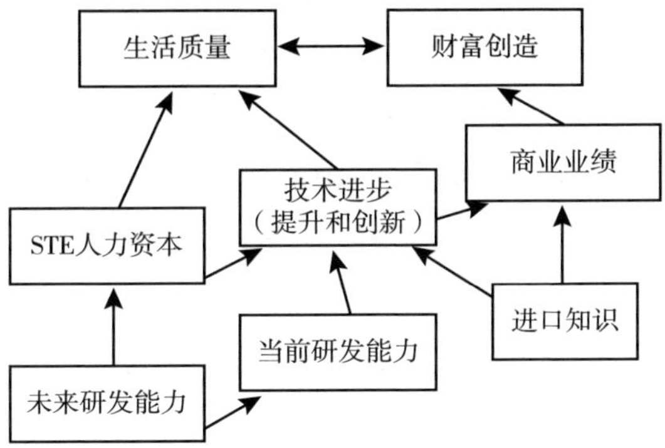

图 2　研发战略

资料来源：DST，2002。

图2描述了一种线性创新模式，即研发促进创新，而创新又创造出财富，促进生活质量的提升。

《研发战略》被视为《白皮书》的后续措施，进一步引入了机制创新，包括实施五大科技计划，终止公立研究机构的中央预算制度，改变公立研究机构的隶属关系，推动建立类似芬兰国家技术创新局（TEKES）[①] 的技术创新局，消除所谓的“创新鸿沟”。新设立的技术创新局将有助于缓解市场失灵。虽然实施了上述组织创新举措，但是研发投入占GDP比重1%的目标仍未能实现。

《创新十年规划》在《研发战略》的基础上，将五大科技计划调整为五项大挑战，与国际上用“大挑战”推进创新政策的方式一致。《创新十年规划》将绘制促进科技创新发展的前瞻性蓝图（DST，2008），并针对每一个大挑战设定具体目标。《创新十年规划》的设计蓝图与《研发战略》的线性模式和创新鸿沟思想相吻合（DST，2008：9，22），关注重点在很大程度上表现出延续性。

由于之前的供给侧措施（尤其是创新基金和《研发战略》）效果不佳，南非推出了两项法案：《研发税收激励相关法案》（RSA，2008a）和《公共财政资助研发知识产权法案》（RSA，2008b）。但是，这两项法案也没有取得理想的效果。结果，《创新十年规划》设立的40多个延伸目标仅实现了5个。基础研究继续占据主导，但是与产业界的需求和创新产出关联甚微。

在政策方面，有四项相关报告，即《南非创新政策评估》（OECD，2007）、《国家规划委员会诊断》（Presidency，2011）、《国家发展规划》（又称为“2030年愿景”）（Presidency，2012）、《科技创新状况部级评估报告》（DST，2012）。所有政策都以深入研究为依据，并由技术官员对现状进行评估。

OECD（2007）对南非提出了创新政策建议：南非的创新政策赋予国家过多的职能，应当给予产业界更多空间，更多发挥企业的作用。《国家规划

① TEKES是芬兰科技与创新资助机构。

委员会诊断》认识到了此前18年的政策失误；《国家发展规划》阐述了成为技术专家治国的发展型国家需要采取的措施。2010～2012年《科技创新状况部级评估报告》也提出了相关的建议。值得一提的是，《科技创新状况部级评估报告》的部分参与成员为国家规划委员会的“2030年愿景”贡献了建议。

从科技创新的角度来看，“2030年愿景”突出了创新的作用：“南非需要提升自己的创新能力，继续为全球科技进步做出贡献。这就需要加大研发投入，更好地利用现有资源，拥有更灵活的机构，促进创新，并加强公立科研机构和私营部门之间的合作。”（Presidency，2012：33）

在“2030年愿景”所确定的领域，科技创新能够起到重要作用，比如催生新的行业，增加可耕地面积，开发新的耕作方法。“2030年愿景”针对技能培养和维持提出了建议，尤其是向外籍博士生发放7年工作许可。其不足之处在于完全照搬《创新十年规划》的要点和目标，对国家在创新进程中的角色定位自相矛盾。一方面，它断言“最好的解决方案是让国家在经费划拨和引导公私部门研发活动方面扮演关键角色”，另一方面又说“要让科学家能够自由研究，让企业家能够自由创新，这是至关重要的”。这两个立场的矛盾之处至今未得到解释。

《科技创新状况部级评估报告》提出的最重要的建议之一是建立总统层面的国家研究创新委员会（NCRI），由其负责确定优先级，设定议程，实施审查和高层监督。完全独立的国家创新咨询委员会将作为国家研究创新委员会的秘书处，为其研究、监督和评估需求提供支撑。第二项建议是公立研究机构经费重新改回中央拨付方式。第三项（或许是最激进的一项）建议是将供给侧激励改为需求引领的研究创新，推出产业创新基金，以便有针对性地形成产业和公共部门的合力。

但截至2020年，《南非创新政策评估》、“2030年愿景”和《科技创新状况部级评估报告》提出的建议无一得到采纳。

综上可知，南非的创新体系与宏观经济一样表现出路径依赖性，国家主导推动（如大科学）和自由探索共同支撑研究持续开展。南非虽然政治秩序发生变革，但由于精英团体的利己主义，在当前的政治经济体制下，社会排斥和经济排斥的痼疾依旧，这造成经济社会环境恶化，影响人民生活和就业。不过，在南非国家创新体系曾经的体制优势和能力因不良路径正在丧失的同时，非正式产业部门的创新却茁壮成长，遍地开花。正如 Kattel 等（2018）提出的那样，创新（主要指产业创新）政策不应只包括政策，还应该包括“组织”。因此，南非需要进一步清理限制性法规，尤其要废除那些至今仍在书面和现实中存在、在种族隔离年代压制非正式贸易的法律法规，将进一步实现社会包容和可持续发展目标作为未来政策调整的指导原则。

参考文献

Acemoglu, D. and Robinson J. 2012. *Why Nations Fail: The Origins of Power, Prosperity and Poverty*, Cambridge MA, MIT Press.

BER, 2016. *The Small, Medium and Micro Enterprise Sector of South Africa*. Stellenbosch, Bureau for Economic Research.

DACST, 1996. *White Paper on Science and Technology*. Pretoria, Department of Arts, Culture, Science and Technology.

DACST, 1999. Bokamoso (All the Tomorrows). *Synthesis Report of the National Research and Technology Foresight Study 1996 - 1999*. Pretoria, Department of Arts, Culture, Science and Technology.

DACST, 2001. *National Biotechnology Strategy*. Pretoria, Department of Arts, Culture, Science and Technology.

DNE, 1993. *1991/1992 R&D Survey*. Pretoria, Department of National Education.

DST, 2002. *The National Research and Development Strategy*. Pretoria, Department of Science and Technology.

DST, 2008. *Innovation Plan: Toward the Knowledge Economy*. Pretoria, Department of Science and Technology.

DST, 2012. *Report of the Ministerial Review of the STI Landscape*. Pretoria, Department of Science and Technology.

DST, 2015. *R&D Survey 2013/14*. Pretoria, Department of Science and Technology.

DST, 2018. *R&D Survey 2016/17*. Pretoria, Department of Science and Technology.

DST, 2019. *R&D Survey 2017/18*. Pretoria, Department of Science and Technology.

Dubow, S. 2006. *A Commonwealth of Knowledge. Science, Sensibility and White South Africa 1820 – 2000.* Oxford, Oxford University Press.

Freeman, C. and Soete, L. 2007. *Developing Science, Technology and Innovation Indicators: What We Can Learn from the Past.* MERIT Working paper #2007/001.

IDRC. 1993. *Toward a Science Policy for a Democratic South Africa.* Ottawa: International Development Research Centre.

Kahn, M. J. 2018. Co-authorship as a Proxy for Collaboration: a Cautionary Tale. *Science and Public Policy* Vol 45, Issue 1, pp. 117 – 123. https://doi.org/10.1093/scipol/scx052.

Kahn, M., Gamedze, T. and Oghenetega, J. 2019. Mobility of sub – Saharan Africa doctoral graduates of South African universities – a tracer study. *Int J for Educational Development* 68 (July 2019): 6 – 14.

Kattel, R., Mazzucato, M., Ryan – Collins, J., Sharpe, S. 2018. The Economics of Change: Policy Appraisal for Missions, Market Shaping and Public Purpose. UCL Institute for Innovation and Public Purpose, Working Paper Series (IIPP WP 2018 – 06). https://www.ucl.ac.uk/bartlett/public – purpose/wp2018 – 06.

Kruss, G., McGrath, S., Petersen, I. and Gastrow, M. 2015 "Higher Education and Economic Development: the Importance of Building Technological Capabilities," *International Journal of Educational Development*, 43: 22 – 31.

LHA Consultants, 1994. "The Employment Composition and Affirmative Action Programmes of the Science Councils in South Africa." Johannesburg, LHA Consultants. (Mimeo) Lundvall, B. – A. (ed.). 1992. *National Systems of Innovation: Towards a Theory of Innovation and Interactive Learning.* London: Pinter.

Lundvall, B. – A. 1988. Innovation as an Interactive Process: From User – Producer Interaction to the National System of Innovation. In Dosi, G., C. Freeman, R. Nelson, G. Silverberg and L. Soete (eds.), *Technical Change and Economic Theory*, 349 – 369. London: Pinter.

Mouton, J. (Ed.) 2019. *The State of the South African Research Enterprise.* SciSTIP, Stellenbosch University.

Nelson, R. R. and Winter, S. G. 1982. *An Evolutionary Theory of Economic Change*, Cambridge: Harvard University Press.

Nelson, R. R. 1994. "The Co-evolution of Technology, Industrial Structure, and Supporting Institutions", *Industrial and Corporate Change* 3 (1), pp. 47 – 63.

OECD, 2007. *Review of South Africa's Innovation Policy.* Paris, Organization for Economic Cooperation and Development.

Presidency, 2011. *National Planning Commission Diagnostic.* Pretoria, The Presidency.

Presidency, 2012. *National Development Plan 2030.* Pretoria, The Presidency.

RSA, 1996. Constitution of the Republic of South Africa, Act No. 108 of 1996. Pretoria, Government Printer.

RSA, 2008a. Taxation Laws Amendment Act 3 of 2008. Pretoria, Government Printer.

RSA, 2008b. Intellectual Property from Publicly – financed R&D Act 51 of 2008. Pretoria, Government Printer.

Ruigrok, I. and Kahn, M. 2014. *Assessment of the European Union – South Africa Agreement on Science and Technology*. Brussels, European Commission.

Swilling, M. et al. 2017. Betrayal of the Promise: How South Africa is Being Stolen. Stellenbosch, Cape Town and Witwatersrand University. State Capacity Research Project.

Von Holdt, K. 2019. South Africa: the Transition to Violent Democracy. *Review of Africa Political Economy* 40 (138): 589 – 604.

Wagner, C. S. 2008. *The New Invisible College: Science for Development*. Washington: Brookings Press.

B.14

南非可再生能源发展趋势分析

〔非洲〕庞 飞 邱仲潘*

摘 要： 本文介绍了南非可再生能源发展趋势、相关政策、投资机会和面临的挑战，并介绍了南非生物质能、水力发电、风能、太阳能和地热能等可再生能源的现状、政策和发展目标。南非是发展中国家中能源消耗较大的国家之一，以煤炭为主要能源。南非拥有世界一流的风能和太阳能资源，有优越的水电地理条件，具有良好的可再生能源发展前景和投资机会，但可再生能源产业规模较小。南非政府计划发展可再生能源，降低可再生能源成本，提高可再生能源利用比例，发展可持续的环保型经济，计划到2030年可再生能源发电能力扩大至1.8吉瓦。当前，能源创新体系尚未健全和技术成本高昂是南非可再生能源发展的主要瓶颈。

关键词： 南非 可再生能源 混合动力系统 生物质能 地热能

一 南非可再生能源发展概况

在南非，可再生能源指的是由太阳光、风力、潮汐、雨水、生物质和地

* 庞飞（Pamphile Ndagijimana），博士，中国科学院城市环境研究所，研究领域为能源与环境科学；邱仲潘，厦门大学信息学院副教授，研究领域为人工智能、网络信息安全，“一带一路”、金砖国家、上合组织成员国科技经济发展，通讯作者。

热等可再生资源产生的能源。主要应用在四个方面：发电、加热或冷却空气与水、交通，以及为偏远地区提供能源。南非可再生能源发展的局限性体现在两个方面：能源创新体系尚未健全和技术成本高昂。南非政府的第四期可再生能源独立电力生产商采购计划（REI4P）提出，到2030年，在南非，可再生能源成本与非可再生能源成本实现持平。可再生能源已变得更加经济、高效并被广泛使用。南非拥有丰富的可再生资源，可以有效地供给国内的能源需求。事实上，南非一直都以煤炭为主要能源。2017年，全国75%以上的发电量来自火力发电。

二　南非的可再生能源政策

南非政府计划通过发展太阳能、风能、水力发电等可再生能源与开发天然气及核能等其他替代能源，来减少二氧化碳的排放量。政府的目标是发展可持续的环保型经济。2019年6月，南非能源部部长杰夫·拉得比（Jeff Radebe）宣布将于2019年11月发起南非第五期可再生能源独立电力生产商采购计划（REIPPPP）投标，目标是进一步从独立电力生产商采购1800兆瓦（MW）的可再生能源。金砖国家新开发银行（NDB）与南非国家电力公司（ESKOM控股公司）签订了1.8亿美元的贷款协议，用于扩大可再生能源并网与传输项目。

南非一直以煤炭为主要能源来源，整个非洲40%的二氧化碳排放量来自该国。表1表明，2015年南非能源总供给的67.9%来自煤炭，15.5%来自石油。

表1　2015年南非一次能源供给

单位：%

种类	煤	原油	生物燃料和垃圾	天然气	核能	可再生能源
百分比	67.9	15.5	11.1	3.0	2.2	0.3

在气候大会上，南非承诺到2020年二氧化碳排放量降低34%，到2025年降低42%。其目标是到2030年煤炭消耗量从90%降至42%，并将可再生

能源的比例提高到15%。南非政府的第四期可再生能源独立电力生产商采购计划是一个覆盖面很广的方案，计划在2012～2030年，安装总装机容量达17800兆瓦的可再生风力、太阳能、生物质、沼气及水力发电设施。到2050年，南非全国电力、交通、供热或制冷及工业用电将完全依靠可再生能源（见表2）。

表2　南非2050年可再生能源计划

单位：%

项目	太阳能发电厂	太阳能集热发电厂	商业/政府屋顶太阳能	住宅屋顶太阳能	陆上风电	海上风电	水力发电	地热	波浪能	潮汐涡轮机
百分比	56.7	10	2.6	1.6	20	7	1.1	<0.1	1	<0.1

实施该计划的过程中遇到了一些障碍，但是第五期可再生能源独立电力生产商采购计划（REIPPPP）让我们看到了一些希望。

三　南非的投资机遇

南非政府已经明确表示在2011～2030年支持可再生能源发展，其新增装机容量的42%（17800兆瓦）将来自可再生能源。此举使南非成为二十国集团中排名第九位的清洁能源投资目的国。南非是全球拥有最优良的太阳能资源的国家之一。南非某些地区太阳能集热发电（CSP）效率甚至比西班牙和美国加州地区还要高50%。南非具有成熟的制造业和工业基础，可以为绿色产业链发展提供机会。在南非的北开普省，已规划建设一个具备5000兆瓦发电能力的太阳能发电厂，预计在未来20年内完工。南非丰富的太阳能资源，加上政府对可再生能源技术的支持政策，吸引谷歌投资1200万美元，用于建设贾斯珀（Jasper）光伏电站。该项目具备96兆瓦的发电能力，建成后将成为南非最大的光伏电站，能为3万户家庭供电。更多关于投资机遇的细节请参见参考文献第8项。

四　在南非应用的主要可再生能源

（一）生物燃料和生物有机质

生物燃料是化石燃料的补充和替代能源来源，可以从不同的生物质，如糖类、淀粉、油料作物和林业材料等产生能源。全球生物燃料需求增加主要来自交通运输行业，尤其是道路车辆，可完全使用生物燃料或者在传统的化石燃料中添加生物燃料。发展生物燃料有很多优势，例如，更加高效地利用可再生资源，提升能源安全性和能源供应多样性，促进农业发展，加大在农村地区的投资，降低温室气体排放量，增加就业机会和改善民生等。生物燃料使南非的能源供给更加广泛和多样化，从而减少对进口能源的依赖和环境污染。预计全球生物燃料产量在2021年将达到2220亿升，其中乙醇和生物柴油占比分别为81%和19%。南非目前已有数个生物柴油生产设施投产，共有4200万公顷天然林地和135万公顷人造林，且生物质产量潜力巨大。然而，目前南非的生物燃料发展立法停滞不前，生物燃料生产尚需大规模商业化。阻碍生物燃料发展的挑战包括对经济和社会安全的担忧，比如食品保障、商品价格、生物多样性和土地使用引起的环境退化等。

南非生物燃料政策的重要性

在非洲53个国家中，南非是最大的能源消费国，2012年其一次能源消耗占全非洲的31%。2012年南非消耗的总能源为124百万吨油当量（Mtoe），其中煤炭占72.5%，石油占21.7%，天然气占2.8%，核能占2.6%，可再生能源占0.4%（主要来自水电）。根据美国能源信息管理局的数据，2011年南非二氧化碳排放量占全球总量的1.4%，占整个非洲的40%。南非是整个非洲二氧化碳排放量最多的国家，在全世界排名第14位。迄今为止，南非的能源主要来自煤炭和石油，而这两种能源也是产生二氧化碳和二氧化硫进而造成环境污染的原因。因此，南非需要可再生能源作为替代能源，来应对能源安全、污染排放等问题，节约用于进口石油的大量外汇。可再生燃料，如生物燃料，使南非的能源供给更加广泛和多样化，从而减少二氧化碳排放量及对石油进口的依赖。生物燃料还可以帮助南非实现可再生能源发展目标，增加本土能源供应，提振农业和农产品市场，带动整个经济和农村地区的发展。在过去的几年中，南非政府出台了多种生物燃料政策和法规，旨在推动生产和使用生物燃料，吸引对农业农村发展的投资，增加就业。南非已建立了数个生物质燃料基地，准许其进行大规模商业化生产。得益于此，南非创造了25000个农业相关就业机会，并完成了到2013年可再生能源发电达到1000万吉瓦时目标的50%。如表2所示，政府计划到2050年实现100%使用可再生能源，但并未列出生物燃料的比例。

机遇和挑战

实现可持续发展和生物燃料生产商业化依赖几个因素：政府的政策、目标和法规；能源安全性问题；对环境、社会和经济的影响等。南非生物燃料发展的挑战和机遇见参考文献第10项。

（二）水力资源

水能来自海浪、潮汐、瀑布及河流。只要地球上还有水，水力资源就不会枯竭。与全球其他地区相比，亚洲水力发电发展更加成熟。例如在中国10兆瓦以下的水力发电站就有45000个，而全非洲只有几百个。

表3　全球水力发电潜力

单位：吉瓦时/年

	非洲	亚洲	大洋洲	欧洲	北美洲	南美洲
具备技术潜力	1700	6700	300	1300	1600	2700
经济上可行	1000	4600	100	700	1000	1600
已投产	100	700	<100	500	800	600

南非历时20年建设安装的第一个新型并网小水电站于2009年投产使用，在建的水电站还有若干。南非目前共有7个水电站，分布在全国各

地，全部为南非国家电力公司所有。南非的水力发电能力受限于降水量不足，全年降水量只有 500 毫米。南非曾经从莫桑比克的 Cahora Bassa 水电站进口电力，待输电线路修复后还将继续进口。南非还有可能从非洲其他国家水电站进口电力，如赞比亚、津巴布韦和刚果民主共和国。如果能这样做，南非就可以减少对煤炭火力发电的依赖。南非几乎 90% 的电力来自燃煤电厂，5% 来自水电和抽水蓄能电站。南非目前具备 700 兆瓦的水电装机容量。

关于水电的假设

假设 2033 年英加三号水电站（Inga 3）并网发电后，南非可获得 2500 兆瓦的电力。关于英加三号水电站，我们假设能达到其发电能力的 70%，并且对其达到发电能力 60% 和 80% 时的情景分别做了敏感性分析。我们采用刚果盆地的降雨模式生成了一个英加三号水电站全年水力发电能力分布模型。模型根据每月用电量峰值和发电量谷值的限制来调度水电站。南非全国用电覆盖率为 81%，偏远地区为 63%。2010 年，南非能源部发布了《综合资源计划》，规划了南非到 2030 年的电力生产结构方案。据这项经内阁批准的政策调整计划，17800 兆瓦的可再生能源将成为 2030 年能源结构的一部分。水电的主要部分将来自进口（到 2030 年为 5200 兆瓦）。

（三）太阳能

太阳能为各种仪器设备提供电源，比如手表、计算器、炊具、热水器，还可用于照明、抽水、通信、交通、发电等。南非的太阳能主要是基于光伏发电和集中太阳能发电。太阳能发电的平均成本与南非太阳光照的质量和数量有关。同样的太阳能发电设施及同等的投资，在南非可以比在欧洲多产出 20% 的电能。南非的最西部地区接收太阳辐射强度最高，从每平方米 2100 千瓦时到 2300 千瓦时。到 2030 年，南非的太阳能发电能力预计可以达到 8400 兆瓦。位于北开普省的一个太阳能园区规划为每年为全国提供 18 万兆瓦时的太阳能。据估计，只需要 3000 平方公里的土地面积用于太阳能发电就可以满足南非的需求。在南非，相对于其他传统非可再生能源来说，太阳能是一种低成本的能源。引入太阳能发电厂刺激了南非经济发展并且创造了就业机会。太阳能系统的初始成本很高，但一般5~8年就可以收回投资。太阳能的应用带动了其他可再生能源，包括风能、水电和生物质能的应用。太阳能和其他可再生能源一样，既安全又环保。太阳能没有排放问题，能量来源是阳光，不像火力发电厂。南非的大部分地区平均每年日照时间超过2500小时，平均太阳辐射强度在每日每平方米4.5~6.5千瓦时。在南部非洲地区，事实上在整个非洲，全年日照充足。南非年均日照强度在每平方米220瓦，美国部分地区为每平方米150瓦，欧洲和英国只有每平方米100瓦。南非是拥有全世界最丰富的太阳能资源的国家之一。利用太阳能在南非是最容易实现的。太阳能资源有多种应用，而南非的太阳能设备产业也在发展中。光伏板组装能力每年可达到5兆瓦，还有一些南非企业生产太阳能热水器。完整的太阳能技术路线图包括三个板块：集中太阳能、光伏太阳能和集热太阳能技术。同时关注混合技术和太阳能燃料的研发。据目前技术路线图草案估计，到2050年光伏太阳能可发展到40000兆瓦，集中太阳能可到30000兆瓦的规模。

（四）风能

几千年来，人类一直在利用风车和风力来抽水和磨碎玉米。科学技术取得突破之后，现在可以用风力发电。风能，像太阳能一样，是一种免费的可再生能源，永不枯竭，然而只有在风力强且持续刮风的地区才可行。正如表4和表5所示，国际风能市场一直由中国、美国和欧洲主导。2016年，全球新增风力发电能力54吉瓦，而南非仅安装了400兆瓦，不到全球市场的1%。

南非的风力资源潜力较大，尤其是在东、西开普敦海岸线附近。目前，Klipheuwel风力发电厂正在开普敦附近运营，总发电能力为3.2兆瓦，预期发电负荷率为20%~30%。

表 4　2000～2016 年全球每年新增风力发电能力

单位：吉瓦时

年份	2000	2001	2002	2003	2004	2005	2006	2007	2008
数值	4	7	7	8	8	12	15	20	27

年份	2009	2010	2011	2012	2013	2014	2015	2016
数值	39	39	41	45	35	51	63	54

相比之下，南非全年用电总量约为 45 吉瓦。

表 5　全球 2016 年风力发电能力

单位：吉瓦

区域	中东和非洲	中国	印度	日本	澳大利亚	亚太其他地区	欧洲	北美	拉美	全球
数值	3.9（南非 1.5）	169	29	3	4	4	161	82	29	487

资料来源：J. G. Wright，T. Bischof－Niemz，J. R. Calitz，C. Mushwana，R. van Heerden，（2017）；Future Wind Deployment Scenarios for South Africa. WindAc Africa。

另外，2007 年开始运营的 Darling 风力发电厂每台机组可发电 1.3 兆瓦，整个风力发电厂的总发电量为 5.2 兆瓦，年平均发电量为 13200 兆瓦（负荷率 28%）。目前，南非共有 19 个风能开发项目，总计 600 组风力发电机。在国际上，南非的风能资源处于中等水平。风能是广泛分布的可再生清洁能源。风力发电过程不产生温室气体，所以是传统化石燃料的替代能源。在南非，有四项鼓励风力发电的政策，包括《可再生能源白皮书》《国家能源法案》《综合能源计划》《综合资源计划》。南非的可再生能源独立电力生产商采购计划引入了 30 余个风电项目，在清洁能源供给方面有了突破，然而清洁能源发展遭到了其他利益集团的质疑，尤其是工会组织，他们认为传统能源如煤炭及相关产业链的就业机会受到了可再生能源的威胁。鼓励风能发展的国家主要从三个方面制定优惠政策：环境、供给和需求。政府另有一个招标计划，承诺采购 1800 兆瓦的可再生能源，可新增 8 万个就业机会。但是，此项招标计划能否兑现，受定价、经济性和是否物有所值等因素影响。从目前的项目来看，风电项目需要500个风塔和发电机，能使当地经济从中受益。南非政府的主要目标是加快发展速度，打开新兴市场，在促进环保的同时扩大需求。

南非的风能计划

表6显示了在不同的假设前提下，风能（和其他可再生能源）对南非能源结构的贡献。在基准情景中，假设能源需求高，到2030年风能将贡献南非能源结构的10%，到2050年达到18%。在低需求情况下，到2030年风能将占能源结构的12%，到2050年达到24%。

表6　风能和其他能源在不同假设条件下的比例（2016～2050年）

单位：%

年份	项目	基准情境高需求	成本最低情境高需求	脱碳情境高需求	基准情境低需求	成本最低情境低需求
2016	风能	2	2	2	2	2
	其他可再生能源	10	10	10	10	10
	其他能源	88	88	88	88	88
2030	风能	10	23	35	12	18
	其他可再生能源	13	15	20	13	14
	其他能源	77	62	46	76	68
2040	风能	15	40	46	18	35
	其他可再生能源	15	26	27	18	27
	其他能源	70	34	26	63	38
2050	风能	18	48	47	24	46
	其他可再生能源	12	28	47	17	27
	其他能源	70	24	6	59	27

资料来源：J. G. Wright, T. Bischof - Niemz, J. R. Calitz, C. Mushwana, R. van Heerden,（2017）；Future Wind Deployment Scenarios for South Africa. WindAc Africa。

南非风能计划（SAWEP）源自矿产和能源部部长恩格库卡在2000年6月宣布的Darling国家风力发电示范场项目及她向国际社会提请的帮助。到2028年，风力将成为一种主要的可再生能源，占比达到60%。

（五）能源混合体系

混合能源系统是指两种或者两种以上的可再生能源的组合，比如光伏、风电、微型水轮发电、储能电池和燃料电池发电机组，用来提供一种可靠的离网电源（未连接到电网的能源）。

目前南非有两个试点混合能源系统，一个位于东开普敦的Hluleka自然保护区的野生海滩，另一个邻近Lucingweini社区。Hluleka混合能源系统包括2个已经验证过的2.5千瓦风力发电机，和3组壳牌太阳能光伏模块，装有56个串联在一起的100瓦光伏组件（总计10.6千瓦）。整合设计的理念实现了联合发电，水净化和通信体系也随之建立起来。这个能源系统利用可再生能源（风力和太阳能）、太阳能热水器和液化气。一个柴油发电机作为备用电源。Hluleka混合能源系统从2002年6月开始运行。Lucingweini混合能源系统拥有50千瓦太阳能光伏板和36千瓦风力发电机，为220户住宅供电（包括每户四盏灯、收音机、电视机、手机充电器、路灯、通信和抽水）。目前正收集这两个试点项目的相关数据信息，分析其可行性，看是否可以在南非全国推广。

（六）地热能

地热能是指储存在地下的热能。目前，南非还没有投产的地热能项目，但是此类项目已经在建。南非测量了全国范围的地热资源，显示本国拥有很高的地热资源储备，相关温度在全球排名中等偏高。低焓地热能在全世界越来越受青睐。其广受欢迎的原因是它对地热温度差的要求最低只要40摄氏度/千米，这个要求在全球很多地区可以达到。南非目前没有任何活跃的或刚喷发过的火山，而且远离任何活跃的大陆或大洋板块的边界，但是有些地区具有超常高热流，满足开发低焓地热能源的要求。南非的一部分以卡普瓦尔克拉通（Kaapvaal Craton）为基础，被其厚重的次大陆岩石圈地幔龙骨支撑，深度可达到250千米，平均地壳厚度为40～50千米。

学者建议，尽管地热能未被列入南非可再生能源结构，南非仍具备发展低焓地热能的潜力。他们建议南非应认真考虑把地热能作为一种可再生能源。然而，在采用地热能源之前，还需要考虑几个重要的因素。南非地热能的详细信息请参见参考文献第24项。

五　结束语

本文介绍了南非的可再生能源发展趋势、相关政策及投资机会，对南非政府面临的挑战及未来目标做了说明，并介绍了南非主要的几种可再生能源，包括生物质能、水力发电、风能、太阳能和地热能。

参考文献

Omar Ellabban, Haitham Abu-Rub, Frede Blaabjerg, (2014). "Renewable Energy Resources: Current Status, Future Prospects, and Their Enabling Technology". *Renewable and Sustainable Energy Reviews*, (November 1) 39: 748－764. doi: 10.1016/j.rser.2014.07.113.

"Renewables 2010 Global Status Report" (PDF). www.ren21.net. September 24, 2010. Retrieved March 9, 2017.

Anna Pegels, (2010). "Renewable Energy in South Africa: Potentials, Barriers, and Options for Support". *Energy Policy*. 38 (9): 4945－4954. doi: 10.1016/j.enpol. 2010.03.077.

https://www.internationalrivers.org/blogs/430－1.

Erika van der Westhuizen, Jackie Young, (2015). Perceived Success of Energy Strategies for South Africa's Financial Services Industry, *Journal of Energy in South Africa*, 29 (3).

David Richard Walwyn, Alan Colin Brent, (2015). Renewable Energy Gathers Steam in South Africa. *Renewable & Sustainable Energy Reviews*, 41: 390－401.

https://businesstech.co.za/news/energy/105015/how－much－100－renewable－energy－in－africa－would－cost/.

http://www.mondaq.com/southafrica/x/277796/Patent/South + Africas + IP +

Developments + And + Renewable + Energy.

Giles Henley and Taku Fundira, (2019). Policy and Trade Issues for a Future Regional Biofuels Market in Southern Africa, *Development Southern Africa*, Vol. 36.

Anup Pradhan, Charles Mbohwa, (2014). Development of Biofuels in South Africa: Challenges and Opportunities.

Wim Jonker Klunne, (2013). Small Hydropower in Southern Africa: An Overview of Five Countries in the Region. *Journal of Energy in Southern Africa* 24 (3).

IEA, (2003). Renewables for Power Generations. *Status & Prospects*. Paris: IEA.

B. Barta, (2011). Renewable Energy: Hydropower. in E. Kiderlen, B. Bredenkamp and L. Smith, (eds.), *The Sustainable Energy Resource Handbook. South Africa*, *Volume 2. The Essential Guide*. Cape Town: Alive2green, pp. 139 – 151.

Wilhelm Karanitsch, Andritz Hydro, (2011). South Africa's Hydropower Options. Energize.

R. Deshmukh, A. Mileva and G. C. Wu, (2018), Renewable Energy Alternatives to Mega Hydropower: A Case Study of Inga 3 for Southern Africa. Environ. Res. Lett. 13 064020.

Tina Joemat – Pettersson, MP. (2015). State of Renewable Energy in South Africa.

P. Gauché, T. W. von Backström, & A. C. Brent, 2012. A Value Proposition of CSP for South Africa. Proceedings of the South African Solar Energy Conference (SASEC2012), Stellenbosch, South Africa.

Global Wind Energy Council (GWEC), Global Wind Statistics 2016, Tech. rep., Global Wind Energy Council (GWEC), Brussels, Belgium (2017). arXiv: arXiv: 1011.1669v3, doi: 10.2.2017. URL. http://www.gwec.net/ wpcontent/uploads/vip/GWEC { } PRstats2016 { } EN { } WEB.pdf.

https://www.export.gov/article? id = South – Africa – Electricity – Power – Systems – Renewable – Energy.

https://en.wikipedia.org/wiki/Renewable_energy_in_South_Africa.

E. Huenges, P. Ledru, (2011). *Geothermal Energy Systems*: *Exploration*, *Development*, *and Utilization*. Hoboken, N. J.: John Wiley & Sons. http://dx.doi.org/10.1002/9783527630479.

T. Dhansay, M. De Wit, A. Patt, (2014). An Evaluation for Harnessing Low – Enthalpy Geothermal Energy in the Limpopo Province, South Africa. S Afr J Sci. 110 (3/4), Art. #2013 – 0282, 10 pages. http://dx.doi.org/10.1590/sajs.2014/20130282.

J. Stankiewicz, M. De Wit, (2013). 3.5 Billion Years of Reshaped Moho, Southern Africa. *Tectonophysics*. 609: 675 – 689. http://dx.doi.org/10.1016/j.tecto.2013.08.033.

Taufeeq Dhansay, Chiedza Musekiwa, Thakane Ntholi, Luc Chevallier, Doug Cole, Maarten J. De Wit, (2017). South Africa's Geothermal Energy Hotspots Inferred from Subsurface Temperature and Geology. *South African Joarnal of Science*, 113: 1 – 7.

B.15

墨西哥科技创新发展报告（2019）

朱　浩*

摘　要： 墨西哥是拉美地区重要大国和全球新兴经济体国家，跻身全球第十五大经济体，近年来保持2%～3%的增长速度。墨西哥拥有较为完善的国家科技创新体系，科技创新作为国家战略的组成部分，近年来不断得到提升。随着替代北美自由贸易协定（NAFTA）的美加墨协定（USMCA/T－MEC）的签署，墨西哥将进一步开放国内市场，加强与区域一体化及世界各国的合作，科技也将在墨西哥经济发展中扮演更加重要的角色。自2013年中墨建立全面战略伙伴关系以来，两国科技创新合作保持较快增长势头。近五年来中墨在地理空间信息技术、清洁能源、纳米科技、农业科技、水资源利用、航空航天等领域保持密切合作，科技创新合作已进入全面深化阶段。尤其是2018年中墨清洁能源合作的开启已经成为两国在重点创新领域合作的典范。

关键词： 金砖＋　墨西哥　科技创新

墨西哥是全球第十五大经济体，在美洲经济总量位列美国、巴西、加拿

---

* 朱浩，国家科学技术部中国农村技术开发中心助理研究员，墨西哥国立自治大学访问学者，曾担任中国驻墨西哥大使馆科技专员，主要研究领域为科技创新政策、科技项目管理、国际科技合作等。

大之后。根据世界银行和墨西哥国家地理统计局（INEGI）统计，2018 年墨西哥国内生产总值（GDP）为 1.224 亿美元，同比增长 2%，为近 5 年来增长幅度最低。其中，墨西哥人均 GDP 为 9811 美元，略高于中国 2018 年人均 GDP（9769 美元）。作为全球重要的新兴市场国家，墨西哥近年来一直致力于提升国家科技创新能力，提高国家竞争力，打造知识经济社会。

2018 年是墨西哥总统大选和政府换届之年。在墨西哥革命制度党（PRI）培尼亚政府执政的 2012～2018 年，墨西哥全社会对科技的投入达到其历史以来最高水平（接近 0.53%）。由于墨西哥宪法规定总统每届任期为 6 年，且不能连任，终身不得再任，国家政策随着政府换届会发生较大变化。2018 年 12 月，代表左翼的墨西哥国家复兴运动党（PAN）新总统洛佩斯上台，大力实施财政紧缩和节约开支计划，目前其任期内专门的科技规划和政策正在制定中，尚未正式颁布。

一　墨西哥科技创新发展概况

（一）国家科技创新目标与战略

1. 国家规划目标

培尼亚政府在《墨西哥国家发展规划（2013～2018 年）》中提出其六年任期内国家发展五大战略任务。其中之一便是“发展高质量的教育”，在此任务目标下最重要的目标是“使科技发展和创新成为经济社会可持续发展的支柱”。围绕科技创新发展总目标，培尼亚政府在《墨西哥国家发展规划（2013～2018 年）》中提出了五大战略及相应的行动路线。主要目标包括：1. 全社会研发投入持续增长并达到国内生产总值 1% 的水平；2. 培养和建设高水平的人才队伍；3. 推进地方科技和创新能力发展，加强区域可持续和包容发展；4. 加强高等教育机构、研究中心和公共部门、社会部门及私人部门间知识转移和利用；5. 加强国家科技基础设施建设。

2019 年 8 月 25 日，洛佩斯政府在联邦官方日报上正式发布了本届政府施政纲领性文件，即《墨西哥国家发展规划（2019～2024 年）》。该规划将科技列入经济板块，承诺本届联邦政府将大力推动科技发展，通过奖学金和其他资助来支持学生和科学家开展学习和研究活动。墨西哥国家科学技术委员会（CONACYT，以下简称墨国家科委）负责协调国家创新规划，鼓励大学、企业、科学家和社会各界积极参与国家经济和社会发展。目前，正在编制科技创新领域相关规划。

2. 科技创新发展战略和任务

为落实《墨西哥国家发展规划（2013～2018 年）》提出的科技发展任务目标，培尼亚政府于 2014 年 7 月发布实施了《科技创新专项规划（2014～2018）》《科技创新发展规划（2013～2018）》。科技规划对国家规划中提出的科技创新发展总目标、五大战略、落实行动进行了部署，提出科技发展年度参考目标。作为最重要的目标，在科技规划中，首要任务便是大幅提高研发投入，即到 2018 年培尼亚政府执政期满时全社会研发投入达到国内生产总值 1% 的目标。其中 2018 年为科技创新能力提高阶段，研发投入强度从 0.45% 提升到 1%；2019～2024 年为起飞期，研发投入强度从 1% 提升到 1.6%，2025～2030 年为巩固期，研发投入强度从 1.6% 提升到 1.9%；2031～2038 年为成熟期，研发投入强度达到 2.3%。

洛佩斯政府于 2018 年 12 月正式接替培尼亚政府执政，2019 年 4 月发布的其任内《墨西哥国家发展规划（2019～2024 年）》中提出科技是创造“民生经济”的重要手段，在附件材料中强调其任内主要围绕教育、卫生、环境、经济发展和能源等相关领域促进科技创新发展，并提出将创建由墨西哥经济部主导的国家创新系统，旨在促进前沿科技研究以通过技术转移提升产业竞争力。墨国家科委正在牵头制定《国家创新规划（2019～2024）》，其内部机构进行了重组，撤销了原负责国家创新的创新司。预计在洛佩斯政府任内，通过创新支撑经济发展将成为重点，经济部领导国家创新系统建设将进一步强化科技与经济结合，提升科技进步贡献率。

（二）研发投入和人才情况

1. 研发投入情况

从联邦政府预算第33项对国家科委及其所属研究中心的科技投入情况来看，如图1所示，2007～2016年，墨西哥联邦政府对墨国家科委科技投入预算持续增长，到2016年达到历史最高水平。在培尼亚政府2012～2018年执政前半期，联邦政府对墨国家科委科技投入和墨西哥全社会研发投入持续稳定增长，分别在2016年和2015年达到历史最高水平。其中培尼亚政府执政6年期间政府投入（包括对其他部门科技投入）累计达到约4980亿比索，研发投入超过墨西哥历届政府。但由于受石油价格波动和经济增长缓慢等因素影响，联邦政府科技投入在2016年后不断减少，全社会研发投入也随之降低。

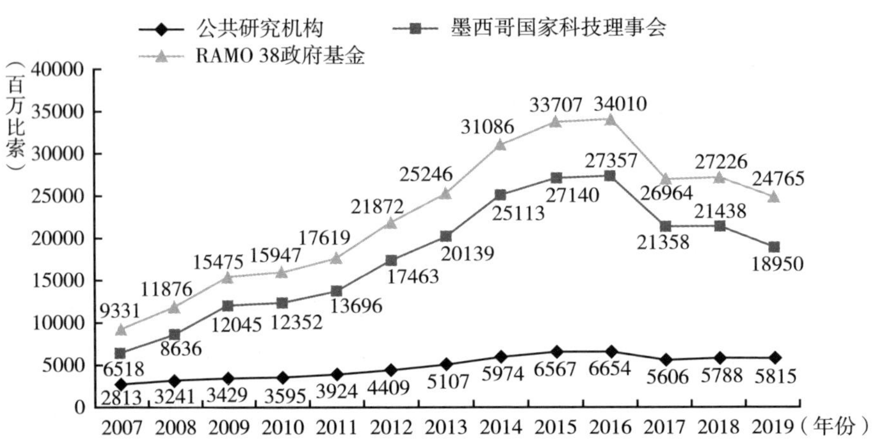

图1　墨西哥国家科委2007～2019年联邦科技预算

资料来源：墨西哥联邦制定的2007～2019年财政支出预算。

从全社会研发投入经费来看，如图2所示，在2015年培尼亚政府期间全社会研发投入达到981亿比索，2010年卡尔德隆政府期间达到977亿比索，仅次于2015年（考虑比索对美元汇率，2010年实际投入超过2015年）。2015年全社会研发投入强度达到历史最高点0.49%。但在2013～

2018 年，研发投入累计达到约 4980 亿比索，比 2007～2010 年期间增长约 65%。墨西哥科技创新高度依赖政府投入，企业投入较少，尽管培尼亚政府执政期间，政府研发投入有相对较大幅度增长，但由于经济增长乏力，2018 年培尼亚政府期满全社会研发投入强度与国家发展规划提出的 2018 年达到 1% 的目标还相差较远。

从研发投入结构上看，2012 年，政府投入约占 67.8%，企业投入约占 24.5%，其他部门投入约占 7.7%。而在 2018 年，企业投入约占 22.8%，政府投入约占 61.2%，其他部门投入约占 16%。其他部门投入占比有所增长，企业投入降低。由于墨西哥本土企业力量薄弱，大部分企业为外资企业，主要经营生产制造环节，研发投入有限，形成高度依赖政府投入的局面。近年来受经济增长下行等压力，联邦政府不断削减科技投入，企业研发投入占比小，而且增长速度缓慢，因此墨西哥研发投入水平在短期内不会得到根本改变。

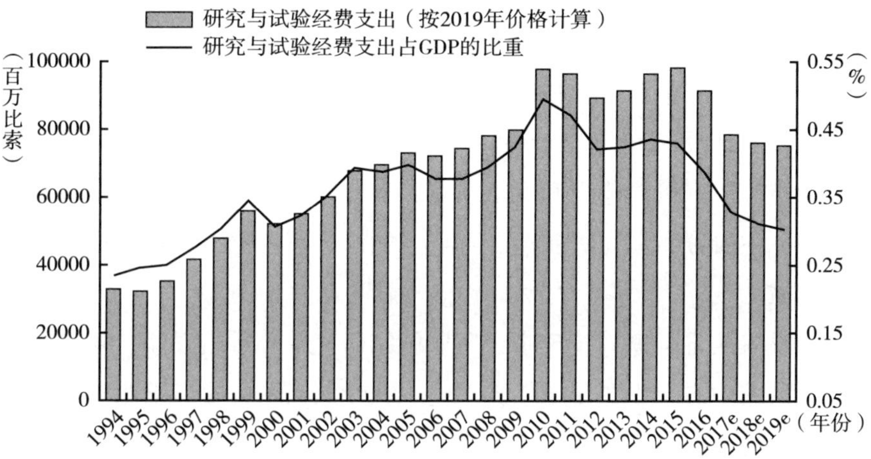

图 2 墨西哥 1994～2019 年全社会研发投入和投入强度

资料来源：墨西哥联邦制定的 2007～2019 年财政支出预算。

2. 科技人才培养

在研究生培养方面，联邦政府主要通过提供奖学金支持研究生等高素质人才在国内和国外学习。2018 年，墨国家科委共授予硕士和博士研究生奖学金 80514 人，其中支持 6533 人赴国外学习，比 2012 年增长了约 34%。

在研究人员资助方面，国家研究人员体系（SNI）负责对研究人员的工作进行专业性的评估和促进，旨在通过对研究人员开展的研究工作进行评估，以提高研究水平和质量。该体系根据对研究人员的评估情况分为一级到三级，其中三级研究员代表国内最高水平，墨国家科委根据研究人员级别提供相应的资助。截至 2018 年，该系统注册科技人员有 28633 名，比 2012 年增长了 54%，其中 68% 来自首都墨西哥城以外区域的大学和研究中心（见图 3）。

在青年科学家培养方面，墨国家科委专门设立国家科委青年教授计划，旨在支持拥有博士学位的青年研究人员参与高等教育机构和研究机构的科研项目。2018 年该项目共支持 1511 人，这些人主要分布在环境、天文、可持续发展、技术研究、能源、卫生、社会等学科领域。

（三）国家科技基础设施建设

在新建研究中心方面，联邦政府 2016 年实施科技基础设施发展战略，建设新的公共研究中心并加强国家和地区科技研究机构的建设。2013 ~ 2018 年，墨西哥累计投入 70.7 亿比索用于支持研究机构重组及国家实验室、研究中心和高等教育机构建设和发展。其中包括 76 个国家实验室，新建 8 个研究联盟，主要分布在先进制造、可再生能源、石油化工、食品加工和交叉学科等领域。

在加强墨西哥国家科技理事会所属国家研究中心重组方面，新建设国家航空工业研究中心，主要用于培养航空工业专业人才，提高墨西哥国家航空制造水平。为此，墨国家科委和经济部共投入近 2 亿比索，2017 年已经建成投入使用。

为加强能源可持续发展研究，墨西哥通过能源可持续发展基金，2018 年投入 18 亿比索建立墨西哥地热能源创新中心、墨西哥太阳能创新中心、墨西哥风能创新中心等，以加强对国内丰富的清洁能源资源利用的研究和开发。

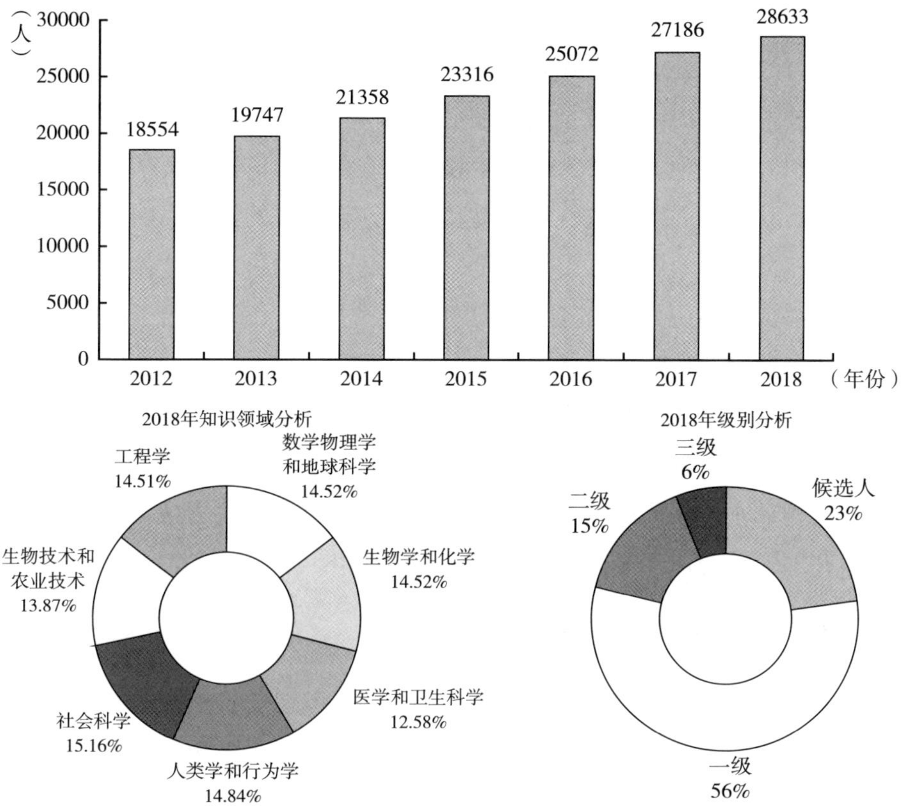

图 3　墨西哥 2012～2018 年国家研究人员体系注册人员

资料来源：墨西哥联邦政府 2018 年第六次政府工作报告。

（四）国家科技计划体系

墨国家科委主要通过实施国家科技计划支持国内机构开展科技相关活动。由联邦政府财政预算支持的国家科技计划主要包括七大类：一是行业基金专项。该基金由墨西哥联邦政府部门和国家科委共同建立，主要目的是促进国家有关行业科技创新能力。目前墨西哥成立了 25 个行业专项，涉及行业部门包括能源部、联邦电力委员会、农业农村发展部、旅游部、国防部、海军部、国家航天局、国家水资源委员会、环境与自然资源部、社会发展部、公共教育部、卫生部、外交部等。二是企业科技专项。主要支持已经开展科技创新投入的企业开展开发新产品、新工业和新服务以提高生产效率，旨在通过财政经费补贴的方式鼓励和引导企业进行技术创新投入。资助对象包括开展技术创新的中小微企业、大企业以及与研究机构开展协同创新。三是研究生和人才专项。主要为研究生和优秀的科研人员提供奖学金，支持高水平人才培养和发展以促进科学研究和技术创新水平的提升。四是国家研究人员体系专项。国家研究人员体系是墨西哥最重要的科技人才体系，经过该体系评估和认可的研究人员代表着墨西哥顶尖水平。该专项给予研究人员稳定的科研经费支持。五是区域创新专项。主要支持地方科技创新发展，培养为地方发展做贡献的高水平人才以及支持科研人员解决制约地方发展的问题和需求。六是科研创新专项。主要支持科学技术教育，通过支持科技教育提升创新机构和企业人员的科技知识和素质。七是机构支持专项。主要支持科研人员开展学术交流、国际合作，跟踪科技前沿。

（五）重点领域科技创新合作情况

墨西哥开展科技创新国际合作的重点主要在欧、美、日等传统较大的发达国家，与全球50多个国家签署相关科技合作协议，签署科技协议较多的国家主要有德国、中国、美国、法国、英国、加拿大、土耳其等国家，以及美洲国家组织、经济合作与发展组织、欧盟等国际或区域组织。由于本国科技合作资源有限，墨西哥积极拓展国际科技合作渠道，与欧、美、日以及中国等重点国家保持密切的科技合作关系。通过与德国、法国、英国、美国、加拿大和亚洲国家开展征集联合研究项目、学术交流等活动，继续加强对来自其他国家国际科技创新资金的使用。墨西哥政府还积极支持和鼓励墨西哥机构参加国际论坛和国际组织机构，开展多边科技合作。

二　与中国科技创新合作情况

（一）中墨政府间合作机制

中国与墨西哥于1972年2月14日建交。2003年12月，两国建立战略伙伴关系。2013年6月习近平主席访墨期间，两国元首共同宣布将双边关系提升为全面战略伙伴关系。2004年，中墨成立两国政府间常设委员会，已经召开了六次会议。2008年，中墨建立战略对话机制，已经举行了五次对话。其中，两国政府间常设委员会下设科技分委会，这是中墨两国政府间开展科技合作最重要的对话机制，每两年分别在北京和墨西哥城召开，由中国科技部和墨西哥外交部、墨国家科委共同主持。2018年5月，中国科技部黄卫副部长和墨国家科委主任门多萨博士在墨西哥城共同主持召开了科技分委会第七次会议。

（二）政府间主要合作重点

近年来，随着习近平主席和培尼亚总统将两国关系提升为全面战略伙伴关系，两国科技合作和交流进入全面复苏和蓬勃发展的新阶段。两国科技主管部门、行业主管部门以及重要科研院所、大学、企业等或重启停滞已久的合作或新建立起更加密切和务实的科技交流和合作关系，从项目联合研究、合作平台搭建、科学家交流、研究生培养、科学普及与传播等各方面开展了系列合作和交流活动，中墨政府间和民间科技合作与交流进入历史以来最好时期。

自1975年中墨签订《科技合作协定》以来，中国科技部与墨国家科委在2012年签署《中国—墨西哥科技合作协议》。2014年，在习近平主席和培尼亚总统见证下，中国科技部分别与墨西哥国家科委、墨西哥外交部签署《关于联合征集研究项目的特别合作协议》《关于加强高新技术及产业化合作的谅解备忘录》，双方共同确定将生物技术、纳米科技、农林科技、清洁能源、疾病防控、地球信息技术等作为两国科技合作的优先方向。2018年，中国科技部与墨西哥能源部签署《关于能源领域合作的谅解备忘录》，进一步加强两国在清洁能源领域的合作。该项合作被纳入第二届“一带一路”国际合作高峰论坛成果清单。

（三）重点领域科技合作典范

中墨全面战略伙伴关系的建立为两国科技合作提供了重要发展机遇，在此大背景下中国有关政府部门、学术团体、重要科研院所和大学等积极拓展与墨西哥有关政府部门和机构的合作关系，中国科技部、中国科学院、中国科协、国家自然科学基金会、国家航天局、水利部以及江苏、福建等地方科技主管部门访问墨西哥并推动相关领域合作，两国科技务实合作呈现出多层次、宽领域的新格局，为“一带一路”创新之路建设奠定了坚实的基础。

1. 中墨清洁能源合作

墨西哥是传统化石能源和清洁能源资源都比较丰富的国家，能源是其主要经济支柱之一。培尼亚政府期间，墨西哥实施了重要的能源改革，打破长期以来的国有企业垄断，允许私营企业和外国资本进入石油、电力等能源行业。在此背景下，中国科技部首次与墨西哥能源部建立起科技合作关系，共同出资支持高水平的联合研究项目等务实合作，推动清洁能源领域产学研机构建立稳定的合作关系，提高资源和能源利用效率，共同应对全球气候变化和环境污染等难题。根据有关协议要求，双方将在水电、智慧城市、智能电网、电动汽车等领域开展具体合作，中国科技部已经与墨能源部、墨国家科委完成了首批合作项目征集，首批项目重点支持小水电技术有关联合研究与应用示范。

2. 中墨地球空间信息技术合作

在中国科技部和墨国家科委支持下，两国首次共同出资联合征集研究项目，支持开展基于北斗卫星导航系统关键技术及产品和行业应用解决方案的研发，并针对北斗用于智慧矿山等环境监测，建立开展科研项目与商业项目的运营平台；联合培养北斗及地球空间信息领域的高科技人才，为中墨高科技领域的合作提供人才支撑。通过与墨西哥开展高技术领域研究合作，为墨西哥培养高科技人才，同时也为我国北斗导航系统及服务“走出去”奠定了坚实的基础，该项合作对中墨高科技合作具有重要的示范意义。

3. 中墨科学家纳米科技交流

纳米科技是中墨两国科技部门和科学家共同关注的重要领域。自 2015 年起，由香港城市大学、墨西哥国立自治大学、中国科学院、清华大学、北京大学等中墨高校和研究机构发起主办中墨纳米材料科技研讨会。该研讨会每年轮流在中国和墨西哥举行，目前已经在中国和墨西哥举办四届，该研讨会 2016 年已经纳入墨西哥材料学会主办的国际材料大会的分会，搭建起中墨科学家开展深入交流的重要平台。中国国家自然科学基金委和墨国家科委 2017 年重启双方搁置二十多年的合作协议，分别为中墨科学家开展交流与合作提供相关资助，共同支持建立起首个中墨科学家交流机制。

4. 中墨重要科研机构合作

以中国科学院为代表的中国国家科技研究机构不断深化与墨西哥相关机构的合作，中科院院长白春礼、副院长张亚平 2017 年、2018 年相继访问墨西哥，与墨国家科委、墨西哥高等研究中心以及墨西哥国立自治大学等分别签订有关科技合作协议，覆盖墨西哥科技管理部门、国立重点科研机构和重点大学等主要机构。双方将在共同感兴趣的领域联合支持短期人员交流及双边研讨会，加强在生物多样性、海洋科技、纳米材料等领域的合作和中科院大学在人才培养上的合作，上述合作文件的签署将为中科院与墨西哥的实质性科技合作奠定新的基础。

此外，中国科协等部门与墨西哥科学院等学术团体加强“一带一路”科技合作，深化两国科学普及和传播领域的协作和交流，为两国学术团体搭建起重要的合作桥梁。

（四）中墨科技创新合作的机遇与挑战

1. “一带一路”下中墨科技合作的机遇

2018 年，除墨西哥、巴西、阿根廷等主要大国外的大多数拉美国家已经正式加入“一带一路”倡议。墨西哥对“一带一路”建设也表达了积极的态度。中墨科技合作在习近平主席 2013 年访问墨西哥两国全面战略伙伴关系建立后取得快速进展，尤其是中国近年来在科技创新领域取得了一系列令世界瞩目的重大进展和成就，对墨西哥产生积极的影响。

未来两国在创新领域面临诸多合作机遇。一是墨西哥对与中国深化科技领域合作积极性高，需求迫切，意愿强烈；二是尽管中墨经济结构存在一定程度的竞争，但两国产业结构和发展水平互补性大于竞争性；三是墨西哥不断开放的市场环境和机遇吸引着越来越多的中国高科技企业和产品“走出去”；四是中墨作为新兴经济体国家，科技创新未来将成为中墨两国跨越式发展的重要选择。

2. 中墨科技合作面临的挑战

当前，中墨科技创新合作已经进入良性发展的新时期。然而也存在一些不利的主客观因素，既有开展国际科技合作的普遍难题，也有中墨合作间的特殊影响因素，在一定程度上影响了中墨科技创新合作向更高水平发展。

中墨科技合作面临的主要挑战有：一是中墨距离遥远，加之墨西哥为西班牙语国家，距离和语言成为两国开展合作的最大障碍；二是两国经济社会发展和文化存在较大差异，导致双方在合作上的共识无法得到高效的落实；三是研究机构和科学家层面的民间合作亟待相关政府部门提供经费支持；四是墨西哥政府每六年换届，导致政府内政和外交政策变化在一定程度上影响双方合作的连续性和稳定性；五是中国国内科研机构还存在与发展中国家合作积极性不高、“学以致用”意识不强等问题；六是墨西哥长期处于美国的影响下，有关高科技领域合作还比较敏感。此外，还包括墨西哥长期受西方影响，部分人士对中国的发展还存在一定的认识不足和偏差。

三　与墨西哥开展科技合作建议

习近平主席强调拉美是21世纪海上丝绸之路的自然延伸。2018年，中国－拉美和加勒比国家共同体论坛第二届部长级会议在智利首都圣地亚哥召开，以本次会议为标志，习近平主席提出的共建“一带一路”伟大构想已经全面延伸到拉美大陆。截至2019年下半年，已经有19个拉美国家与中国签署协议，正式加入“一带一路”倡议。在中拉关系发展的崭新时代，中拉共建“一带一路”将发挥重要作用。

墨西哥作为拉美地区大国和重要的新兴市场国家，中墨双边科技创新合作将成为建设“一带一路”创新之路的重要支撑和保障。尤其墨西哥是拉美地区唯一能与中国科技部门共同出资开展联合征集项目及其他有关科技合作的国家，在当前两国科技合作全面推进已形成坚实的基础上，下一步应加强重点领域创新合作平台和人才交流等合作的长效机制建设，提升中墨科技创新合作在拉美的影响力和显示度。

（一）集中科技创新资源，打造科技合作亮点工程

在两国政府间科技合作框架下，统筹协调中国国内有关部门和机构对墨科技创新合作资源，聚焦双方感兴趣的重点领域，集中力量打造若干有影响力的亮点合作，形成中墨科技创新合作标杆，提升两国科技创新合作的影响力和示范效应。

（二）搭建科技合作平台，建立创新合作长效机制

重点支持两国机构在重点领域共同建设若干联合实验室、联合研究中心、联合创新中心等合作平台或基地，以平台建设为重点，以合作项目为依托，以人才培养和交流为抓手，促进平台、基地、项目、人才相互融合，形成科技创新合作的长效机制。

（三）强化人才培养合作，夯实民心相通坚实基础

通过中国科技部发展中国家杰出青年科学家来华工作计划、发展中国家技术培训班以及中科院国际人才计划等渠道，加强两国科研机构和科学家的交流互访以及两国研究生培养，增进双方了解和互信，培养一批对华友好的科技界人士，促进两国民心相通，提升我国科技创新影响力。

（四）密切政产学研协同，助力科技带动产业合作

发挥政府在科技创新合作中的政策引导作用，支持和引导企业等机构在“一带一路”倡议下，结合自身发展战略，投入相应资源开展科技创新合作，以企业为纽带，密切产学研合作，通过科技合作带动相关产业合作，从而促进我国技术“走出去”发展。

参考文献

Plan Nacional de Desarrollo de Gobierno de Mexico（2019－2024），https：//framework－gb. cdn. gob. mx/landing/documentos/PND. pdf.

Sexto informe de gobierno de Mexico，https：//www. gob. mx/. . . /file/106318/6toInformedeGobierno2012SENASICA_FinalFinal. pdf.

Programa Institucional del Consejo Nacional de Ciencia y Tecnologia（2014－2018）.

Informe de Actividades de CONACYT，2018.

Programa de Trabajo de CONACYT，2019.

http：//www. siicyt. gob. mx/index. php/estadisticas/indicadores.

http：//www. conacyt. gob. mx/index. php/fondos－y－apoyos.

B.16 巴基斯坦科技创新发展报告（2019）

贾　伟*

摘　要： 本文主要介绍了巴基斯坦科技创新基本情况，包括其科技创新政策和战略、研发经费投入产出和科技人才、重点领域科技创新发展战略、科研机构情况、重要科技发展动态和主要成就以及开展国际科技创新合作情况。本文还梳理和分析了中巴两国科技创新合作沿革、现状及面临的机遇和挑战。中巴经济走廊建设进入充实拓展的高质量发展新阶段，两国科技创新合作前景光明，潜力巨大，但同时也面临不小的现实挑战。

关键词： 金砖+　巴基斯坦　科技合作

巴基斯坦位于南亚次大陆西北部，国土面积 79.6 万平方公里（不计克什米尔），2018 年人口 2.12 亿，国内生产总值 3215.7 亿美元，人均 1472 美元，属中低收入发展中国家。2019 年全球竞争力排名列第 110 位（《世界经济论坛报告》，共 141 个经济体）。全球创新指数排名列第 105 位（《全球创新指数报告》，共 129 个经济体）。

---

* 贾伟，中国科学技术信息研究所副研究员，研究领域为国际科技合作和政策。

一 巴基斯坦科技创新发展基本情况

（一）国家科技创新政策、战略及发展规划

巴基斯坦政府2014年公布了《巴基斯坦2025》战略，提出到2025年成为世界前25大经济体、跨入中上等收入国家行列；到2035年在关键目标领域成为全球和地区领导者；到2047年独立百年时成为世界前十大经济体、跨入高收入国家行列的三步走战略目标。为此，战略提出要打牢4个基础（共同愿景、政治稳定、和平与安全、法治与社会公平），构建7个支柱（人力和社会资本，持续、自主和包容性增长，民主治理，水、能源和食品安全，创业引领型增长，具有竞争力的知识经济，现代化交通基础设施）。文件指出，要以知识增强效能，通过不断提高全要素生产率驱动收入增长。关键是创新引领，提高高等教育和研发质量，强化产学研联系，在教育机构中培育创新生态系统，激励创业型卓越中心、科技园和孵化器。通过构建知识经济，提高农业生产率，增强工业和服务业竞争力。

2019年底，巴基斯坦总理伊姆兰·汗宣布实施“数字巴基斯坦愿景”计划，加强信息化建设。愿景包含5个战略支柱：可及性和互联互通（使人人均可获得互联网服务）、数字基础设施（实现安全快捷地使用智能手机处理日常事务）、电子政务（实现政府机构内部流程及公众服务的电子化）、数字技能普及与培训（确保大学生能参与全球职场竞争）、创新创业（营造初创企业茁壮成长的环境）。

（二）研发经费投入、产出和科技人才情况

巴基斯坦研发投入主要来自政府和高校，其官方研发总支出最新数据是2013年的655.56亿卢比（约合32.78亿元人民币），研发强度为0.29%。联合国教科文组织最新数据显示，2017年，巴基斯坦研发总支出为784.22亿卢比，研发强度为0.24%。2019~2020财年，巴基斯坦科技部实际拨付

74.07 亿卢比，同比增长 2.5 倍。

科技人力资源方面，其最新官方统计显示，2013 年，巴基斯坦研发人员为 14.13 万人，全时当量 7.57 万人年，其中研究人员 6.07 万人，全时当量 3.02 万人年，每百万人口研究人员 329 人，全时当量 164 人年。联合国教科文组织最新数据显示，2017 年，巴基斯坦研发人员 18.95 万人，全时当量 10.14 万人年，其中研究人员 12.99 万人，全时当量 6.98 万人年，每百万人口研究人员 429.3 人，全时当量 293.6 人年。

研发产出方面，2019 年，巴基斯坦科学家在国际期刊上发表论文 20979 篇，同比增长 1.09 倍。2017 年，居民专利申请量 193 件，同比减少 11 件，非居民专利申请量 505 件，同比减少 131 件。高技术出口方面，2018 年，巴基斯坦高技术出口产值为 3.8 亿美元（现值），同比增长 763.7 万美元，占制成品出口的 2%，同比持平，其中 ICT 产品占货物出口的比重仅为 0.2%（2017 年），同比下降 33%。

（三）重点领域科技创新发展战略

巴基斯坦《“十二五”（2019～2024）规划》在科技创新方面提出，一是聚焦开放公开科研平台，推进产学研互动与融合；二是明确要发力于电动汽车、农作物新品种、自主知识产权卫星、生物技术、纳米技术和机器人等高科技领域。

巴基斯坦信息技术与电信部还制定了《数字巴基斯坦政策》，该文件指出，信息技术是经济发展的重要驱动力，巴基斯坦具备良好的发展数字经济的社会和经济基础：15～29 岁年轻人比例占到 60%，IT 从业人口 30 万，IT 业出口过去 3 年增加了 30%。制定《数字巴基斯坦政策》的目的是促进数字生态系统建设，扩展知识经济，推动社会经济发展。为此要推动电子商务和电子政务发展，促进创新创业，开展数字技能培训，改善信息通信技术产业营商环境。在金融科技、人工智能、物联网、机器人等领域建立专门的创新中心。在主要城市建立信息技术中心和软件科技园。协调和支持标准化进程，大力推进可再生化，提高效费比。促进软件出口和电子汇款，推动国内众筹市场发展。

（四）科研机构情况

巴基斯坦科研体系主要由政府科研机构、高等教育机构、商业研究机构和研究性质的非政府组织等构成，前两者是主体。巴基斯坦政府科研机构分属总理办公室和联邦政府多个部委。其中科技部下属16个机构，主要有巴基斯坦科学与工业研究理事会、科技理事会、水资源研究理事会、国家认证理事会、可再生能源理事会、工程理事会、标准与质量控制署、科学基金会、国家电子研究所、国家海洋研究所、国立科技大学、国立理工大学、COMSATS大学等。总理办公室和其他部委所属科技机构主要有原子能委员会、空间与外层大气研究委员会、A. Q. 汗研究实验室、国家工程与科学委员会、巴基斯坦农业研究理事会、医学研究理事会、高等教育委员会、巴基斯坦科学院等。

众多国家卓越研究中心设在知名大学，如国家分子生物学卓越中心设在拉合尔大学，国家人工智能研究中心设在国立科技大学，国家物理学卓越中心和生物学卓越中心设在真纳大学。

（五）重要科技发展动态和主要成就

1. 成立首个国家科技园，创新创业呈现新面貌

巴基斯坦首个国家科技园2019年12月在国立科技大学落成，巴基斯坦总理、陆军参谋长和科技部部长出席开园式。巴基斯坦总理表示，政府重视科技教育，致力于建设知识型和创新型社会，将建设更多科技园，为青年发挥创新活力搭建平台。科技部部长表示，科技部将聚集生物、能源和健康等领域，加强科技成果转移转化，支撑社会民生发展。巴基斯坦国家科技园聚焦智能、农业、自动化、防务、教育、能源、金融和健康8个技术领域，首批入驻企业40余家，包括ABB、土耳其航空航天工业集团等国际知名企业和众多巴基斯坦本土企业。

2. 实施重大基础工程，消化吸收先进工程技术

中巴经济走廊最大交通基础设施项目卡拉奇至白沙瓦高速公路（苏木

段）竣工，这是中国建筑集团用创新打造的巴基斯坦最先进的智能高速公路。项目应用 SBS 改性沥青技术，以适应当地高温重载环境。完善巴基斯坦智能交通系统标准，全线实现电子化、自动化。在巴基斯坦首次应用无人机航拍测量、弯沉检测等先进技术。

中电胡布 2 * 66 万千瓦燃煤电站投入商业运营，每年可提供 90 亿度电，满足 400 万家庭用电需求，助力改善巴基斯坦能源结构。电站建设遵照了严苛的环境标准，采用了超临界、海水脱硫、低氮燃烧、电除尘等先进技术。

卡拉奇核电 2 号和 3 号机组成功实现外穹顶吊装，项目进入设备安装阶段。项目采用世界先进的“华龙一号”第三代压水堆技术，兼具先进性和成熟性，平衡了安全性和经济性，结合了能动和非能动，具有较强的国际竞争优势。项目计划 2020 年并网发电。

（六）国际科技创新合作情况

巴基斯坦政府与包括中、美、法、德、韩在内的近 40 个国家签订了双边科技合作协定或谅解备忘录，获取了大量的科技援外资金。美国、加拿大、澳大利亚和日本把与巴基斯坦开展科技援外作为重要战略，政府部门搭台，援外机构参与，长期经营，系统有序，不断调整，产生很大影响。如针对巴基斯坦农业国特点，美国国际开发署和加拿大国际发展署大力开展对巴基斯坦农业研究系统捐赠和科技援外。

2019 年，巴基斯坦与俄罗斯召开第六届政府间商贸与科技合作委员会会议，双方同意加强能源、航空、钢铁、制药、铁路、农业等领域合作。与白俄罗斯执行 2018 年两国科技联委会第 3 次会议决议，在双边重点合作领域支持联合研究项目，项目执行期 2 年。美国国际开发署继续支持巴美水资源、能源、农业与食品安全、气候变化高级研究中心建设。日本国际合作署支持巴基斯坦农业科研与人才培养，与巴基斯坦农业研究理事会签订协议，用 3 年时间为巴基斯坦俾路支省培养 80 名农技人员。韩国国际合作署与巴基斯坦科技部签署协议，以 950 万美元支持巴基斯坦可再生能源技术理事会建设具有国际水平的“巴韩太阳能光伏测试实验室”，项目执行期5年。

巴基斯坦还积极参与多边科技合作和国际组织活动，在国际社会，特别是中亚、中东国家，发挥了重要作用。作为总部所在地，巴基斯坦主导了南方科技促进可持续发展委员会（COMSATS）和伊斯兰会议组织科技合作部长级常设委员会（COMSTECH）。前者有27个成员国，中国是其中之一，这些国家的22个科研机构组成卓越中心网络，在信息和通信技术、农业、食品安全和生物技术等领域开展形式多样的科技合作与交流。20余年来，COMSATS遵照其宗旨，团结第三世界国家科技界，积极推动南南合作，通过科技促进成员国社会与经济的可持续发展。后者有55个成员国，宗旨是加强伊斯兰会议组织成员国在科技领域的合作，设计和提出伊斯兰国家在科技领域增强能力的计划项目和建议，为成员国研发活动提供支持和帮助。

此外，巴基斯坦还在经济合作组织科学基金会、联合国经社理事会旗下科技促进发展委员会和亚太技术转移中心、不结盟国家科技中心、欧洲核子中心、亚太空间合作组织等国际科技组织中发挥了积极作用。

二　与中国开展科技创新合作情况

（一）两国科技创新合作沿革

科技合作是中巴双边关系的重要组成部分，两国早在20世纪60年代就开始了科技交往。1976年，两国签署政府间科技合作协定。40多年来，双方已召开18次政府间科技合作联委会会议，确定的政府间科技合作项目达500余项，内容涉及农业、林业、水利、电力、机械、化工、纺织、有色金属、医药卫生、航空航天、生物技术、自动化、环境、能源、气象、海洋、地质、地震、测绘、原子能、信息及科技政策诸多领域。合作既有官方的，也有民间的。合作方式主要有信息交流、专家互访、人员培训、合作研究等。合作取得了较好成效。

（二）两国科技创新合作现状

2013 年以来，中国科技部、中国科学院、国土资源部（原）、国家海洋局（原）、中国农科院等与巴基斯坦科技部、石油与自然资源部、空间与外大气层研究委员会、国防部等部门签署了 10 余个合作协议和谅解备忘录，涉及海洋、可再生能源、地质、农业、航天等众多领域。

2015 年 4 月，习近平主席对巴基斯坦进行正式友好访问。访问期间习近平主席和巴基斯坦时任总理谢里夫共同为中巴科技部支持的中巴小型水电技术国家联合研究中心揭牌，并见证中巴科技部签署中巴棉花生物技术联合实验室合作谅解备忘录、中国国家海洋局与巴基斯坦科技部签署中巴联合海洋科学研究中心议定书，标志着双方从常规科技合作迈上搭建长久合作平台。

2017 年 7 月，中国时任科技部部长万钢率团访问巴基斯坦，与巴基斯坦时任科技部部长共同主持召开中巴科技合作联委会第 18 次会议，为中巴技术转移中心巴基斯坦分中心揭牌，共同签署《中巴政府间科技合作联委会第 18 次会议议定书》和《中巴科技部关于联合研究项目的谅解备忘录》。双方同意在新兴 ICT 领域、机器人、先进材料和纳米科学、可再生能源技术等领域开展中巴联合研究项目，目前经过 2 轮评审后已确定了 16 个拟资助项目。

为持续深入推进中巴两国在地球科学领域的合作，为中巴经济走廊建设提供全方位科技支撑和保障，中科院在科技部、国家国际发展合作署等部门支持下，经过前期充分论证，决定建设中巴地球科学研究中心暨中科院第 10 个海外科教中心。2018 年 11 月，中科院与巴基斯坦高等教育委员会在两国总理见证下正式签署了共建中巴地球科学研究中心的协议。2019 年 2 月，中巴地球科学研究中心中方第一届理事会第一次会议在京召开，中巴地球科学研究中心建设正式启动。目前已落实了建设用地，双方正就中心运营管理章程、规划设计和建筑设计进行密切磋商。中巴地球科学研究中心将本着“立足地球科学，提升科研能力，服务民生发展，促进人才培养，面向国际开放”的建设方针，力争尽快建成国家级海外科技平台，为将“一带一路”建设成为绿色之路、创新之路提供科技支撑。

（三）加强中巴科技创新合作面临的机遇与挑战

当前，新一轮科技革命和产业变革正重塑世界经济结构和竞争格局，人类社会正从信息化迈向智能化。在全球化、信息化和网络化深入发展的背景下，以科技创新促进经济社会发展已成国际共识。世界经济和创新格局的深度调整，需要中国在“一带一路”建设中大力推进科技创新合作，中巴经济走廊建设也需加强国际科技创新合作，以丰富建设内涵，增强发展动力和可持续性。一方面，中巴科技创新合作前景光明，潜力巨大。《中巴经济走廊远景规划 2017 ~2030》明确了互联互通、能源、经贸与产业园区、农业开发与扶贫、旅游、民生、金融等重点合作领域。两国 2018 年政府联合声明也指出，“双方同意，进一步加强在新兴技术、纳米技术、生物技术、信息通信技术等领域合作，扩大有关科技在卫生、农业、水资源、能源和食品安全领域的应用，提升人民生活水平”。中巴经济走廊经过多年建设，能源、交通等领域项目已较大地缓解了巴基斯坦基础设施对经济社会发展的瓶颈制约，走廊建设进入充实拓展的高质量发展新阶段，将向农业、产业合作和社会民生倾斜。中巴经济走廊联合合作委员会成立了农业合作小组。巴基斯坦政府启动数字巴基斯坦计划，设立首个国家科技园，加快信息化和工业化进程。

另一方面，中巴科技创新合作也面临一些深层次问题。就巴基斯坦内部来讲，无论政府还是社会，还未普遍树立创新发展理念，仍将投资作为经济发展核心动力，未意识到全球化形势下，只有不断变革，鼓励发展自由和公平竞争的开放型经济，完善和健全监督机制，才是促进国家和地区繁荣的关键。巴基斯坦最高科技决策机构国家科学技术委员会已停摆 17 年，科技发展缺乏顶层设计，已多年未出台新的科技战略方针。研发投入水平低，研发强度常年在 0.2% 徘徊，研发投入主要靠政府科研机构和大学，而本应成为创新主体的企业研发意愿弱、投入低。科研成果转移转化率低，全国没有成规模的科技园区和产业园区，没有建立基本的科技统计制度。此外，政府行政效率低下，有些官员缺乏契约精神，这些也是实际工作中时常会遇到的挑战。

双边合作方面，两国尚未建立高级别人文交流磋商机制或创新对话机制。协议和合作谅解备忘录落实进展慢，双方合作以项目为主，整体设计不足。中国科技部每年组织的数十个发展中国家技术培训班除技术培训外，还有许多政策类培训，而这些培训鲜有巴基斯坦官员参加。这种局面不能适应加快推进“一带一路”科技创新合作、打造“一带一路”创新共同体的愿景和要求。

参考文献

World Economic Forum, 2019. Global Competitiveness Report.

WIPO, 2019. Global Innovation Index.

Pakistan Council for Science and Technology, 2014. Science, Technology and Innovation Indicators of Pakistan.

UNESCO, 2019. http://data.uis.uesco.org/index.aspx? qeuryid = 115.

Web of Science, 2019.

World Bank, 2019. https://data.worldbank.org/indicator/IP.PAT.RESD? view = chart.

World Bank, 2019. https://data.wordbank.org/indicator/IP.PAT.NRES? view = chart.

World Bank, 2019. https://data.worldbank.org/indicator/TX.VAL.TECH.CD? view = chart.

World Bank, 2019. https://data.worldbank.org/indicator/TX.VAL.TECH.MF.ZS? view = chart.

B.17
泰国科技创新发展报告（2019）

曹周华*

摘　要： 泰国地处东南亚，是重要的发展中国家。为促进产业转型升级，增强国家竞争力，泰国政府提出“泰国4.0”发展战略，致力于通过科技创新手段，聚焦发展新一代汽车、智能电子、高端旅游与医疗旅游、农业与生物技术、食品深加工、工业机器人、航空与物流、生物能源与化工、数字经济、医疗产业、国防工业、教育等12大目标产业，实现国家的可持续发展。本文通过介绍泰国科技创新管理体系、科技创新发展战略和政策、主要科技资源投入产出、主要科研资助机构、主要科研创新力量、泰国大企业研发机构、科技创新园区、科研优势领域和优先发展产业，以及泰国开展国际科技创新合作，特别是同中国的合作情况，全方位展示了泰国科技创新发展的实力和现状。

关键词： 金砖+　泰国　科技创新　国际科技合作

泰国位于中南半岛中南部，国土面积513115平方公里，全国人口6973万，是东南亚第二大经济体，1996年成为中等收入国家。2018年，泰国国内生产总值（GDP）达5039.9亿美元。20世纪70年代是泰国快速发展的

* 曹周华，图书馆情报学硕士，中国科学技术信息研究所研究馆员，研究领域为图书馆情报学、国际科技合作。

阶段，西方国家利用泰国的自然资源和人力成本优势投资泰国，进行产品生产和加工出口，带动了泰国经济的高速发展。20 世纪 80 年代中期泰国人均收入曾达中国的 3 倍，被誉为“亚洲五小虎”之一。然而 1997 年爆发的亚洲金融危机使泰国陷入衰退，至今难以越过中等收入陷阱，泰国开始意识到依靠来料加工、出口导向型发展模式的局限性，加之越南、缅甸、柬埔寨、老挝等邻国的开放，大量资本投向这些人力成本相对较低的国家，使泰国原先具有比较优势的产业开始转移到周边国家。在这样的环境下，为促进泰国产业转型升级，增强国家竞争力，泰国现政府抓住新一轮科技革命和产业变革的时机，提出“泰国 4.0”发展战略，致力于通过创新和技术手段，聚焦发展新一代汽车、智能电子、高端旅游与医疗旅游、农业与生物技术、食品深加工、工业机器人、航空与物流、生物能源与化工、数字经济、医疗产业、国防工业、教育等 12 大目标产业，力求实现国家的可持续发展，跨越中等收入陷阱，并成为东盟枢纽中心。“泰国 4.0”发展战略同“一带一路”高度契合，为进一步发展中泰科技创新合作带来了机遇和重要契机。

一　泰国科技创新基本情况

（一）泰国科技创新管理体系

泰国科技创新管理体系可分为四级。最高级为总理任主席的国家研究与创新政策委员会（The National Council on Research and Innovation Policy），统筹负责国家科技创新发展战略、路线图和政策的制定、规划，决定年度科研预算。第二级为部委级，除高教科研与创新部外，还有财政部、工业部、农业与合作社部、社会经济数字化部、公共卫生部、社会发展与人类安全部、交通部、能源部等部委。第三级为科研资助机构，如泰国研究理事会（NRCT）、农业研究发展署（ARDA）、卫生系统研究院（HSRI）等。第四级为实施层，包括各科研机构、高校、企业等。另外，负责制定税收优惠政策的泰国投资委员会（BOI）在泰国创新管理体系中发挥越来越重要的作用。

按国家20年总体规划发展目标，促进泰国在人力资源、教育、科研、创新领域的协调发展，支撑“泰国4.0”发展战略，克服泰国科技体制长期存在的多头管理、条块分割等突出问题，2019年泰国整合科技部、教育部高等教育办公室、国家研究理事会、泰国研究基金会等科技管理机构，形成新的高教科研与创新部。新的部门有四大职责：（1）政策战略规划，主要负责科技创新政策与人力资源发展；（2）科研机构和项目管理，包括国家科研机构、基础科研项目、应用科研项目、科技基础发展、科技创新、商业化等；（3）研究型大学管理，主要负责科研人才的培养，特别是高科技人才的培养，打造世界级大学，提高教学质量，加强创新和环保领域教学和研究；（4）地方性大学管理，从事地方发展需要的研发工作，培养地方所需的人才，传播和推广科研成果在各地的应用。新部门将负责管理11个国家级科研机构，84所国立大学和73所私立大学，重点开展面向创新的应用研究、前沿研究和大科学研究。整合后，泰国科教基金归为三大类：一是高等教育和研发基金，支持泰国大学和科研机构跻身世界前列；二为扶持初创企业的创新基金；三是用于支持地方性大学的研究和社会发展基金。

（二）泰国科技创新发展战略、规划和政策

2018年，泰国颁布并实施首部《国家20年发展战略规划（2018～2037年）》。根据规划，泰国将力争到2037年跻身发达国家行列，成为稳定、富裕、可持续发展的国家。规划主要涵盖政治社会稳定、增强国际竞争力、提高国民收入、创造社会公平、提升政府执政效率等发展目标。

《国家科技与创新法》（National Science，Technology and Innovation Act 2008）是泰国科技创新基本法。该法把科技与创新作为驱动力，明确了国家科技创新发展方向，从人才资源开发、公私合作网络、知识产权保护、促进技术转移、完善科技创新基础设施、加大科技奖励等方面，大力提升国家科技创新能力，实现社会经济可持续发展。

东部经济走廊（EEC）是泰国政府以经济特区的发展模式正在举国力推

的最大创新平台，位于泰国东海岸，涵盖北柳、春武里和罗勇三府，聚焦发展 12 大重点产业。2018 年 5 月，《东部特区法》颁布实施，法案共 73 条，为特区建设提供了法律依据，使经济特区能够打破原有法律和行政管理模式的限制，实现统筹管理、合理分配资源，为特区企业提供超越当前标准的政府支持和优惠条件。

为促进科技创新、技术转移和初创企业发展，泰国正在加紧制定《初创企业法》《政策工具法》《科研成果转化促进法》，其中《科研成果转化促进法》草案 2018 年已获内阁批准，进入议会审议阶段。《科研成果转化促进法》效仿美国“拜杜法案”，允许公共机构科研人员拥有自身发明的成果，激励研发人员按照市场需求开展科研活动，实现专利快速商业化。新法案赋予了发明者优先享有成果的权利。如果科研人员两年内未转化该成果，其他个人或单位则可以向高教科研与创新部申请获得利用该项成果的授权，或由出资方索回成果使用权。可以期待，《科研成果转化促进法》必将极大地调动广大科研人员开发满足市场需求的成果、进行技术转移的积极性。

作为国家科技创新的主管部门，泰国高教科研与创新部紧紧围绕国家战略，工作重点开始由传统的科研管理向创新创业链管理转变，由为科研人员服务延伸到为全体创新创业人员服务，聚焦创新创业生态环境的建设，着力培育初创企业，培养国民创新创业意识，提出 2020 年至 2023 年将实施 5 大计划，即改革与创新相关法律、建立创新区、打造创新“经济卫士”、加强创新融资和树立“泰国创新”意识。同时以东部经济走廊创新园（EECi）、数字园（EECd）和国家科技园区为重要平台，促进产学研用的有机联合，为国家战略提供支撑。

（三）主要科技资源投入与产出

泰国研究理事会（NRCT）2016 年对泰国科研家底和产出做了迄今为止最为详细的统计，并以“R&D Index of Thailand 2016”为题发布。该统计显示，2015 年泰国科研人员达 108227 人，其中 26876 人有博士学位，44322

人有硕士学位，36961 人有学士学位。政府机构所属实验室 4211 家，私营企业所属实验室 3972 家。知识产权申请登记 65991 项，其中发明专利 7811 项，外观设计 4369 项，小专利 3902 项，注册商标 49909 项。发表国际论文 8597 篇。

根据泰国《曼谷邮报》2019 年 3 月 12 日报道，2017 年泰国全社会研发投入 1550 亿泰铢，占 GDP 的 1%，比原计划提前一年达到研发投入强度占 GDP 1% 的目标。政府计划到 2021 年研发投入强度占 GDP 的 1.5%，2026 年全社会研发投入达 3400 亿泰铢，占 GDP 的 2%。

表 1　泰国年度研发投入

单位：亿泰铢，%

	2007 年	2009 年	2011 年	2013 年	2015 年	2017 年	2026 年
当年 R&D 投入总量	182.25	214.93	408.70	570.38	846.71	1550	3400
占当年 GDP 百分比	0.21	0.24	0.37	0.44	0.62	1.00	2.00

资料来源：2007 ~ 2015 年数据来自 R&D Index of Thailand 2016，NRCT；2017 年和 2026 年数据来自泰国《曼谷邮报》2019 年 3 月 12 日报道。

泰国企业近年来研发费用和研发人员增长迅速，大型企业和制造业是企业研发投入的主力军，研发创新的动力来自贸易伙伴。

表 2　东盟部分国家全球竞争力排名

国家	2016 年	2017 年	2018 年	2019 年
新加坡	4	3	3	1
马来西亚	19	24	22	22
泰　国	28	27	30	25
印度尼西亚	48	42	42	32
菲律宾	42	41	50	46

资料来源：https：//worldcompetitiveness. imd. org/countryprofile/overview/SG；https：//worldcompetitiveness. imd. org/countryprofile/overview/MY，https：//worldcompetitiveness. imd. org/countryprofile/overview/TH，https：//worldcompetitiveness. imd. org/countryprofile/overview/ID，https：//worldcompetitiveness. imd. org/countryprofile/overview/PH。

表 3　东盟部分国家研发投入 IMD 世界排名

国家	2017 年	2015 年	2014 年
新加坡	13	28	28
马来西亚	29	34	34
泰国	47	42	42
印度尼西亚	56	27	26
菲律宾	59	57	58

资料来源：IMD World Competitiveness Yearbook，2014，2015，2017。

近 10 年来，泰国全社会研发投入逐年增加，已由 2007 年占 GDP 的 0.21% 上升到 2017 年的 1%。科研投入的增长为泰国保持国家科技创新总体实力在东南亚地区位居前三提供了保障。泰国在世界主要竞争力排名榜中的名次总体稳定。

（四）主要科研资助机构

1. 泰国研究理事会（NRCT）

2019 年并入高教科研与创新部，承担国家科研资助机构的职能，资助自然科学、社会科学和人文科学的基础研究，重点资助领域包括食品、气候变化、水土及环境管理、健康、能源、海洋、创新、东南亚研究、减少不平等、创造性教育、泰国文化和跨越中等收入陷阱等 12 大领域。国际合作的重点领域集中在替代能源、食品安全、健康与人口变化、物流与供应链、水土森林与环境管理。资助类型分为 3 类：对自选基础研究课题，要求成果在国内外著名期刊发表；对战略性研究课题，要求针对国家发展急需的问题；对转化研究，要求把研究、工业和最终用户结合起来。该基金会 2019 年将并入新成立的科技部门。

2. 国家农业研究发展署（ARDA）

隶属农业与合作社部，是专门为农业系统提供科研经费的资助机构，主要以资助项目、提供国际合作与培训奖学金等方式支持包括农业科研、农业人才、农业数据和信息技术等优先领域，为泰国农业可持续发展提供支撑。

3. 卫生系统研究院（HSRI）

隶属公共卫生部，向卫生系统科研机构提供研发经费资助。下设保健信息中央办公室、人类发展研究保护研究所、卫生保险系统研究办公室、残疾人卫生推广研究所、国家卫生保健融资办公室等。该院与泰国卫生推广基金会、国家卫生委员会一起，形成整个国家卫生系统的科研资助体系。

（五）主要科研创新机构

泰国主要科研创新机构分为政府部门所属科研院所、高校和企业研发机构。

1. 高教科研与创新部所属研究机构

高教科研与创新部负责管理 11 个国家级科研机构、84 所国立大学和 73 所私立大学。

（1） 主要科研机构

（a） 国家科技发展署（NSTDA）成立于 1991 年，是泰国最大的科研自治机构，基本任务包括开展研发和工程研究、技术转移、科技人力资源开发和科技基础设施建设四项。战略研发优先领域包括农业和食品，能源和环境，健康和医药，生物资源，农村社区和弱势人群，制造和服务业，以及四个交叉领域：功能材料，传感器与智能系统，数字工程，服务业与研究创新。NSTDA 下设国家遗传工程与生物技术中心（BIOTEC），核心平台技术开发包括功能基因组学、微生物技术和农业生物技术；国家金属和材料技术中心（MTEC），核心技术开发包括计算机辅助设计、工程和制造，材料设计和生产；国家电子和计算机技术中心（NECTEC），以服务业信息学、电子设备和系统为核心技术开发；国家纳米技术中心（NANOTEC），以纳米涂层、纳米封装、功能纳米结构为核心研发。

（b） 国家创新署（NIA）是一个专门为初创企业创新提供研发资金、技术支持和服务的机构，旨在改善泰国的创新生态系统，连接并协调财政、教育、科技及投资界的创新资源，培育初创企业成长。重点项目涉及生态塑料、有机农业、生物生态工业、工程设计等领域。

（c）泰国科技研究院（TISTR）属非营利性国企研究机构，开展工业和农村实用技术研发，并向中小企业转移技术。主要研究领域包括食品加工、农业技术、生物医药、工程材料、可再生能源、环境管理，并提供分析测试、校准定标、认证、咨询服务。下设生物行业研发处、可持续发展研发处、工业服务处、战略与商业发展处。

（d）地理信息与空间技术发展署（GISTDA）属公共机构，负责对地观测卫星地面接收站的建设和维护，接收、产生和发布卫星和地球信息数据，提供数据应用与利用咨询，负责转移和研发地球信息与空间技术，负责建立空间数据基础结构，包括与其他机构合作开展数据标准化制定工作，负责全国自然灾害预警系统建设等。

此外，高教科研与创新部还设有国家科技创新政策办公室、科技服务局、和平利用核能办公室（OAP）、泰国核技术研究所（TINT）、国家天文研究所（NARIT）、同步辐射光源研究所（SLRI）、国家科技博物馆（NSM）、泰国生命科学卓越研究中心（TCELS）、泰国水文与农业信息研究所（HAII）等科技管理和研究机构。

（2）主要研究型高校

泰国国家级研究型大学包括朱拉隆功大学、玛希敦大学、国立法政大学、农业大学、清迈大学、宋卡王子大学、孔敬大学、国王科技大学、苏兰拉里理工大学等9所大学。

（a）朱拉隆功大学（Chulalongkorn University）：是泰国排名第一的综合性研究型大学，重点研究领域集中在能源、食品与水、健康、气候变化、老年社会、先进材料、人类安全、社会发展、东南亚研究、灾害管理等方面。设立多个卓越研究中心，如环境与有害废物管理中心，石油与石化技术中心，催化中心，病毒肝炎中心，生物多样性管理中心，地震工程与振动中心，软件工程中心，粒子技术中心，计算机理中心，昆虫学、蜜蜂生物学、昆虫多样性中心，半导体设备研究实验室等。

（b）玛希敦大学（Mahidol University）：是一所侧重医学和生物技术的综合性研究型大学，主要开展医学与临床医学、卫生科学与公共卫生、科技基础研究、应用研究、社会与人文科学等五大类研究，是泰国医学最高学府。

（c）国立法政大学（Thammasat University）：是一所有影响力的综合性研究型大学，有四个校区，理工医类设置医学、工程、科技、创新、交叉学科，还专门设有诗琳通公主国际技术学院。

（d）农业大学（Kasetsart University）：是一所综合性研究型大学，设有经济作物、土壤、农业、林学、天然资源、环境、渔业技术、动物、计算机电子技术、工程与工业开发、金属与材料、基础科学、经济、商业管理、社会与人文、艺术文化、农村发展、教育发展和技术转移等学院，设立大学研究与发展研究所、安达曼海岸研究与发展站、达叻农业技术研究与培训站、纳米技术研究中心、植物遗传多样性中心。

2. 农业与合作社部下属研究机构

农业与合作社部所属的科研机构主要有农业司下属的水稻研究所、作物研究所、花卉研究所、养蚕研究所、橡胶研究所等，还下设农业规划、农业化学、农业工程、植物病理与微生物、昆虫学与动物学、土壤科学、植物与草科学、农业有毒物质等部门。农业司管辖下属 8 个地区农业研发办公室，每个地区农业研发办公室有若干研究所、研究中心和研究试验站，分布在所辖的府内。地区农业研发办公室的主要职责包括：负责协调辖区内的农业研发机构的农业研发活动，确保新技术符合当地条件，收集信息，改进生产技术，充当技术信息扩散中心，转移技术，为下属科研机构提供支持服务等。

3. 公共卫生部下属研究机构

公共卫生部的科研机构主要集中在医学科学司，该司既是管理机构又是科研机构，有科研人员 1000 余人，设有国家卫生研究所（NIH）和药用植物研究所，药物分析、生物产品、辐射与医用设备、化妆品与有害物质、出口食品、麻醉剂等部门和 12 个地区医学科学中心。国家卫生研究所起到全国传染病和非传染病临床诊断和流行病研究的国家权威和参考实验室作用，开展和协调国家层面的传染病和非传染病防治和治疗研究项目。药用植物研究所负责开发和调查用传统植物和草药治疗重大疾病。医学科学司在传染病方面主要开展基础研究，研发疫苗和诊断包，开展监测和流行病学研究。在非传染病方面，开展国家先天病新生儿童普查项目，研发地中海贫血病和血红蛋白病普查和诊断方法。

4. 泰国大企业研发机构

企业是创新主体，泰国大型企业是国家创新的中坚力量。

（1）泰国石油公司（PTT）：是大型国企，计划将企业年纯利润的3%投入研发，将物联网、无人机、人工智能、机器人、自动化、生物技术（生物化学，生物制药和生物化学）、智能电网、智能计量和循环经济（废物再利用）等定为公司的战略发展技术。公司在用于危险区域的机器人、用于测量的无人机等方面的研发取得重大进展。总投资100亿泰铢的生物石化产品研发创新中心一期工程进展顺利。所属的研究与技术研究所（RTI）下设若干研究中心和实验室，包括发动机测试实验室、化学实验室、生物-氢化柴油试验厂、氢处理试验厂、燃料与润滑实验室、分析实验室、过程与化工实验室、环境实验室等，是东南亚地区技术最先进、设备最齐全的地区研发机构。PTT同泰国政府合作，是合建东部经济走廊创新园区EECi的骨干力量。

（2）泰国SCG集团：拥有100多年的历史，是泰国工业巨头，2017年研发与创新经费达41.78亿泰铢，占销售总收入的0.9%，高附加值产品的销售总额为1755.41亿泰铢，占销售总收入的39%。SCG注重采用数字技术、自动化和机器人技术，提升生产效率，其自主研发的智能物流卡车管理和全程监控系统成功地用于公司1万多辆货物运输车辆的运行管理，取得了很好的效果。SCG集团2018年投资1亿泰铢使用区块链技术开发出采购与支付平台，用于集团原材料、仓库、零备件和服务的采购与支付，目前已有240家提供商加入此平台，每笔订单的处理时间由原来的70分钟减少到35分钟，节约了70%的处理成本。到2020年，SCG的2400家供应商都将加入该平台。

（3）正大集团（CP Group）：是跨国集团企业，主营农业、食品、零售和电信，在15个国家投资，全球职工有30万余人。为实现产业提能升级，开始尝试设立无人工厂，使用机器人代替人工进行生产管理。加大老年食品研发力度，提高半食品类农产品的生产加工效率和品质。2019 年，正大集团不仅成功牵头竞标泰国连接三大机场的高铁项目，还积极响应泰国政府的号召，通过旗下的正大电信（True）投资 15 亿泰铢，在东部经济走廊建立占地面积超过 4.1 万平方米的数字园。旗下的正大食品公司在农业技术领域的研发实力雄厚，如禽类育种和养殖、水产育种和养殖、猪育种和养殖、新饲料及添加剂研发等，研发出各类抗病和适应不同气候条件的鱼苗、白虾、黑虎虾苗等。正大电信 2013 年成立的初创企业孵化公司 TrueIncube，结合集团核心业务，致力于筛选人工智能、物联网、农业、食品技术等领域的初创企业，通过投资、辅导、服务等扶植措施，助力这些初创企业快速成长。

5. 主要科技创新平台

泰国主要科技创新平台可分为三大部分，一是以国家科技园为中心的科技园网络，二是在东部经济走廊内设立的创新区，三是在全国各地设立的孵化器等。

（1）科技园网络：国家科技园始建于 2002 年，位于曼谷以北 30 多公里的巴吞他尼市，占地 31 万平方米，是泰国第一个科技园，也是迄今为止泰国最大的科技园。园区由泰国科技部所属的国家科技发展署负责建设和管理，国家科技发展署总部及其下属四大国家研究中心均在此办公。入驻企业超过 100 家，在园全职研发人员有 2700 多名，已形成以信息技术、食品、材料、生物医药等重点领域为主的创新集群。园区内设初创企业孵化器，在为入驻企业提供技术信息、技术咨询、联合研发和委托研发、检验检测分析等技术服务的同时，还可提供税收优惠、知识产权、人力资源、融资等企业成长所需的各类服务。与此同步，在泰国北部、东南部、南部的三个地区科技园也先后建成，清迈大学牵头的北部科技园重点领域为农业和食品加工、软件和数字技术、医药卫生和生物技术；东南部科技园由孔敬大学牵头，聚焦农业和食品加工、硬盘、企业软件、嵌入式软件、矿业和替代能源领域；宋卡王子大学牵头南部科技园，重点是食品和农业、草药和化妆品领域。这四个科技园构成泰国的科技园网络。

（2）建设之中的东部经济走廊创新区群：由创新园区（EEC for

Innovation，EECi）、数字创新园区（EEC for Digital，EECd）和航空城（EEC for Aerotropolis，EECa）组成。

EECi 由高教科研与创新部主导，联合相关机构共建，占地 7200 亩，目标是建设成为国家质量基础设施枢纽、技术转移中心、科技人才资源中心、创新集成中心和科技孵化平台。EECi 分为生物技术园、自动化与机器人技术园和空间科技创新园三大园区，重点支持新农业与生物技术、生物能源与生物化工、高效能电池与现代化运输设施、自动化系统/机器人/智能电子产业、航空与空间技术、医疗器材产业的研发与应用。区内设有创新中心、检测与化验中心、标准检测与认证中心、卓越中心、产品放大设备、工业研究设备等公共基础设施和服务，以及经法律特许的科研试验和测试空间。生物技术园于 2019 年初率先开工建设。

EECd 由数字经济部主导，多部门协作建设。政府投资约 100 亿泰铢，占地约 1680 亩，园区内分为数字创新区、研发区和居住区。将建有 5G 无线宽带实验室、云计算实验室、人工智能设计实验室和数据分析中心以及供自动驾驶、无人机等测试使用的室外场地等。园区发展重点是围绕物联网、人工智能、机械自动化、云计算和新型传感系统等展开研发，建立物联网生态系统，吸引国际数字公司入驻，实现产学研合作。泰国电信公司负责园区的基础设施建设，工业产权局为入园企业提供一站式服务。EECd 将成为泰国数字产业的聚集地。

EECa 将在现有的乌塔堡国际机场、航空维修中心的基础上，通过升级重建，形成集飞机保养维修、航空人员培训、航运货运、保税等为一体的东部航空城。

（3）创新创业孵化平台：包括政府、企业、高校等设立的孵化平台，国家创新署仅在曼谷就认证了 9 个创新创业孵化平台，其中比较著名的是由正大电信创立的数字孵化园。该园位于曼谷市中心，可为 600 家初创企业、4500 人提供工作空间，同时集技术交易、数字基础设施基金、创业网络等于一体，形成良好的创业生态系统。清迈是各国创客钟爱之地，国家创新署将创客聚集的 Thapae 路建成了创新区，成为创客与当地创业社区和大学建立联系的重要枢纽。

6. 科技园和东部经济走廊的优惠政策

泰国政府为符合"泰国 4.0"战略制定的农业与生物技术、食品深加工、高端旅游与医疗旅游、新一代汽车、智慧电子、工业机器人、航空与物流、生物能源与化工、数字经济、医药卫生等十大重点产业企业入驻科技园和东部经济走廊提供最为优惠的待遇，主要包括：最高可享受豁免公司法人所得税 8 年外加 5 年所得税减半，总部或厂房设在东部经济走廊的管理、投资和技术专家可申请缴纳最高不超过 17% 的个人所得税；土地拥有权可长达 50 年加 49 年；共享科研基础设施，如检验检测设备、样品工厂、联合办公空间、测试实验场地等；用于研发的原材料豁免进口税；快速办理外国专家工作许可等。

7. 初创企业培育

初创企业是国家创新的基础和基石。泰国 99.7% 的企业为中小企业，共有约 300 万家，解决了泰国 1/6 的人口就业问题，活跃的初创企业约 2000 家。政府希望通过大力扶持初创企业，到 2021 年新增 1000 家本土初创企业，新创 5 万个高新技术岗位。（1）在政策上，即将正式出台的《科研成果转化促进法》，允许外国人在初创企业中持股突破 49% 的限制；出台政府采购措施，预计 3 年内可为中小企业提供价值 300 亿泰铢的政府市场。为鼓励和增强中小企业的创新合作能力，国家创新署 2018 年改变了 80% 的预算用于奖励创新、20% 用于创新体系建设的传统经费分配模式，将 80% 的预算用于支持初创企业在本区域乃至全球建立合作伙伴。（2）为帮助解决中小企业贷款融资难问题，设立各种专项基金，如在企业发展基金（20 亿泰铢规模）内专设青年创新基金。中小企业开发银行拨款 80 亿泰铢为中小企业采用自动化、机器人、信息技术和网络技术提供低息贷款。政府储蓄银行和证券交易所联合投资 20 亿泰铢设立食品、IT 和金融领域的中小企业风险投资基金。工业部专设 1 亿泰铢支持中小企业通过技术和创新提升竞争力的贷款基金。数字经济发展署设立 2 亿泰铢的数字基金帮助中小企业开发数字样机等。初创企业可用的风险投资和企业风险投资基金规模已达 500 亿泰铢。（3）在创业人才培养上，高教科研与创新部通过“创新创业计划”，在29所高校开设创业教育课程，为1100名教师进行了创业辅导，听课学生达25000多人；通过10所高校配对10家大型企业共同扶持58家初创企业的成长；通过“人才流动计划”，在4所高校设立人才流动站，建立人才数据库，促成了来自25所高校和科研机构的1000多名科研人员到293家企业短期或长期工作，涉及项目340个。高教科研与创新部还成功举办了东南亚规模最大的“2018泰国初创企业大会”，吸引了25个国家的400多项新技术亮相。（4）高教科研与创新部还重视将扶持初创企业和扶贫相结合，如联合32家大学，一对一扶贫最穷的10个府。为“一村一品（OTOP）”工程提供产品质量监测、产品创新、设计包装、产品加工、物流运输、标准体系的技术支撑。在11个府采用“OTOP创新券”等。

（六）优势领域和重点发展产业

“泰国4.0”战略将农业与生物技术、食品深加工、高端旅游与医疗旅游、新一代汽车、智慧电子列为泰国具有比较优势的产业，同时将工业机器人、航空与物流、生物能源与化工、数字经济、医药卫生列为未来重点发展的新兴产业，统称十大重点发展产业。

1. 农业与生物技术

泰国科技界在农业，特别是利用生物技术进行水稻、木薯、橡胶、热带水果的品种改良和品质提升方面取得过许多成绩。泰国科学家培育的茉莉大米香飘世界，成为泰国独有的品种；泰国科学家参与国际水稻基因组学测序项目，完成了最长基因组学测序工作，并在此基础上成立了水稻基因组；通过木薯育种项目成功地分离出分子标记和绘出两种木薯杂交的F1群种基因联结测序图，为优选木薯种类提供了基础；泰国科学家采用分子标记辅助选择育种和基因聚合研发出抗病、抗盐碱、抗倒伏且高产的多种优质水稻品种；国家科技发展署的种子研究计划联合全国70余所企业，开展种子价值链研究，加强新品种育种，推动泰国品牌种子出口。在橡胶领域，泰国科研团队发现了提高胶乳生产及废橡胶回收的新方法，提高了橡胶质量和生产率。泰国开展虾科研已有20多年历史，开发出快速检测虾病害工具，2004年带头启动亚太虾基因组学联盟，为泰国国内虾品种建立DNA基因组库。泰国国家遗传工程与生物技术中心建立了泰国基因核苷酸多态性（SNP）数据库，成为泰国遗传研究的重要平台，2018年联合相关大学获政府财政拨款，共同启动国家生物数据库建设。

2. 生物能源与生物化工

2016年泰国向联合国递交了加入《巴黎协定》的正式文书，承诺通过采用替代能源，减少碳排放。泰国电力发展规划到2036年替代能源发电量将达19684.40兆瓦，占最终能源的比重将从目前的12.9%提高到20.0%。泰国具有丰富的自然资源，是世界上最大的木薯出口国，如何依靠科技将木薯、棕榈等作物低成本转化成高附加值、环保的生物能源一直是泰国科技界攻关的重点，并取得了不少成绩，如泰国科研队伍合作开发的高效率密闭厌氧反应器，在处理废水时产生沼气的技术已被广泛应用于农产品加工业。泰国大量种植油棕榈树，开发了面向社区的棕榈油加工机，在加工棕榈油的同时，也能生产生物柴油，废料还可做牲畜饲料。2018年政府还将与泰国石油和双仪糖业集团合作，计划投资超过1000亿泰铢建设泰国第一个生物炼制综合产业区，利用甘蔗、木薯等作为原料生产生物燃料、生物能源、生物化学、生物塑料、食品/饲料和生物制药等高附加值产品。

3. 医疗与卫生

泰国在热带疾病，特别是疟疾、登革热、地中海贫血病等方面的研究具有优势。泰国有大约3200万人受到疟疾威胁，5种疟疾在泰国都有分布，泰国科学家采用基础生物化学和医药生物技术攻关，解决抗疟疾机理、抗药性、验证药物恢复的新靶向，开发出克服多种抗药性疟疾药物；诗里叻医院2017年底成功完成首例心、肾、肝三器官同时移植手术，目前患者已能正常上班，成为泰国医学界的一项奇迹；2018年启动泰国人群基因组计划和泰国基因库建设，在未来5年进行泰国人全基因组测序，推动泰国精准医学平台和大数据中心的搭建；投资2亿泰铢开展泰国草药种植研究；2018年朱拉隆功大学还作为创始成员，加入由中科院北京基因组研究所等共同发起的国际生物多样性与健康大数据联盟。

4. 食品深加工

食品加工是泰国的支柱产业之一，为支撑食品加工业，泰国高教科研与创新部创立了食品创新园（FoodInnopolis），期望通过聚焦食品的研发创新，打造成全球食品创新枢纽。食品创新园坐落在国家科技园内，可入驻 3000 多名食品产业科研人员和接纳 1 万多名食品进修生。为吸引国际食品公司入园，食品创新园制定了一系列优惠政策，并提供一站式服务。泰国在食品加工领域取得一系列实用技术成果，如泰国每年出口约 4000 万美元的鱼酱粉，泰国科学家研发出一种喷干技术将液态鱼酱干燥化，延长了鱼酱的保存寿命，提高了质量稳定性，提升了泰国企业在全球市场的竞争力。

5. 新一代汽车

泰国汽车及关联产业产值占泰国 GDP 的 5%，出口量名列全球第 12 位，东盟国家之首，但主要以外国品牌汽车组装、零部件制造等低端产业链为主，不具备中高端能力。为发展民族汽车工业，泰国工业部与汽车学会联合制定了国家汽车产业 5 年（2019～2023 年）发展规划，对泰国汽车产业的未来技术应用进行定位，并提出使国家汽车产业跟上时代潮流的办法和措施。泰国视电动车为下一代汽车的发展重点，期望在现有组装能力的基础上，发展成为全球电动车制造中心，实现电动车电池、电机和电控三大核心技术本土化生产。作为标志性举措，2018 年泰国投资建设占地约 3000 亩的国家汽车及轮胎测试中心，预计 2021 年全面投入使用，使泰国具备支持新型汽车、轮胎和零配件研发的基础条件，提升泰国在轮胎质量标准测试上的区域优势地位，增强东盟轮胎质量标准在国际上的认可度。

6. 智慧电子

电子电气行业在泰国经济中扮演着重要的角色，泰国是全球重要的电子产品制造国之一，是全球主要的数据存储设备（如硬盘、驱动器等）生产和出口国，以合资企业为主。该领域的主要研发机构包括国家金属和材料技术中心、国家电子与计算机技术中心、朱拉隆功大学、农业大学、亚洲理工学院等，为泰国农业、制造业、能源、环境、健康与医疗、国家安全等领域研制所需的智能电子产品和服务。

7. 工业机器人

专家估计，泰国当今仅有约30%的制造业者在某种程度上使用了机器人系统，5年内将提升到50%。未来5年泰国全社会用于机器人和自动化系统的研发总经费预计将达2000亿泰铢。机器人在汽车、电气、电子和食品加工业的应用是泰国的主攻方向。为此，泰国业界联合起来，在工业部的主导下，成立了“机器人卓越中心”联盟。泰国原科技部2017年年报显示，仅该部所属科研单位就有10个以上的机器人研发项目，已研制出15种工业机器人，在8家企业得到应用，平均提高10%的生产力。泰国饮料集团专门成立工业机器人分公司，开展机器人在饮料行业的应用研发。Yavata（泰国）公司等承诺每年至少投资120亿泰铢于机器人研发。正大管理学院开设了机器人与自动化工程学士专业。

8. 航空航天

泰国航空业将重点发展客机维修、修理和大修（MRO），航空零部件生产，物流业和供应链管理。客机维修是一项高技术、高利润行业。目前泰国仅有客机保养维护能力。针对东南亚航空业务迅猛发展，新加坡和香港客机大修业地理空间有限的市场机遇，泰国拟同空客合作，发展客机大修业。泰国航天则重点发展卫星技术，如泰国政府2017年出资70亿泰铢，成功招标第二颗遥感卫星，2018年首颗自主设计制造的微小教育卫星成功发射升空，建立航空航天创新园等。此外，无人机也是泰国重要的发展方向。

9. 数字经济

泰国是东南亚地区第二大互联网市场，互联网用户普及率为56.8%，手机拥有率为180.8%，宽带上网率为105%，国际互联网带宽为49.2千比特/秒，ICT工作者约38.6万人，电子商务价值869亿美元（2017年）。自提出建设“数字泰国”目标以来，逐步构建了网络安全、数字基础设施、数字政府、数字人力资源和数字应用的“数字泰国”架构。智慧城市建设是“数字泰国”的重要组成部分，目前共有9个府的20个城市申请加入泰国政府的数字城市计划。泰国计划5G在2020年落地，目前在东部经济走廊建立了5G测试平台，在朱拉隆功大学、孔敬大学、清迈大学和宋卡王子大学设有5G测试中心。

10. 高端旅游与医疗旅游

泰国医疗服务、医疗管理水平位居世界前列，有1000多所公立医院、300多家私立医院，是成功将医疗与旅游密切结合的国家，也是泰国最具自主创新能力和最有能力对外输出的高技术含量行业，被誉为亚洲医疗中心。医疗旅游同时还推动了相关行业如药品、医疗工具、酒店和餐饮的发展。2017年到泰国医院就诊的外籍人次达330万，其中240万人次来自医疗旅游。这些来泰国就医的外籍人士已由传统来自中东国家转变成主要来自日本、中国、缅甸等国家，就医项目主要是美容手术、牙医和生育旅游等。为支撑泰国建成世界级医疗中心，泰国科研单位集中力量，重点围绕整形外科、再生功能医学、抗衰老技术、医疗配套服务器械等展开攻关。

二　泰国国际科技创新合作

（一）主要国际科技创新合作机构和投入机制

泰国现代国际科技合作的历史可以追溯到1950年，当时为接受国际技术经济援助，泰国总理府设立技术经济合作厅。从1992年开始制定和执行泰国国际合作计划，包括对越、柬、缅、老等周边国家的经济技术援助。2004年，国际发展合作署（TICA）成立，替代被撤销的技术经济合作厅，隶属外交部，从此泰国国际科技合作和经济技术等合作均归外交部管理。随着泰国经济的进一步发展，从2003年起，泰国由受援国转变成新兴援助国，不仅向越、柬、缅、老等邻国和本地区国家提供捐赠和技术援助，还与南亚、中东、独联体、非洲、拉丁美洲和加勒比海国家开展双边、次区域、区域、三边和多边合作，形式包括技术合作、志愿者和专家、访问学者、奖学金、培训等。TICA的主要合作机制有以下几种。

（1）南南双边合作计划（TICP）。在泰国有经验和特长的领域，如农渔水产养殖、水稻种植、热带疾病及传染病控制等方面，对发展中国家开展培训、派遣专家、发展项目以及能力建设。泰国政府已与50多个国家开展了南南合作计划项目。TICP是泰国政府近年来主推的合作计划，约占TICA合作经费的65%，重点是同越、缅、老、柬等邻国的合作。

（2）发展合作伙伴计划。合作伙伴主要有美国、加拿大、德国、法国、日本、欧盟、联合国开发计划署、联合国人口基金、联合国儿童基金会等。通过与这些合作伙伴筹集资金和资源，共同开展发展合作。该计划约占TICA合作经费的11%。

（3）与发展中国家技术经济合作计划（TCDC）。与发展中国家开展双边、多边科技和经济技术合作。中泰政府间科技联委会机制属于该计划。

（4）年度国际培训计划（AITC）。每年针对不同国家和选定领域，资助这些国家人员到泰国接受培训。还包括利用国际组织和合作伙伴国提供的资金，组织其他发展中国家的人员到泰国参加各种讲学、培训等学术交流。该计划约占TICA合作经费的11.6%。

（5）国际研究生计划（TIPP）。向发展中国家提供在泰国研究生学习的奖学金。该计划约占TICA合作经费的5.7%。

泰国国家研究理事会（NRCT）也设有国际合作基金，提供匹配项目经费，资助国际合作的主要形式包括科学家互访和合作研究，包括自然科学和社会科学的合作研究。目前已与中国、英国、德国、韩国、以色列、澳大利亚、瑞士、挪威和东盟各国签署了合作协议并确定了合作关系，自然科学的合作领域涉及农业、生物、能源、物理化学、地理、医药、材料、工程、海洋、信息、食品、环境等广泛领域。NRCT还负责管理外国科学家到泰国申请开展研究，发放研究许可证。

总之，泰国重视开展国际科技创新合作，对合作计划和项目的选择，始终强调同本国的经济社会协调发展，重视同东盟国家的科技合作。

（二）国际科技创新合作重点领域

传统重点合作领域包括以下几个。农林渔与食品加工，包括主要经济作物水稻、橡胶树、油茶、木薯等的种植、育种、加工等；医疗卫生包括热带疾病登革热、疟疾、地中海贫血病、禽流感等疫苗研发、病毒研究、疾病测试仪研发、泰医和中医药治疗方法、药用植物、菌类植物研发；生物技术包括基因组学、分子遗传育种和改良；能源领域包括太阳能电池、生物燃料、生物质能、沼气、风能等可再生能源和技术研发；空间与遥感技术领域包括卫星和地面接收站建设、合成孔径雷达、机载和车载雷达、自然灾害预警、信息分析、气象预报、作物灾害监测；还有气候变化、生物多样性、社区和农村实用技术等。

随着“泰国4.0”战略的实施，国际合作的重点必将扩展，聚焦新一代汽车、智慧电子、高端旅游与医疗旅游、农业与生物技术、食品深加工、工业机器人、航空与物流、生物能源与化工、数字经济、医疗卫生等十大领域。

（三）多边科技创新合作

在多边合作方面，泰国利用位于亚太地区中心的优势和优惠条件，成功吸引了约50个国际组织和政府间组织将总部或办事处设在曼谷，包括联合国亚洲及太平洋经济社会委员会和联合国环境规划署、世界粮农组织、联合国教科文组织等总部和分支机构。泰国积极参与国际科技组织，是联合国教科文组织、国际原子能机构等主要国际组织的成员。

在区域性合作上，泰国的科技水平和能力在东盟地区位居前列。泰国通过东盟国家科技委员会合作机制，积极推进东盟成员国的科技合作与活动，一直是东盟科技合作中十分活跃的国家。2016年9月在首届东盟科技创新论坛上，泰国牵头发起设立东盟科学发展基金，并首投100万美元，以促进东盟国家在科技创新，特别是食品、可持续能源和生物多样性领域的合作。

泰国积极参与国际大科学计划，但有限的科研投入和能力使其主要集中在以生物技术为主的国际大科学计划中。

（1）参加国际水稻基因组学测序计划（The International Rice Genome Sequencing Project，IRGSP）：2001年4月，泰国农业大学 Apichart Vanavichit

副教授领导的科研小组参加了该项目，完成了水稻 9 号染色体的基因组学测序工作，该染色体的物理长度为 27.2Mb。以此为基础，泰国农业大学以及国家遗传工程与生物技术中心联合成立了水稻科学研究中心水稻基因组（RGDU），成为泰国水稻传统育种和分子育种相结合的主要科研基地。

（2）参加国际人类蛋白质组计划（HPP）：2003 年 12 月正式启动的国际人类蛋白质组计划是继国际人类基因组计划之后的又一项大规模的国际性科技工程。该计划以染色体研究为中心，按染色体顺序划分成 25 个工作组，分别由各成员国认领和承担。泰国玛希敦大学诗里拉医院复杂系统科学研究中心主任 Visith Thongboonkerd 教授被邀作为 12 号染色体研究联盟（Chromosome 12 Consortium）负责人。12 号染色体研究联盟由泰国、印度、新加坡、中国台湾和中国香港的科学家组成。

（3）牵头启动亚太虾基因组学联盟（Asia - Pacific Shrimp Genome Consortium）：2004 年由泰国牵头启动，通过对虾基因组学的研究，从泰国黑虎虾的不同组织中找出感染基因，筛选出高产、抗疾病、抗环境的基因，并利用虾表达序列标签装配出约 4 万种可供基因功能研究的单基因虾，这些成果的应用极大地提高了虾养殖的质量和效率。

（4）参加亚洲人口基因多样性研究计划："太平洋地区人类基因组织泛亚洲单核苷酸多态性计划"是人类基因组组织泛亚太地区 SNP 联盟发起的亚洲人口基因多样性研究计划，于 2005 年正式启动。来自泰国国家遗传工程与生物技术中心、清迈大学和玛希敦大学的泰国研究团队参加了该项计划。到 2009 年，经过近 4 年的研究，在中国、泰国、印度等 11 个国家和地区的研究人员的共同努力下，收集了覆盖东亚、南亚、东南亚各区域的 73 个亚洲代表人群的样本，对 1928 例样本进行了全基因组基因分型，从全基因组水平揭示了亚洲人群的精细遗传结构，系统阐明了亚洲人群遗传结构与地理分布及语言结构之间的关系，并发展了单倍型共享方法，深入探讨了亚洲人群起源、迁徙历史、人群融合模式以及人群遗传结构形成的机制。

三　中泰科技创新合作

当前，中泰两国政治互信不断增强，经贸合作成果显著，人文科技交流日益深入。在“一带一路”与“泰国4.0”战略相对接的大背景下，两国科技创新合作日益紧密，一个多方位、多层次、多渠道的中泰科技合作体系已基本形成，并取得了显著成效。泰国育种专家披拉萨·斯乃文教授由于在中泰食用豆类作物合作研究领域的突出成就荣获2014年度中华人民共和国国际科学技术合作奖，泰国专家关国兴因在促进泰国同中国西部地区的中医交流、泰语教学等方面的杰出贡献荣获2018年中国政府友谊奖等皆为范例。

（一）中泰政府间科技合作概况

中泰1975年建交后，1978年签订了政府间科技合作协定，并成立了政府间科技合作联委会。在这一机制下，两国科技合作进展顺利，40多年来双方已成功召开了22次联委会会议，在农业、林业、机械、电子、生物、遥感、化工、地矿、天文、气象、地震、计量、水利、新能源、传统医药、卫星通信、交通运输、信息技术、轻工纺织、科技管理、城市规划、教育培训、野生动物保护等领域开展了广泛的合作。中泰政府间科技联委会机制牢固，涉及项目多，人员广，经费有保障，是两国政府间科技合作的主要平台。

随着2012年中国与东盟国家启动中国—东盟科技伙伴计划，泰国原科技部积极参与了有关合作。2013年，两国科技部门签署了《中泰科技部关于开展4个合作项目的协议》，正式启动中泰铁路联合研究中心、遥感卫星数据共享与服务平台、中泰技术转移中心、中泰青年科学家交流4个重点项目的合作，并在上述协议框架下成立了部际联委会。

中科院和泰国原科技部2006年签署了科技合作备忘录，2016年12月续签。为促进中科院所属企业、科研机构和大学深度融入东盟经济，中科院2017年在曼谷设立了中科院曼谷创新合作中心，重点推动技术转移工作。中科院微生物所与泰国国家遗传工程与生物技术中心、泰国科技研究所共同组建了中泰微生物技术联合实验室，将围绕酵母菌进化和生物技术应用、活性污泥等项目，在微生物基因组学、微藻和微生物工业生物技术等学科与专业展开联合研究。

中国国家自然科学基金委员会与泰国研究基金会签订有合作谅解备忘录，双方在联合资助了多个交流项目和多次成功举办研讨会的基础上，自2015 年起联合资助合作研究项目。

此外，中泰两国政府部门在海洋、农业、卫生、航空航天领域等领域都签署了相应的合作备忘录，开展广泛的合作。

（二）中泰地方科技创新合作

中国各省市与泰国开展了广泛的科技合作，特别是地理位置相邻、气候条件相近的广西、云南等是主力军。设在南宁的中国—东盟技术转移中心也是广西同泰国科技合作的专业机构，至今已继续成功承办了七届中国—东盟技术转移与创新合作大会，形成了稳定的政府间合作渠道和创新网络，日益成为中国和东盟国家开展科技合作的重要平台。云南、广西提出要发挥生物多样性的优势，大力拓展中医药大健康产业国际创新合作圈，相信对泰传统医药合作将会进一步深化。

（三）中泰高新技术企业合作

“一带一路”带动了中泰高新技术企业合作迅猛发展。在数字信息技术、生物科技、清洁能源、空间技术等领域的合作业已取得丰收成果。华为公司在曼谷设立开放实验室，顺应泰国政府创新经济发展方向，为中小型和初创企业提供服务。阿里巴巴、京东等陆续来泰国投资兴业，和泰方共同分享高新技术。

（四）推进中泰科技创新合作的战略重点

“一带一路”同“泰国 4.0”战略高度契合。泰国现正在大力发展东部经济走廊，通过建设高铁、机场、深水港等基础设施，促进 12 大重点产业发展，这为中泰合作提供了难得的机遇。同时泰国作为东盟国家的枢纽，也为中国高新企业以泰国为基地、辐射东盟提供了广阔的市场。长期以来，泰国积极同中国开展科技创新合作，政府合作机制稳定，参与部门广泛，除了泰国高教科研与创新部和泰国国际合作署以外，泰国农业与合作社部、公共卫生部、能源部、社会经济数字化部、自然资源与环境部等多个政府部门及其下属科研单位、大学和企业都是积极参与者。深受中泰两国人民爱戴的诗琳通公主每次访华的重点均聚焦中国最新科技成就，为宣传中国科技成就，促进中泰科技创新合作与交流起到了独特的作用。2018 年底，中泰政府间科技合作联委会第 22 次会议在曼谷成功召开，泰国首次向泰驻华使馆派驻科技外交官等都是中泰科技合作不断深化的具体体现。两国下一步科技创新合作的战略重点应聚焦泰国 12 大重点产业和东部经济走廊建设，为“一带一路”对接“泰国 4. 0”战略提供支撑。紧密结合泰国科技创新重点目标，进一步增强双方在信息通信技术、人工智能、农业科技、生物与医药、绿色科技、高铁技术、空间科技、科技创新政策等领域的合作，提升应对区域性、全球性共性问题合作能力，加快建设中泰协同创新共同体。积极吸纳高新技术企业参与政府间科技创新合作，加强技术标准合作研究。积极推动中泰技术转移，加快科技成果的推广应用。进一步夯实中泰科技人文交流，奠定人脉和理念基础。

参考文献

Worldometer. Thailand Population. https：//www. worldometers. info/world – population/thailand – population/.

Trading Economics. Thailand GDP. https：//tradingeconomics. com/thailand/gdp.

National Research Council of Thailand. Thailand R&D Index 2016. http：//en. nrct. go. th/en/ThailandRDIndex2016. aspx.

World Economic Forum. The Global Competitiveness Report 2017 – 2018. http：//www. weforum. org/reports/the – global – competitiveness – report – 2017 – 2018.

World Intellectual Property Organization. Global Innovation Index 2017. http: //www. wipo. int/publications/en/details. jsp? id =4193.

National Science and Technology Development Agency. http: //nstda. or. th/eng/.

The Siam Cement Public Ltd. Annual Report 2017.

Thailand Science Park. https: //www. sciencepark. or. th/index. php/en/.

Brochure of EECi. Eastern Economic Corridor of Innovation.

True Digital Park. https: //www. truedigitalpark. com/home.

National Innovation Agency. https: //www. nia. or. th/diplomacy.

Thailand International Cooperation Agency (TICA). http: //www. tica. thaigov. net/main/en/home.

附　　录

Appendix

B.18
金砖国家科技创新合作框架相关文件汇编

一　金砖国家领导人第十一次会晤巴西利亚宣言（摘录）（巴西　巴西利亚，2019年11月14日）

前言

1. 我们，巴西联邦共和国、俄罗斯联邦、印度共和国、中华人民共和国、南非共和国领导人于2019年11月14日在巴西利亚举行金砖国家领导人第十一次会晤。本次会晤主题是“金砖国家：经济增长打造创新未来”。

2. 作为充满活力的金砖国家的领导人，我们重申坚持主权、相互尊重、平等原则，共同致力于建设一个和平、稳定和繁荣的世界。这些理念、价值观和目标为金砖国家互利务实合作奠定了坚实基础，提供了明确指南。我们将在历届领导人会晤在经济、政治安全、人文交流等支柱领域取得成果的基础上，继续加强金砖合作，增进五国人民福祉，增进五国传统友谊纽带。

3. 我们对2019年金砖主席国取得的成就感到满意。我们回顾今年举行的一百多场会议和活动，欢迎在金融、贸易、外交、国家安全事务、通信、环境、劳动就业、科技创新、能源、农业、卫生、文化等领域召开的部长级会议以及其他高级别会议。我们也注意到新开发银行理事会会议。

4. 我们对金砖合作成果表示欢迎，包括建立“创新金砖”网络等。欢迎金砖国家科技创新合作新架构得到通过，该架构将由金砖国家科技创新指导委员会实施。欢迎通过《金砖国家能源研究合作平台工作章程》。我们还对举行金砖国家反恐战略研讨会、母乳库研讨会和资产返还会议表示欢迎。我们赞赏签署《金砖国家贸易和投资促进机构合作谅解备忘录》以及建立金砖国家女性工商联盟。我们赞赏2019年金砖国家主席国推动批准结核病合作研究计划等倡议。

加强和改革多边体系

……

10. 我们重申致力于根据各自国情落实在《联合国气候变化框架公约》原则基础上制定的《巴黎协定》，坚持共同但有区别的责任原则和各自能力原则。我们敦促附件二所列发达国家加大对发展中国家的资金、技术和能力建设援助，支持发展中国家的减缓和适应行动。我们期待，至2019年底绿色气候基金的首次增资将大幅超过最初动员的资源，确保捐助方的捐款与发展中国家的雄心、需求和优先事项匹配。我们还致力于推动《联合国气候变化框架公约》第25次缔约方会议取得成功，特别是就《巴黎协定》工作计划所有剩余议程取得平衡和全面的成果。

11. 我们忆及《金砖国家区域航空伙伴关系谅解备忘录》的签署，重视金砖国家在航空领域的合作。考虑到航空业在金砖国家等新兴市场的关键作用以及“国际航空碳抵消和减排计划”对航空业发展的潜在影响，我们重申致力于在相关框架审议过程中加强合作。

12. 我们致力于推动制定2020年后全球生物多样性框架，支持将于2020年在中国昆明举行的《生物多样性公约》第十五次缔约方大会取得圆满成功。我们将就各自在生物多样性领域的立场深化对话和合作。我们期待《生物多样性公约》的三个目标在框架中能得到平衡考虑，避免忽视经常不被重视的可持续利用生物多样性组成部分和遗传资源获取与惠益分享的支柱性目标。

13. 我们致力于落实《联合国防治荒漠化公约》第十四届缔约方大会成果，实现2030年可持续发展目标15.3，防治荒漠化，恢复退化的土地和土壤，努力建立一个土地退化零增长的世界。我们欢迎印度建立可持续土地恢复中心，就“关于土地退化零增长目标设定项目”开展能力建设以及数据和信息交换，促进该领域南南合作。我们认可《“投资土地，开启机遇”新德里宣言》和《鄂尔多斯宣言》。

……

18. 我们强调开放、安全、和平、稳定、可及和非歧视的信息通信技术环境的重要性。我们强调需要在联合国框架下制定各方普遍接受的网络空间负责任国家行为规则、准则和原则，维护联合国在这方面的核心作用。鉴此，我们欢迎联合国建立的开放式工作组，以及建立新一届政府专家组。我们支持这两个机制，同时强调双进程可为该领域国际努力提供补充和协同。

19. 我们重申致力于打击滥用信息通信技术的犯罪和恐怖主义活动。在这方面的新挑战和威胁需要国际合作，包括为防止将信息通信技术用于犯罪目的探讨在联合国制定具有普遍约束力的文书等可能的合作框架。我们认可金砖国家通过网络安全工作组和《金砖国家网络安全务实合作路线图》在加强合作方面取得的进展，网络安全工作组修订了工作章程。基于此前金砖领导人会晤共识，我们重申金砖国家建立网络安全合作法律框架的重要性，认可网络安全工作组相关考虑和阐述。我们注意到俄罗斯提出的缔结金砖国家网络安全政府间协议的建议和巴西提出的金砖国家缔结相关双边协议的倡议。

……

经济财金合作

……

37. 我们积极评估《金砖国家经济伙伴战略》所取得的进展，包括在创新、可持续和包容性经济增长方面的进展，并期待在2020年由俄罗斯担任金砖国家主席国时就进展情况进行评估。我们赞赏成员国通过促进政策共享、信息交流、促进贸易和投资便利化并开展贸易研究等活动推动落实《金砖国家经贸合作行动纲领》。我们欢迎金砖国家贸易联合研究审议的结论，其指出金砖国家间贸易和投资的潜力，并指示我们的部长继续采取行动，为成员国之间的合作倡议提供支持。

38. 我们欢迎举行金砖国家工商论坛，认可金砖国家工商理事会在基础设施、制造业、能源、农业及生物科技、金融服务、区域航空、技术标准对接、技能开发和数字经济等领域开展的合作，以及促进成员间贸易和投资的努力。

……

地区热点问题

……

金砖务实合作

……

51. 我们欢迎于2019年10月举行的第九次金砖国家安全事务高级代表会议，赞赏高级代表们就反恐、网络安全、重大国际和地区热点、维和、跨国有组织犯罪等问题加强对话。

52. 我们强调科技创新是经济增长的主要驱动力和塑造未来社会的关键元素。我们欢迎第七次金砖国家科技创新部长会达成的成果和提出的合作倡议。这些成果和倡议使五国的研究人员、青年科学家和政府机构间的合作日益密切，也使我们的创新系统联系更加紧密。我们对“创新金砖”网络等金砖国家创新合作行动计划落实成果表示满意。我们欢迎通过金砖国家科技创新合作新架构，新架构将在金砖国家科技创新指导委员会的指导下，对五国科技创新合作项目进行精简和强化。

53. 我们欢迎第五次金砖国家通信部长会议成果。我们将继续加强金砖国家间联合项目合作，创造新的合作机会，拓展和强化现有伙伴关系，包括采取必要行动早日设立数字金砖工作组。我们满意地注意到第一次金砖未来网络研究院理事会会议取得的成果。

54. 我们认识到新工业革命是至关重要的发展机遇，所有国家都应从中平等获益，我们同时意识到它带来的挑战。我们满意地注意到，在落实领导人约翰内斯堡会晤关于启动金砖国家新工业革命伙伴关系全面运作的决定方面取得的进展。我们也欢迎通过新工业革命伙伴关系工作计划和新工业革命伙伴关系咨询组工作职责。根据 2019 年 9 月在巴西举行的第二次金砖国家新工业革命伙伴关系咨询组会议通过的工作计划，我们将继续在工作计划确定的 6 个合作领域开展互利合作项目，包括建立金砖国家工业园和科技园、创新中心、技术企业孵化器和企业网络等。

55. 我们注意到金砖国家遥感卫星星座合作协定磋商工作取得的进展，并期待磋商早日完成。

56. 我们认识到能源在促进社会和经济发展以及环境保护方面的关键作用。我们认识到每个国家的能源转型都因其国情而异，我们强调确保各国人民获得清洁、可持续和负担得起的能源的重要性。在这方面，能源多样化对实现能源安全至关重要。为此目的，我们致力于继续有效利用化石燃料，并提高包括生物燃料、水电、太阳能和风能在内的可再生能源在我们经济中的比重。我们欢迎五国正在进行的能源领域合作。我们欢迎在巴西利亚举行的第四次金砖国家能源部长会议和《金砖国家能源研究合作平台工作章程》得到批准，这将便于深入交流意见和最佳实践，进一步推进我们的合作，为全球能源研究做出重大贡献。

57. 我们欢迎第九次金砖国家卫生部长会议的举行和金砖国家结核病研究网络于 2019 年制定的结核病合作研究计划，该计划旨在通过支持与结核病有关的诸多相关问题的科研项目，促进新的科学、技术和创新方法来减轻结核病负担。我们同时欢迎在第一次人类母乳库研讨会中提出的金砖国家母乳库网络倡议。我们强调各国共同采取行动促进药物和诊断工具的研究和开发，提高安全、有效、优质和可负担的基本药物的可及性，这对于遏制传染病和加强非传染病防控至关重要。

……

59. 我们注意到金砖国家海关部门在《金砖国家海关行政互助协定》草案磋商上取得的进展，并指示相关部门努力争取协定早日签署和生效。我们欢迎金砖国家海关合作战略框架落实工作取得的重大进展，特别是在经认证经营者项目方面。该项目包括监管互认和经营者互认，应于 2022 年底开始运作。我们注意到建立金砖国家海关培训中心的积极做法，并指示有关部门今后继续开展此类合作。我们认识到金砖国家海关合作委员会的潜力，要求金砖国家在相关多边框架下加强贸易便利化、执法、先进信息技术应用和能力建设等领域合作。

……

61. 我们赞赏金砖国家税务部门支持落实税收透明度和信息全球交换标准，以及防止税基侵蚀和利润转移行动计划最低标准。我们始终致力于应对经济数字化带来的税收挑战。我们期待对税基侵蚀和利润转移包容性框架所制定的双支柱方案的讨论取得进一步进展。我们欢迎最近在税收透明度方面取得的成就，包括在税收情报自动交换方面取得的进展。我们呼吁各方签署和批准《多边税收征管互助公约》。我们将继续加大努力，防止税基侵蚀和利润转移，加强税收情报交换，并根据发展中国家需要开展能力建设。我们致力于更深入地交流和分享经验和最佳实践，并在税收征管方面相互学习。

62. 我们赞赏第九次金砖国家经贸部长会议在经贸联络组支持下所取得的积极成果，以及它们为深化金砖国家投资、电子商务、中小微企业等领域合作，以及会同金砖各国知识产权主管部门在知识产权领域所作努力。我们也欢迎《金砖国家贸易投资促进机构合作谅解备忘录》的签署。

63. 我们支持金砖国家经贸部长关于必须采取果断、协调的全球行动以促进经济增长的共识。促进贸易有利于全球经济增长，但是全球经济需求不足，需要更多增长点，例如对包括数字基础设施在内的基础设施投资、针对青年人等的技能培训、可持续投资、对地方基本公共服务投资和对包括非洲大陆在内的高增长潜力地区投资。

……

65. 我们认可第五次金砖国家环境部长会议成果，此次会议主题为“城市环境管理对提高城市生活质量的贡献”。我们强调金砖国家环境合作倡议对改善我们城市生活质量的重要性，包括在废物管理、循环经济、可持续消费和生产、卫生和水质、城市空气质量和城市绿地等重要议题上分享知识和经验。我们欢迎俄罗斯关于将应对海洋垃圾纳入金砖国家清洁河流项目的提议。

66. 我们欢迎第九次金砖国家农业部长会议取得的成果。作为世界领先的农产品生产国和人口大国，我们强调金砖国家农业合作的重要性。我们认识到以科学为支撑的农业以及为实现此目的将信息通信技术应用于农业的重要性。我们强调金砖国家需要通过增加农业产量和生产力、可持续管理自然资源和农业贸易，确保实现粮食安全、食品安全、解决营养不良、消除饥饿和贫困的目标。

67. 我们欢迎第五次金砖国家劳工和就业部长会成果，此次会议主题为“金砖国家：经济增长打造创新未来”。我们注意到全球化、技术创新、人口变化和其他现象驱动劳动力市场的转变及其带来的机遇和挑战。我们满意地注意到，金砖国家在未来工作、高质量和生产性就业、可持续社会保障体系，以及劳动力市场数据交换等领域合作取得的进展。我们强调，劳动力市场需要变得更具适应性和包容性。

……

69. 我们重申金砖国家人文交流在增进五国人民相互了解、促进友谊与合作方面的重要性。我们对金砖国家在文化、治国理政、艺术、体育、媒体、电影、青年和学术交流等领域举行的一系列会议和活动表示满意。

……

二 第七届金砖国家科技创新部长级会议坎皮纳斯宣言（巴西 圣保罗州 坎皮纳斯市，2019年9月20日）

1. 根据2015年3月签署的《金砖国家政府间科技创新合作谅解备忘录》，巴西联邦共和国、俄罗斯联邦、印度共和国、中华人民共和国和南非共和国的科技创新部长于2019年9月20日在巴西坎皮纳斯召开第七届金砖国家科技创新部长级会议。

2. 基于金砖国家轮值主席国巴西确定的主题"金砖国家：经济增长打造创新未来"，该主题下其中一个优先议题是"加强科技创新合作"，我们重申加强五国科技创新合作活动的承诺，完善五国伙伴关系。

3. 我们欢迎巴西于2018年7月27日至28日在巴西利亚主办金砖国家海洋和极地科学技术工作组第一次会议，2019年5月13日至14日在巴西伊瓜苏主办金砖国家科技创新创业伙伴关系工作组第三次会议以及金砖国家信息通信技术（ICT）和高性能计算（HPC）工作组第三次会议，2019年9月16日至17日在坎皮纳斯主办第五次金砖国家科技创新资金资助方工作组会议。我们欢迎俄罗斯于2018年10月29日至30日在莫斯科主办金砖国家建立管理和协调科技创新活动常设机制工作组第一次会议，2018年11月16日在莫斯科主办金砖国家前景与科技创新政策研讨会，2019年8月1日至2日在莫斯科主办金砖国家海洋和极地科学技术工作组第二次会议。我们欢迎中国于2018年9月9日至12日在昆明主办金砖国家科技创新创业伙伴关系工作组第二次会议，2018年12月11日至12日在杭州主办金砖国家新能源和可再生能源工作组第一次会议，2019年7月6日至11日在北京召开金砖国家固态照明合作小组第六次会议。我们欢迎南非于2018年11月26日至28日在开普敦主办金砖国家生物技术和生物医学包括人类健康和神经科学工作组第二次会议，2018年12月10日至11日在比勒陀利亚主办金砖国家科学院第一次会议。

4. 我们欢迎第三次科技创新框架计划的结果以及第一轮5年周期的联

合项目征集。我们注意到在三次项目征集中提交了超过 1100 份项目申请，至少 3400 名研究人员参与其中，91 个项目获得批准。五国的研究人员、学术机构和实验室之间的合作日益密切，为世界科学产出带来重要的新视角和贡献。我们认识到金砖国家科技创新资金资助方在确保遴选出优秀研究项目方面所做的努力。此外，此次试点征集项目为资金资助方提供了一个相互学习和交流信息、经验和评估方法的独特机会。我们敦促金砖国家科技创新资金资助方工作组就下一轮金砖国家征集项目展开讨论，改进和简化其程序。考虑到联合项目和其成果的重要性，我们鼓励金砖国家科技创新资金资助方增加对未来金砖项目的支持。我们重申全力支持金砖国家科技创新框架计划。

5. 根据 2017 年 9 月在厦门通过的《金砖国家创新合作行动计划(2017～2020 年)》的实施情况，我们同意通过由金砖国家科技创新创业伙伴关系工作组提出的“创新金砖网络（iBRICS 网络）实施框架”。我们强调必须建立一个涵盖金砖国家部分主要科技园区、技术孵化器和加速器的网络，以促进对话和相互了解、能力建设、跨孵化和软着陆，从而推进金砖国家创新体系建设。我们重申致力于深化创新合作，以实现与研究合作同样水平的积极成果。

6. 我们希望继续在金砖国家之间建立长期和可持续的科技创新合作，重申我们的承诺，实现青年科学家论坛（YSF）的目标，下一届论坛将于 2019 年 11 月在巴西举行。通过 YSF，我们的研究人员在其职业生涯的最初几年，将金砖国家的同事视为共同发表文章和创新的合作伙伴。我们建议在今年金砖国家 YSF 结束时组织论坛协调人会议，确定 YSF 的结构、形式和日程，包括青年创新奖的规则和程序。

7. 鉴于我们在研究、开发和创新设施方面加强科学合作，我们敦促金砖国家研究基础设施工作组完成金砖国家研究基础设施平台建设，作为金砖国家全球研究先进基础设施网络的第一步。我们重申使平台成为金砖国家研究基础设施基本信息和链接、合作关系、访问电话、联系人、活动和新闻的单一数字入口点。

8. 我们欢迎金砖国家工作组提出的进一步发展金砖国家虚拟光子学研究所、确定重大挑战和发展旗舰项目等倡议。

9. 我们感谢工作组为调查建立一个管理和协调金砖国家科技创新活动的常设机制的可行性所做的努力，并赞赏各国为实施该机制而提出的各种不同建议，在这方面，我们赞同新的金砖国家科技创新新架构，该架构将通过金砖国家科技创新指导委员会实施。

10. 我们重申将继续落实《金砖国家政府间科技创新合作谅解备忘录》，通过《金砖国家科技创新工作计划（2019～2022年）》，并赞赏科技创新高官为此付出的努力。我们将继续在研究、技术发展、创新和创业等方面采取联合的具体行动，以产生更多的知识，并将这些知识转化为产品和财富，来提高人民的生活质量。

11. 我们赞同《金砖国家科技创新活动日历（2019～2020）》，作为《金砖国家科技创新工作计划（2019～2022年）》的补充。

12. 我们对金砖国家科技创新合作谅解备忘录取得的成果表示满意，希望今后继续为金砖国家科技创新合作提供价值，并提高其规模、范围和资源。

13. 俄罗斯、印度、中国和南非对巴西科技创新和通信部于2019年9月18日至20日在坎皮纳斯主办第九届金砖国家科技创新高官会议和第七届金砖国家科技创新部长级会议表示感谢。

14. 巴西、印度、中国和南非感谢俄罗斯联邦提议主办第十届金砖国家科技创新高官会议和第八届金砖国家科技创新部长级会议，并为此给予全力支持。

三　金砖国家领导人第十次会晤约翰内斯堡宣言（摘录）（南非　约翰内斯堡，2018年7月25日至27日）

一、序言

1. 我们，巴西联邦共和国、俄罗斯联邦、印度共和国、中华人民共和国和南非共和国领导人于2018年7月25日至27日在南非约翰内斯堡举行金砖国家领导人第十次会晤。本次会晤是金砖合作历史上具有里程碑意义的一次会晤，主题是“金砖国家在非洲：在第四次工业革命中共谋包容增长和共同繁荣”。

……

3. 在科技驱动工业化和经济增长的背景下，我们对南非将约堡会晤主题聚焦发展、包容和共同繁荣表示赞赏。

……

二、加强多边主义，推进全球治理改革，应对共同挑战

……

21. 关于气候变化，我们欢迎制定《巴黎协定》工作计划所取得的进展，将同《巴黎协定》缔约方继续建设性开展工作，争取于 2018 年 12 月在波兰卡托维兹举行的《联合国气候变化框架公约》第二十四次缔约方大会上完成相关磋商。我们呼吁所有国家基于《联合国气候变化框架公约》确定的“共同但有区别的责任”原则和各自能力原则，充分落实《巴黎协定》，并敦促发达国家向发展中国家提供资金、技术和能力建设支持，增强发展中国家减缓和适应气候变化的能力。

22. 我们致力于加强金砖国家能源合作，尤其是向环境可持续型能源体系转型，以支持全球可持续发展议程、平衡的经济增长以及人民的经济社会整体福利。我们将继续努力实现能源普遍可及、能源安全、能源可负担，减少污染，保护环境。我们重申，包括可再生能源和低碳能源在内的能源供应多元化、能源和能源基础设施投资、能源产业和市场发展以及金砖国家间主要能源可及性合作，将继续是五国能源安全的主要支撑。我们认识到在运输、供暖和工业用能等领域加快能源转型的重要性。

……

24. 我们注意到金砖国家能源部长同意建立金砖国家能源研究平台并制定相关工作章程，以及正在进行的有关讨论。

25. 我们重申支持 2016 年印度倡议的金砖国家农业研究平台，认为研发创新对提升全球可持续发展能力和竞争力具有重要作用。我们致力于加强金砖国家农业研究合作网络建设，以加强农业和食品体系应对气候变化的韧性。我们认识到继续落实农业研究平台的目标宗旨的必要性，将致力于在金砖国家农业研究平台和农业信息交流系统等机制下深化金砖国家合作。

26. 我们认可第四次金砖国家环境部长会议围绕“加强金砖国家在可持续消费和生产背景下的循环经济合作”主题所取得的成果，注意到循环经济在减少浪费、构建更加环境友好型的生产过程、促进经济多元化等方面具有巨大潜力，同时有助于经济增长和创造就业。

27. 我们认可历次金砖国家环境部长会议取得的成果，包括环境友好技术平台、清洁河流保护伞项目以及环境可持续城市伙伴关系倡议。我们注意到金砖国家环境友好技术合作平台的建设进展，该平台为合作伙伴、科学机构、民间团体、私营部门及金融机构合作提供了务实、结果导向性的平台。

28. 我们欢迎在可持续发展框架下，全面统筹加强水资源领域合作，应对水资源可及性、防洪、干旱管理、供水和卫生、水和气候、水污染防治、河流和湖泊生态系统恢复与保护、水资源管理等问题。

……

30. 我们重申加强金砖国家在生物多样性保护，可持续利用、公平获取和分享生物资源领域的合作，并将采取行动，促进国家公园管理部门在濒危物种等生物多样性国际公约和国际论坛方面的合作。

31. 我们认识到金砖国家在海洋经济合作上的巨大潜力，包括海洋运输、造船、近海石油勘探、水产养殖、港口开发、研究和技术合作、海洋资源保护和可持续利用、滨海和海洋旅游、金融和保险服务以及沿海工业区开发等战略领域。

……

37. 我们重申在联合国主导下制定负责任国家行为规则、准则和原则对确保信息和通信技术的安全使用的重要性。

38. 我们欢迎信息和通信技术发展带来的无可争辩的福利和新发展机遇，特别是在第四次工业革命的背景下。然而，这些发展同时也带来新的挑战与威胁，滥用信息通信技术从事犯罪活动不断增长，国家和非国家行为体恶意使用信息通信技术日益严重。为此，我们强调应加强国际合作，打击滥用信息通信技术恐怖主义和犯罪活动，并重申应在联合国框架下制定各方普遍接受的打击信息通信技术犯罪的法律文书。我们认可根据《金砖国家网络安全务实合作路线图》或其他共识机制推进合作取得的进展。我们同时认为应建立金砖国家网络安全合作框架，为此金砖国家将继续考虑制定相关政府间合作协定。

三、加强和巩固金砖国家国际政治安全合作

……

四、推动金砖国家关于全球经济复苏、全球经济金融治理机构改革，以及第四次工业革命的伙伴关系

……

56. 我们高度评价建立金砖国家新工业革命伙伴关系，这是金砖国家工业部长会和科技创新部长会的重要成果，契合本次金砖国家领导人会晤对第四次工业革命的重视。我们将启动新工业革命伙伴关系的全面运作，成立由五国工业部门及有关部门代表组成的咨询小组。作为先期工作，咨询小组将根据第四次工业革命的重点领域，制定伙伴关系任务大纲和工作计划提交主席国。新工业革命伙伴关系旨在深化金砖国家在数字化、工业化、创新、包容、投资等领域合作，最大程度把握第四次工业革命带来的机遇，应对相关挑战。伙伴关系将发挥五国各自比较优势，促进经济增长和转型，增强可持续工业生产能力，建立科技园和技术企业孵化器网络，支持中小技术企业的发展。我们相信建立金砖国家科技园、技术企业孵化器和中小企业网络将是落实伙伴关系的积极步骤。

57. 我们认识并注意到互联网在促进全球经济、社会和文化发展中的重要积极作用。为此，我们致力于继续通过现有机制共同努力，在各国平等参与互联网演进、运行及治理的基础上，促进安全、开放、和平、合作、有序使用信息通信技术。同时，我们注意到使相关利益攸关方根据各自作用和职责参与其中的必要性。

58. 我们认识到金砖国家科技创新以及企业合作与交流对促进可持续发展、推动包容性增长具有重要作用。我们欢迎金砖国家在科技创新领域的强劲合作势头，高度重视共同推进相关工作。我们认为落实金砖国家科技项目有助于发挥金砖国家科技创新潜力，更好地应对第四次工业革命挑战。

59. 我们赞赏金砖国家知识产权合作取得的进展，认识到包括对发展中国家的技术发展和转让，对于促进长期、可持续、平衡的全球增长的重要性。我们强调加强金砖国家知识产权合作的重要性，这不仅有助于创新，更有助于促成造福全社会新科技的出现。

60. 我们坚信贸易和科技是实现包容性增长的关键源泉，能够促进一体化并通过持续、平等方式整合全球价值链。技术进步将对商品生产、服务和人民收入产生广泛影响，需要采取适当措施确保发展中国家从技术进步中受益，避免在新技术早期应用中落伍。采取有效政策对弥合数字鸿沟至关重要，包括支持人民学习和应用新技术、建立有效的技术转移机制等。

61. 全球经济日益由技术和知识驱动，对新技能提出要求，这同大量工人只掌握旧技能的错配日益凸显。世界经济变化速度之快、规模和范围之广，使解决这一问题更加艰巨。我们强烈意识到技能培训至关重要，为此支持《二十国集团促进高质量学徒制倡议》和《金砖国家技能脱贫减贫行动计划》中提出的政策建议，将进一步促进职业培训、终身学习以及与世界经济和劳工环境快速变化相适应的培训。

……

66. 我们认识到推动非洲基础设施建设、互联互通的重要性，认同非盟在确定和应对非洲大陆基础设施挑战方面的进步，特别是在非洲发展新伙伴计划、非洲基础设施发展规划上所作的努力。我们支持在互惠基础上鼓励基础设施投资，以支持非洲发展工业、创造就业、开发技能、食品和营养安全、消除贫困、促进可持续发展。我们重申支持非洲基础设施可持续发展，包括解决基础设施融资赤字。

……

73. 我们欢迎签署《在数字经济发展背景下开展分布式记账技术和区块链技术联合研究的谅解备忘录》。我们相信这有助于深化合作，更好适应不断发展的互联网经济。

……

80. 在推动实施《金砖国家经济伙伴战略》方面，我们欢迎金砖国家第八次经贸部长会议在经贸联络组支持下所取得的积极成果。我们也欢迎在落实《金砖国家经贸合作行动纲领》方面取得的良好进展。我们鼓励采取措施，维护工业发展政策空间，支持我们的企业特别是工业和农业企业以及中小微企业更大程度地参与全球价值链、增加附加值并向价值链高端攀升。我们认识到金砖国家成员间增值贸易的重要性，赞扬经贸部长启动经贸联络组下的贸易促进工作组和电子商务工作组。我们欢迎对既有金砖国家增加值贸易联合研究进行更新。我们欢迎金砖国家第八次经贸部长会议在知识产权、电子商务、服务贸易等方面的积极成果，并将进一步加强电子商务、标准和技术规则、中小微企业和示范电子口岸等合作。

……

84. 我们认可金砖国家工商理事会及其第五份年度报告，以及金砖国家工商论坛在促进基础设施、制造业、能源、农业经营体、金融服务、区域航空、技术标准、技能开发等方面的贡献。我们欢迎在金砖国家工商理事会框架内建立数字经济工作组。

……

五、人文交流合作

……

87. 我们重申坚持以人为本、促进全行业共同发展的包容发展观。

88. 我们注意到第八届世界水论坛在巴西利亚举行。这一世界主要以水为主题的活动首次在南半球举行，将有助于在全球层面提升对水问题的重视程度。

89. 我们强调金砖国家在外空事务中开展合作的重要性，并确认支持深化该领域现有合作倡议。

90. 我们致力于加强金砖国家在疫苗研发领域的合作，欢迎建立金砖国家疫苗研发中心。

……

四　第六届金砖国家科技创新部长级会议德班宣言（南非　德班，2018年7月3日）

主题：推动金砖国家科技创新，促进包容增长与发展

1. 为迎接即将于2018年7月25～27日在南非约翰内斯堡举行的金砖国家领导人第十次会晤并与拟在本次会晤期间通过的《约翰内斯堡宣言》和《行动计划》保持一致，我们，巴西、俄罗斯、印度、中国和南非五国科技创新部长于2018年7月3日齐聚南非德班，召开第六届金砖国家科技创新部长级会议。

2. 考虑到金砖国家领导人第十次会晤的主题，即“金砖国家在非洲：在第四次工业革命中共谋包容增长和共同繁荣”，我们重申实施《金砖国家经济伙伴战略》的重要性，强调积极发挥科技创新对于推动社会经济变革的关键作用，以促进全球和地区发展、增长和稳定。

3. 我们欢迎关于建立金砖国家疫苗研发中心以促进金砖国家科技创新领域与健康领域协作的提案，同意从科技创新的角度探讨推动建立该中心的可能性。

4. 我们欢迎以创新为重点的新工业革命伙伴关系的建立。我们将探讨如何调动科技创新资源，为该倡议提供支持。

5. 本着第六届金砖国家科技创新部长级会议的主题精神，即“推动金砖国家科技创新，促进包容增长与发展”，我们重申推行以人为本、公益驱动的政策及实施框架以推动科技创新、促进人类发展的理念。

6. 我们赞赏2015年以来金砖国家基于《金砖国家科技创新工作计划（2015～2018年）》在科技创新合作方面所取得的进展，尤其是金砖国家基于当前的《金砖国家科技创新行动计划（2017～2018年）》所做出的积极努力。

7. 我们乐见金砖国家科技创新资金资助方工作组第四次会议于2018年6月30日在南非召开。我们乐见《金砖国家科技创新框架计划》下第二轮项目征集所取得的成果，这些成果再次印证了该计划作为一项机制在助推金砖国家研究与开发方面的战略重要性。我们期望于2018年第四季度针对以下领域发起第三轮项目征集：防灾减灾；水资源和污染治理；地理空间技术

及其应用；新能源、可再生能源及能源效率，包括半导体照明；天文学；生物技术和生物医药，包括人类健康和神经科学；信息技术和高性能计算；海洋和极地科学；材料科学，包括纳米技术；光子学；研究基础设施，包括大科学工程；科技创新创业伙伴关系；航空。第三轮项目征集秘书处仍设在俄罗斯。我们重申我们金砖国家的科技创新部门和资助机构将继续对《金砖国家科技创新框架计划》提供联合资助。

8. 我们乐见第三届金砖国家青年科学家论坛于南非德班成功召开。本届论坛推出了一些新的活动，如青年女性科学家对话，青年创新奖，青年创新创业研讨会，金砖国家科技外交、科技咨询和科普研讨会。我们强烈建议将这些活动列为未来金砖国家青年科学家论坛的常设内容。我们支持关于设立金砖国家青年科学家论坛协调委员会的提案，并感谢印度同意牵头协调此项事宜。巴西提出在 2019 年第七届金砖国家科技创新部长级会议临近之前主办第四届金砖国家青年科学家论坛，我们对此表示感谢。

9. 我们乐见金砖国家研究基础设施和大科学工程合作工作组第二次会议于 2018 年 3 月在巴西坎皮纳斯召开，并支持会议所取得的主要成果，尤其是关于建立网上平台以推动金砖国家研究基础设施和大科学工程合作的共识。我们认为这是在优化和加强合作、密切金砖各国现有大科学工程之间合作以及策划未来建立新的金砖国家研究基础设施方面迈出的重要一步。我们对俄罗斯牵头网上平台的开发并同意牵头进一步就建立金砖国家研究基础设施协调机制进行磋商表示感谢。

10. 我们乐见俄罗斯于 2017 年 11 月主办第一届金砖国家科技前瞻与优先领域遴选会议和金砖国家生物技术、生物医药、人类健康与神经科学工作组第一次会议。此次工作组会议通过了该工作组的职责范围并围绕抗生素耐药性与认知障碍两大合作领域进行了研讨。我们乐见金砖国家材料科学与纳米技术工作组第一次会议于 2017 年 10 月召开，并注意到会议就金砖国家材料科学与纳米技术联合中心的章程进行了深入的磋商。我们乐见俄罗斯于 2018 年 3 月主办金砖国家光子学工作组第一次会议，欢迎关于建立金砖国家光子学虚拟研究所的倡议。

11. 我们乐见印度于2017年9月在浦那主办金砖国家天文学工作组第三次会议。我们也乐见印度于2018年5月主办金砖国家信息通信技术与高性能计算工作组第二次会议，支持专项征集金砖国家颠覆性技术研发旗舰项目，使金砖国家成为第四次工业革命的领导者。我们也欢迎建立金砖国家信息通信技术和高性能计算创新合作中心，并感谢中国、南非和印度同意从中协调此项事宜。

12. 我们欢迎根据2017年7月于中国杭州通过的《金砖国家创新合作行动计划》，巴西提出关于建立金砖国家科技园区、技术创业孵化器与中小微企业协作网络的提案，中国提出关于在金砖国家科技创新创业伙伴关系工作组的指导下建立金砖国家技术转移中心的提案。我们注意到中国经与印度协商后提议于2018年9月中旬举办金砖国家科技创新创业伙伴关系工作组会议第二次会议，以进一步推动这一战略领域的合作。

13. 考虑到建立金砖国家间科技创新投资工具的需要，我们赞成探索从金砖国家新开发银行及其他开发融资平台获得资助，以支持金砖国家创新创业方面的科技创新合作。我们支持建立专门任务组，就此与相关机构展开全面探讨。我们感谢南非同意协调此项事宜。

14. 我们注意到自2015年3月签署《科技创新合作谅解备忘录》以来，金砖国家在科技创新方面取得了众多成就。然而，我们也注意到这些科技创新活动的组织工作在范围和复杂程度方面虽然逐年增加，但组织工作事实上仍然是临时性的。为此，我们赞成就建立常设机制来管理与协调金砖国家科技创新活动，开展可行性研究，并感谢南非和俄罗斯主动提出牵头此项事宜。

15. 我们通过了《金砖国家科技创新行动计划（2018～2019年）》，并责成我们的官员在巴西牵头下正式起草《金砖国家科技创新工作计划（2019～2022年）》，以便及时提交2019年巴西第七届金砖国家科技创新部长级会议。

16. 巴西、俄罗斯、印度和中国对南非共和国科学技术部主办第六届金砖国家科技创新部长级会议和第八届金砖国家科技创新高官会表示衷心感谢。

17. 俄罗斯、印度、中国和南非对巴西提出在2019年主办第七届金砖国家科技创新部长级会议和第九届金砖国家科技创新高官会表示感谢并给予全力支持。

五 2017年第二轮金砖科技创新框架计划资助项目

（462 份申请，6 个领域的 32 个项目获得资助）

序号	登记号(BRICS2017－)和缩略语	项目名称	国家	课题负责人	承担单位	各国资助组织
1	022－RDRNCD	Radical Decrease in Risk of Natural Catastrophic Disasters	俄罗斯	Vladimir V. Makarov	Far Eastern Federal University	MON
			印度	Pijush Samui	National Institute of Technology Patna	DST
			中国	Meifeng Cai	University of Science and Technology Beijing	MOST
2	026－NanoHybrid	New Core-shell Hybrid Nanostructures: Evaluation of Surface Coating Impact to Bio Safety and Potential Therapeutic Applications	俄罗斯	Sergey O. Bachurin	Institute of Physiologically Active Compounds RAS	MON
			中国	Ying Zhao	National Center for Nano science & Technology of China	NSFC
			南非	Mary Gulumian	National Institute for Occupational Health	NRF
3	053 － TherNC	Bio Functional Theranostics Nano Complexes for Combined Therapy of Solid Cancer	俄罗斯	Andrei V. Zvyagin	Lobachevsky State University of Nizhni Novgorod	MON
			印度	Indrajit Roy	University of Delhi	DST
			中国	Quan Lin	Jilin University	NSFC

续表

序号	登记号（BRICS2017－）和缩略语	项目名称	国家	课题负责人	承担单位	各国资助组织
4	059 － SEAMLESSIPS	Development and Realization of High Accuracy Indoor and Outdoor Seamless Positioning System: Hardware and Software	俄罗斯	Vladimir Badenko	Peter the Great St. Petersburg Polytechnic University	MON
			印度	R. D. Garg	Indian Institute of Technology	DST
			中国	Lei Zhang	EastChina Normal University Shanghai	MOST
5	064 － RICS－MH	Metal Hydride Materials and Systems for the Increase of Efficiency in Renewable and Hydrogen Energy	俄罗斯	Boris Tarasov	Institute of Problems of Chemical Physics RAS	MON
			印度	Muthukumar Palanisamy	Indian Institute of Technology Guwahati	DST
			中国	Xiao Fangming	Guangdong Research Institute of Rare Metals	MOST
			南非	Mykhaylo Lototskyy	University of the Western Cape	
6	069 － 3DeepCV	Machine Learning Technologies for 3D Data Processing in Computer Vision and Remote Sensing Applications	巴西	Luiz Velho	Instituto Nacional de Matematica Pura e Aplicada	CNPq
			俄罗斯	Evgeny Burnaev	Skolkovo Institute of Science and Technology	MON
			中国	Youyi Zheng	Zhejiang University	MOST

续表

序号	登记号(BRICS2017－)和缩略语	项目名称	国家	课题负责人	承担单位	各国资助组织
7	116 － ICP－BIO	Development of Fundamentals for Integrated Catalytic Processing of BIO Mass to Fuels and Value－added Chemicals	巴西	Simoni Margareti Plentz Meneghetti	Federal University of Alagoas	CNPq
			俄罗斯	Esther M. Sulman	Tver State University	RFBR
			印度	Bhalchandra M. Bhanage	Institute of Chemical Technology	DST
8	144 － IWMM－ BIS	Integrated Water Management Model for BIS Countries Under Climate Change Scenarios	巴西	Suzana Maria Gico Lima Montenegro	Universidade Federal de Pernambuco	CNPq
			印度	Venkata Reddy Keesara	National Institute of Technology Warangal	DST
			南非	Bloodless Dzwairo	Durban University of Technology	NRF
9	146 － IEEE－OSC	Interface－engineered and Energy－efficient Organic Solar Cells Based on Porphyrin Small Molecules	巴西	Paulo Barbeitas Miranda	University of Sao Paulo	CNPq
			印度	Sai Santosh Kumar Raavi	Indian Institute of Technology Hyderabad	DST
			中国	Xiaobin Peng	SouthChina University of Technology	NSFC
10	150 － EPNAPT	Engineering Peptide－based Nano-biomaterials for Antitumor Photodynamic Therapy	俄罗斯	Rawil Fakhrullin	Kazan Federal University	RFBR
			印度	Thimmaiah Govindaraju	Jawaharlal Nehru Centre for Advanced Scientific Research	DST
			中国	Xuehai Yan	Institute of Process Engineering CAS	NSFC

续表

序号	登记号(BRICS2017 -)和缩略语	项目名称	国家	课题负责人	承担单位	各国资助组织
11	191 - BNEAT	Energy Band and Nanostructure Engineering of AIV - BVI — Based Thermo Electrics for Efficient Heat Energy Conversion	俄罗斯	Alexander Burkov	Ioffe Institute	RFBR
			印度	Kanishka Biswas	Jawaharlal Nehru Centre for Advanced Scientific Research	DST
			中国	Yanzhong Pei	Tongji University	NSFC
12	209 - GPCRArrSig	Understanding the Structural Basis of Biased GPCR Signaling to Develop Novel Therapeutics with Minimized Side - effects	俄罗斯	Vadim Cherezov	Moscow Institute of Physics and Technology	RFBR
			印度	Arun Shukla	Indian Institute of Technology	DST
			中国	Haitao Zhang	Zhejiang University	NSFC
13	211 - 2DNEURO	Electronic Synapses Based on Two Dimensional Materials for Neuromorphic Computing	巴西	Gilson Inacio Wirth	Universidade Federal do Rio Grande do Sul	CNPq
			俄罗斯	Vladimir Gritsenko	Rzhanov Institute of Semiconductor Physics SB RAS	RFBR
			印度	Santanu Mahapatra	Indian Institute of Science Bangalore	DST
			中国	Mario Lanza	Soochow University	MOST
14	236 - CCT	Development of the Dual Inhibitors Targeting Wnt Signaling as Colorectal Cancer Therapeutics	俄罗斯	Vladimir A. Palyulin	Lomonosov Moscow State University	RFBR
			印度	Ahmed Kamal	Hamdard University	DST
			南非	Vinees Pillay	University of the Witwatersrand	NRF

续表

序号	登记号(BRICS2017－)和缩略语	项目名称	国家	课题负责人	承担单位	各国资助组织
15	256 － GLOWSENS	Global and Local Water Quality Monitoring by Multimodal Sensor Systems	巴西	Osvaldo Novais de Oliveira Jr.	University of São Paulo	CNPq
			俄罗斯	Andrey Legin	ITMO University	RFBR
			印度	Nabarun Bhattacharyya	Centre For Development of Advanced Computing	DST
			中国	Chunsheng Wu	Xi' an Jiaotong University	NSFC
			南非	Gordon O' Brien	University of KwaZulu – Natal	NRF
16	258 － EMPMM	Electronic and Magnetic Properties of Multi Ferroic Materials	俄罗斯	Alexander Pyatakov	M. V. Lomonosov Moscow State University	RFBR
			印度	A. Sundaresan	Jawaharlal Nehru Centre for Advanced Scientific Research	DST
			中国	Wei Ren	Shanghai University	NSFC
17	390 － SCBCPCVD	Silicon Carbide Biomedical Coatings Prepared by Chemical Vapor Deposition	俄罗斯	Marina Kosinova	Nikolaev Institute of Inorganic Chemistry SB RAS	RFBR
			印度	Bikramjit Basu	Indian Institute of Science Bangalore	DST
			中国	Rong Tu	Wuhan University of Technology	NSFC
18	418 － BRICS－BEST	BRICS Technology Platform for Integrated Bio Processing of Agricultural Residues for Eco-sustainable Production of Bio Fuels and By-products	巴西	Carlos Ricardo Soccol	Federalm University of Parana	CNPq
			俄罗斯	Arkady P. Sinitsyn	Federal Research Centre"Fundamentals of Biotechnology" RAS	RFBR
			印度	Sudesh K Yadav	Center of innovative and Applied Bio processing	DST
			中国	Zhengxiang Wang	Tianjin University of Science & Technology	MOST
			南非	Kugenthiren Permaul	Durban University of Technology Biotechnology and Food Technology	NRF

续表

序号	登记号(BRICS2017 –)和缩略语	项目名称	国家	课题负责人	承担单位	各国资助组织
19	422 – REMULFUN	Renewable Energy Based Multifunctional Solid Sorption Thermal Battery for Year-round Building Thermal Management or Diverse Climatic Conditions ofRussia, India and China	俄罗斯	Yuriy Aristov	Boreskov Institute of Catalysis	RFBR
			印度	Pradip Dutta	Indian Institute of Science	DST
			中国	Li Tingxian	Shanghai Jiao Tong University	MOST
20	431 – LiESTER	Investigating the Links between Different Environmental Conditions and Severe Thunderstorms Characteristics and Structure for Different Earth Region	俄罗斯	Andrei Sinkevich	Voeikov Main Geophysical Observatory	RFBR
			印度	Sunil Dnyandeo Pawar	Indian Institute of Tropical Meteorology	DST
			中国	Jing Yang	Institute of Atmospheric Physics CAS	MOST
21	433 – NFSMAFPSC	Development of Efficient Polymer Solar Cells Based on Non Fullerene Small Molecules Acceptors with Low Energy Loss	俄罗斯	Alexei Khokhlov	A. N. Nesmeyanov Institute of Organoelement Compounds RAS	RFBR
			印度	Ganesh D. Sharma	The LNM Institute of Technology	DST
			中国	Chuandong Dou	Changchun Institute of Applied Chemistry	MOST
22	435 – MRP – TB	Multidisciplinary Research Platform to Identify New TB Drug Targets	印度	Shekhar C Mande	Pune University	DST
			中国	Shiyun Chen	Wuhan Institute of Virology CAS	NSFC
			南非	Adrie JC Steyn	Africa Health Research Institute	NRF
23	486 – SIAOESUF	Studies into Aspects of Energy Storage Using Flywheels	巴西	Aly Ferreira Flores Filho	Federal University of Rio Grande do Sul	CNPq
			中国	Wei Xu	Huazhong University of Science and Technology	MOST
			南非	David G. Dorrell	University of KwaZulu – Natal	NRF

续表

序号	登记号(BRICS2017 –)和缩略语	项目名称	国家	课题负责人	承担单位	各国资助组织
24	487 – POLYCAT	Finely Tuning Late-transition Metal Pre Catalysts towards Ethylene Polymerization for the Amorphous Highly-branched and Elastomeric Polyethylenes	巴西	Osvaldo de Lazaro Casagrande Junior	Federal University of Rio Grande do Sul	CNPq
			俄罗斯	Evgenii P. Talsi	Boreskov Institute of Catalysis	RFBR
			中国	Wen – Hua Sun	Institute of Chemistry CAS	NSFC
25	493 – Envirorganic	Environmental Geochemistry and Treatment of Organic Pollutants in Aquatic Systems in the Selected Areas of China, India, and Russia	俄罗斯	Oleg Savichev	National Research Tomsk Polytechnic University	RFBR
			印度	Supriya Pal	National Institute of Technology Durgapur	DST
			中国	Sun Zhanxue	EastChina University of Technology	NSFC
26	517 – From waste to resources	Development of Membrane-based Methods to Improve the Recovery of Pure Water and Valuable Products from the Waste	巴西	Andrea Moura Bernardes	Federal University of Rio Grande do Sul	CNPq
			俄罗斯	Alexey Volkov	A. V. Topchiev Institute of Petrochemical Synthesis RAS	RFBR
			印度	Sourja Ghosh	CSIR – Central Glass and Ceramic Research Institute	DST
			中国	Tao He	Shanghai Advanced Research Institute CAS	NSFC
			南非	Lueta – Ann de Kock	University of South Africa	NRF

续表

序号	登记号(BRICS2017 -)和缩略语	项目名称	国家	课题负责人	承担单位	各国资助组织
27	526 - MBLI	Development of New Approaches to Overcome MBL-related Resistance in Bacteria	巴西	Cristiano M. Espinola Carvalho	Dom Bosco Catholic University	CNPq
			俄罗斯	Tatiana V. Ovchinnikova	M. M. Shemyakin & Yu. A. Ovchinnikov Institute of Bioorganic Chemistry RAS	RFBR
			印度	Jayanta Haldar	Jawaharlal Nehru Centre for Advanced Scientific Research	DST
			中国	Hixen Xie	EastChina University of Science and Technology	NSFC
28	563 - APARDS	Anti Parasitic Drug Delivery System	巴西	Vanessa Mosqueira	Universidade Federal de Ouro Preto	CNPq
			中国	Fenghua Meng	Soochow University	NSFC
			南非	Bert Klumperman	Stellenbosch University	NRF
29	591 - LargEWiN	Design and Development of Large - Scale Ambient Energy Harvesting Wireless Networks	巴西	Daniel Benevides da Costa	Federal University of Ceará	CNPq
			印度	Prabhat Kumar Upadhyay	Indian Institute of Technology Indore	DST
			中国	Haiyang Ding	National University of Defense Technology	MOST
			南非	Jules Moualeu	University of the Witwatersrand	NRF

续表

序号	登记号(BRICS2017 –)和缩略语	项目名称	国家	课题负责人	承担单位	各国资助组织
30	617 – FDDLC	Fracture and Delamination under Dynamic Loading	俄罗斯	Yuri Petrov	Saint Petersburg State University	RFBR
			印度	P. Venkitanarayanan	Indian Institute of Technology Kanpur	DST
			中国	Ya – Pu Zhao	Institute of Mechanics CAS	NSFC
31	624 – FAIE	Fluxes-Assisted Inclusion Engineering: Applications in Low – carbon Low-alloy Shipbuilding Plates	印度	Somnath Basu	Indian Institute of Technology Bombay	DST
			中国	Cong Wang	Northeastern University	NSFC
			南非	Theresa Coetsee	University of Pretoria	NRF
32	663 – Optonanospin	Nanostructures with Large Magneto-optical Activity and Spin-orbit Interaction	俄罗斯	Vladimir I. Belotelov	International Center for Quantum Optics & Quantum Technologies	RFBR
			印度	Venu Gopal Achanta	Tata Institute of Fundamental Research	DST
			中国	Yujun Song	University of Science and Technology Beijing	NSFC

六　2016年首轮金砖科技创新框架计划资助项目

（320 份申请，10 个领域的 26 个项目获得支持）

序号	登记号和缩略语	项目名称	国家	课题负责人	承担单位	各国资助组织
1	84 – LDSPIWDS	Leakage Detection and Soil – Pipe Interactions in Water Distribution Systems	巴西	Iran Eduardo Lima Neto	Federal University of Ceará	CNPq
			中国	Tuqiao Zhang	1st Zhejiang University, 2nd China Jiliang University	NSFC
			南非	Jakobus van Zyl	University of Cape Town	NRF
2	112 – NEUROTHERAPY	Development of a New Screening Platform for the Discovery of Novel Therapeutics to Cure Neurodegenerative Diseases	俄罗斯	Kaznacheyeva Elena	Institute of Cytology RAS	RFBR
			印度	Nihar Ranjan Jana	National Brain Research Centre	DST
			中国	Guanghui Wang	College of Pharmaceutical Sciences, Soochow University	NSFC
3	115 – Loop	Nano-Engineered Concrete for Sustainable Infrastructure	俄罗斯	Valeria Strokova	Belgorod State Technological University named after V. G. Shoukhov	MON
			印度	L P Singh	CSIR – Central Building Research Institute, Roorkee	DST
			中国	Shifeng Huang	University of Jinan	NSFC
4	164 – EpiMacroTB	Epigenetics of Macrophages during Mycobacterium Tuberculosis Infection	俄罗斯	Yulia Medvedeva	Vavilov Instutute of General Genetics; Research Center of Biotechnology RAS, Institute of Bioingeneering	RFBR
			印度	Sanjeev Khosla	Laboratory of Mammalian Genetics, CDFD, Hyderabad	DST
			南非	Reto Guler	Division of Immunology, IDM, University of Cape Town	NRF

续表

序号	登记号和缩略语	项目名称	国家	课题负责人	承担单位	各国资助组织
5	183 – Helimagnets	Ground State Magnetic Structure, Spin Dynamics, and Hyperfine Interactions in Frustrated 3d – metal Based Helimagnets: Nuclear Resonance Spectroscopy Study	俄罗斯	A. A. Gippius	M. V. Lomonosov Moscow State University; Faculty of Physics	RFBR
			印度	A. V. Mahajan	Indian Institute of Technology Bombay, Department of Physics	DST
			南非	A. M. Strydom	University of Johannesburg, Department of Physics	NRF
6	225 – BGNCDT	Boron and Gadolinium Nano Particles for Cancer Diagnosis and Therapy	俄罗斯	V. Bregadze	Institute of Organoelement Compounds, Russian Academy of Sciences (INEOS RAS)	RFBR
			印度	S. Mandal	Department of Chemical SciencesIndian Institute of Science Education and Research – Kolkata	DST
			中国	Zheyu Shen	Ningbo Institute of Materials Technology & Engineering (NIMTE), Chinese Academy of Sciences (CAS)	NSFC
7	233 – ADHNMS	All-dielectric and Hybrid Nanoantennas for Multifunctional Sensors	俄罗斯	Pavel Belov	Saint Petersburg National Research University of Information Technologies, Mechanics and Optics (ITMO University), Department of Nano photonics and Meta materials	MON
			印度	Ravindra K Sinha	CSIR – Central Scientific Instruments Organisation	DST
			中国	Qiang Li	College of Optical Science and Engineering, Zhejiang University	MOST

续表

序号	登记号和缩略语	项目名称	国家	课题负责人	承担单位	各国资助组织
8	241 - OPTIMODE	Optical Communication with Spatial Modes of Light	俄罗斯	Alexis Kudryashov	Institute of Geosphere Dynamics, Russian Academy of Science	
			印度	Shanti Bhattacharya	Indian Institute of Technology (Madras)	DST
			南非	Andrew Forbes	University of the Witwatersrand	NRF
9	258 - Nanomag - SmCoFe	Nano Crystalline Hard Magnetic Sm - Co - Fe - T Alloys (T = Cu, Ti, Zn, and Zr) with the Normal and Abnormal Temperature Dependence of Coercivity	俄罗斯	Popov A. G.	M. N. Miheev Institute of Metal Physics of Ural Branch ofRussian Academy of Sciences, Laboratory of Ferromagnetic Alloys	RFBR
			印度	Raghavan Gopalan	International Advanced Research Centre for Powder Metallurgy and New Materials (ARCI) (Dept. of Science and Technology, Govt. of India)	DST
			中国	Tianli Zhang	School of Materials Science and Engineering, Beihang University	NSFC
10	266 - HMAero	Hybrid Manufacturing of Aerospace Parts: Software Modeling, Simulation, Verification and Development	俄罗斯	Vladimir Belenky	Perm National Research Polytechnic University, Mechanical Engineering Faculty	MON
			印度	K. P. Karunakaran	Indian Institute of Technology Bombay, Rapid Manufacturing Laboratory, Department of Mechanical Engineering	DST

续表

序号	登记号和缩略语	项目名称	国家	课题负责人	承担单位	各国资助组织
10	266 - HMAero	Hybrid Manufacturing of Aerospace Parts: Software Modeling, Simulation, Verification and Development	中国	Shengyong Pang	Huazhong University of Science and Technology, Computational Welding Process Design Laboratory, State Key Laboratory of Material Processing and Die & Mould Technology	MOST
11	279 - HPCSLED	Development of Novel Cooling Systems for High Power LEDs for Enhanced Reliability and Lifetime	俄罗斯	Oleg Kabov	Kutateladze Institute of Thermophysics SB RAS	MON
			印度	Sameer Khandekar	Indian Institute of Technology Kanpur	DST
			中国	Liang Zhao	Xi'an Jiaotong University	MOST
12	315 - IKMMT	Identification of Key Genetic/Epigenetic Marker (s) in Cervical Carcinogenesis and Development of Corresponding Molecular Therapeutics for Precision Medicine of Cervical Cancer	俄罗斯	Konstantin V. Severinov	Skolkovo Institute of Science and Technology	RFBR
			印度	Bhudev C. Das	Amity University, Noida Amity Institute of Molecular Medicine & Stem Cell Research	DST
			中国	Zheng Hu	The First Affiliated Hospital of Sun Yat - sen University	NSFC
			南非	Inga I. Hitzeroth	University of Cape Town, Biopharming Research Unit, Department of Molecular and Cell Biology	NRF

续表

序号	登记号和缩略语	项目名称	国家	课题负责人	承担单位	各国资助组织
13	352 - RMGeT	Development of Methods for Remote Monitoring of the Dynamics of Vegetation, Soil and Land Use Taking into Account Natural and Anthropogenic Factors on the Basis of Geospatial Technologies for Rational Use of Natural Resources	巴西	Paulo Márcio Leal de Menezes	Federal University of Rio de Janeiro (UFRJ)	CNPq
			俄罗斯	Bondur V. G.	State scientific institution "Institute for Scientific Research of Aerospace Monitoring "AEROCOSMOS" (ISR "AEROCOSMOS")	MON
			中国	Fang Chen	The Institute of Remote Sensing and Digital Earth (RADI)	MOST
14	369 - DomEng	Physical Basis of Domain Engineering in Piezoelectric Single Crystals of PMN - PT Family and Lead - free Piezoceramics	俄罗斯	Vladimir Shur	Ural Federal University, School of Natural Sciences and Mathematics	RFBR
			印度	S S Islam	Centre For Nano science and Nanotechnology (CNN), Jamia Millia Islamia	DST
			中国	Xiaoyong Wei	Xian Jiaotong University, Electronic Materials Research Laboratory	NSFC
15	373 - CloudHPC	Harnessing Cloud Computing to Power up HPC Applications	巴西	Luciano Paschoal Gaspary	Institute of Informatics, Federal University of Rio Grande do Sul (UFRGS)	CNPq
			俄罗斯	Vladimir Korkhov	Department of Computer Modeling and Multiprocessor Systems, St. Petersburg State University (SPbSU)	

续表

序号	登记号和缩略语	项目名称	国家	课题负责人	承担单位	各国资助组织
15	373 - CloudHPC	Harnessing Cloud Computing to Power up HPC Applications	中国	Wang Xingce	Computer Science Department, College of Information Science and Technology, Beijing Normal University (BNU)	MOST
16	383 - UV - BRIDGE	New Principles and Fabrication Technologies of Extreme 2D and 0D AlGaInN Nanoheterostructures for high Efficiency Mid - and Deep - ultraviolet Spontaneous and Laser Emitters	俄罗斯	Sergey Ivanov	Ioffe Institute, Center of Nano hetero structure Physics	RFBR
			印度	Anirban Bhattacharyya	University of Calcutta, Institute of Radio Physics and Electronics	DST
			中国	Zhixin Qin	Peking University, School of Physics	MOST
17	388 - ProFChEAP	Probing Fundamental Characteristics of Extreme Astrophysical Phenomena	俄罗斯	Lutovinov Alexander A.	Space Research Institute (IKI), High Energy Astrophysics Dept.	RFBR
			印度	Shashi Bhushan Pandey	ARIES Nainital/Astronomy & Astrophysics	DST
			南非	David Buckley	University of Cape Town, Astronomy Department	NRF
18	405 - BICBRAIN	Brazil - India - China Collaborative Study on Brain Connectivity and Neuromodulation Techniques	巴西	Marco A. Romano - Silva	Universidade Federal de Minas Gerais (UFMG), Medicina Molecular, Dept Mental Health	CNPq
			印度	Bangalore N Gangadhar	National Institute of Mental Health and Neurosciences	DST
			中国	Haijing Niu	State Key Lab of Cognitive Neuroscience and Learning, & IDG/McGovern Institute for Brain Research	NSFC

续表

序号	登记号和缩略语	项目名称	国家	课题负责人	承担单位	各国资助组织
19	437 – nanoBRICSrough	Fundamentals for Development of Individual Nano – objects and Nano – devices Bottom – up Mechanical Integration for Quantum and Non – local Phenomena Study, Nano – Electronics and Nano – bio – medical Diagnostics	巴西	Monica Cotta	Instituto de Fisica Gleb Wataghin, Universidade Estadual de Campinas (UNICAMP)	CNPq
			俄罗斯	Victor Koledov	Kotel'nikov Institute of Radio Engineering and Electronics Russian Academy of Sciences, Laboratory of Magnetic Phenomena in microelectronics	RFBR
			印度	Digbijoy N. Nath	Indian Institute of Science Centre for Nano Science and Engineering (CeNSE) Bangalore	DST
			中国	Zhongming Zeng	Suzhou Institute of Nano – Tech and Nano – Bionics, Chinese Academy of Sciences) (SINANO)	NSFC
			南非	Somnath Bhatachryya	School of Physics, University of the Witwatersrand, Johannesburg	NRF
20	444 – Coast – CARE	Coastal Communities Adaptive and Resilient at the Edge	巴西	Carlos Eduardo de Rezende	Universidade Estadual do Norte Fluminense, Environmental Sciences Laboratory	
			印度	Sameer M. Deshkar	Department of Architecture and Planning, Visvesvaraya National Institute of Technology, Nagpur	DST
			中国	Carlo Jaeger	Beijing Normal University, ESPRE	MOST
			南非	Merle Sowman	University of Cape Town	NRF

续表

序号	登记号和缩略语	项目名称	国家	课题负责人	承担单位	各国资助组织
21	451 – Superflares	Superflares on Stars and the Sun	俄罗斯	Alexey Kuznetsov	Institute of Solar – Terrestrial Physics	RFBR
			印度	Dipankar Banerjee	Indian Institute of Astrophysics	DST
			中国	Bo Li	Shandong University，Institute of Space Sciences	NSFC
22	462 – Col – GaSS	Collaboration on Glaciers and Snow/Firn Characteristics Variability Studies in Polar and Subpolar Regions	巴西	Jorge Arigony – Neto	Universidade Federal do Rio Grande-FURG Instituto de Oceanografia-IO Laboratório de Monitoramento da Criosfera – LaCrio	CNPq
			俄罗斯	Andrei Glazovsky	Dept. of Glaciology，Institute of GeographyRussian Academy of Sciences	RFBR
			印度	Gulab Singh	Centre of Studies in Resources Engineering Indian Institute of Technology Bombay	DST
23	464 – POINTCLOUD	Research and Development of Algorithms and Software for the Processing，Storage and Visualization of Laser Scanning and Photography Data	俄罗斯	Vladimir Badenko	Peter the Great St. Petersburg Polytechnic University，Water management and hydraulic engineering	MON
			印度	R. D. Garg	Indian Institute of Technology Roorkee，Geomatics Engineering，Civil Engineering Department	DST

续表

序号	登记号和缩略语	项目名称	国家	课题负责人	承担单位	各国资助组织
23	464 – POINTCLOUD	Research and Development of Algorithms and Software for the Processing, Storage and Visualization of Laser Scanning and Photography Data	中国	Lei Zhang	EastChina Normal University, School of Information Science Technology, Shanghai Key Laboratory of Mutimensional Information Processing, Engineering Center of SHMEC for Space Information and GNSS	MOST
24	482 –	The Role of Region – specific SNPs in Virulence Genes in Mycobacterium Tuberculosis Drug Resistance	俄罗斯	Valery N. Danilenko	Vavilov Institute of General Genetics, RAS	MON
			中国	Lingyun Shao	Department of Infectious Diseases, Huashan Hospital, affiliated to Fudan University	NSFC
			南非	Martie van der Walt	TB Platform unit, South African Medical Research Council	NRF
25	485 – Platinum nano	Platinum as an Essential Element in an Integrated Process for Efficient Energy Conversion	巴西	Antônio José Roque da Silva	Brazila Synchrotorn Light Laboratory	CNPq
			印度	Ankur Bordoloi	CSIR – Indian Institute of Petroleum	DST
			南非	Eric van Steen	University of Cape Town, Dept. of Chemical Engineering	NRF
26	500 – MuMeSTU	Multi – Wavelength and Multi – Messenger Studies of the Transient Universe	俄罗斯	Vladimir Mikhaylovich Lipunov	Physics department of Lomonosov Moscow State University, Sternberg Astronomical Institute	RFBR
			印度	Devendra Kumar Sahu	Indian Institute of Astrophysics	DST
			中国	Hongbo Hu	Astroparticle Physics Division, Institute of High Energy Physics, CAS	NSFC

七　金砖国家智库首届“金砖国家科技创新合作”国际研讨会开幕式上的致辞（摘录）

（中国 福州，2019年10月19日）

金砖国家智库合作中方理事会副秘书长　董卫华

福州是金砖智库合作的福地。2017 年金砖国家政党、智库和民间社会组织论坛在福州成功举办，不仅开创了金砖国家政党交流机制，还首次以“金砖 +”的形式邀请其他新兴市场国家和发展中国家智库学者共话金砖。对金砖合作而言，这是一个机制创新的尝试。

今天，我们在这里以“金砖国家科技创新合作”为主题进行研讨，别具意义。当今世界正面临百年未有之大变局，新兴市场国家的崛起速度前所未有，新一轮科技革命和产业变革带来的代际更迭和激烈竞争前所未有，全球治理体系对国际形势变化的不适应、不对称也前所未有。特别是第四次工业革命以超乎我们想象的速度扑面而来，大数据、人工智能、区块链等前沿技术不断取得突破，新技术、新业态、新产业层出不穷，为各国经济社会发展带来新的机遇，也带来新的挑战。2018 年金砖国家领导人在约翰内斯堡共同提出构建新工业革命伙伴关系，将科技创新合作作为重要的战略方向，为金砖合作注入了新的动能，为建设好第二个金色十年指明了方向。

金砖国家加强科技创新合作是中国释放合作潜力，提升国际竞争力和引领广大发展中国家实现共同繁荣的必由之路。在此，我也想与大家分享几点看法。

一是科技创新合作将助力金砖国家实现跨越式发展。习近平主席指出，在新科技带来的新机遇面前，每个国家都有平等发展的权利。科技创新是推动社会进步的不竭动力。金砖国家要破解发展的结构性难题，加快新旧动能转换，当务之急是推动科技创新。而科技创新依赖资本和技术的持续积累，金砖国家只有加强合作，取长补短，才能共跨资本和技术的鸿沟，实现高质量发展。

二是科技创新合作是金砖国家共同构建相互尊重、公平正义、合作共赢的新型国际关系的必然要求。21 世纪以来，国际格局“南升北降”的态势愈发明显，新工业革命在带来巨大发展机遇的同时，也使更多发展中国家面临南北差距进一步扩大、国际阶层固化的风险。作为新兴市场国家和发展中国家的领头羊，金砖国家率先在科技创新领域加强合作，无疑将提振发展中国家共同应对挑战、联合自强的信心，有助于推动国际格局的多极化和国际关系的民主化。

三是科技创新合作是塑造新型经济全球化重要保障。习近平主席指出，发展不平衡是当今世界最大的不平衡。一语道出新自由主义主导经济全球化的最大弊端。完善现有国际规则，推动经济全球化朝着开放、包容、普惠、平衡、共赢的方向发展，离不开科技创新带来的变革性力量，金砖国家有责任和义务通过科技创新合作，共同推动人类社会繁荣与进步，建设共同发展、平等尊重、开放包容的世界经济。

各位同事，智库本身就是重要的创新资源，在金砖国家科技创新合作中理应成为思想的创造者、政策的建言者和舆论的引导者。

为此，我们一是要坚持问题导向，充分发挥各自优势，寻找破解合作难题的办法。二是要发挥资政作用，总结和分享各国推进科技创新产业变革的新理念、新做法，为金砖五国加强合作提政策建议。三是要加强舆论引导，向金砖五国民众深入解读好深化创新合作、构建新工业革命伙伴关系的重要意义及相关政策，凝聚五国社会共识，深化合作的民意基础。在上述方面，中方理事会愿与金砖各国智库加强交流，助力创新资源流动，在金砖国家科技创新合作中体现智库的价值与作用。

B.19
后　记

两年前，《金砖国家综合创新竞争力发展报告（2017 年）》（黄皮书）中文版和详细摘要的英文版一经推出便受到有关方面的高度重视。Springer 出版集团翻译出版了英文版的 *BRICS Innovative Competitiveness Report 2017*。国内外对《金砖国家综合创新竞争力研究报告（2019）》充满期待，让我们在编写过程中信心倍增、干劲十足，也让我们感觉肩上的责任和压力更大。

本报告由中国科学技术交流中心原正局级副主任、中国科技部二级专技、国际欧亚科学院院士、国际欧亚科学院中国科学中心原秘书长赵新力研究员，福建省新闻出版局（福建省版权局）原党组书记、中智科学技术评价研究中心理事长李闽榕教授，福建师范大学经济学院院长、全国经济综合竞争力研究中心福建师范大学分中心常务副主任黄茂兴教授，共同担任主编，俄罗斯国家研究型高等经济大学终身教授亚历山大·索科洛夫（Alexander Sokolov）、东北农业大学副校长郭翔宇教授、中共中央党校（国家行政学院）国际战略研究院张仕荣教授担任副主编。

本书在编撰过程中，得到了中共中央对外联络部研究室、金砖国家智库合作中方理事会、中国科学技术交流中心、国际欧亚科学院中国科学中心、中智科学技术评价研究中心、福建师范大学经济学院、俄罗斯国家研究型高等经济大学、东北农业大学、中共中央党校（国家行政学院）国际战略研究院、中国农业科学院、中国驻部分“金砖+”国家大使馆科技处组等单位领导和同事，特别是中共中央对外联络部研究室主任、金砖国家智库合作中方理事会秘书长栾建章，中共中央党校（国家行政学院）国际战略研究院院长刘建飞，中国科学技术交流中心陈家昌主任和陈志敏书记等的大力支持。在此，表示衷心的感谢！

本书还直接或间接引用、参考了其他研究者的相关研究文献，对这些文献的作者表示诚挚的感谢！

社会科学文献出版社政法传媒分社王绯社长、黄金平责任编辑为本书的出版提出了很好的意见和建议，付出了辛苦劳动，在此一并向他们表示由衷的谢意！

突如其来的新冠肺炎疫情给本书最后的编写出版带来很多困难，加上编著团队知识和经验有限，疏漏和不妥之处在所难免，敬请各位读者不吝指正。

Abstract

The first *Annual Report on BRICS Comprehensive Innovation Competitiveness* (Yellow Book) was published in August 2017. The *Annual Report on BRICS Comprehensive Innovation Competitiveness* (*2019*) has four main characteristics compared to the previous version. Firstly, it offers one-by-one calculation and analysis of the 31 level – 3 indicators of the indicator system evaluating BRICS' national innovation competitiveness, including R&D expenditure, patents and R&D personnel. Secondly, coverage has expanded to include non-BRICS countries of the "BRICS +". They share similarities with BRICS countries and make good partners for "shared growth through discussion and collaboration". Thirdly, it includes three thematic reports on agriculture in view of its importance. Fourthly, there are more foreign experts involved in its preparation.

According to the report, all the five BRICS countries saw improvement in innovation competitiveness during 2001 – 2017. China experienced the biggest increase in innovation competitiveness, followed by Brazil, while India, Russia and South Africa saw slower growth. It is forecasted that by 2030, BRICS countries will see sustained growth of comprehensive innovation competitiveness, but diverge in the growth of the comprehensive innovation competitiveness indicator and its 31 level-three indicators. The priority areas for cooperation among "BRICS +" countries include ICT, nanotechnology and new materials, advanced manufacturing and robotics, space (space systems and astronomical observation), transport systems, energy efficiency and energy-saving, nuclear energy, renewable energy, mineral exploration and exploitation, climate change, environmental protection and disaster management, water resources, food security and sustainable agriculture, healthcare and medicine, and biotechnology.

Over the years, BRICS countries have improved agricultural development environment significantly, with marked increase in agricultural mechanization rate, agricultural input, and the contribution ratio of scientific and technological advances to agriculture. The agricultural output has grown much faster than the global average, the supply capacity has improved on a sustained basis, and agricultural cooperation has deepened. According to 2018 – 2019 figures, BRICS countries' gaps with agricultural powers has narrowed in agricultural science, technology and innovation (STI) capacity, yet remain significant in infrastructure, human resources, business environment, ecological sustainability, research outputs and rural living standards. In face of challenges like unilateralism and trade protectionism, BRICS countries should expand agricultural exchanges and cooperation across the board, increase benefits from agricultural technology cooperation, and shift to a greener agricultural production structure, so as to ensure food security and achieve sustainable agricultural development.

Science and technology parks and incubators are critical to the development of innovation and entrepreneurship ecosystems. BRICS countries need to enable them to play a greater role in fostering vibrant innovation and entrepreneurship ecosystems featuring international connectivity.

BRICS countries have distinctive features in the development of solid state lighting. Among the five countries, China is a leader in the innovation and application of solid state lighting. Russia, India and Brazil show significant growth as well. Meanwhile, South Africa is lagging behind.

According to the report, Brazil has a relatively complete national innovation system, which gives a strong boost to its scientific and technological development, but still faces a number of problems such as social inequality, lack of innovation in most industrial activities and inadequate public services. In light of local realities, its science and technology policies should aim to enhance technological development and innovation and make sure that innovation targets are aligned with social development goals. Russia's new STI policies adopted since 2010 have paid off, but to meet the key goals set out is a challenging task. The report recommends that Russia should pursue reform of its scientific and technological system, increase science and technology funding, and stimulate businesses' innovation vitality. During 2017 – 2019, India launched major STI programs including the National Plan on Innovation Development and Governance, and stepped up efforts to bring in and train professionals, to promote commercialization of research results and integrated development of military-civilian science and technology, to improve research environment, and to strengthen international scientific and technological cooperation. Its STI development has seen steady progress. During 2015 – 2019, China's innovation competitiveness continued to climb steadily, and great progress was made in the building of an innovative country. China has contributed, through close scientific and technological cooperation with other BRICS countries, to the building of a community with a shared future for mankind. With an open research system, South Africa is one of the top performers among BRICS countries in terms of research outputs. However, its R&D input intensity is lower than the preset goal, and its talent system cannot meet the needs of economic growth and innovation. The report recommends that South Africa should increase investment in science and technology and improve its talent system.

Contents

I General Reports

Abstract: As an important component of emerging economies, BRICS (Brazil, Russia, India, China and South Africa) is a major group playing a leading role in science, technology and innovation (STI) among developing countries. BRICS have become and will continue to be an important engine for STI development and economic growth in the world. This chapter analyzes the ranking of BRICS in terms of 33 level −3 indicators, 5 level −2 indicators and level −1

---

① Yi Degang, Ph. D.; Prof., School of Humanities, Donghua University, research interests: history of science and technology. Li Yan, Ph. D.; Prof., management engineering, School of Economics and Management, Beijing Forestry University, research interests: information management, competitive intelligence. Li Junjun, Ph. D.; Associate Prof., School of Economics, Fujian Normal University, research interests: economics. Zhang Xinyan, Ph. D., Beijing Institute of Educational Sciences; research interests: innovation management. Bai Xu, graduated from School of Economics and Management, Beijing Forestry University. Huang Maoxing, Ph. D.; Dean, Prof., School of Economics, Fujian Normal University; research interests: economics. Zhao Xinli, Ph. D.; Senior Research Fellow, China Science and Technology Exchange Center; Lead Researcher, Chinese Ministry of Science and Technology; research interests: management science and engineering, information management; corresponding author.

indicators in the G20, measures the comprehensive innovation competitiveness of BRICS, forecasts their future STI development, and examines the status quo of STI cooperation between China and other BRICS countries. The research shows that the innovation competitiveness of BRICS countries improved in 2001 -2017. China saw the biggest improvement, followed by Brazil, India, Russia and South Africa. It is estimated that by 2030, the comprehensive innovation competitiveness of the five BRICS will continue to increase, and its growth rate will show a diverging trend.

Keywords: BRICS; Science and Technology; Innovation Competitiveness

Abstract: With science and technology (S&T) becoming increasingly sophisticated, expensive research infrastructure and high-tech laboratory equipment are often required. S&T frontiers become broader and today no country alone can provide full-scale support to all areas of research and development (R&D). The selection of priority areas has always been one of the most important instruments of national science, technology and innovation (STI) policies in both developed and developing countries, including BRICS. In this chapter, the five BRICS countries and 21 BRICS + countries are selected. By calculating the relative comparative advantage (RLA) index of each selected country, 14 priority areas for S&T

① Alexander Sokolov, Ph. D. from Moscow State University; Tenured Prof. , Deputy Director of Institute for Statistical Studies and Economics of Knowledge, National Research University Higher School of Economics, Moscow; corresponding author. Sergey Shashnov, Ph. D. ; Head of Department for Strategic Foresight, Institute for Statistical Studies and Economics of Knowledge, National Research University Higher School of Economics, Moscow; research interests: forecasting research, statistical and sociological analysis, expert survey methods. Maxim Kotsemir, Research Fellow of Institute for Statistical Studies and Economics of Knowledge, National Research University Higher School of Economics, Moscow; research interests: bibliometric analysis, research cooperation analysis and R&D statistics.

cooperation and development are identified: information and communication technologies; nanotechnology and new materials; advanced manufacturing and robotics; space systems and astronomical observations; transport systems; energy efficiency and energy saving; nuclear energy; renewable energy resources; exploration, development and mining of minerals; climate change, environmental protection and disaster management; water resources; food security and sustainable agriculture; healthcare and medicine; biotechnology.

Keywords: BRICS; BRICS +; Technology Cooperation

Ⅱ Sub Reports

Abstract: BRICS account for 41. 57% of the world's population and over 50% of the world's total agricultural production. Their agricultural modernization is of great significance to global food security and poverty eradication. Since the 21st century, BRICS have formulated a series of strategies to promote their own agricultural modernization. This study focuses on agricultural development environment and agricultural output capacity to exhibit the comprehensive innovation of agricultural modernization in BRICS. It finds that since 2001, the agricultural development environment of BRICS countries has improved significantly, and the contribution rate of agricultural mechanization level,

① Gong Xifeng, Ph. D.; former Director-General and Senior Research Fellow, Department of International Cooperation, Chinese Academy of Agricultural Sciences; research interests: international cooperation in agriculture. Li Zhemin, Ph. D.; Deputy Dean, Senior Research Fellow, Graduate School, Chinese Academy of Agricultural Sciences; research interests: agricultural and rural resources monitoring and early warning. Ren Yufeng, Ph. D.; Assistant Research Fellow, Agricultural Information Research Institute, Chinese Academy of Agricultural Sciences; research interests: analysis of agricultural information of BRICS countries.

agricultural input and agricultural science and technology progress to economic growth has increased significantly; the growth of agricultural output is far higher than the global average, and the supply capacity has continued to improve, with rice, meat, eggs, aquatic products and other supplies accounting for more than 40% of the global total.

Keywords: BRICS; Agricultural Modernization; Environment for Agricultural Development; Technology Cooperation

B. 4 Agricultural STI Competitiveness of BRICS

Abstract: This chapter provides a comprehensive and deep analysis of the development level and change patterns of the national agricultural science, technology and innovation capability (NASTIC) of BRICS from 2009 to 2018. The study indicates that the gap between BRICS and world leaders of agricultural STI is narrowing year by year in terms of NASTIC, yet remains significant in the areas of infrastructure, human resources, business environment, ecological sustainability, output of scientific and technological results, and rural living standards. The findings of the study are expected to provide sound and effective technical support for BRICS to improve agricultural STI policies and enhance NASTIC.

Keywords: BRICS; Agriculture; Technology Cooperation

① Wang Dan, Ph. D. ; Post-doctoral Fellow, Northeast Agricultural University; research interests: agricultural innovation management. Guo Xiangyu, Ph. D. ; Vice President, Prof. , Northeast Agricultural University; research interests: agricultural economy, rural cooperative economy; corresponding Author. Zhao Xinli, Ph. D. ; Senior Research Fellow, China Science and Technology Exchange Center; Lead Researcher, Chinese Ministry of Science and Technology; research interests: management science and engineering, information management.

B. 5 Closer BRICS Cooperation in Green Agriculture for a Sustainable Food Future

Abstract: Agriculture, as a key industrial sector of the national economy based on land resources, plays a crucial role in sustainable development. Food security is the basis of human survival and development. It is an important guarantee for social harmony, political stability and sustained economic development, and a major component of global economic governance. In the coming decades, agriculture will face unprecedented pressure from many aspects. Green agricultural development is an important strategy for governments to achieve the sustainable development goals. With large populations, BRICS have high food consumption. Despite that, they have huge potential for agricultural production, driving the development of global green agriculture. Thus, BRICS are required to comprehensively expand agricultural cooperation and exchanges, increase the benefits of agricultural technical cooperation, adjust the structure of green agricultural production, ensure global food security, and promote sustainable human development.

Keywords: BRICS; Green Agricultural; Food Security

① Chen Hongzhao, Center for Competitiveness Research, School of Economics, Fujian Normal University; research interests: population, resource and environmental economics. Cheng Junheng, Associate Prof., Center for Competitiveness Research, School of Economics, Fujian Normal University; research interests: management science and engineering. Huang Maoxing, Ph. D.; Prof. and Dean, School of Economics, Fujian Normal University; Executive Deputy Director, Fujian Normal University Branch Center of National Center for the Research of Comprehensive Economic Competitiveness; Executive Director of G20 Joint Research Center; research interests: economics; corresponding author.

B. 6 Overview of Science Parks and Incubators in BRICS

Song Hongrui, Wang Mingyang and Liu Runda[①]/ 135

Abstract: Science parks and incubators are an important platform for promoting technological innovation and commercialization of R&D. This Chapter provides a detailed analysis of the development process and current status of science parks and incubators in BRICS, with examples of their leading science parks and incubators. Based on their economic foundation, development stage, laws and regulations, social foundation and other conditions, BRICS have explored different paths for the development of science parks and incubators with distinctive features. As the most competitive emerging economies, BRICS will further strengthen their support for science and technology parks and incubators, and are expected to form some vibrant innovation and entrepreneurship ecosystems featuring international connectivity.

Keywords: BRICS; Science Park; Incubator

---

① Song Hongrui, Project Manager, Greatwall Enterprise Institute; research interests: development strategy of science parks, innovation and entrepreneurship ecosystem, international STI cooperation mechanism and strategy. Wang Mingyang, Director of International Business, Greatwall Enterprise Institute; research interests: development strategy of science parks, innovation and entrepreneurship ecosystem, international STI cooperation mechanism and strategy. Liu Runda, Associate Research Fellow, Deputy Director of Science Popularization Division, China Science and Technology Exchange Center; research interests: science and technology resources management, science and technology communication.

B. 7 Technological Innovation and Industrial Development of Solid State Lighting in BRICS

Yang He, *Yue Ruisheng*[①]/ 157

Abstract: With a comparative analysis of the policy support, as well as the standards and specifications, industrial scale, technological innovation and market application of the Solid State Lighting (SSL) in BRICS, this chapter provides an overview of BRICS cooperation on SSL, and makes a comparison of the innovation capability of BRICS in this field. Within the BRICS, China is leading the SSL science and technology innovation and application. After more than 15 years' development in SSL, China has become a world leader in SSL research, manufacture, and application. The systematic mechanism of policy support, technology innovation, standard and testing, industry-academia-research cooperation have been established. And the other BRICS are at different stages of SSL development, with their own distinctive characteristics. There is a noted acceleration on the SSL innovation and application in Russia, India and Brazil. Meanwhile, the development of SSL in South Africa is relatively backward in this area.

Keywords: BRICS; Solid State Lighting; Innovation Capability

① Yang He, Deputy Secretary General, International Semiconductor Lighting Alliance (ISA); Ph. D. from University of Warwick, UK; research interests: optoelectronic engineering. Yue Ruisheng, Senior Engineer, International Semiconductor Lighting Alliance (ISA); research interests: international cooperation.

Ⅲ Country Reports

B. 8 Brazil's National Innovation System: Its Evolution and Dynamics at the End of the Second Decade of the Millenium

José Eduardo Cassiolato, Helena Maria Martins Lastres[①]/ 178

Abstract: This chapter reviews the development of Brazil's national innovation system (NSI), and analyzes some important features and challenges of the NSI. After World War Ⅱ, Brazil started the institutionalization process of the NSI, and made important progress in S&T policies and infrastructure. Scientific research institutions develop well, and scientific output has increased significantly. Competitiveness in agriculture, space, and oil and gas has improved. However, Brazil's social inequality has hindered the development of the NSI. Most industrial activities lack innovation. Public services in areas such as health are insufficient. The government is very important to the development of the NSI. It makes policies to enhance S&T research and innovation, and ensures that the goals of innovation and social development are integrated. The S&T policies should be in line with local realities and strengthen the linkages with policies that address poverty and social inequality and promote environmental sustainability. S&T policies should not be confined to specific areas and limited groups.

Keywords: BRICS; Brazil; National Innovation System

① José Eduardo Cassiolato, Ph. D., University of Sussex, UK; Post-doctoral Fellow, Pierre Mendes University, France; Prof., Institute of Economics, Federal University of Rio de Janeiro, Brazil; research interests: economics. Helena Maria Martins Lastres, Ph. D., University of Sussex, UK; Post-doctoral Fellow, Pierre Mendes University, France; economist, Federal University of Rio de Janeiro, Brazil.

B. 9 Brazil's Experience in Developing and Using the Concept of System of Innovation and Suggestions for STI Cooperation

Abstract: The framework of Local Innovation and Production Systems (LIPS) is a research method that combines the system of innovation approach and the Latin American Structuralist School on development and innovation. This chapter presents Research Network on Local Productive and Innovative System's (RedeSist) methodology for the analysis of LIPS. It briefly discusses the main results obtained by RedeSist's analyses of LIPS, confirming that public services such as eradicating hunger, reducing extreme poverty, realizing universal education and promoting health are main tasks of public and private policies and highlighting the importance of the knowledge accumulated with research and policy experiences at national and international levels. It proposes suggestions of teaching and research on innovation and development. It is recommended to further deepen understanding of the impact of global geopolitics, technology development and institutional changes on global financialization and other processes, as well as to better understand the prospects of economic and social development.

Keywords: BRICS; Brazil; LIPS

---

① José Eduardo Cassiolato, Ph. D. , University of Sussex, UK; Post-doctoral Fellow, Pierre Mendes University, France; Prof. , Institute of Economics, Federal University of Rio de Janeiro, Brazil; research interests: economics. Helena Maria Martins Lastres, Ph. D. , University of Sussex, UK; Post-doctoral Fellow, Pierre Mendes University, France; economist, Federal University of Rio de Janeiro, Brazil. Marcelo Pessoa de Matos, Ph. D. in economics, Fluminense Federal University, Brazil; Prof. , Federal University of Rio de Janeiro, Brazil; Research Fellow, RedeSist. Marina Honório Szapiro, Ph. D. in economics, Federal University of Rio de Janeiro, Brazil; Prof. , Federal University of Rio de Janeiro, Brazil; Research Fellow, RedeSist.

B. 10 Russia's STI Policy: New Goals and New Challenges

Leonid Gokhberg, Tatiana Kuznetsova and Mikhail Gershman[①]/ 215

Abstract: This chapter assesses Russia's status quo of STI (Science, Technology and Innovation) development, government S&T policies since 2010, the success in meeting the key targets set by the President in 2012 in the prominent "May Decrees", and evaluates the new objectives set by the President in 2016 – 2018. The evaluation shows that the government's S&T policies have achieved some results, but a number of the key goals have not been achieved. The new national policy has identified seven key S&T development priorities, but the new goals are still challenging. It is recommended to build a S&T system covering the federal and regional areas, expand funding sources, implement institutional reforms to promote competition, improve investment environment, and encourage corporate innovation; continue to implement "performance contracts", improve the evaluation mechanism for academic qualifications and achievements of researchers, and improve the social status of researchers.

Keywords: BRICS; Russia; Science, Technology and Innovation

① Leonid Gokhberg, Prof., First Vice Rector, National Research University Higher School of Economics (HSE); Director, Institute for Statistical Studies and Economics of Knowledge, HSE; Research interests: STI, education and digital economy statistics, STI economy and system, forecasting research, STI policy research. Tatiana Kuznetsova, Ph. D. Director, Centre for S&T, Innovation and Information Policy, Institute for Statistical Studies and Economics of Knowledge, National Research University Higher School of Economics; Research interests: STI policy, analysis of STI development, research profession, international science and technology cooperation, STI economy and organization. Mikhail Gershman, Ph. D.; Deputy Director, Institute for Statistical Studies and Economics of Knowledge, National Research University Higher School of Economics; corresponding author; research interests: STI policy, innovation management, STI indicators, creative economy.

B. 11 India's STI Development Report (2019)

Abstract: During 2017 –2019, focusing on national strategies such as "Make in India", "Digital India" and "Startup India", India launched several major science and technology programs such as National Initiative for Developing & Harnessing Innovations, National Mission on Interdisciplinary Cyber Physical Systems, Deep Sea Mission, vigorously implemented talent introduction and training projects, promoted technology transfer and civil-military science and technology integration, and actively optimized research environment. Science, technology and innovation in India have achieved steady development. Space technology maintained the momentum of rapid progress, new energy technology continued to develop, new breakthroughs were made in biomedicine, information technology was catching up, the construction of smart cities was well under way, environmental technology gained more attention, traditional medicine continued to develop, international cooperation including cooperation with China in science and technology were steadily promoted. In the Global Innovation Index, India's ranking rose from 60th in 2017 to 52nd in 2019.

Keywords: BRICS; India; Science, Technology and Innovation

① Shan Zuhua, Secretary, Science and Technology Section, Chinese Embassy in India. Bai Jie, Ph. D. in management, Xi'an Jiaotong University; Post-doctoral Fellow, Tsinghua University; Associate Research Fellow; Science and Technology Counsellor, Chinese Embassy in India; corresponding author.

B. 12 China's STI Development Report (2019)

Yun Tao, Zhao Xinli[①]/ 254

Abstract: In 2006, China set the goal of joining the ranks of innovative countries by 2020. Between 2015 and 2019, China's competitiveness in science, technology and innovation (STI) has seen steady progress, taking the lead among BRICS countries. According to the Global Innovation Index (GII), China's ranking rose from 22nd in 2017 to 14th in 2019. In the past three years, China has made significant advances in the building of an innovative country. The reform of science and technology management system has been deepened, research-friendly culture and atmosphere has been fostered, R&D investment has increased, and a number of landmark R&D outcomes have been achieved. The commercialization of research results is more efficient, giving a strong boost to the fostering of new drivers of growth in China. In recent years, China has maintained active participation in international STI cooperation, especially with other BRICS countries both under the BRICS framework and through bilateral mechanisms, engaged in fruitful efforts in mechanism building, research cooperation and people-to-people exchanges in the field of science and technology, contributing to the building of a community with a shared future for mankind.

Keywords: BRICS Countries; China; Science, Technology and Innovation

① Yun Tao, Ph. D.; Associate Research Fellow, China Science and Technology Exchange Center; research interests: STI development strategy, research project management, international science and technology cooperation. Zhao Xinli, Ph. D.; Senior Research Fellow, China Science and Technology Exchange Center; Lead Researcher, Chinese Ministry of Science and Technology; research interests: management science and engineering, information management.

B. 13 Innovation, Research and Sustainable Development: South Africa

Michael Kahn[1]/ 280

Abstract: This chapter explores South Africa's STI policies, the financial and talent inputs to the innovation system and knowledge exchange. South Africa is a hybrid economy and is relatively open. However, due to economic structural problems such as market failures, industrial competitiveness has declined. The government has launched a wide range of policy experiments to alleviate market failures. The White Paper on Science and Technology and the Strategy for Research and Development have been released, and institutes like the national research foundations have been reorganized or established. In terms of S&T funding, the long-term average GERD to GDP ratio is about 0.8% , which is far below the previously set target, and its growth rate is still slow. In terms of talent, South Africa's public education is weak, the growth of the total number of researchers is stagnant, and the talent system is in trouble, unable to meet the needs of economic growth and innovation. In terms of scientific and technological exchanges, South Africa's scientific research system is becoming more and more open and highly diversified, with the focus on the biomedical field. Compared with other BRICS countries, South Africa has a better performance in scientific output.

Keywords: BRICS; South Africa; Science, Technology and Innovation

[1] Michael Kahn, Ph. D. , independent adviser on policy for research and innovation; Extraordinary Prof. of Stellenbosch University and the University of the Western Cape.

B. 14 Development Trend of Renewable Energy in South Africa

Pamphile Ndagijimana, Qiu Zhongpan[①]/ 301

Abstract: This chapter introduces development trends, policies, investment opportunities and challenges of South Africa's renewable energy industry, and introduces the current status, policies and development goals of renewable energy such as biomass, hydropower, wind power, solar power and geothermal energy in South Africa. South Africa is a big energy consumer among developing countries, with coal as the main energy source. South Africa has world-class wind and solar resources and excellent geographic conditions for hydropower development, and has good development prospects and investment opportunities in renewable energy. However, its renewable energy industry is relatively small. The South African government plans to develop renewable energy for a sustainable and environmentally friendly economy, by reducing the cost of renewable energy and increasing the proportion of renewable energy utilization. South Africa plans to expand its renewable power generation capacity to 1. 8 GW by 2030. Currently, the bottleneck in the development of renewable energy in South Africa lies in the insufficient energy innovation system and high costs of technology R&D and deployment.

Keywords: South Africa; Renewable Energy; Hybrid Power System; Biofuel; Geothermal Energy

---

① Pamphile Ndagijiman, PhD. ; Institute of Urban Environment, Chinese Academy of Sciences; research interests: energy and environmental science. Qiu Zhongpan, Associate Prof. , School of Information, Xiamen University; research interests: artificial intelligence, network information security, Belt and Road, scientific and technological development in BRICS and SCO member countries; corresponding author.

B. 15 Mexico's STI Development Report (2019)

Zhu Hao[1]/ 313

Abstract: Mexico is a major country in Latin America and an emerging economy, and is the 15th largest economy in the world. In recent years, the country has maintained an average economic growth of 2% -3%. Mexico has a relatively comprehensive national science, technology and innovation (STI) system. As an integral part of the national strategy, STI has played an increasingly important role in recent years. With the signing of USMCA/T - MEC, the replacement of NAFTA, Mexico will further open its home market, contribute to regional integration and strengthen cooperation with other countries around the world. STI will only play a more important role in Mexico's economic development. Since the establishment of comprehensive strategic partnership between China and Mexico in 2013, STI cooperation between the two countries has kept the momentum of rapid growth. In the past five years, China and Mexico have maintained close cooperation in geospatial information technology, clean energy, nanotechnology, agricultural science and technology, water resource utilization, aerospace and other fields. STI cooperation has deepened across the board. In particular, the launch of clean energy cooperation in 2018 has set an example of bilateral cooperation in key areas of innovation.

Keywords: BRICS +; Mexico; Science, Technology and Innovation

① Zhu Hao, Assistant Research Fellow, China Rural Technology Development Center, Chinese Ministry of Science and Technology; visiting scholar, National Autonomous University of Mexico; former science and technology commissioner, Chinese Embassy in Mexico; research interests: STI policy, research project management, international STI cooperation.

B. 16 Pakistan's STI Development Report (2019)

Jia Wei[①]/ 327

Abstract: This report focuses on the basics of science, technology and innovation (STI) development in Pakistan, including its S&T policies and strategies, R&D investment and output, S&T talents, STI development strategies in key areas, scientific institutions, major S&T achievements as well as its international STI cooperation. At the end, the report discusses the evolution and current situation of China-Pakistan STI cooperation, as well as the opportunities and challenges it's facing. China-Pakistan Economic Corridor has entered a new phase of quality development. While bilateral STI cooperation enjoys a bright future and abundant potential, it also faces some tough challenges.

Keywords: BRICS +; Pakistan; STI Cooperation

B. 17 Thailand's STI Development Report (2019)

Cao Zhouhua[②]/ 336

Abstract: Located in Southeast Asia, Thailand is an important developing country. In order to upgrade industrial transformation and enhance national competitiveness, the Thai government has proposed the "Thailand 4.0" strategy, which is committed to focusing on the development of twelve target industries and realizing the sustainable development. The twelve target industries include next-generation automotive, smart electronics, affluent medical and wellness tourism, agriculture and biotechnology, food processing, industrial robotics, aviation and

① Jia Wei, Associate Research Fellow, Institute of Scientific and Technical Information of China; research interests: international science and technology cooperation and policy.

② Cao Zhouhua, Master in Library and Information Science; Research Librarian, Institute of Scientific and Technical Information of China; research interests: library, information science, international science and technology cooperation.

logistics, biofuels and biochemical engineering, digital economy, defense industry, and education. This article presents the overall strength and status of Thailand's STI development by describing its STI management system, STI strategy and policy, main STI resources input and output, key research funding institutions, major research and innovation forces, large enterprise R&D institutions, science parks, and advanced research areas. Thailand's international STI collaboration, especially with China, is also demonstrated.

Keywords: BRICS +; Thailand; Science, Technology and Innovation; International Science and Technology Cooperation

Ⅳ Appendix

皮 书

智库报告的主要形式
同一主题智库报告的聚合

皮书定义

皮书是对中国与世界发展状况和热点问题进行年度监测，以专业的角度、专家的视野和实证研究方法，针对某一领域或区域现状与发展态势展开分析和预测，具备前沿性、原创性、实证性、连续性、时效性等特点的公开出版物，由一系列权威研究报告组成。

皮书作者

皮书系列报告作者以国内外一流研究机构、知名高校等重点智库的研究人员为主，多为相关领域一流专家学者，他们的观点代表了当下学界对中国与世界的现实和未来最高水平的解读与分析。截至 2020 年，皮书研创机构有近千家，报告作者累计超过 7 万人。

皮书荣誉

皮书系列已成为社会科学文献出版社的著名图书品牌和中国社会科学院的知名学术品牌。2016 年皮书系列正式列入“十三五”国家重点出版规划项目；2013~2020 年，重点皮书列入中国社会科学院承担的国家哲学社会科学创新工程项目。

中国皮书网

（网址：www.pishu.cn）

发布皮书研创资讯，传播皮书精彩内容
引领皮书出版潮流，打造皮书服务平台

栏目设置

◆关于皮书

何谓皮书、皮书分类、皮书大事记、
皮书荣誉、皮书出版第一人、皮书编辑部

◆最新资讯

通知公告、新闻动态、媒体聚焦、
网站专题、视频直播、下载专区

◆皮书研创

皮书规范、皮书选题、皮书出版、
皮书研究、研创团队

◆皮书评奖评价

指标体系、皮书评价、皮书评奖

◆互动专区

皮书说、社科数托邦、皮书微博、留言板

所获荣誉

◆2008年、2011年、2014年，中国皮书网均在全国新闻出版业网站荣誉评选中获得“最具商业价值网站”称号；

◆2012年，获得“出版业网站百强”称号。

网库合一

2014年，中国皮书网与皮书数据库端口合一，实现资源共享。

权威报告·一手数据·特色资源

皮书数据库

ANNUAL REPORT(YEARBOOK) DATABASE

分析解读当下中国发展变迁的高端智库平台

所获荣誉

- 2019年，入围国家新闻出版署数字出版精品遴选推荐计划项目
- 2016年，入选“‘十三五’国家重点电子出版物出版规划骨干工程”
- 2015年，荣获“搜索中国正能量 点赞2015”“创新中国科技创新奖”
- 2013年，荣获“中国出版政府奖·网络出版物奖”提名奖
- 连续多年荣获中国数字出版博览会“数字出版·优秀品牌”奖

成为会员

通过网址www.pishu.com.cn访问皮书数据库网站或下载皮书数据库APP，进行手机号码验证或邮箱验证即可成为皮书数据库会员。

会员福利

● 已注册用户购书后可免费获赠100元皮书数据库充值卡。刮开充值卡涂层获取充值密码，登录并进入“会员中心”—“在线充值”—“充值卡充值”，充值成功即可购买和查看数据库内容。

● 会员福利最终解释权归社会科学文献出版社所有。

数据库服务热线：400-008-6695
数据库服务QQ：2475522410
数据库服务邮箱：database@ssap.cn
图书销售热线：010-59367070/7028
图书服务QQ：1265056568
图书服务邮箱：duzhe@ssap.cn

社会科学文献出版社 SOCIAL SCIENCES ACADEMIC PRESS (CHINA) 皮书系列
卡号：934957556495
密码：

S 基本子库
UB DATABASE

中国社会发展数据库（下设 12 个子库）

整合国内外中国社会发展研究成果，汇聚独家统计数据、深度分析报告，涉及社会、人口、政治、教育、法律等 12 个领域，为了解中国社会发展动态、跟踪社会核心热点、分析社会发展趋势提供一站式资源搜索和数据服务。

中国经济发展数据库（下设 12 个子库）

围绕国内外中国经济发展主题研究报告、学术资讯、基础数据等资料构建，内容涵盖宏观经济、农业经济、工业经济、产业经济等 12 个重点经济领域，为实时掌控经济运行态势、把握经济发展规律、洞察经济形势、进行经济决策提供参考和依据。

中国行业发展数据库（下设 17 个子库）

以中国国民经济行业分类为依据，覆盖金融业、旅游、医疗卫生、交通运输、能源矿产等 100 多个行业，跟踪分析国民经济相关行业市场运行状况和政策导向，汇集行业发展前沿资讯，为投资、从业及各种经济决策提供理论基础和实践指导。

中国区域发展数据库（下设 6 个子库）

对中国特定区域内的经济、社会、文化等领域现状与发展情况进行深度分析和预测，研究层级至县及县以下行政区，涉及地区、区域经济体、城市、农村等不同维度，为地方经济社会宏观态势研究、发展经验研究、案例分析提供数据服务。

中国文化传媒数据库（下设 18 个子库）

汇聚文化传媒领域专家观点、热点资讯，梳理国内外中国文化发展相关学术研究成果、一手统计数据，涵盖文化产业、新闻传播、电影娱乐、文学艺术、群众文化等 18 个重点研究领域。为文化传媒研究提供相关数据、研究报告和综合分析服务。

世界经济与国际关系数据库（下设 6 个子库）

立足“皮书系列”世界经济、国际关系相关学术资源，整合世界经济、国际政治、世界文化与科技、全球性问题、国际组织与国际法、区域研究 6 大领域研究成果，为世界经济与国际关系研究提供全方位数据分析，为决策和形势研判提供参考。

法律声明

“皮书系列”（含蓝皮书、绿皮书、黄皮书）之品牌由社会科学文献出版社最早使用并持续至今，现已被中国图书市场所熟知。“皮书系列”的相关商标已在中华人民共和国国家工商行政管理总局商标局注册，如LOGO（ ）、皮书、Pishu、经济蓝皮书、社会蓝皮书等。“皮书系列”图书的注册商标专用权及封面设计、版式设计的著作权均为社会科学文献出版社所有。未经社会科学文献出版社书面授权许可，任何使用与“皮书系列”图书注册商标、封面设计、版式设计相同或者近似的文字、图形或其组合的行为均系侵权行为。

经作者授权，本书的专有出版权及信息网络传播权等为社会科学文献出版社享有。未经社会科学文献出版社书面授权许可，任何就本书内容的复制、发行或以数字形式进行网络传播的行为均系侵权行为。

社会科学文献出版社将通过法律途径追究上述侵权行为的法律责任，维护自身合法权益。

欢迎社会各界人士对侵犯社会科学文献出版社上述权利的侵权行为进行举报。电话：010-59367121，电子邮箱：fawubu@ssap.cn。

社会科学文献出版社